KARL KRAUS

Heine und die Folgen

Schriften zur Literatur

AUSGEWÄHLT UND ERLÄUTERT VON
CHRISTIAN WAGENKNECHT

PHILIPP RECLAM JUN. STUTTGART

S660442005

Universal-Bibliothek Nr. 8309 [5]
Alle Rechte vorbehalten
© für diese Ausgabe 1986 Philipp Reclam jun., Stuttgart
Mit Genehmigung des Kösel-Verlages, München
Satz: Wilhelm Röck, Weinsberg
Druck und Bindung: Reclam, Ditzingen. Printed in Germany 1986
ISBN 3-15-008309-5

Inhalt

Die Büchse der Pandora*

...Die Liebe der Frauen enthält wie die Büchse der Pandora alle Schmerzen des Lebens, aber sie sind eingehüllt in goldene Blätter und sind so voller Farben und Düfte, daß man nie klagen darf, die Büchse geöffnet zu haben. Die Düfte halten das Alter fern und bewahren noch in ihrem Letzten die eingeborene Kraft. Jedes Glück macht sich bezahlt, und ich sterbe ein wenig an diesen süßen und feinen Düften, die der schlimmen Büchse entsteigen, und trotzdem findet meine Hand, die das Alter schon zittern macht, noch die Kraft, verbotene Schlüssel zu drehn. Was ist Leben, Ruhm, Kunst! Ich gebe alles das für die benedeiten Stunden, die mein Kopf in Sommernächten auf Brüsten lag, geformt unter dem Becher des Königs von Thule, – nun wie dieser dahin und verschwunden...

Félicien Rops.

»Eine Seele, die sich im Jenseits den Schlaf aus den Augen reibt.« Ein Dichter und Liebender, zwischen Liebe und künstlerischer Gestaltung der Frauenschönheit schwankend, hält Lulus Hand in der seinen und spricht die Worte, die der Schlüssel sind zu diesem Irrgarten der Weiblichkeit, zu dem Labyrinth, in dem manch ein Mann die Spur seines Verstandes verlor. Es ist der letzte Akt des »Erdgeist«. Alle Typen der Mannheit hat die Herrin der Liebe um sich versammelt, damit sie ihr dienen, indem sie nehmen, was sie zu spenden hat. Alwa, der Sohn ihres Gatten, spricht es aus. Und dann, wenn er sich an diesem süßen Quell des Verderbens vollberauscht, wenn sich sein Schicksal erfüllt haben wird, im letzten Akt der »Büchse der Pandora«, wird er, vor dem Bilde Lulus delirierend die Worte finden: »Diesem Porträt gegenüber gewinne ich meine Selbstachtung wieder. Es

---

* Gesprochen als Einleitung zur ersten, von mir veranstalteten Aufführung am 29. Mai 1905.

macht mir mein Verhängnis begreiflich. Alles wird so natürlich, so selbstverständlich, so sonnenklar, was wir erlebt haben. Wer sich diesen blühenden, schwellenden Lippen, diesen großen unschuldsvollen Kinderaugen, diesem
rosig weißen, strotzenden Körper gegenüber in seiner
bürgerlichen Stellung sicher fühlt, der werfe den
ersten Stein auf uns.« Diese Worte, vor dem Bilde des
Weibes gesprochen, das zur Allzerstörerin wurde, weil es
von allen zerstört ward, umspannen die Welt des Dichters
Frank Wedekind. Eine Welt, in der die Frau, soll sie ihrer
ästhetischen Vollendung reifen, nicht verflucht ist, dem
Mann das Kreuz sittlicher Verantwortung abzunehmen. Die
Erkenntnis, welche die tragische Kluft zwischen blühenden
Lippen und bürgerlichen Stellungen begreift, mag heute
vielleicht die einzige sein, die eines Dramatikers wert ist.
Wer die »Büchse der Pandora«, die im »Erdgeist« zwar ihre
stoffliche Voraussetzung hat, aber das gedankliche Verständ-
nis des Ganzen erst erschließt, wer diese Tragödie Lulu
begriffen hat, wird der gesamten deutschen Literatur, so da
am Weibe schmarotzt und aus den »Beziehungen der
Geschlechter« psychologischen Profit zieht, mit dem
Gefühle gegenüberstehen, das der Erwachsene hat, wenn
ihm das Einmaleins beigebracht werden soll. Ich würde
mich nicht scheuen, diese große Revue psychologischer
Kindereien mit manchem Klassiker zu eröffnen. Die tiefsten
Erforscher männlichen Gefühlslebens haben vor dem
Augenaufschlag ihrer eigenen Heldinnen zu stammeln
begonnen, und die unsägliche Tragik, der sie Worte liehen,
war durch alle Zeiten die Tragik der verlorenen Virginität.
Ein »Werde du zur Dirne«, oft auch bloß ein verschämtes
»Werde du zur –«, von irgendeinem Knasterbart gemurmelt,
wir hören es durch alle dramatischen Entwicklungen bis in
unsere Tage: immer wieder sehen wir den dramatischen
Knoten aus einem Jungfernhäutchen geschürzt. Nie haben
sich hier die Dichter als Erlöser der Menschheit gefühlt,
sondern sich mit ihr unter das Damoklesschwert gebeugt,

das sie in christlicher Demut freiwillig über sich aufgehängt hat. Den Irrwahn, daß die Ehre der Welt vermindert wird, wenn sie ihre Freude vermehrt, haben sie gläubig nachgebetet. Und sie schrieben Tragödien über das, »worüber kein Mann wegkann«. Daß man über die knorrigen Plattheiten eines denkenden Tischlermeisters viel weniger wegkönnen sollte als über das Abenteuer seiner Maria Magdalena, ist ja eine literarische Angelegenheit für sich. Aber dem dramatischen Gejammer über die Verminderung des weiblichen Marktwertes hat erst Frank Wedekind entsagt und abgesagt. In seiner Bekenntnisdichtung »Hidalla« erhebt sich Fanny turmhoch über den Freier, der sie verschmäht hat, weil ihr »der Vorzug« mangelt, der ihre Geschlechtsgenossinnen erst preiswert macht: »Deswegen also bin ich jetzt nichts mehr?! Das also war die Hauptsache an mir?! Läßt sich eine schmachvollere Beschimpfung für ein menschliches Wesen ersinnen? – als deswegen, um eines solchen – Vorzugs willen geliebt zu werden?! – – Als wäre man ein Stück Vieh!«... Und dann die gewaltige Doppeltragödie, deren zweiten Teil Sie heute schauen werden, die Tragödie von der gehetzten, ewig mißverstandenen Frauenanmut, der eine armselige Welt bloß in das Prokrustesbett ihrer Moralbegriffe zu steigen erlaubt. Ein Spießrutenlauf der Frau, die vom Schöpferwillen dem Egoismus des Besitzers zu dienen nicht bestimmt ist, die nur in der Freiheit zu ihren höheren Werten emporsteigen kann. Daß die flüchtige Schönheit des Tropenvogels mehr beseligt als der sichere Besitz, bei dem die Enge des Bauers die Pracht des Gefieders verwundet, hat sich noch kein Vogelsteller gesagt. Sei die Hetäre ein Traum des Mannes. Aber die Wirklichkeit soll sie ihm zur Hörigen – Hausfrau oder Maitresse – machen, weil das soziale Ehrbedürfnis ihm selbst über den Traum geht. So will auch jeder, der die polyandrische Frau will, diese für sich. Solchen Wunsch, nichts weiter, hat man als den Urquell aller Tragödien der Liebe zu betrachten. Der Erwählte sein wollen, ohne der Frau das Wahlrecht zu gewähren. Und daß voll-

ends Titania auch einen Esel herzen könne, das wollen die
Oberone nie begreifen, weil sie gemäß ihrer höheren Besin-
nungsfähigkeit und ihrer geringeren Geschlechtsfähigkeit
nicht imstande wären, eine Eselin zu herzen. Darum werden
sie in der Liebe selbst zu Eseln. Ohne ein vollgerüttelt Maß
von sozialer Ehre können sie nicht leben: und darum Räuber
und Mörder! Zwischen den Leichen aber schreitet eine
Nachtwandlerin der Liebe dahin. Sie, in der alle Vorzüge der
Frau eine in soziale Vorstellungen befangene Welt zu
»Lastern« werden ließ.

Einer der dramatischen Konflikte zwischen der weiblichen Natur und einem männlichen Dummkopf hat Lulu der
irdischen Gerechtigkeit ausgeliefert, und sie müßte in neun-
jähriger Kerkerhaft darüber nachdenken, daß Schönheit eine
Strafe Gottes sei, wenn nicht die ihr ergebenen Sklaven der
Liebe einen romantischen Plan zu ihrer Befreiung ausheck-
ten, einen, der in der realen Welt nicht einmal in fanatisier-
ten Gehirnen reifen, auch fanatischem Willen nicht gelingen
kann. Mit Lulus Befreiung aber – durch das Gelingen des
Unmöglichen zeichnet der Dichter die Opferfähigkeit der
Liebessklaverei besser als durch die Einführung eines glaub-
hafteren Motivs – hebt die »Büchse der Pandora« an. Lulu,
die Trägerin der Handlung im »Erdgeist«, ist jetzt die Getragene. Mehr als früher zeigt sich, daß ihre Anmut die eigentliche leidende Heldin des Dramas ist; ihr Porträt, das Bild
ihrer schönen Tage, spielt eine größere Rolle als sie selbst,
und waren es früher ihre aktiven Reize, die die Handlung
schoben, so ist jetzt auf jeder Station des Leidensweges der
Abstand zwischen einstiger Pracht und heutigem Jammer
der Gefühlserreger. Die große Vergeltung hat begonnen, die
Revanche einer Männerwelt, die die eigene Schuld zu rächen
sich erkühnt. »Die Frau«, sagt Alwa, »hat in diesem Zimmer
meinen Vater erschossen; trotzdem kann ich in dem Morde
wie in der Strafe nichts anderes als ein entsetzliches Unglück
sehen, das sie betroffen hat. Ich glaube auch, mein Vater
hätte, wäre er mit dem Leben davongekommen, seine Hand

nicht vollständig von ihr abgezogen.« In dieser Empfindens-
fähigkeit gesellt sich dem überlebenden Sohn der Knabe
Alfred Hugenberg, dessen rührendes Schwärmen im Selbstmord endet. Aber zu einem Bündnis, das ergreifender nie
erfunden wurde, treten Alwa und die opferfreudige, seelen-
starke Freundin Geschwitz zusammen, zum Bündnis einer
heterogenen Geschlechtlichkeit, die sie doch beide dem
Zauber der allgeschlechtlichen Frau erliegen läßt. Das sind
die wahren Gefangenen ihrer Liebe. Alle Enttäuschung, alle
Qual, die von einem geliebten Wesen ausgeht, das nicht zu
seelischer Dankbarkeit erschaffen ist, scheinen sie als Won-
nen einzuschlürfen, an allen Abgründen noch Werte beja-
hend. Ihre Gedankenwelt ist, mag er sie auch noch so sehr in
einzelnen Zügen von der seinen absondern, die Gedankenwelt des Dichters, jene, die schon in dem Shakespeareschen
Sonett zu tönen anhebt:

> Wie lieblich und wie süß machst Du die Schande,
> Die wie ein Wurm in duftiger Rose steckt
> Und Deiner Schönheit Knospenruf befleckt –
> Du hüllst die Schuld in wonnige Gewande!
> Die Zunge, die wohl Deinen Wandel tadelt,
> Wenn sie leichtfertig deutend, von Dir spricht,
> Läßt ohne Lob doch selbst den Tadel nicht,
> Weil schon Dein Name bösen Leumund adelt.
> O welche Wohnung ward den Fehlern, die
> Zu ihrem Aufenthalt Dich auserlesen!
> Die reinste Schönheit überschleiert sie
> Und tadellos erscheint Dein ganzes Wesen.

Man kanns auch – mit dem albernen Roman-Medizinerwort
– Masochismus nennen. Aber der ist vielleicht der Boden
künstlerischen Empfindens. Der »Besitz« der Frau, die
Sicherheit des beatus possidens ist es, ohne was Phantasiearmut nicht glücklich sein kann. Realpolitik der Liebe! Rodrigo Quast, der Athlet, hat sich eine Nilpferdpeitsche an-
geschafft. Mit der wird er sie nicht nur zur »zukünftigen
pompösesten Luftgymnastikerin der Jetztzeit« machen, son-

dern auch zum treuen Eheweib, das bloß jene Kavaliere bei sich zu empfangen hat, die er selbst bestimmt. Mit diesem unvergleichlichen Philosophen der Zuhältermoral beginnt der Zug der Peiniger: nun werden die Männer an Lulu durch Gemeinheit vergelten, was sie durch Torheit an ihr gesündigt haben. Die Reihe der verliebten Alleinbesitzer wird naturnotwendig von der Reihe der Praktiker der Liebe abgelöst. In ihr folgt auf Rodrigo, der leider die Fähigkeit verlernt hat, »zwei gesattelte Kavalleriepferde auf seinem Brustkorb zu balancieren«, Casti Piani, dessen Schurkengesicht eine bösere sadistische Gewalt über Lulus Sexualwillen erlangte. Um dem einen Erpresser zu entrinnen, muß sie sich dem andern an den Hals werfen, jedermanns Opfer, jeden opfernd, bis der Erschöpften als der letzte und summarische Rächer des Mannsgeschlechts – Jack the Ripper in den Weg tritt. Von Hugenberg, dem seelischesten, führt der Weg bis zu Jack, dem sexuellsten Manne, dem sie zufliegt wie die Motte dem Licht – dem extremsten Sadisten in der Reihe ihrer Peiniger, dessen Messeramt ein Symbol ist: er nimmt ihr, womit sie an den Männern gesündigt hat. –

Aus einer losen Reihe von Vorgängen, die eine Kolportageromanphantasie hätte erfinden können, baut sich dem helleren Auge eine Welt der Perspektiven, der Stimmungen und Erschütterungen auf, und die Hintertreppenpoesie wird zur Poesie der Hintertreppe, die nur jener offizielle Schwachsinn verdammen kann, dem ein schlecht gemalter Palast lieber ist als ein gut gemalter Rinnstein. Aber nicht auf solcher Szene liegt hier die Wahrheit, sondern noch hinter ihr. Wie wenig Platz fände in Wedekinds Welt, in der die Menschen um der Gedanken willen leben, ein Realismus der Zustände! Er ist der erste deutsche Dramatiker, der wieder dem Gedanken den langentbehrten Zutritt auf die Bühne verschafft hat. Alle Natürlichkeitsschrullen sind wie weggeblasen. Was über und unter den Menschen liegt, ist wichtiger, als welchen Dialekt sie sprechen. Sie halten sogar wieder – man wagt es kaum für sich auszusprechen – Monologe.

Auch wenn sie miteinander auf der Szene stehen. Der Vorhang geht auf, und ein gedunsener Athlet spinnt seine Zukunftsträume von fetten Gagen und Zuhältergewinsten, ein Dichter zetert wie Karl Moor über das tintenklecksende Säkulum, und eine leidende Frau träumt von der Rettung ihrer abgöttisch geliebten Freundin. Drei Menschen, die aneinander vorbeisprechen. Drei Welten. Eine dramatische Technik, die mit einer Hand drei Kugeln schiebt. Man kommt dahinter, daß es eine höhere Natürlichkeit gibt als die der kleinen Realität, mit deren Vorführung uns die deutsche Literatur durch zwei Jahrzehnte im Schweiße ihres Angesichtes dürftige Identitätsbeweise geliefert hat. Eine Sprache, die die verblüffendste Verbindung von Charakteristik und aphoristischer Erhöhung darstellt. Jedes Wort zugleich der Figur und ihrem Gedanken, ihrer Bestimmung angepaßt: Gesprächswendung und Motto. Der Zuhälter spricht: »Bei ihrer praktischen Einrichtung kostet es die Frau nicht halb so viel Mühe, ihren Mann zu ernähren, wie umgekehrt. Wenn ihr der Mann nur die geistige Arbeit besorgt und den Familiensinn nicht in die Binsen gehen läßt.« Wie hätte das ein sogenannter Realist ausgedrückt? Szenen wie die zwischen Alwa und Lulu im ersten, zwischen Casti Piani und Lulu im zweiten und vor allem jene im letzten Akt, in der die Geschwitz mit Lulus Porträt in das Londoner Elend hineinplatzt, hat ein anderer deutscher Dramatiker mit kunstvollster Stimmungstechnik nicht zustande gebracht, und keine andere Hand hätte heute Mut und Kraft zu solchem Griff in das Menscheninnerste. Shakespearisch grotesk wie das Leben selbst ist diese Abwechslung clownhafter und tragischer Wirkungen bis zu der Möglichkeit, beim Stiefelanziehen von stärkster Erschütterung durchwühlt zu sein. Diese visionär gewendete Moritat, diese vertiefte Melodramatik des »Von Stufe zu Stufe« ist außen Lebensbild, innen Bild des Lebens. Wie ein Fiebertraum – der Traum eines an Lulu erkrankten Dichters – jagen diese Vorgänge. Alwa könnte am Schluß sich über die Augen fahren und in den Armen einer erwachen, die sich erst im Jenseits den Schlaf aus den Augen reibt. Dieser zweite, der Pariser Akt, mit seinen matten Farben eines schäbigen Freudenlebens: alles wie hinter einem Schleier, bloß eine Etappe auf den parallelen Leidenswegen Lulus und Alwas. Sie, vorne, das Blatt eines Erpressers zerknitternd, er hinten im Spielzimmer, ein schwindelhaftes Wertpapier in der Hand. Im Taumel der Verlumpung hastet er über die Szene. Alles drängt dem Abgrund zu. Ein Gewirr von Spielern und Kokotten, die ein gaunerischer Bankier betrügt. Alles schemenhaft und in einer Sprache gehalten, die einen absichtlich konventionellen Ton muffiger Romandialoge hat: »Und nun kommen Sie, mein Freund! Jetzt wollen wir unser Glück im Baccarat versuchen!« Der »Marquis Casti Piani« – nicht als die Charge eines Mädchenhändlers, sondern als der leibhaftige Mission des Mädchenhandels auf die Bühne gestellt. In zwei Sätzen soziale Schlaglichter von einer Grelligkeit, die nur der Schleier der Vorgänge dämpft, ein Ironiegehalt, der hundert Pamphlete gegen die Lügnerin Gesellschaft und gegen den Heuchler Staat überflüssig macht. Ein Mensch, der Polizeispion und Mädchenhändler zugleich ist: »Die Staatsanwaltschaft bezahlt demjenigen, der die Mörderin des Dr. Schön der Polizei in die Hand liefert, 1000 Mark. Ich brauche nur den Polizisten heraufzupfeifen, der unten an der Ecke steht, dann habe ich 1000 Mark verdient. Dagegen bietet das Etablissement Oikonomopulos in Kairo 60 Pfund für Dich. Das sind 1200 Mark, also 200 Mark mehr als der Staatsanwalt bezahlt.« Und, da ihn Lulu mit Aktien abfertigen will: »Ich habe mich nie mit Aktien abgegeben. Der Staatsanwalt bezahlt in deutscher Reichswährung und Oikonomopulos zahlt in englischem Gold.« Die unmittelbarste Exekutive staatlicher Sittlichkeit und die Vertretung des Hauses Oikonomopulos in einer und derselben Hand vereinigt.... Ein gespenstisches Huschen und Hasten, ein Grad dramatischer Andeutung, den Offenbach festgehalten hat, da er die Stimmungen E. T. A. Hoffmanns vertonte. Olym-

pia-Akt. Wie Spalanzani, der Adoptivvater eines Automa-
ten, beschwindelt dieser Puntschu mit seinen falschen
Papierwerten die Gesellschaft. Seine dämonische Ver-
schmitztheit findet in ein paar Monologsätzen einen philosophischen Ausdruck, der den Unterschied der Geschlechter tiefer erfaßt als alle Wissenschaft der Neurologen. Er
kommt aus dem Spielsaal und freut sich diebisch, daß seine
Judenmoral um soviel einträglicher ist als die Moral der
Huren, die dort um ihn versammelt waren. Sie müssen ihr
Geschlecht, ihr »Josaphat«, vermieten – er kann sich mit
seinem Verstand helfen. Die armen Frauenzimmer setzen
das Kapital ihres Körpers zu; der Verstand des Spitzbuben
erhält sich frisch: »braucht er sich nicht zu baden in Eau de
Cologne!« So triumphiert die Unmoral des Mannes über die
Nichtmoral der Frau. Der dritte Akt. Hier, wo Knüppel,
Revolver und Schlächtermesser spielen, aus diesen Abgründen einer rohen Tatsachenwelt klingen die reinsten Töne.
Das Unerhörte, das sich hier begibt, mag den abstoßen, der
von der Kunst nichts weiter verlangt als Erholung oder daß
sie doch nicht die Grenze seiner eigenen Leidensmöglichkeit
überschreite. Aber sein Urteil müßte so schwach sein wie
seine Nerven, wollte er die Großartigkeit dieser Gestaltung
leugnen. Mit realistischen Erwartungen freilich darf man
diese Fiebervision in einer Londoner Dachkammer so wenig
miterleben wollen, wie die »unwahrscheinliche« Befreiungs-
geschichte im ersten Akt und die Beseitigung Rodrigos im
zweiten. Und wer in diesem Nacheinander von vier Liebes-
kunden der als Straßenmädchen verendenden Lulu eine rohe
Pikanterie und nicht in diesem Wechsel grotesker und tragischer Eindrücke, in dieser Anhäufung schrecklicher Gesichte
den Einfall eines Dichters sieht, darf sich über die niedrige
Schätzung seiner eigenen Erlebnisfähigkeit nicht beklagen.
Er verdient es, Zeitgenosse jener dramatischen Literatur zu
sein, über die Frank Wedekind durch den Mund seines Alwa
so bitter abspricht. Aber man kann im Ernst nicht glauben,
daß einer so kurzsichtig sein könnte, über der »Peinlichkeit«

des Stoffes die Größe seiner Behandlung und die innere Notwendigkeit seiner Wahl zu verkennen. Vor Knüppel, Revolver und Messer zu übersehen, daß sich dieser Lustmord wie ein aus den tiefsten Tiefen der Frauennatur geholtes Verhängnis vollzieht; über die lesbische Verfassung dieser Gräfin Geschwitz zu vergessen, daß sie Größe hat und kein pathologisches Dutzendgeschöpf vorstellt, sondern wie ein Dämon der Unfreude durch die Tragödie schreitet. Zwar, die unendlichen Feinheiten dieser groben Dichtung erschließen sich dem Leser erst bei genauerer Bekanntschaft: Lulus Vorahnung ihres Endes, das schon auf den ersten Akt seine Schatten wirft, dieses Dahinschweben unter einem Bann und dieses Vorübergleiten an den Schicksalen der Männer, die ihr verfallen sind: auf die Nachricht vom Tode des kleinen Hugenberg im Gefängnis fragt sie, ob denn »der auch im Gefängnis ist«, und Alwas Leichnam macht ihr die Stube bloß unbehaglicher. Dann die blitzartige Erkenntnis des extremsten Mannes, Jacks, der dem unweiblichsten Weibe »wie einem Hunde den Kopf streichelt« und sofort die Beziehung dieser Geschwitz zu Lulu und damit ihre Nichteignung für sein fürchterliches Bedürfnis mitleidig wahrnimmt. »Dies Ungeheuer ist ganz sicher vor mir«, sagt er, nachdem er sie niedergestochen hat. Sie hat er nicht zur Lust gemordet, bloß als Hindernis beseitigt. Zu seiner Befriedigung könnte er ihr höchstens das Gehirn herausschneiden. –

Nicht eindringlich genug kann davor gewarnt werden, das Wesen der Dichtung in ihrer stofflichen Sonderbarkeit zu suchen. Eine Kritik, deren hausbackene Gesundheit sich über Dinge der Liebe den Kopf nicht zerbricht, hat schon im »Erdgeist« nichts weiter als ein Boulevard-Drama sehen wollen, in dem der Autor »Krasses mit Zotigem gemengt« habe. Ein führender Berliner Geist hat die Ahnungslosigkeit, mit der er der Welt des Doppeldramas gegenübersteht, durch den Rat bewiesen, der begabte Autor möge nur schnell ein anderes Stoffgebiet wählen. Als ob der Dichter »Stoffe wählen« könnte, wie der Tailleur oder der Wochen-

journalist, der auch fremden Meinungen sein stilistisches
Kleid borgt. Von der Urkraft, die hier Stoff und Form
zugleich gebar, hat heute die deutsche Kritik noch keine
Ahnung. Daß die offizielle Theaterwelt ihr Modernitätsideal
im jährlichen Pensum ihrer geschickten Ziseleure erfüllt
wähnt, daß der Tantièmensegen immerzu die Mittelmäßigkeit befruchtet und die Persönlichkeit die einzige Auszeich-
nung genießt, keinen Schiller-, Grillparzer- oder Bauernfeldpreis (oder wie die Belohnung für Fleiß, gute Sitten und
Talentlosigkeit sonst heißen mag) zu bekommen – man ist
gewohnt, es als etwas Selbstverständliches hinzunehmen.
Aber nachgerade muß es erbittern, einen Dramatiker, der
keine Zeile geschrieben hat, die nicht Weltanschauung und
Theateranschauung zu absoluter Kongruenz brächte, und
dessen perspektivische Gedankenreihen endlich über das
armselige Milieugeschäft emporweisen, von der offiziellen
Kunstwelt als ein Kuriosum behandelt zu sehen. Er ist
»grotesk«. Und damit glauben die Gerechten, die in der
Literatur immer zwei Fliegen mit einem Schlagwort treffen,
ihn abgestempelt zu haben. Als ob das Groteske immer
Selbstzweck einer Artistenlaune wäre! Sie verwechseln die
Maske mit dem Gesicht und keiner ahnt, daß der groteske
Vorwand hier nichts geringeres bedeuten könnte, als das
Schamgefühl des Idealisten. Der auch Idealist bleibt, wenn
er in einem Gedichte bekennt, daß er lieber eine Hure wäre,
»als an Ruhm und Glück der reichste Mann«, und dessen
Schamgefühl in viel tiefere Sphären langt, als das Schamge-
fühl derer, die an Stoffen Anstoß nehmen.

Der Vorwurf, daß man in eine Dichtung etwas »hineinge-
legt« habe, wäre ihr stärkstes Lob. Denn nur in jene Dramen, deren Boden knapp unter ihrem Deckel liegt, läßt sich
beim besten Willen nichts hineinlegen. Aber in das wahre
Kunstwerk, in dem ein Dichter seine Welt gestaltet hat,
können eben alle alles hineintun. Was in der »Büchse der
Pandora« geschieht, kann für die ästhetische wie – hört, hört
– für die moralistische Betrachtung der Frau herangezogen

werden. Die Frage, ob es dem Dichter mehr um die Freude an ihrem Blühen oder mehr um die Betrachtung ihres ruinösen Waltens zu tun ist, kann jeder wie er will beantworten. So kommt bei diesem Werke schließlich auch der Sittenrichter auf seine Rechnung, der die Schrecknisse der Zuchtlosigkeit mit exemplarischer Deutlichkeit geschildert sieht und der in dem blutdampfenden Messer Jacks mehr die befreiende Tat erkennt als in Lulu das Opfer. So hat sich ein Publikum, dem der Stoff mißfällt, wenigstens nicht über die Gesinnung zu entrüsten. Leider. Denn ich halte die Gesinnung für arg genug. Ich sehe in der Gestaltung der Frau, die die Männer zu »haben« glauben, während sie von ihr gehabt werden, der Frau, die Jedem eine andere ist, Jedem ein anderes Gesicht zuwendet und darum seltener betrügt und jungfräulicher ist als das Püppchen domestiker Gemütsart, ich sehe darin eine vollendete Ehrenrettung der Unmoral. In der Zeichnung des Vollweibes mit der genialen Fähigkeit, sich nicht ernähren zu können, der Frau, die ohne Hemmung, aber auch ohne die Gefahren fortwährender seelischer Konzeption lebt und jedes Erlebnis im Vergessen wegspült. Begehrende, nicht Gebärende; nicht Genus-Erhalterin, aber Genuß-Spenderin. Nicht das erbrochene Schloß der Weiblichkeit; doch stets geöffnet, stets wieder geschlossen. Dem Gattungswillen entrückt, aber durch jeden Geschlechtsakt selbst neu geboren. Eine Nachtwandlerin der Liebe, die erst »fällt«, wenn sie angerufen wird, ewige Geberin, ewige Verliererin – von der ein philosophischer Strolch im Drama sagt: »Die kann von der Liebe nicht leben, weil ihr Leben die Liebe ist.« Daß der Freudenquell in dieser engen Welt zur Pandorabüchse werden muß: diesem unendlichen Bedauern scheint mir die Dichtung zu entstammen. »Der nächste Freiheitskampf der Menschheit«, sagt Wedekind in seinem programmatischeren Werke »Hidalla«, »wird gegen den Feudalismus der Liebe gerichtet sein! Die Scheu, die der Mensch seinen eigenen Gefühlen gegenüber hegt, gehört in die Zeit der Hexenprozesse und der Alchymie. Ist eine Menschheit nicht lächer-

lich, die Geheimnisse vor sich selber hat?! Oder glauben Sie
vielleicht an den Pöbelwahn, das Liebesleben werde verschleiert, weil es häßlich sei?! Im Gegenteil, der Mensch
wagt ihm nicht in die Augen zu sehen, so wie er vor seinem
Fürsten, vor seiner Gottheit den Blick nicht zu heben wagt!
Wünschen Sie einen Beweis? Was bei der Gottheit der
Fluch, das ist bei der Liebe die Zote! Jahrtausende alter
Aberglaube aus den Zeiten tiefster Barbarei hält die Vernunft
im Bann. Auf diesem Aberglauben aber beruhen die drei
barbarischen Lebensformen, von denen ich sprach:
Die wie ein wildes Tier aus der menschlichen Gemeinschaft
hinausgehetzte Dirne; das zu körperlicher und geistiger
Krüppelhaftigkeit verurteilte, um sein ganzes Liebesleben
betrogene alte Mädchen; und die zum Zweck möglichst
günstiger Verheiratung bewahrte Unberührtheit des jungen
Weibes. Durch dieses Axiom hoffte ich den Stolz des Weibes
zu entflammen und zum Kampfgenossen zu gewinnen.
Denn von Frauen solcher Erkenntnis erhoffte ich, da mit
Wohlleben und Sorglosigkeit einmal abgerechnet war, eine
frenetische Begeisterung für mein Reich der Schönheit.«

Nichts ist billiger als sittliche Entrüstung. Ein kultiviertes
Publikum – nicht nur die Vorsicht der Polizeibehörde, auch
der Geschmack der Veranstalter sorgte für seine Zusammensetzung – verschmäht billige Mittel der Abwehr. Es verzichtet auf die Gelegenheit, seiner eigenen Wohlanständigkeit
applaudieren zu können. Das Gefühl dieser Wohlanständigkeit, das Gefühl, den auf der Bühne versammelten Spitzbuben und Sirenen moralisch überlegen zu sein, ist ein gefeste-
ter Besitz, den nur der Protz betonen zu müssen glaubt.
Bloß e r möchte auch dem Dichter seine Überlegenheit
zeigen. Dies aber könnte uns nie abhalten, auf die fast
übermenschliche Mühe stolz zu sein, die wir daran wandten,
dem starken und kühnen Dramatiker unsere Achtung zu
beweisen. Denn keinem haben sich wie ihm die Striemen,
die seelisches Erleben schlug, zu Ackerfurchen dichterischer
Saat gewandelt.

Peter Altenberg

Er feiert nun wirklich diesen oft versprochenen, oft verschobenen fünfzigsten Geburtstag. Aber mag das Datum schwankend sein wie das Urteil über den Mann, ja schwankend selbst wie das Urteil des Mannes, die Gelegenheit, ihn respektvoll zu grüßen, möchte sich einer nicht versagen, der dabei war, als jener seine Haare ließ, um einen Kopf zu bekommen. Und nichts steht heute fester in unserm Geistesleben als dies Schwanken, nichts ist klarer umrissen als diese knitterige Physiognomie, nichts bietet bessern Halt als diese Unverläßlichkeit. Unter den vielen, die hier etwas vorstellen, ist einer, der bedeutet; unter den manchen, die etwas können, ist einer, der ist. Unter den zahllosen, die ihre Stoffe aus der Literatur geholt haben und Migräne bekamen, als es an die Prüfung durchs Leben ging, ist einer, der im schmutzigsten Winkel des Lebens Literatur geschaffen hat, gleich unbekümmert um die Regeln der Literatur und des Lebens. Weiß der liebe Herrgott, wie die andern ihren Tag führten, ehe sie zu ihren Büchern gelangten: die Nächte dieses einen waren allzeit der öffentlichen Besichtigung preisgegeben, und manch ein champagnertrinkender Pferdedieb dürfte um die Zeugung dessen Bescheid wissen, was für alle Zeit den Werten einer lyrischen Prosa zugehören wird. Dieses Künstlerleben hatte einen Zug, den in seiner Welt die Weiber verloren haben: Treue im Unbestand, rücksichtslose Selbstbewahrung im Wegwurf, Unverkäuflichkeit in der Prostitution. Seitdem und so oft er vom Leben zum Schreiben kam, stand das Problem dieser elementaren Absichtslosigkeit, die heute leichtmütig eine Perle und morgen feierlich eine Schale bietet, in der Rätselecke des lesenden Philisters. Die bequemste Lösung war die Annahme, er sei ein Poseur: er, der zeitlebens nichts anderes getan hat als die Konvention der Verstellung durchbrechen. Oder es sei ein echter Narr. Denn das Staunen des gesunden Verstandes, dessen niederträchtige Erhabenheit sich hier voll entfaltet, sieht bloß die gelockerte Schraube und fühlt die bewegende Kraft nicht, die den Schaden schuf, um an ihm zu wachsen. Aber wenn die Dichter zu nichts anderm taugen, als daß die Advokaten an ihnen ihrer Vollsinnigkeit inne werden, so haben sie ihren Zweck erfüllt, und die Advokaten sollten darauf verzichten, in das Verständnis der Dichter tiefer eindringen zu wollen, als zum Erweise ihrer eigenen Daseinsberechtigung notwendig ist. Mag sein, daß der Altenbergsche Ernst solche Art mechanischer Betrachtung auf Kosten der lebendigen Persönlichkeit verschuldet hat. In diesem Ernst kreischt die Schraube, und verlockt die Neugierde einer wertlosen Intelligenz, die man besser ihren Weg ziehen ließe. Es ist dieser künstlerischen Natur zu eigen, das Unscheinbare aus der Höhe anzurufen; und solche Aufmerksamkeit wird ihr unversehens zur Kunst, wenn die Kontraste sich im Humor verständigen. Er ist Lyriker, wenn er sich zur unmittelbaren Anschauung seiner kleinen Welt begibt, und er ist Humorist, wenn er sich über sie erhebt, um sie zu belachen. Er ist persönlich und reizvoll in und über den Dingen, und wir haben ihm hier und dort Kunstwerke zu danken, die ihm keiner nachmachen kann, weil er selbst ohne Vorbild ist. Aus einer Grundstimmung zwischen Überlegenheit und lyrischem Befassen, aus einer umkippenden Weisheit, die vor einem Kanarienvogel ernster bleibt als vor sich selbst, aus einer Bescheidenheit, die sich nur vorschiebt, um die Welt in einer Narrenglatze zu spiegeln, könnte er uns eine »Empfindsame Reise« beschreiben, die er, aus Ersparnisrücksichten und Phantasie, im Kinematographentheater mitmacht. Ich gebe für ein paar Zeilen seiner »Maus« oder seines »Lift«, seines »Spazierstock« oder seines »Gesprächs mit dem Gutsherrn« sämtliche Romane einer Leihbibliothek her. Dazu freilich auch jenen P. A., der die Distanz zu seiner Welt durch Lärm ausgleichen möchte. Ich kann es verstehen, daß dem Künstler die Geduld reißt und daß er eines Nachts dazu gelangt, das Leben im Vokativ anzufahren. Er ist in solchen Augenblicken erregt, aber nicht eben schöpferisch. Ich sehe ihn hoch, aber der Abstand, der Humor verlangt, schafft sich ihn von selbst, wenn der Betrachter pathetisch wird. In dieses Kapitel scheint mir die Altenbergsche Gastrologie zu gehören mitsamt jenem Materialismus der Frauenseele und jenem Spiritualismus der Materialware, und mit der Unerbittlichkeit jenes »erstklassigen« akrobatischen Evolutionsgedankens, daß der Affe vom Menschen abstammt. P. A., der vor einer Almwiese zum Dichter wird, wird vor einer Preisjodlerin zum Propheten. Er ist ein Seher, wenn er sieht, aber er ist bloß ein Rufer, wenn er ein Seher ist. Seine Schrullen sind schöpferische Hilfen, wenn sie sich selbst entlarven; sie sind Hindernisse, wenn sie auf sich bestehen. Die zarteste Künstlerhand beschwichtigt sie, und zu einer widrigen Unsprache lassen sie sich alarmieren. Und das ist der Humor davon. An ihn hält sich der Philistersinn, wenn diese Fülle sich selbst zu einer Sonderbarkeit verkleinert, die mit visionärer Verzückung Küchenrezepte verfertigt, tant de bruit pour une omelette macht und die Anweisung gibt: O nähme man doch endlich drei Eier!?! Gewiß bildet diese ausfahrende Sucht, die eine alltägliche Sache unterstreicht, ein Teil von jener Kraft, die eine alltägliche Sache erhöht, und ich möchte den Mißton in der Zigeunermusik dieses Geistes nicht entbehren. In der restlosen Ehrlichkeit, die das Unsagbare sagt, ist er wohl liebenswerter als ein Preziösentum, das vom Sagbaren nur die Form hat; und beschleunigte Herztätigkeit ist es, was den Menschenwert des Predigers über die Zweifel der Lehre erhebt. Aber der Lärm der Lehre scheint mir von der Schwerhörigkeit des Philisters gefördert und er bedeutet jenen Trotz, der die Konzession des Künstlers ist, der keine Konzessionen macht. Und wie sollte die stärkste Stimme nicht heiser werden in einem Vaterlande, in dem der Prophet der Niemand ist, aber der Poet ein Journalist? Peter Altenbergs

Ruhm ist aus dem sicheren Ausland noch nicht nach Wien gedrungen und das intellektuelle Gesindel dieser Stadt hat noch nicht geruht, ihn so ernst zu nehmen wie ihre Jourdichter und Journalisten. Dennoch sollte man solchen Reichtum der Mittel sich nicht auf Kosten des Inhalts entfalten lassen. Man müßte eine Zeitung, die diesem Temperament die Interpunktionen ihrer Druckerei zu schrankenloser Verfügung überläßt, boykottieren, man müßte Preisrichter der Literatur, die eine Persönlichkeit von solchem Wuchs in der Varieté-Kritik exzedieren lassen, aber jahraus jahrein harmonische Plattköpfe auszeichnen, auf der Straße verprügeln. Kurzum, man müßte alles das tun, wodurch man den Zorn P. A.'s auf sich laden könnte, den einzigen stadtbekannten Zorn, der um seiner selbst willen wertvoll ist und auch dort noch berechtigt, wo der Eigentümer mit Unrecht glaubt, man habe es auf seine Freiheit abgesehen. Denn man hat es in Wahrheit darauf abgesehen, ihn in den Stand zu bringen, wo er die wohlverdiente geistige Anerkennung endlich für die Ehre eintauscht, die Zielscheibe der Betrunkenheit zu sein. Oder gar das Merkziel jener vollsinnigen Betrachtung, die die Kunst P. A.'s als eine Privatangelegenheit belächelt, aber vor seinem Nachtleben wie vor einer Praterbude steht, und die überglücklich ist, wenn sie eine Probe seiner Urteilswütigkeit kolportieren kann. Daß hier ein ewiges Temperament bei der Sache ist, ob es nun für oder gegen die Sache ist oder beides zugleich, schätzt keiner. Aber auch die Ansichten der Natur sind geteilt, auf Schön folgt Regen und es ist ein und derselbe Ackerboden, der den Vorteil von solchem Widerspruch hat. Dieser Dichter hatte Anhänger, die ihm abtrünnig wurden, weil sie den Zufällen seiner klimatischen Verhältnisse nicht gewachsen waren. Nun, wen es peinlich betrifft, zwischen dem Einerseits einer höchsten Begeisterung und dem Anderseits einer tiefsten Verachtung zu leben, der bleibe zu Hause, aber er preise die Allmacht des Schöpfers und rümpfe nicht die Nase über die Natur. Denn die Natur ist weise, sie nimmt ihre Donner nicht ernst, und ihre Sonne lacht über die eigene Inkonsequenz. Ach, wir haben genug Köpfe, die mit fünfzig Jahren dasselbe sichere Urteil bewähren werden wie mit zwanzig. Gott erhalte sie als ganze. Von Peter Altenberg genügt uns eine Skizze.

Literatur

In einer Zeitungsspalte fällt mein Blick auf die Bemerkung, daß die »zwei ersten« Akte gefallen haben, so daß ich glauben muß, der Rezensent sei gleichzeitig in zwei Theatern gewesen und er stelle nun fest, daß hier und dort der erste Akt gefallen hat. Das ist journalistischer Sprachgebrauch, aber da eine Zeitung auch das Richtige treffen kann, so finde ich schon in der benachbarten Spalte eine Nachricht über die »nächsten zwei« Veranstaltungen eines Vereines. Und hier wieder zeigt sich, wie nichtig alle Form ist, wenn der Inhalt von übel. Denn mein splitterrichterisches Wohlgefallen wurde sogleich erledigt durch die Enthüllung, daß die erste der nächsten zwei Veranstaltungen ein »Servaes-Abend« sei. Um Himmelswillen, was ist das? fragte ich. Was haben die Leute mit uns vor? Servaes-Abend – es kann nicht sein! Gibts denn so etwas? Kann es so etwas geben?

Aber es stand schwarz auf weiß, ein Verein, der den guten Geschmack hat, sich einen Verein für Kultur zu nennen, versprach uns einen Servaes-Abend. Wenn man mir die Frage vorlegte, was denn überhaupt ein Verein sei, so würde ich antworten, ein Verein sei ein Verein gegen die Kultur. Dieser hier aber möchte mich durch die Angabe irreführen, er sei ein Verein für die Kultur. Das gelingt ihm nicht, denn die Rechnung geht schließlich doch glatt auf, indem ein Verein gegen die Kultur für die Kultur sich folgerichtig als ein Verein herausstellt. Da ich nun dem Vereinsleben durchaus fern stehe, da die bloße Vorstellung, daß es einen Männergesang-Verein gibt, mir den Schlaf raubt und noch kein Turnverein zur Erhöhung meines Lebensmutes beigetragen hat, so kann ich darüber nicht urteilen, ob der Verein, um den es sich hier handelt, seinen statutenmäßigen Verpflichtungen betreffs der Kultur gerecht wird. Aber ein

boshaftes Luder, wie ich bin, habe ich natürlich keine Anerkennung dafür, daß sich in dieser Wüste allgemeiner Kultur-
losigkeit eine Oase des Snobtums gebildet hat, daß sich
endlich wenigstens ein paar opfermutige Männer zusam-
mengefunden haben, um die Kultur für eröffnet zu erklären,
– vielmehr nähre ich meine teuflische Lust an dem Gedanken, daß alles verruinieret sein müsse. Es ist in der Tat schon
nicht mehr mit mir auszuhalten. Jetzt hasse ich die Oasen in
der Wüste, weil sie mir meine fata morgana verstellen!
Publikum in jeder Form macht mir Verdruß, ich meide die
Konzertsäle, und wenn sich in einem solchen wirklich einmal Leute drängen, denen man an der schwergebeugten
Nase ansieht, daß sie den Hingang der Kultur betrauern,
Männer, deren Bart noch die Linse von vorgestern trägt,
deren Gilet aber aus Sammet und Sehnsuchten komponiert
ist, Weiber, denen man das Haupt des Jochanaan unter der
Bedingung geben möchte, daß sie nicht tanzen, – dann bin
ichs auch nicht zufrieden! Ja, ich hasse die Häßlichkeit einer
genießenden Menge, die nach dem stickigen Geschäftstag
die verschlossenen Jalousien des Gemütes öffnet, um Kunst-
luft hereinzulassen. Aber der ästhetische Mißwachs, der sich
an den Pforten der Kultur drängt, treibt mich in die Flucht.
Wird mir schon totenübel, wenn ich um elf Uhr abends
durch die Augustinerstraße gehe und die Nachklänge einer
Wagneroper aus dem Wigelaweia des Ganges und der Hände
einer zum Fraß strömenden Begeisterung heraushöre, was
steht mir erst bevor, wenn ich dereinst Herr Richard Strauß
seine Versteher findet? Man glaubt gar nicht, wie viel
Häßlichkeit die angestrengte Beschäftigung mit der Schönheit erzeugt! Und ihre Art ist in allen Städten dieselbe.
Überall, wo nur ein findiger Impresario einen Tempel der
Schönheit errichtet, tauchen jetzt rudelweise diese undefi-
nierbaren Gestalten auf, die man in früheren Zeiten dann
und wann im Fiebertraum sah, aber nunmehr bei Reinhardt,
in den Münchener Künstlerkneipen und in Wiener Kaba-
retts. Plötzlich steht ein Kerl neben dir, dem Kravatte und

Barttracht zu einem seltsamen Ornament verwoben sind, das Motive aus Altwien und Ninive vereinigt, eine Kreuzung aus Biedermeier und dem echten Kambyses. Er sieht Klänge, weil er sie nicht hören kann, er hört Farben, weil er sie nicht sehen kann, er spricht durch die Nase und riecht aus dem Mund, seine Seele ist ein Kammerspiel und man hat nur den Wunsch, daß ihn so bald als möglich ein Bierbrauer totschlage. Denn vor diesem kann sich die Kunst retten, vor jenem nicht! Das Aufgebot verquollener Scheußlichkeit, das seit Jahren hinter den programmatischen Mißverständnissen her ist, macht ein Entrinnen unmöglich. Was sich da im Berliner Westen unter allen möglichen Marken als neue Gemeinschaft von Assyriern, Griechen, guten Europäern und Schmarotzern schlechtweg zusammengetan hat, dieses Gewimmel von einsamen Gemeinsamen, die Theaterreporter von Beruf und Baalspriester aus Neigung sind, bildet ein so unflätiges Hindernis im Kampf gegen den Philister, daß man das Ende aller Kunst und ein Verbot aller Freiheit ersehnt, um nur reines Terrain zu schaffen. Lieber allgemeine Blindheit als die Herrschaft eines Gesindels, das mit den Ohren blinzeln kann! Ein Wiener Greisler für zehn Berliner Satanisten! Das Udelquartett gegen einen Verein für Kultur! Selbst wenn er uns einen Servaes-Abend bringt.

Denn wir wissen ja nicht einmal, was das für ein Abend ist. Wir in Wien schätzen die Institution der Hopfnertage und der Riedlnächte, aber wir glauben nicht, daß sich die Servaes-Abende einbürgern werden. Was bedeutet das ungebräuchliche Wort Servaes? Ich erinnere mich dunkel, daß es einst ein Merkwort war, wenn man an das drollige Quiproquo eines Kunstkritikers der Neuen Freien Presse erinnern wollte. Da hatte einer in der Beschreibung des Guttenberg-Denkmals eine Buchdruckerpresse mit einem Fauteuil verwechselt oder umgekehrt, – das weiß ich nicht genau, da ich das Denkmal aus Antipathie gegen den dargestellten Mann und weil es eine Prostituiertengasse verschandelt, nie angesehen habe. Aber ich weiß genau, daß der Kunstkritiker, der zur aufmerksamen Betrachtung verpflichtet war, irgend etwas verwechselt hat. Ein anderesmal hat er in der Beschreibung eines ausgestellten Bildes Wüstensand mit Schnee verwechselt, was doch so bald keinem Kamel passieren dürfte. Infolgedessen wurde der Mann nur noch dazu verwendet, Berichte über Wohnungseinrichtungen zu stilisieren, die die Firmen der Administration bezahlten und in denen die Fauteuils genau bezeichnet waren. Da aber, wie erzählt wird, eine Verwechslung zwischen Portois und Fix vorkam, so sei nichts übrig geblieben, als dem Mann die Literaturkritik zu überantworten.

Denn hier kann einer machen, was er will, niemand wird daran Anstoß nehmen. Hier, in der Literatur, ist jede Verwechslung von Wüstensand und Schnee, von Fauteuil und Presse, von Portois und Fix erlaubt. Hier kann ein Mensch, der keine blasse Ahnung von Stil hat, über Werke der Sprache in einem impertinenten Ton aburteilen, für den man ihm in jeder besseren Gesellschaft auf den Mund schlüge. Hier dünkt sich ein Reporter, dem man keinen Gerichtssaalbericht anvertraute, einen Gott. Es soll vorkommen, daß solche Leute an auswärtige Revuen Beiträge schicken und wenn sie ihnen abgelehnt werden, mit den Waffen ihrer kritischen Hausmacht zu spielen beginnen. Daß sie dann in ihrem Gehege sich für alle Zurücksetzungen, die ihrer Talentlosigkeit widerfahren, für alle Enttäuschungen ihres Ehrgeizes, für alle Verbitterung schadlos halten, ist nur zu begreiflich. »Servaes«, das ist die Chiffre, die man überall dort findet, wo sich Mangel an Temperament austoben und Ledernheit sprudeln möchte. Da erscheint zum Beispiel ein Roman, zu dessen Empfehlung ich nicht mehr sagen kann, als daß ich ihn ausgelesen habe: »Sonjas letzter Name«, eine Schelmengeschichte von Otto Stoessl. Aber die besten kritischen Köpfe Deutschlands haben ihn nicht nur gelesen, sondern auch erhoben. Stünde ich der epischen Kunstform nicht wie einem mir Unfaßbaren gegenüber, ich fühlte mich wohl versucht, über die vielerlei seltenen Schönheiten in Sprache und Gestaltung, die ich mir dort angemerkt habe, zu sprechen; über einen ideenvollen Humor, der sich meinem Gefühl nur in den reflektierenden Pausen entrückt, in denen er sich nach sich selbst umsieht; und über jene herzhafte Entdeckung romantischer Gegenden in konventioneller Welt, von der dem kritischen Flegel nur die »Unwahrscheinlichkeit« in Händen bleibt. Darüber würde ich etwas sagen, und nicht verschweigen, daß es ein Mitarbeiter der Fackel ist, dem ich solche Freude verdanke. So aber obliegt mir bloß die traurige Pflicht, zu sagen, daß die Mitarbeit an der Fackel einem Künstler bei der Borniertheit geschadet hat. Es wäre ein beruhigender Gedanke, daß kritischer Unverstand keine Ranküne braucht, um sich lästig zu machen. Einem Autor, der in Deutschland geachtet wird, kann es ohnedies leicht zustoßen, daß ihm in Wien ein Ziegelstein auf den Kopf fällt; denn in Wien ärgern sich die Ziegelsteine darüber, daß die Passanten ihren Weg gehen. Ich bin der einzige, dem es nicht geschehen kann, weil bekanntlich der Dachdecker den Auftrag gegeben hat, mich mit stiller Verachtung zu strafen. Aber es könnte immerhin möglich sein, daß es die Dummheit auf jene abgesehen hat, die mit mir gehen. Und damit der nächste auch nicht stolpere, muß man solch einen Ziegelstein mit einem Fußtritt aus dem Wege räumen. Und wieder habe ich an ihm das Zeichen »Servaes« gefunden. Was soll das bedeuten? Ich komme schließlich dahinter, daß es die Signatur einer Geistlosigkeit ist, die stets verneint. Dafür kann sie im allgemeinen nichts. Daß sie aber im besondern Falle die Schöpfung eines Autors als »Anregung« für die Sudler feilbietet, daß sie einem Schriftsteller, der jenseits der feuilletonistischen Gangbarkeit produziert, seine Werte entwinden möchte und die »leichte Hand« der Literaturdiebe herbeiwinkt, auf daß eine vorrätige Idee nach dem Geschmack des Gesindels

zubereitet werde, ist beinahe dolos. Als ob man heutzutage
die Diebe rufen müßte! Freilich, um diesem Verleiter zu
folgen, dazu werden sie sich zu vornehm dünken. Kein
Nachahmer hat es nötig, sich von solchem Geist beraten zu
lassen, und ich wette hundert Schelmenromane gegen einen,
daß jeder Rudolph Lothar, der auf sich hält, es verschmähen
wird, eine Quelle zu benützen, die ihm schon im Voraus
nachgewiesen wurde. Immerhin ist diese Art öffentlicher
Hehlerei ein Novum in der Literaturkritik, diese Manier, am
lichten Sonntag, wo sich die jungen Literaten auf dem
Marktplatz drängen, den Ruf auszustoßen: Haltet den
Bestohlenen! Solche Gesinnung ist schlimmer als Unverstand, der nur die äußere Stofflichkeit benagt. Diesem kann
man das Recht, lästig zu sein, so wenig absprechen wie
jedem andern Zufall. Mein Gott, es gibt eben Literaturkritiker, die den Wert eines Kunstwerkes deshalb mit Vorliebe
vom stofflichen Gesichtspunkt beurteilen, weil sie nach den
harten Zeiten der Tapezierer-Reklame endlich einmal freie
Hand haben, die Echtheit von Stoffen anzuzweifeln. Ihre
kunstkritische Herkunft verleugnen sie auch in der Literaturkritik nicht: sie prüfen die Leinwand, wenn sie über ein
Gemälde urteilen sollen. Aber sie sind nicht einmal in
diesem Punkte sachverständig.

Glaubt man nach all dem, daß unsere Kritik im Argen
liegt? Dafür gedeiht unsere Produktion. Denn unter dem
Namen Servaes wird nicht nur gerichtet, sondern auch
bewiesen, daß man es selber besser machen kann. Nur so ist
die Gründung von Vereinen für Kultur und die Institution
der Servaes-Abende zu erklären, an denen ja nicht Inserate,
sondern Dichtungen vorgelesen werden. Wir haben einen
Peter Altenberg, der fünfzig Jahre alt wird, die deutsche
Literaturkritik leistet allerorten den Salut, doch unser Intelligenzblatt bringt Feuilletons und Romane eines schlechtgefärbten Blaustrumpfs und unser Kulturverein veranstaltet
einen Servaes-Abend. Nein, es will mir nicht stimmen, daß
dieses wundervolle Wort »Abend«, welches Zeitenende und

Sonnenuntergang, Fest und Weihe bedeutet und in dem ein
Hauch aller Dichtung atmet, jene sonderbare Verbindung
eingehen konnte. Ein schlechtes Beispiel mag einmal die
guten Sitten des Wortes verdorben haben. Denn:

> Eines Abends noch sehr spöte
> Gingen Wassermaus und Kröte
> Einen steilen Berg hinan.

Schrecken der Unsterblichkeit

Denn er war unser. Nämlich der Minor, Kalbeck, Blumenthal, Holzbock, Lothar usw. Sie werden hervorkriechen, ich
ahnte es, sie werden hervorkriechen. Wenn ein Denkmal
renoviert wird, kommen unfehlbar die Mauerasseln und die
Tausendfüßer ans Licht und sagen: Denn er war unser! Das
sind die Leichenwürmer der Unsterblichkeit. Was aber
Schillers Andenken zu Recht verkleinert, ist die Möglichkeit
solcher Patronanz. Sein Stoffliches war so sehr das Stoffliche
aller Welt, daß sich die schwärmerische Impotenz ihm bluts-
verwandt glaubt, daß sich die Lebensblindheit, die den Blick
»gen Himmel« richtet, die Taubheit, die auf Sphärenmusik
eingestellt ist, und alles Nichts, das sich durch ein ideales
Streben präsentabel macht, an seinem Ehrentag geschmei-
chelt fühlt. Was immer in Deutschland in seines Nichts
durchbohrendem Gefühle vergehen müßte, wenn ein Dichter gefeiert wird, lebt auf, wenn dieser Dichter gefeiert wird.
So daß es ungeheuer schwer hält, durch die Schatzkammern
der Banalität, die diesem Dichter vor allen andern den
Zuspruch der Nachwelt verschafft haben, zu seinem wahren
Lebensgehalt vorzudringen. Denn hinter ihm, vor ihm,
neben ihm liegt, was uns alle bändigt, das Gemeine. Ja,
einen Aufwand übermenschlicher Gerechtigkeit verlangt die
Pflicht, dahinter zu kommen, daß Schiller besser war als sein
Ruf. Wo sind die Nerven, die, stündlich von den Schmarot-
zern des Wahren, Guten und Schönen beleidigt, sich zur
Ruhe solcher Untersuchung bequemten? Im Kampf gegen
sein Gefolge, und möge dabei auch Schiller selbst verletzt
werden, wirkt man für sein Andenken am besten. Sein
Unsterbliches wird erst erstehen, wenn jene fatale Unsterblichkeit dahin ist, die ihm eine glückliche Mischung von
Minderwertigkeiten erringen half. Ehe wir von dem Künst-

ler reden wollen, muß unbedingt auch nur die entfernteste
Möglichkeit beseitigt sein, daß um eine Schillerbüste ein
Männergesangverein Aufstellung nimmt. Bliebe doch sein
zweihundertster Geburtstag vor solchen Zwischenfällen
bewahrt! Daß bis dahin alle kompromittierenden Beziehungen zwischen einem Genius und den gestärkten Vorhemden
aufgehört haben – das walte Gott!

Bis zu diesem Termin werden die Leute, die sich heute
noch als Kostgänger des Schillerschen Ruhmes lästig
machen, reichlich Gelegenheit haben, selber die Unster-
lichkeit zu erwerben. Besser, es gelingt ihnen durch die
Kraft ihrer Reklame und durch die Ausdauer, mit der sie
hinter Särgen gelaufen sind, als daß der Typus noch weiter
das Gesichtsfeld der Mitlebenden verunziere oder gar bei
späteren Dichterehrungen anwesend sei. Denn es ist drin-
gend zu wünschen, daß die Leute, die, sobald von Kunst die
Rede ist, die Schönheit zu reklamieren beginnen, die mit den
Idealen auf dem besten Fuß stehen und bei der Anrufung
Schillers uns das Himmelsgewölbe eindrücken, endlich zur
Ruhe kommen. Was will das Pack? Wenn Schiller bloß die
Verse gedichtet hätte: »Und wirft ihn unter den Hufschlag
seiner Pferde – Das ist das Los des Schönen auf der Erde!«,
so wäre ja die Aufregung noch begreiflich. Aber so? Warum
rückt denn diese ganze freiwillige Feuerwehr aus, wenn
Schiller Geburtstag hat? Warum begeht man dieses schrei-
ende Unrecht an Wildenbruch, der doch all das in noch viel
handlicherer Form bietet, was ein deutsches Herz zu Schiller
zieht, und der doch auch in der Fürstengruft begraben liegt?
Muß denn ein Dichter erst hundertfünfzig Jahre alt werden,
um der allgemeinen Anerkennung solcher teilhaftig zu werden, die bloß der Gedanke berauscht, daß es so etwas gibt,
wie das Teilhaftigwerden der allgemeinen Anerkennung?
Lebt nicht ein Lauff? Steht er nicht auch schon mit einem
Fuß in der Fürstengruft? Und wäre dieser armselige Reichtum an Idealen nicht schließlich sogar durch unsern Paul
Wilhelm der Jugend zu bieten, wenn sich ein Kultusministe-

rium entschlösse, einen neuen Gymnasialklassiker zu kre-
ieren? Diese Jugend, die mit ein bißchen Schall fürs Leben
versorgt ist, wird ja erst bei einer Revision ihrer Begeisterun-
gen lebensüberdrüssig.

Da muß man aber doch sagen, daß der einzige ehrliche
Kulturfaktor im deutschen Sprachbereich der Burgtheater-
direktor Hofrat Schlenther ist. In stürmischer Zeit, da ihn
die Demissionsgerüchte nur so umschwirren, wohnt er am
Schillertag, unter der Devise: Die Lebenden fordern ihre
Rechte, der Berliner Premiere eines Werkes von Kadelburg
bei. Für die Wochentage muß auch gesorgt sein. Dagegen
wohnten der Schillerfeier im Königlichen Schauspielhause,
wie der Beiwohner Holzbock meldet, einige »Kollegen des
großen Dramatikers Schiller« bei, nämlich die Herren Lindau, Blumenthal, Philippi, Lubliner, Zobeltitz, Bernstein
usw. Nichts stelle ich mir aufreibender vor als die Repräsen-
tationspflichten, die so eine Berliner Saison an die deutschen
Dichter stellt. Eine Zeitungsnotiz vom selben Tage und im
Stil der Berichte über die Schillerfeier spricht von dem
»Ereignis im Berliner Gesellschaftsleben«, welches das
Diner bedeutet habe, »mit dem der Kommerzienrat Jacob
seine Wiedergenesung von schwerer Krankheit feierte. Die
Literatur war vertreten durch Lindau, Blumenthal, Fulda,
Zobeltitz«. Eine einfache Verhebung wohl, wie sie im Zei-
tungsbetrieb so häufig vorkommt, hat die Verwechslung
verschuldet. Natürlich sollten die Herren Lindau, Blumenthal, Fulda, Zobeltitz bei der Schillerfeier als schlichte Vertreter der Literatur erscheinen und bei der Jacobfeier als die
Kollegen des großen Kommerzienrats. So weit sind eben die
Welten, in denen unsere Zeitgenossen leben, ihr Schiller und
der Kommerz, nicht voneinander entfernt, daß der Irrtum
nicht begreiflich wäre. Finden wir sie doch geradezu vereint
in der Tätigkeit des Herrn Holländer, der als Dramaturg des
Herrn Reinhardt nicht nur mit den großen Dramatikern,
sondern auch mit den großen Kommerzienräten Fühlung
hat und schon deshalb berufen war, den Kunden des Pas-

sage-Kaufhauses mit einem Vortrag über Schiller aufzuwarten. Die entscheidende Anregung zu diesem Entschlusse mag freilich das Gerücht gegeben haben, daß Schiller sich irgendwo selbst als Kollegen des großen Kommerzienrats bekannt habe, nämlich in dem Ausspruch: Euch, ihr Götter, gehört der Koofmich.

»Wie sagt doch Schiller ...« Alle jene, die so anfangen, wenn sie zur Quelle ihre Banalität führen wollen, müssen erst vom Schauplatz des deutschen Geisteslebens entschwinden, ehe wir uns überhaupt wieder in ein Verhältnis zu Schiller setzen lassen. Was sie an ihm anbetungswürdig finden, sind Ideen, die als Phrasen gestorben sind, wenn sie nicht als Phrasen geboren wurden. Wenn seines Geistes Blut in ihnen lebte, so gerann es und taugte nicht zum Lebenssaft nachkommender Geister. Von einer Gebärde der Verzükkung, die wir als Erbe bewahren, würde unsere Kultur auf die Dauer nicht leben können. Was die Schillerfeierer der Jugend einimpfen wollen, kann in Wahrheit nicht das sein, was wir ihm zu danken haben. Schlimm stünde es um Deutschland, wenn wir mit diesem Schutt einer zu den Sternen emporgereckten Voraussetzungslosigkeit, wenn wir in den baufälligen Wolkenkratzern des Pathos durch die Jahrhunderte wirtschaften sollten. Ist Schiller nur erst als Ofenschmuck des deutschen Heims entfernt, so kann er noch als Revolutionär in dieses zurückkehren und die züchtige Hausfrau, die drinnen waltet, zum Erröten bringen, ja selbst Laura am Klavier an die Tage erinnern, da er die Brüste des Weibes »Halbkugeln einer bessern Welt« genannt hat. Damals nämlich, als noch in keinem Haushalt der Zitrone saftiger Kern zu populär-philosophischen Vergleichen gepreßt wurde, da noch nicht des Zuckers lindernder Saft die herbe Kraft des Dichters zähmte, noch nicht des Wassers sprudelnder Schwall seinem Temperament sich vermischt hatte, und überhaupt der Punsch des Lebens ganz anders zubereitet wurde. O, damals lohte noch ein Moralhohn und tobte so laut, daß er heute selbst die Feiertags-

glocke übertönen möchte, daß er die ministeriellen Redner
verstummen, die Säkularfresser sich erbrechen ließe und alle
jene sich bekreuzigen, die im überkommenen Glauben ihr
»Denn er war unser« beten. Was heute in Deutschland an
Schiller glaubt, an ihn »voll und ganz« glaubt, sind die
Leeren und Halben. Die den Gipfel der Poesie darin erblik-
ken, daß sich alles reimt, und vor allem Leben auf Streben.
Denen der Fortschritt eine Wandeldekoration ist, vor der sie
staunend stehen bleiben. Alle Maulaffen der Zivilisation und
alle Dunkelmänner der Freiheit. Alles Ungeziefer des
Ruhms: Germanist, Schöngeist und Reporter; Totengräber,
Tausendfüßer und Holzbock. Alle, die sich ihrer Persönlichkeit erst bewußt werden, wenn sie die Menschheit ans
Herz drücken, und die vor dem Sturz ins Chaos sich bewahren, indem sie einen Verein gründen. Pastoren, Demokraten, Schlaraffen, Mitglieder des Vereins »Flamme«, Mitglieder des Vereins »Glocke«, überhaupt Mitglieder. Obmän-
ner, nicht Männer. Alle, die da sagen, daß für das Volk das
Beste gerade gut genug sei, und alle, die da sagen, daß uns
die Kunst erheben soll, und überhaupt alle, die da sagen,
was alle sagen. Sie sind es, die nur eine Frage frei haben an
das Schicksal: Wie sagt doch Schiller? Hätte er sie geahnt,
hätte er sie heraufkommen sehen, wie sie die Kultur
umwimmeln, wie sie mit ihren Plattköpfen an seinen Himmel stoßen und mit ihren Plattfüßen seine Erde zerstampfen,
so daß kein Entrinnen ist vor der Allgewalt ihrer Liebe – er
hätte sich die Unsterblichkeit genommen!

Heine und die Folgen

Zwei Richtungen geistiger Unkultur: die Wehrlosigkeit vor dem Stoff und die Wehrlosigkeit vor der Form. Die eine erlebt in der Kunst nur das Stoffliche. Sie ist deutscher Herkunft. Die andere erlebt schon im Stoff das Künstlerische. Sie ist romanischer Herkunft. Der einen ist die Kunst ein Instrument; der andern ist das Leben ein Ornament. In welcher Hölle will der Künstler gebraten sein? Er möchte doch wohl unter den Deutschen wohnen. Denn obgleich sie die Kunst in das Patentprokrustesbett ihres Betriebs gespannt haben, so haben sie doch auch das Leben ernüchtert, und das ist ein Segen: Phantasie gewinnt, und in die öden Fensterhöhlen stelle jeder sein eigenes Licht. Nur keine Girlanden! Nicht dieser gute Geschmack, der dort drüben und dort unten das Auge erfreut und die Vorstellung belästigt. Nicht diese Melodie des Lebens, die meine Musik stört, welche sich in dem Gebrause des deutschen Werktags erst zu sich selbst erhebt. Nicht dieses allgemeine höhere Niveau, auf dem es so leicht ist zu beobachten, daß der Camelot in Paris mehr Grazie hat als der preußische Verleger. Glaubt mir, ihr Farbenfrohen, in Kulturen, in denen jeder Trottel Individualität besitzt, vertrotteln die Individualitäten. Und nicht diese mediokre Spitzbüberei der eigenen Dummheit vorgezogen! Und nicht das malerische Gewimmel auf einer alten Rinde Gorgonzola der verläßlichen Monotonie des weißen Sahnenkäses! Schwer verdaulich ist das Leben da und dort. Aber die romanische Diät verschönert den Ekel: da beißt man an und geht drauf. Die deutsche Lebensordnung verekelt die Schönheit, und stellt uns auf die Probe: wie schaffen wir uns die Schönheit wieder? Die romanische Kultur macht jedermann zum Dichter. Da ist die Kunst keine Kunst. Und der Himmel eine Hölle.

Heinrich Heine aber hat den Deutschen die Botschaft dieses Himmels gebracht, nach dem es ihr Gemüt mit einer Sehnsucht zieht, die sich irgendwo reimen muß und die in unterirdischen Gängen direkt vom Kontor zur blauen Grotte führt. Und auf einem Seitenweg, den deutsche Männer meiden: von der Gansleber zur blauen Blume. Es mußte geschehen, daß die einen mit ihrer Sehnsucht, die andern mit ihren Sehnsüchten Heinrich Heine für den Erfüller hielten. Von einer Kultur gestimmt, die im Lebensstoff schon alle Kunst erlebt, spielt er einer Kultur auf, die von der Kunst nur den stofflichen Reiz empfängt. Seine Dichtung wirkt aus dem romanischen Lebensgefühl in die deutsche Kunstanschauung. Und in dieser Bildung bietet sie das utile dulci, ornamentiert sie den deutschen Zweck mit dem französischen Geist. So, in diesem übersichtlichen Nebeneinander von Form und Inhalt, worin es keinen Zwist gibt und keine Einheit, wird sie die große Erbschaft, von der der Journalismus bis zum heutigen Tage lebt, zwischen Kunst und Leben ein gefährlicher Vermittler, Parasit an beiden, Sänger, wo er nur Bote zu sein hat, meldend, wo zu singen wäre, den Zweck im Auge, wo eine Farbe brennt, zweckblind aus Freude am Malerischen, Fluch der literarischen Utilität, Geist der Utiliteratur. Das Instrument zum Ornament geworden, und so entartet, daß mit dem kunstgewerblichen Fortschritt in der täglichen Presse kaum noch jene Dekorationswut wetteifern kann, die sich an den Gebrauchsgegenständen betätigt; denn wir haben wenigstens noch nicht gehört, daß die Einbruchsinstrumente in der Wiener Werkstätte erzeugt werden. Und selbst im Stil der modernsten Impressionsjournalistik verleugnet sich das Heinesche Modell nicht. Ohne Heine kein Feuilleton. Das ist die Franzosenkrankheit, die er uns eingeschleppt hat. Wie leicht wird man krank in Paris! Wie lockert sich die Moral des deutschen Sprachgefühls! Die französische gibt sich jedem Filou hin. Vor der deutschen Sprache muß einer schon ein ganzer Kerl sein, um sie herumzukriegen, und dann macht sie ihm erst die Hölle heiß. Bei der französischen aber geht es glatt, mit jenem vollkommenen Mangel an Hemmung, der die Vollkommenheit einer Frau und der Mangel einer Sprache ist. Und die Himmelsleiter, die zu ihr führt, ist eine Klimax, die du im deutschen Wörterbuch findest: Geschmeichel, Geschmeide, Geschmeidig, Geschmeiß. Jeder hat bei ihr das Glück des Feuilletons. Sie ist ein Faulenzer der Gedanken. Der ebenste Kopf ist nicht einfallsicher, wenn er es mit ihr zu tun hat. Von den Sprachen bekommt man alles, denn alles ist in ihnen, was Gedanke werden kann. Die Sprache regt an und auf, wie das Weib, gibt die Lust und mit ihr den Gedanken. Aber die deutsche Sprache ist eine Gefährtin, die nur für den dichtet und denkt, der ihr Kinder machen kann. Mit keiner deutschen Hausfrau möchte man so verheiratet sein. Doch die Pariserin braucht nichts zu sagen als im entscheidenden Augenblick très joli, und man glaubt ihr alles. Sie hat den Geist im Gesicht. Und hätte ihr Partner dazu die Schönheit im Gehirn, das romanische Leben wäre nicht bloß très joli, sondern fruchtbar, nicht von Niedlichkeiten und Nippes umstellt, sondern von Taten und Monumenten.

Wenn man einem deutschen Autor nachsagt, er müsse bei den Franzosen in die Schule gegangen sein, so ist es erst dann das höchste Lob, wenn es nicht wahr ist. Denn es will besagen: er verdankt der deutschen Sprache, was die französische jedem gibt. Hier ist man noch sprachschöpferisch, wenn man dort schon mit den Kindern spielt, die hereingeschneit kamen, man weiß nicht wie. Aber seit Heinrich Heine den Trick importiert hat, ist es eine pure Fleißaufgabe, wenn deutsche Feuilletonisten nach Paris gehen, um sich Talent zu holen. Wenn einer heute wirklich nach Rhodus fährt, weil man dort besser tanzen kann, so ist er wahrlich ein übertrieben gewissenhafter Schwindler. Das war zu Heines Zeit notwendig. Man war in Rhodus gewesen, und da glaubten sie einem den Hopser. Heute glauben sie einem Lahmen, der in Wien bleibt, den Cancan, und mancher spielt jetzt die Bratsche, dem einst kein Finger war heil. Der produktive Anteil der Entfernung vom Leser ist ja noch immer nicht zu unterschätzen, und nach wie vor ist es das fremde Milieu, was sie für Kunst halten. In den Dschungeln hat man viel Talent, und das Talent beginnt im Osten etwa bei Bukarest. Der Autor, der fremde Kostüme ausklopft, kommt dem stofflichen Interesse von der denkbar bequemsten Seite bei. Der geistige Leser hat deshalb das denkbar stärkste Mißtrauen gegen jene Erzähler, die sich in exotischen Milieus herumtreiben. Der günstigste Fall ist noch, daß sie nicht dort waren; aber die meisten sind leider doch so geartet, daß sie wirklich eine Reise tun müssen, um etwas zu erzählen. Freilich, zwei Jahre in Paris gewesen zu sein, ist nicht nur der Vorteil solcher Habakuks, sondern ihre Bedingung. Den Flugsand der französischen Sprache, der jedem Tropf in die Hand weht, streuen sie dem deutschen Leser in die Augen. Und ihnen gelte die Umkehrung eines Wortes Nestroys, dieses wahren satirischen Denkers: ja von Paris bis St. Pölten gehts noch, aber von da bis Wien zieht sich der Weg! (Wenn nicht auf dieser Strecke wieder die Heimatsschwindler ihr Glück machen.) Mit Paris nun hatte man nicht bloß den Stoff, sondern auch eine Form gewonnen. Aber die Form, diese Form, die nur eine Enveloppe des Inhalts, nicht er selbst, die nur das Kleid zum Leib ist und nicht das Fleisch zum Geist, diese Form mußte nur einmal entdeckt werden, um für allemal da zu sein. Das hat Heinrich Heine besorgt, und dank ihm müssen sich die Herren nicht mehr selbst nach Paris bemühen. Man kann heute Feuilletons schreiben, ohne zu den Champs Elysées mit der eigenen Nase gerochen zu haben. Der große sprachschwindlerische Trick, der sich in Deutschland viel besser lohnt als die größte sprachschöpferische Leistung, wirkt fort durch die Zeitungsgeschlechter und schafft aller Welt, welcher Lektüre ein Zeitvertreib ist, den angenehmsten Vorwand, der Literatur auszuweichen. Das Talent flattert schwerpunktlos in der Welt und gibt dem Haß des Philisters gegen das Genie süße Nahrung. Ein Feuilleton schreiben heißt auf einer Glatze Locken drehen; aber diese Locken gefallen dem Publikum besser als eine Löwenmähne der Gedanken. Esprit und Grazie, die gewiß dazu gehört haben, auf den Trick zu kommen und ihn zu handhaben, gibt er selbsttätig weiter. Mit leichter Hand hat Heine das Tor dieser furchtbaren Entwicklung aufgestoßen, und der Zauberer, der der Unbegabung zum Talent verhalf, steht gewiß nicht allzuhoch über der Entwicklung.

Der Trick wirkt fort. Der Verschweinung des praktischen Lebens durch das Ornament, wie sie der gute Amerikaner Adolf Loos nachweist, entspricht die Durchsetzung des Journalismus mit Geistelementen, die aber zu einer noch katastrophaleren Verwirrung führen mußte. Anstatt die Presse geistig trocken zu legen und die Säfte, die aus der Literatur »gepreßt«, ihr erpreßt wurden, wieder der Literatur zuzuführen, betreibt die fortschrittliche Welt immer aufs neue die Renovierung des geistigen Zierats. Das literarische Ornament wird nicht zerstampft, sondern in den Wiener Werkstätten des Geistes modernisiert. Feuilleton, Stimmungsbericht, Schmucknotiz – dem Pöbel bringt die Devise »Schmücke dein Heim« auch die poetischen Schnörkel ins Haus. Und nichts ist dem Journalismus wichtiger, als die Glasur der Korruption immer wieder auf den Glanz herzurichten. In dem Maße, als er den Wucher an dem geistigen und materiellen Wohlstand steigert, wächst auch sein Bedürfnis, die Hülle der schlechten Absicht gefällig zu machen. Dazu hilft der Geist selbst, der sich opfert, und der Geist, der dem Geist erstohlen ward. Der Fischzug einer Sonntagsauflage kann nicht mehr ohne den Köder der höchsten literarischen Werte sich vollziehen, der »Volkswirt« läßt sich auf keinen Raub mehr ein, ohne daß die überlebenden Vertreter der Kultur die Hehler machen. Aber weit schändlicher als diese Aufführung der Literatur im Triumph dieses Raubzugs, weit gefährlicher als dies Attachement geistiger Autorität an die Schurkerei, ist deren Durchsetzung, deren

Verbrämung mit dem Geist, den sie der Literatur abgezapft hat und den sie durch die lokalen Teile und alle andern Aborte der öffentlichen Meinung schleift. Die Presse als eine soziale Einrichtung, weils denn einmal unvermeidlich ist, daß die Phantasiearmut mit Tatsachen geschoppt wird, hätte in der fortschrittlichen Ordnung ihren Platz. Was aber hat die Meldung, daß es in Hongkong geregnet hat, mit dem Geist zu schaffen? Und warum erfordert eine arrangierte Börsenkatastrophe oder eine kleine Erpressung oder gar nur die unbezahlte Verschweigung einer Tatsache den ganzen großen Apparat, an dem mitzuwirken Akademiker sich nicht scheuen und selbst Ästheten den Schweiß ihrer Füße sich kosten lassen? Daß Bahnhöfe oder Anstandsorte, Werke des Nutzens und der Notwendigkeit, mit Kinkerlitzchen dekoriert werden, ist erträglich. Aber warum werden Räuberhöhlen von Van de Velde eingerichtet? Nur deshalb, weil sonst ihr Zweck auf den ersten Blick kenntlich wäre und die Passanten sich nicht willig täglich zweimal die Taschen umkehren ließen. Die Neugierde ist immer größer als die Vorsicht, und darum schmückt sich die Lumperei mit Troddeln und Tressen.

Ihren besten Vorteil dankt sie jenem Heinrich Heine, der der deutschen Sprache so sehr das Mieder gelockert hat, daß heute alle Kommis an ihren Brüsten fingern können. Das Gräßliche an dem Schauspiel ist die Identität dieser Talente, die einander wie ein faules Ei dem andern gleichen. Die impressionistischen Laufburschen melden heute keinen Beinbruch mehr ohne Stimmung und keine Feuersbrunst ohne die allen gemeinsame persönliche Note. Wenn der eine den deutschen Kaiser beschreibt, beschreibt er ihn genau so, wie der andere den Wiener Bürgermeister, und von den Ringkämpfern weiß der andere nichts anderes zu sagen, als der eine von einem Flußbad. Immer paßt alles zu allem, und die Unfähigkeit, alte Worte zu finden, ist eine Subtilität, wenn schon die neuen zu allem passen. Dieser Typus ist entweder ein Beobachter, der in schwelgerischen Adjektiven reichlich einbringt, was ihm die Natur an Hauptwörtern versagt hat, oder ein Ästhet, der durch Liebe zur Farbe und durch Sinn für die Nuance hervorsticht und an den Dingen der Erscheinungswelt noch so viel wahrnimmt, als Schwarz unter den Fingernagel geht. Dabei haben sie einen Entdek-kerton, der eine Welt voraussetzt, die eben erst erschaffen wurde, als Gott das Sonntagsfeuilleton erschuf und sahe, daß es gut war. Diese jungen Leute gehen zum erstenmal in ein Bad, wenn sie als Berichterstatter hineingeschickt wer-den. Das mag ein Erlebnis sein. Aber sie verallgemeinern es. Freilich kommt die Methode, einen Livingstone in der dun-kelsten Leopoldstadt zu zeigen, der Wiener Phantasiearmut zu Hilfe. Denn die kann sich einen Beinbruch nicht vorstel-len, wenn man ihr nicht das Bein beschreibt. In Berlin steht es trotz üblem Ehrgeiz noch nicht so schlimm. Wenn dort ein Straßenbahnunfall geschehen ist, so beschreiben die Ber-liner Reporter den Unfall. Sie greifen das Besondere dieses Straßenbahnunfalls heraus und ersparen dem Leser das allen Straßenbahnunfällen Gemeinsame. Wenn in Wien ein Stra-ßenbahnunglück geschieht, so schreiben die Herren über das Wesen der Straßenbahn, über das Wesen des Straßenbahn-unglücks und über das Wesen des Unglücks überhaupt, mit der Perspektive: Was ist der Mensch?.. Über die Zahl der Toten, die uns etwa noch interessieren würde, gehen die Meinungen auseinander, wenn sich nicht eine Korrespon-denz ins Mittel legt. Aber die Stimmung, die Stimmung treffen sie alle; und der Reporter, der als Kehrichtsammler der Tatsachenwelt sich nützlich machen könnte, kommt immer mit einem Fetzen Poesie gelaufen, den er irgendwo im Gedränge an sich gerissen hat. Der eine sieht grün, der andere sieht gelb – Farben sehen sie alle.

Schließlich ist und war alle Verquickung des Geistigen mit dem Informatorischen, dieses Element des Journalismus, dieser Vorwand seiner Pläne, diese Ausrede seiner Gefahren, durch und durch heineisch – möge sie auch jetzt dank den neueren Franzosen und der freundlichen Vermittlung des

Herrn Bahr ein wenig psychologisch gewendet und mit noch
etwas mehr »Nachdenklichkeit« staffiert sein. Nur einmal
trat in diese Entwicklung eine Pause – die hieß Ludwig
Speidel. In ihm war die Sprachkunst ein Gast auf den
Schmieren des Geistes. Das Leben Speidels mag die Presse
als einen Zwischenfall empfinden, der störend in das von
Heine begonnene Spiel trat. Schien er es doch mit dem
leibhaftigen Sprachgeist zu halten und lud ihn an Feiertagen
auf die Stätte der schmutzigsten Unterhaltung, damit er
sehe, wie sie's treiben. Nie war ein Kollege bedenklicher als
dieser. Wohl konnte man mit dem Lebenden Parade machen.
Aber wie lange wehrte man sich, dem Toten die Ehre des
Buches zu geben! Wie fühlte man, hier könnte eine Gesamt-
ausgabe jene Demütigung bringen, die man einst eßlöffel-
weise als Stolz einnahm. Als man sich endlich entschloß, den
»Mitarbeiter« in die Literatur zu lassen, erdreistete sich Herr
Schmock, die Begleitung zu übernehmen, und die Hand des
Herausgebers, verniedlichend und verstofflichend, rettete
für den Wiener Standpunkt, was durch eine Gruppierung
Speidelscher Prosa um den Wiener Standpunkt zu retten
war. Ein Künstler hat diese Feuilletons geschrieben, ein
Feuilletonist hat diese Kunstwerke gesammelt – so wird die
Distanz von Geist und Presse doppelt fühlbar werden. Die
Journalisten hatten Recht, so lange zu zögern. Sie waren in
all der Zeit nicht müßig. Man verlangte nach Speidels
Büchern – sie beriefen sich auf seine Bescheidenheit und
gaben uns ihre eigenen Bücher. Denn es ist das böse Zeichen
dieser Krise: der Journalismus, der die Geister in seinen Stall
treibt, erobert indessen ihre Weide. Er hat die Literatur
ausgeraubt – er ist nobel und schenkt ihr seine Literatur. Es
erscheinen Feuilletonsammlungen, an denen man nichts so
sehr bestaunt, als daß dem Buchbinder die Arbeit nicht in
der Hand zerfallen ist. Brot wird aus Brosamen gebacken.
Was ist es, das ihnen Hoffnung auf die Fortdauer macht?
Das fortdauernde Interesse an dem Stoff, den sie »sich
wählen«. Wenn einer über die Ewigkeit plaudert, sollte er

da nicht gehört werden, solange die Ewigkeit dauert? Von diesem Trugschluß lebt der Journalismus. Er hat immer die größten Themen und unter seinen Händen kann die Ewigkeit aktuell werden; aber sie muß ihm auch ebenso leicht wieder veralten. Der Künstler gestaltet den Tag, die Stunde, die Minute. Sein Anlaß mag zeitlich und lokal noch so begrenzt und bedingt sein, sein Werk wächst umso grenzenloser und freier, je weiter es dem Anlaß entrückt wird. Es veralte getrost im Augenblick: es verjüngt sich in Jahrzehnten. Was vom Stoff lebt, stirbt vor dem Stoffe. Was in der Sprache lebt, lebt mit der Sprache. Wie leicht lasen wir das Geplauder am Sonntag, und nun, da wirs aus der Leihbibliothek beziehen können, vermögen wir uns kaum durchzuwinden. Wie schwer lasen wir die Sätze der ›Fackel‹, selbst wenn uns das Ereignis half, an das sie knüpften. Nein, weil es uns half! Je weiter wir davon entfernt sind, desto verständlicher wird uns, was davon gesagt war. Wie geschieht das? Der Fall war nah und die Perspektive war weit. Es war alles vorausgeschrieben. Es war verschleiert, damit ihm der neugierige Tag nichts anhabe. Nun heben sich die Schleier ...

Heinrich Heine aber – von ihm wissen selbst die Ästheten, die seine Unsterblichkeit in einen Inselverlag retten (die zweckerhabenen Geister, deren Hirnwindungen im Ornament verlaufen), nichts Größeres auszusagen, als daß seine Pariser Berichte »die noch immer lebendige Großtat des modernen Journalismus geworden sind«; und diese Robinsone der literarischen Zurückgezogenheit berufen sich auf Heines Künstlerwort, daß seine Artikel »für die Bildung des Stils für populäre Themata sehr förderlich sein würden«. Und wieder spürt man die Verbindung derer, die gleich weit vom Geiste wohnen: die in der Form und die im Stoffe leben; die in der Linie und die in der Fläche denken; der Ästheten und der Journalisten. Im Problem Heine stoßen sie zusammen. Von Heine leben sie fort und er in ihnen. So ist es längst nicht dringlich, von seinem Werke zu sprechen.

Aber immer dringlicher wird die Rede von seiner Wirkung,
und daß sein Werk nicht tragfähig ist unter einer Wirkung,
die das deutsche Geistesleben nach und nach als unerträglich
von sich abtun wird. So wird es sich abspielen: Jeder Nach-
komme Heines nimmt aus dem Mosaik dieses Werks ein
Steinchen, bis keines mehr übrig bleibt. Das Original ver-
blaßt, weil uns die widerliche Grelle der Kopie die Augen
öffnet. Hier ist ein Original, dem verloren geht, was es an
andere hergab. Und ist denn ein Original eines, dessen
Nachahmer besser sind? Freilich, um eine Erfindung zu
würdigen, die sich zu einer modernen Maschine vervollkommnet hat, muß man die historische Gerechtigkeit
anwenden. Aber wenn man absolut wertet, sollte man da
nicht zugeben, daß die Prosa Heinrich Heines von den
beobachterisch gestimmten Technikern, den flotten Bur-
schen und den Grazieschwindlern übertroffen wurde? Daß
diese Prosa, welche Witz ohne Anschauung und Ansicht
ohne Witz bedeutet, ganz gewiß von jenen Feuilletonisten
übertroffen wurde, die nicht nur Heine gelesen, sondern sich
extra noch die Mühe genommen haben, an die Quelle der
Quelle, nach Paris zu gehen? Und daß seiner Lyrik, im
Gefühl und in der korrespondierenden Hohnfalte, Nachahmer entstanden sind, die's mindestens gleich gut treffen und
die zumal den kleinen Witz der kleinen Melancholie, dem
der ausgeleierte Vers so flink auf die Füße hilft, mindestens
ebenso geschickt praktizieren. Weil sich ja nichts so leicht
mit allem Komfort der Neuzeit ausstatten läßt wie eine
lyrische Einrichtung. Sicherlich, keiner dürfte sich im Aus-
maß der Übung und im Umfang intellektueller Interessen
mit Heine vergleichen. Wohl aber überbietet ihn heute jeder
Itzig Witzig in der Fertigkeit, ästhetisch auf Teetisch zu
sagen und eine kandierte Gedankenhülse durch Reim und
Rhythmus zum Knallbonbon zu machen.

  Heinrich Heine, der Dichter, lebt nur als eine konser-
vierte Jugendliebe. Keine ist revisionsbedürftiger als diese.
Die Jugend nimmt alles auf und nachher ist es grausam, ihr

vieles wieder abzunehmen. Wie leicht empfängt die Seele der Jugend, wie leicht verknüpft sie das Leichte und Lose: wie wertlos muß eine Sache sein, damit ihr Eindruck nicht wertvoll werde durch Zeit und Umstand, da er erworben ward! Man ist nicht kritisch, sondern pietätvoll, wenn man Heine liebt. Man ist nicht kritisch, sondern pietätlos, wenn man dem mit Heine Erwachsenen seinen Heine ausreden will. Ein Angriff auf Heine ist ein Eingriff in jedermanns Privatleben. Er verletzt die Pietät vor der Jugend, den Respekt vor dem Knabenalter, die Ehrfurcht vor der Kindheit. Die erstgebornen Eindrücke nach ihrer Würdigkeit messen wollen, ist mehr als vermessen. Und Heine hatte das Talent, von den jungen Seelen empfangen und darum mit den jungen Erlebnissen assoziiert zu werden. Wie die Melodie eines Leierkastens, die ich mir nicht verwehren ließe, über die Neunte Symphonie zu stellen, wenns ein subjektives Bedürfnis verlangt. Und darum brauchen es sich die erwachsenen Leute nicht bieten zu lassen, daß man ihnen bestreiten will, der Lyriker Heine sei größer als der Lyriker Goethe. Ja, von dem Glück der Assoziation lebt Heinrich Heine. Bin ich so unerbittlich objektiv, einem zu sagen: sieh nach, der Pfirsichbaum im Garten deiner Kindheit ist heute schon viel kleiner, als er damals war? Man hatte die Masern, man hatte Heine, und man wird heiß in der Erinnerung an jedes Fieber der Jugend. Hier schweige die Kritik. Kein Autor hat die Revision so notwendig wie Heine, keiner verträgt sie so schlecht, keiner wird so sehr von allen holden Einbildungen gegen sie geschützt, wie Heine. Aber ich habe nur den Mut, sie zu empfehlen, weil ich sie selbst kaum notwendig hatte, weil ich Heine nicht erlebt habe in der Zeit, da ich ihn hätte überschätzen müssen. So kommt der Tag, wo es mich nichts angeht, daß ein Herr, der längst Bankier geworden ist, einst unter den Klängen von »Du hast Diamanten und Perlen« zu seiner Liebe schlich. Und wo man rücksichtslos wird, wenn der Reiz, mit dem diese tränenvolle Stofflichkeit es jungen Herzen angetan hat, auf alte Hirne fortwirkt und der Sirup sentimentaler Stimmungen an literarischen Urteilen klebt. Schließlich hätte man der verlangenden Jugend auch mit Herrn Hugo Salus dienen können. Ich weiß mich nicht frei von der Schuld, der Erscheinung das Verdienst der Situation zu geben, in der ich sie empfand, oder sie mit der begleitenden Stimmung zu verwechseln. So bleibt mir ein Abglanz auf Heines Berliner Briefen, weil mir die Melodie »Wir winden dir den Jungfernkranz«, über die sich Heine dort lustig macht, sympathisch ist. Aber nur in den Nerven. Im Urteil bin ich mündig und willig, die Verdienste zu unterscheiden. Die Erinnerung eines Gartendufts, als die erste Geliebte vorüberging, darf einer nur dann für eine gemeinsame Angelegenheit der Kultur halten, wenn er ein Dichter ist. Den Anlaß überschätze man getrost, wenn man imstande ist, ein Gedicht daraus zu machen. Als ich einst in einer Praterbude ein trikotiertes Frauenzimmer in der Luft schweben sah, was, wie ich heute weiß, durch eine Spiegelung erzeugt wurde, und ein Leierkasten spielte dazu die »Letzte Rose«, da ging mir das Auge der Schönheit auf und das Ohr der Musik, und ich hätte den zerfleischt, der mir gesagt hätte, das Frauenzimmer wälze sich auf einem Brett herum und die Musik sei von Flotow. Aber in der Kritik muß man, wenn man nicht zu Kindern spricht, den Heine beim wahren Namen nennen dürfen.

Sein Reiz, sagen seine erwachsenen Verteidiger, sei ein musikalischer. Darauf sage ich: Wer Literatur empfindet, muß Musik nicht empfinden oder ihm kann in der Musik die Melodie, der Rhythmus als Stimmungsreiz genügen. Wenn ich literarisch arbeite, brauche ich keine Stimmung, sondern die Stimmung entsteht mir aus der Arbeit. Zum Anfeuchten dient mir ein Klang aus einem Miniaturspinett, das eigentlich ein Zigarrenbehälter ist und ein paar seit hundert Jahren eingeschlossene altwiener Töne von sich gibt, wenn man daraufdrückt. Ich bin nicht musikalisch; Wagner würde mich in dieser Lage stören. Und suchte ich denselben kitschigen Reiz der Melodie in der Literatur, ich könnte in solcher Nacht keine Literatur schaffen. Heines Musik mag dafür den Musikern genügen, die von ihrer eigenen Kunst bedeutendere Aufschlüsse verlangen, als sie das bißchen Wohlklang gewährt. Was ist denn Lyrik im Heineschen Stil, was ist jener deutsche Kunstgeschmack, in dessen Sinnigkeiten und Witzigkeiten die wilde Jagd Liliencronscher Sprache einbrach, wie einst des Neutöners Gottfried August Bürger? Heines Lyrik: das ist Stimmung oder Meinung mit dem Hört, hört! klingelnder Schellen. Diese Lyrik ist Melodie, so sehr, daß sie es notwendig hat, in Musik gesetzt zu werden. Und dieser Musik dankt sie mehr als der eignen ihr Glück beim Philister. Der ›Simplicissimus‹ spottete einmal über die deutschen Sippen, die sich vor Heine bekreuzigen, um hinterdrein in seliger Gemütsbesoffenheit »doch« die Lorelei zu singen. Zwei Bilder: aber der Kontrast ist nicht so auffallend, als man bei flüchtiger Betrachtung glaubt. Denn die Philistersippe, die schimpft, erhebt sich erst im zweiten Bilde zum wahren Philisterbekenntnis, da sie singt. Ist es Einsicht in den lyrischen Wert eines Gedichtes, was den Gassenhauer, den einer dazu komponiert hat, populär werden läßt? Wie viele deutsche Philister wüßten denn, was Heine bedeuten soll, wenn nicht Herr Silcher »Ich weiß nicht, was soll es bedeuten« in Musik gesetzt hätte? Aber wäre es ein Beweis für den Lyriker, daß diese Kundschaft seine unschwere Poesie auch dann begehrt hätte, wenn sie ihr nicht auf Flügeln des Gesanges wäre zugestellt worden? Ach, dieser engstirnige Heinehaß, der den Juden meint, läßt den Dichter gelten und blökt bei einer sentimentalen Melodei wohl auch ohne die Nachhilfe des Musikanten. Kunst bringt das Leben in Unordnung. Die Dichter der Menschheit stellen immer wieder das Chaos her; die Dichter der Gesellschaft singen und klagen, segnen und fluchen innerhalb der Weltordnung. Alle, denen ein Gedicht ihre im Reim beschlossene Übereinstimmung mit dem Dichter bedeutet, flüchten zu Heine. Wer den Lyriker auf der Suche nach weltläufigen Allegorien und beim Anknüpfen von Beziehungen zur Außenwelt zu betreten wünscht, wird Heine für den größeren Lyriker halten als Goethe. Wer aber das Gedicht als Offenbarung des im Anschauen der Natur versunkenen Dichters und nicht der im Anschauen des Dichters versunkenen Natur begreift, wird sich bescheiden, ihn als lust- und leidgeübten Techniker, als prompten Bekleider vorhandener Stimmungen zu schätzen. Wie über allen Gipfeln Ruh' ist, teilt sich Goethe, teilt er uns in so groß empfundener Nähe mit, daß die Stille sich als eine Ahnung hören läßt. Wenn aber ein Fichtenbaum im Norden auf kahler Höh' steht und von einer Palme im Morgenland träumt, so ist das eine besondere Artigkeit der Natur, die der Sehnsucht Heines allegorisch entgegenkommt. Wer je eine so kunstvolle Attrappe im Schaufenster eines Konditors oder eines Feuilletonisten gesehen hat, mag in Stimmung geraten, wenn er selbst ein Künstler ist. Aber ist ihr Erzeuger darum einer? Selbst die bloße Plastik einer Naturanschauung, von der sich zur Seele kaum sichtbare Fäden spinnen, scheint mir, weil sie das Einfühlen voraussetzt, lyrischer zu sein, als das Einkleiden fertiger Stimmungen. In diesem Sinne ist Goethes »Meeresstille« Lyrik, sind es Liliencrons Zeilen: »Ein Wasser schwatzt sich selig durchs Gelände, ein reifer Roggenstrich schließt ab nach Süd, da stützt Natur die Stirne in die Hände und ruht sich aus, von ihrer Arbeit müd'«. Der nachdenkenden Heidelandschaft im Sommermittag entsprießen tiefere Stimmungen als jene sind, denen nachdenkliche Palmen und Fichtenbäume entsprossen; denn dort hält Natur die Stirne in die Hände, aber hier Heinrich Heine die Hand an die Wange gedrückt... Man schämt sich, daß zwischen Herz und Schmerz je ein so glatter Verkehr bestand, den man Lyrik nannte; man schämt sich fast der Polemik. Aber man mache den Versuch, im aufgeschlagenen »Buch der Lieder« die rechte und die linke Seite durcheinander zu lesen und Verse auszutauschen. Man wird nicht enttäuscht sein, wenn man von Heine nicht enttäuscht ist. Und die es schon sind, werden es erst recht nicht sein. »Es zwitscherten die Vögelein – viel' muntere Liebesmelodein.« Das kann rechts und links stehen. »Auf meiner Herzliebsten Äugelein«: das muß sich nicht allein auf »meiner Herzliebsten Mündlein klein« reimen, und die »blauen Veilchen der Äugelein« wieder nicht allein auf die »roten Rosen der Wängelein«, überall könnte die Bitte stehen: »Lieb Liebchen, leg's Händchen aufs Herze mein«, und nirgend würde in diesem Kämmerlein der Poesie die Verwechslung von mein und dein störend empfunden werden. Dagegen ließe sich etwa die ganze Lorelei von Heine nicht mit dem Fischer von Goethe vertauschen, wiewohl der Unterschied scheinbar nur der ist, daß die Lorelei von oben auf den Schiffer, das feuchte Weib aber von unten auf den Fischer einwirkt. Wahrlich, der Heinesche Vers ist Operettenlyrik, die auch gute Musik verträge. Im Buch der Lieder könnten die Verse von Meilhac und Halévy stehen:

> Ich bin dein
> Du bist mein
> Welches Glück ist uns beschieden
> Nein, es gibt
> So verliebt
> Wohl kein zweites Paar hienieden.

Es ist durchaus jene Seichtheit, die in Verbindung mit Offenbachscher Musik echte Stimmungswerte schafft oder tiefere satirische Bedeutung annimmt. Offenbach ist Musik, aber Heine ist bloß der Text dazu. Und ich glaube nicht, daß ein echter Lyriker die Verse geschrieben hat:

> Und als ich euch meine Schmerzen geklagt,
> Da habt ihr gegähnt und nichts gesagt;
> Doch als ich sie zierlich in Verse gebracht,
> Da habt ihr mir große Elogen gemacht.

Aber es ist ein Epigramm; und die Massenwirkung Heinescher Liebeslyrik, in der die kleinen Lieder nicht der naturnotwendige Ausdruck, sondern das Ornament der großen

Schmerzen sind, ist damit treffend bezeichnet. Jene Massenwirkung, durch die der Lyriker Heine sich belohnt fühlt. Es ist ein Lyriker, der in einer Vorrede schreibt, sein Verleger habe durch die großen Auflagen, die er von seinen Werken zu machen pflege, dem Genius des Verfassers das ehrenvollste Vertrauen geschenkt, und der stolz auf die Geschäftsbücher verweist, in denen die Beliebtheit dieser Lyrik eingetragen stehe. Dieser Stolz ist so wenig verwunderlich wie diese Beliebtheit. Wie vermöchte sich eine lyrische Schöpfung, in der die Idee nicht kristallisiert, aber verzuckert wird, der allgemeinen Zufriedenheit zu entziehen? Nie, bis etwa zur Sterbenslyrik, hat sich eine schöpferische Notwendigkeit in Heine zu diesen Versen geformt, daß es Verse werden mußten; und diese Reime sind Papilloten, nicht Schmetterlinge: Papierkrausen, oft nur eben gewickelt, um einen Wickel vorzustellen. »Das hätte ich alles sehr gut in guter Prosa sagen können«, staunt Heine, nachdem er eine Vorrede versifiziert hat, und fährt fort: »Wenn man aber die alten Gedichte wieder durchliest, um ihnen, behufs eines erneuerten Abdrucks, einige Nachfeile zu erteilen, dann überrascht einen unversehens die klingelnde Gewohnheit des Reims und Silbenfalls...« Es ist in der Tat nichts anderes als ein skandierter Journalismus, der den Leser über seine Stimmungen auf dem Laufenden hält. Heine informiert immer und überdeutlich. Manchmal sagt ers durch die blaue Blume, die nicht auf seinem Beet gewachsen ist, manchmal direkt. Wäre das sachliche Gedicht »Die heiligen drei Könige« von einem Dichter, es wäre ein Gedicht. »Das Öchslein brüllte, das Kindlein schrie, die heil'gen drei Könige sangen.« Das wäre die Stimmung der Sachlichkeit. So ist es doch wohl nur ein Bericht. Ganz klar wird das an einer Stelle des Vitzliputzli:

> Hundertsechzig Spanier fanden
> Ihren Tod an jenem Tage;
> Über achtzig fielen lebend
> In die Hände der Indianer.

> Schwer verwundet wurden viele,
> Die erst später unterlagen.
> Schier ein Dutzend Pferde wurde
> Teils getötet, teils erbeutet.

Einer indianischen Lokalkorrespondenz zufolge. Und wie
die Sachlichkeit, so das Gefühl, so die Ironie: nichts unmittelbar, alles handgreiflich, aus jener zweiten Hand, die
unmittelbar nur den Stoff begreift. Im Gestreichel der Stimmung, im Gekitzel des Witzes.

> Die Tore jedoch, die ließen
> Mein Liebchen entwischen gar still;
> Ein Tor ist immer willig,
> Wenn eine Törin will.

Diesen Witz macht kein wahrer Zyniker, dem seine Geliebte
echappiert ist. Und kein Dichter ruft einem Fräulein, das
den Sonnenuntergang gerührt betrachtet, die Worte zu:

> Mein Fräulein, sein Sie munter,
> Das ist ein altes Stück;
> Hier vorne geht sie unter,
> Und kehrt von hinten zurück.

Nicht aus Respekt vor dem Fräulein, aber aus Respekt vor
dem Sonnenuntergang. Der Zynismus Heines steht auf dem
Niveau der Sentimentalität des Fräuleins. Und der eigenen
Sentimentalität. Und wenn er gerührt von sich sagt: »dort
wob ich meine zarten Reime aus Veilchenduft und Mondenschein«, dann darf man wohl so zynisch sein wie er und
ihn – Herr Heine, sein Sie munter – fragen, ob er nicht
vielleicht schreiben wollte: dort wob ich meine zarten
Reime für Veilchenduft und Mondenschein, und ob dies
nicht eben jene Verlagsfirma ist, auf deren Geschäftsbücher
er sich soeben berufen hat. Lyrik und Satire – das Phänomen ihres Verbundenseins wird faßlich –: sie sind beide
nicht da; sie treffen sich in der Fläche, nicht in der Tiefe.
Diese Träne hat kein Salz, und dieses Salz salzt nicht. Wenn
Heine, wie sagt man nur, »die Stimmung durch einen Witz

zerreißt«, so habe ich den Eindruck, er wolle dem bunten
Vogel Salz auf den Schwanz streuen; ein altes Experiment:
der Vogel entflattert doch. Im Fall Heine glückt die Illusion, wenn schon nicht das Experiment. Man kann ihm das
Gegenteil beweisen; ihm, aber nicht den gläubigen
Zuschauern. Er wurde nicht nur als der frühe Begleiter von
Allerwelts lyrischen Erlebnissen durchs Leben mitgenom-
men, sondern immer auch dank seiner Intellektualität von
der Jugendeselei an die Aufklärung weitergegeben. Und
über alles wollen sie aufgeklärt sein, nur nicht über Heine,
und wenn sie schon aus seinen Träumen erwachen, bleibt
ihnen noch sein Witz.

Dieser Witz aber, in Vers und Prosa, ist ein asthmatischer
Köter. Heine ist nicht imstande, seinen Humor auf die Höhe
eines Pathos zu treiben und von dort hinunter zu jagen. Er
präsentiert ihn, aber er kann ihm keinen Sprung zumuten.
Wartet nur! ist der Titel eines Gedichtes:

> Weil ich so ganz vorzüglich blitze,
> Glaubt ihr, daß ich nicht donnern könnt'!
> Ihr irrt euch sehr, denn ich besitze
> Gleichfalls fürs Donnern ein Talent.
>
> Es wird sich grausenhaft bewähren,
> Wenn einst erscheint der rechte Tag;
> Dann sollt ihr meine Stimme hören,
> Das Donnerwort, den Wetterschlag.
>
> Gar manche Eiche wird zersplittern
> An jenem Tag der wilde Sturm,
> Gar mancher Palast wird erzittern
> Und stürzen mancher Kirchenturm!

Das sind leere Versprechungen. Und wie sagt doch Heine
von Platen?

> Eine große Tat in Worten,
> Die du einst zu tun gedenkst! –
> O, ich kenne solche Sorten
> Geist'ger Schuldenmacher längst.

Hier ist Rhodus, komm und zeige
Deine Kunst, hier wird getanzt!
Oder trolle dich und schweige,
Wenn du heut nicht tanzen kannst.

»Gleichfalls fürs Donnern ein Talent haben« – das sieht ja
dem Journalismus ähnlich. Aber von Donner kein Ton und
vom Blitz nur ein Blitzen. Nur Einfälle, nur das Wetter-
leuchten von Gedanken, die irgendwo niedergegangen sind
oder irgendwann niedergehen werden.

Denn wie eigene Gedanken nicht immer neu sein müssen,
so kann, wer einen neuen Gedanken hat, ihn leicht von
einem andern haben. Das bleibt für alle paradox, nur für
jenen nicht, der von der Präformiertheit der Gedanken
überzeugt ist, und davon, daß der schöpferische Mensch nur
ein erwähltes Gefäß ist, und davon, daß die Gedanken und
die Gedichte da waren vor den Dichtern und Denkern. Er
glaubt an den metaphysischen Weg des Gedankens, der ein
Miasma ist, während die Meinung kontagiös ist, also unmit-
telbarer Ansteckung braucht, um übernommen, um verbreitet
zu werden. Darum mag ein schöpferischer Kopf auch das
aus eigenem sagen, was ein anderer vor ihm gesagt hat, und
der andere ahmt Gedanken nach, die einem schöpferischen
Kopf erst später einfallen werden. Und nur in der Wonne
sprachlicher Zeugung wird aus dem Chaos eine Welt. Die
leiseste Belichtung oder Beschattung, Tönung und Färbung
eines Gedankens, nur solche Arbeit ist wahrhaft unverloren,
so pedantisch, lächerlich und sinnlos sie für die unmittelbare
Wirkung auch sein mag, kommt irgendwann der Allgemeinheit zugute und bringt ihr zuletzt jene Meinungen als ver-
diente Ernte ein, die sie heut mit frevler Gier auf dem Halm
verkauft. Alles Geschaffene bleibt, wie es da war, eh es
geschaffen wurde. Der Künstler holt es als ein Fertiges vom
Himmel herunter. Die Ewigkeit ist ohne Anfang. Lyrik oder
ein Witz: die Schöpfung liegt zwischen dem Selbstverständ-
lichen und dem Endgültigen. Es werde immer wieder Licht.
Es war schon da und sammle sich wieder aus der Farben-

reihe. Wissenschaft ist Spektralanalyse: Kunst ist Lichtsynthese. Der Gedanke ist in der Welt, aber man hat ihn nicht. Er ist durch das Prisma stofflichen Erlebens in Sprachelemente zerstreut, der Künstler schließt sie zum Gedanken. Der Gedanke ist ein Gefundenes, ein Wiedergefundenes. Und wer ihn sucht, ist ein ehrlicher Finder, ihm gehört er, auch wenn ihn vor ihm schon ein anderer gefunden hätte.

So und nur so hat Heine von Nietzsche den Nazarenertypus antizipiert. Wie weitab ihm die Welt Eros und Christentum lag, welche doch in dem Gedicht »Psyche« mit so hübscher Zufälligkeit sich meldet, zeigt er in jedem Wort seiner Platen-Polemik. Heine hat in den Verwandlungen des Eros nur das Ziel, nicht den Weg des Erlebnisses gesehen, er hat sie ethisch und ästhetisch unter eine Norm gestellt, und hier, wo wir an der Grenze des erweislich Wahren und des erweislich Törichten angelangt sind, hat er vielmehr den seligen Herrn Maximilian Harden antizipiert. In dieser berühmten Platen-Polemik, die allein dem stofflichen Interesse an den beteiligten Personen und dem noch stofflicheren Vergnügen an der angegriffenen Partie ihren Ruhm verdankt und die Heines Ruhm hätte auslöschen müssen, wenn es in Deutschland ein Gefühl für wahre polemische Kraft gäbe und nicht bloß für das Gehechel der Bosheit, in dieser Schrift formt Heine sein erotisches Bekenntnis zu den Worten:

Der eine ißt gern Zwiebeln, der andere hat mehr Gefühl für warme Freundschaft, und ich als ehrlicher Mann muß aufrichtig gestehen, ich esse gern Zwiebeln, und eine schiefe Köchin ist mir lieber, als der schönste Schönheitsfreund.

Das ist nicht fein, aber auch nicht tief. Er hatte wohl keine Ahnung von den Varietäten der Geschlechtsliebe, die sich am Widerspiel noch bestätigt, und spannte diese weite Welt in das grobe Schema Mann und Weib, normal und anormal. Noch im Sterben ist ihm ja die Vorstellung von der Kuhmagd, die »mit dicken Lippen küßt und beträchtlich riecht nach Mist«, geläufig, wiewohl sie dort nur eine bessere

Wärme als der Ruhm geben soll und nicht als die warme Freundschaft. Wer so die Seele kennt, ist ein Feuilletonist! Feuilletonistisch ist Heines Polemik durch die Unverbundenheit, mit der Meinung und Witz nebeneinander laufen. Die Gesinnung kann nicht weiter greifen als der Humor. Wer über das Geschlechtsleben seines Gegners spottet, kann nicht zu polemischer Kraft sich erheben. Und wer die Armut seines Gegners verhöhnt, kann keinen bessern Witz machen, als den: der Ödipus von Platen wäre »nicht so bissig geworden, wenn der Verfasser mehr zu beißen gehabt hätte«. Schlechte Gesinnung kann nur schlechte Witze machen. Der Wortwitz, der die Kontrastwelten auf die kleinste Fläche drängt und darum der wertvollste sein kann, muß bei Heine ähnlich wie bei dem traurigen Saphir zum losen Kalauer werden, weil kein sittlicher Fonds die Deckung übernimmt. Ich glaube, er bringt das üble Wort, einer leide an der »Melancholik«, zweimal. Solche Prägungen – wie etwa auch die Zitierung von Platens »Saunetten« und die Versicherung, daß er mit Rothschild »famillionär« verkehrt habe – läßt er dann freilich den Hirsch Hyacinth verantworten. Und dieser Polemiker spricht von seiner guten protestantischen Hausaxt! Eine Axt, die einen Satz nicht beschneiden kann! Seiner Schrift gegen Börne geben die wörtlichen Zitate aus Börne das Rückgrat, aber wenn er darin Börne sprechend vorführt, spürt man ganz genau, wo Heine über Börne hinaus zu schwätzen beginnt. Er tuts in der breitspurigen Porzellangeschichte. Auf Schritt und Tritt möchte man redigieren, verkürzen, vertiefen. Einen Satz wie diesen: »Nächst dem Durchzug der Polen, habe ich die Vorgänge in Rheinbayern als den nächsten Hebel bezeichnet, welcher nach der Juliusrevolution die Aufregung in Deutschland bewirkte, und auch auf unsere Landsleute in Paris den größten Einfluß ausübte«, hätte ich nicht durchgehen lassen. Die Teile ohne Fassung, das Ganze ohne Komposition, jener kurze Atem, der in einem Absatz absetzen muß, als müßte er immer wieder sagen: so, und jetzt spre-

chen wir von etwas anderm. Wäre Heine zum Aphorismus
fähig gewesen, zu dem ja der längste Atem gehört, er hätte
auch hundert Seiten Polemik durchhalten können. Von
Börne, der in dieser Schrift als sittlich und geistig negierte
Person den Angreifer überragt, sagt er: »Alle seine Anfeindungen waren am Ende nichts anderes, als der kleine Neid,
den der kleine Tambour-Maître gegen den großen Tambour-
Major empfindet – er beneidete mich ob des großen Feder-
busches, der so keck in die Lüfte hineinjauchzt, ob meiner
reichgestickten Uniform, woran mehr Silber, als er, der
kleine Tambour-Maître, mit seinem ganzen Vermögen
bezahlen konnte, ob der Geschicklichkeit, womit ich den
großen Stock balanciere usw.« Die Geschicklichkeit ist
unleugbar, und der Tambour-Major stimmt auch. In Börnes
Haushalt sieht Heine »eine Immoralität, die ihn anwidert«,
»das ganze Reinlichkeitsgefühl seiner Seele« sträubt sich in
ihm »bei dem Gedanken, mit Börnes nächster Umgebung in
die mindeste Berührung zu geraten«. Er weiß die längste
Zeit auch nicht, ob Madame Wohl nicht die Geliebte Börnes
ist »oder bloß seine Gattin«. Dieser ganz gute Witz ist
bezeichnend für die Wurzellosigkeit des Heineschen Witzes,
denn er deckt sich mit dem Gegenteil der Heineschen Auffassung von der Geschlechtsmoral. Heine hätte sich schlicht
bürgerlich dafür interessieren müssen, ob Madame Wohl die
Gattin Börnes oder bloß seine Geliebte sei. Er legt ja noch
im Sterbebett Wert auf die Feststellung, er habe nie ein Weib
berührt, wußt' er, daß sie vermählet sei. Aber in dieser
Schrift sind auch andere peinliche Widersprüche. So wird
Jean Paul der »konfuse Polyhistor von Bayreuth« genannt,
und von Heine heißt es, er habe sich »in der Literatur
Europas Monumente aufgepflanzt, zum ewigen Ruhme des
deutschen Geistes« ... Der deutsche Geist aber möchte vor
allem das nackte Leben retten; und er wird erst wieder
hochkommen, wenn sich in Deutschland die intellektuelle
Schmutzflut verlaufen haben wird. Wenn man wieder das
Kopfwerk sprachschöpferischer Männlichkeit erfassen und

von dem erlernbaren Handwerk der Sprachzärtlichkeiten
unterscheiden wird. Und ob dann von Heine mehr bleibt als
sein Tod?

Die Lyrik seines Sterbens, Teile des Romanzero, die
Lamentationen, der Lazarus: hier war wohl der beste Helfer
am Werke, um die Form Heines zur Gestalt zu steigern.
Heine hat das Erlebnis des Sterbens gebraucht, um ein
Dichter zu sein. Es war ein Diktat: sing, Vogel, oder stirb.
Der Tod ist ein noch besserer Helfer als Paris; der Tod in
Paris, Schmerzen und Heimatsucht, die bringen schon ein
Echtes fertig.

> Ich hör' den Hufschlag, hör' den Trab,
> Der dunkle Reiter holt mich ab –
> Er reißt mich fort, Mathilden soll ich lassen,
> O, den Gedanken kann mein Herz nicht fassen!

Das ist andere Lyrik, als jene, deren Erfolg in den
Geschäftsbüchern ausgewiesen steht. Denn Heines Wirkung
ist das Buch der Lieder und nicht der Romanzero, und will
man seine Früchte an ihm erkennen, so muß man jenes
aufschlagen und nicht diesen. Der Tod konzentriert, räumt
mit dem tändelnden Halbweltschmerz auf und gibt dem
Zynismus etwas Pathos. Heines Pointen, so oft nur der
Mißklang unlyrischer Anschauung, stellen hier selbst eine
höhere Harmonie her. Sein Witz, im Erlöschen verdichtet,
findet kräftigere Zusammenfassungen; und Geschmacklo-
sigkeiten wie: »Geh ins Kloster, liebes Kind, oder lasse dich
rasieren«, werden seltener. Das überlieferte Mot »dieu me
pardonnera, c'est son métier« ist in seiner vielbewunderten
Plattheit vielleicht eine Erfindung jener, die den Heine-Stil
komplett haben wollten. Aber es paßt zum Ganzen nicht
schlecht. Im Glauben und Unglauben wird Heine die Han-
delsvorstellung nicht los. Selbst die Liebe spricht zum Gott
der Lieder, »sie verlange Sicherheiten«, und der Gott fragt,
wieviel Küsse sie ihm auf seine goldene Leier borgen wolle.
Indes, der Zynismus Heines, diese altbackene Pastete aus

Witz und Weh, mundet dem deutschen Geschmack recht
wohl, wenn ers auch nicht wahr haben will. Zu Offenbach,
in dessen Orchester der tausendjährige Schmerz von der
Lust einer Ewigkeit umtanzt wird, verhält sich dieser
Schmerzspötter wie ein routinierter Asra zu einem gebore-
nen Blaubart, einem vom Stamme jener, welche töten, wenn
sie lieben.

... Was will die einsame Träne? Was will ein Humor, der
unter Tränen lächelt, weil weder Kraft zum Weinen da ist
noch zum Lachen? Aber der »Glanz der Sprache« ist da und
der hat sich vererbt. Und unheimlich ist, wie wenige es
merken, daß er von der Gansleber kommt, und wie viele
sich davon ihr Hausbrot vollgeschmiert haben. Die Nasen
sind verstopft, die Augen sind blind, aber die Ohren hören
jeden Gassenhauer. So hat sich dank Heine die Erfindung
des Feuilletons zur höchsten Vollkommenheit entwickelt.
Mit Originalen läßt sich nichts anfangen, aber Modelle
können ausgebaut werden. Wenn die Heine-Nachahmer
fürchten mußten, daß man sie entlarven könnte, so brauch-
ten sie nur Heine-Fälscher zu werden und durften getrost
unter seinem Namen en gros produzieren. Sie nehmen in der
Heine-Literatur einen breiten Raum ein. Aber die Forscher,
denen ihre Feststellung gelingt, sind nicht sachverständig
genug, um zu wissen, daß mit dem Dieb auch der Eigentümer entlarvt ist. Er selbst war durch einen Dietrich ins Haus
gekommen und ließ die Tür offen. Er war seinen Nachfol-
gern mit schlechtem Beispiel vorangegangen. Er lehrte sie
den Trick. Und je weiter das Geheimnis verbreitet wurde,
umso köstlicher war es. Darum verlangt die Pietät des
Journalismus, daß heute in jeder Redaktion mindestens eine
Wanze aus Heines Matratzengruft gehalten wird. Das
kriecht am Sonntag platt durch die Spalten und stinkt uns die
Kunst von der Nase weg! Aber es amüsiert uns, so um das
wahre Leben betrogen zu werden. In Zeiten, die Zeit hatten,
hatte man an der Kunst eins aufzulösen. In einer Zeit, die
Zeitungen hat, sind Stoff und Form zu rascherem Verständ-

nis getrennt. Weil wir keine Zeit haben, müssen uns die
Autoren umständlich sagen, was sich knapp gestalten ließe.
So ist Heine wirklich der Vorläufer moderner Nervensy-
steme, als der er von Künstlern gepriesen wird, die nicht
sehen, daß ihn die Philister besser vertragen haben, als er die
Philister. Denn der Heinehaß der Philister gibt nach, wenn
für sie der Lyriker in Betracht kommt, und für den Künstler
kommt Heines Philisterhaß in Betracht, um die Persönlichkeit zu retten. So durch ein Mißverständnis immer aktuell,
rechtfertigt er die schöne Bildung des Wortes »Kosmopolit«,
in der sich der Kosmos mit der Politik versöhnt hat. Detlev
von Liliencron hatte nur eine Landanschauung. Aber mir
scheint, er war in Schleswig-Holstein kosmischer als Heine
im Weltall. Schließlich werden doch die, welche nie aus
ihrem Bezirk herauskamen, weiter kommen als die, die nie
in ihren Bezirk hineinkamen.

Was Nietzsche zu Heine gezogen hat – er hatte den
Kleinheitswahn, als er im Ecce homo schrieb, sein Name
werde mit dem Heines durch die Jahrtausende gehen –, kann
nur jener Haß gegen Deutschland sein, der jeden Bundesge-
nossen annimmt. Wenn man aber den Lazzaroni für ein
Kulturideal neben dem deutschen Schutzmann hält, so gibt
es gewiß nichts Deutscheres als solchen Idealismus, der die
weglagernde Romantik schon fürs Ziel nimmt. Das intellektuelle Problem Heine, der Regenerator deutscher Luft, ist
neben dem künstlerischen Problem Heine gewiß nicht zu
übersehen: es läuft ja daneben. Doch hier ward einmal
Sauerstoff in die deutschen Stuben gelassen und hat nach
einer augenblicklichen Erholung die Luft verpestet. Daß,
wer nichts zu sagen hat, es besser verständlich sage, diese
Erkenntnis war die Erleichterung, die Deutschland seinem
Heine dankt nach jenen schweren Zeiten, wo etwas zu sagen
hatte, wer unverständlich war. Und diesen unleugbaren
sozialen Fortschritt hat man der Kunst zugeschrieben, da
man in Deutschland immerzu der Meinung ist, daß die
Sprache das gemeinsame Ausdrucksmittel sei für Schreiber

und Sprecher. Heines aufklärende Leistung in Ehren – ein so
großer Satiriker, daß man ihm die Denkmalswürdigkeit
absprechen müßte, war er nicht. Ja, er war ein so kleiner
Satiriker, daß die Dummheit seiner Zeit auf die Nachwelt
gekommen ist. Gewiß, sie setzt sich jenes Denkmal, das sie
ihm verweigert. Aber sie setzt sich wahrlich auch jenes, das
sie für ihn begehrt. Und wenn sie ihr Denkmal nicht durch-
setzt, so deponiert sie wenigstens ihre Visitkarte am Heine-
Grab und bestätigt sich ihre Pietät in der Zeitung. Solange
die Ballotage der Unsterblichkeit dauert, dauert die Unsterblichkeit, und wenn ein Volk von Vereinsbrüdern ein
Problem hat, wird es so bald nicht fertig. Im Ausschuß der
Kultur aber sitzen die Karpeles und Bartels, und wie immer
die Entscheidung falle, sie beweist nichts für den Geist. Die
niedrige Zeitläufigkeit dieser Debatte, die immerwährende
Aktualität antiquierter Standpunkte ist so recht das Maß
einer literarischen Erscheinung, an der nichts ewig ist als der
Typus, der von nirgendwo durch die Zeit läuft. Dieser
Typus, der die Mitwelt staunen macht, weil er auf ihrem
Niveau mehr Talent hat als sie, hat in der Kunst der Sprache,
die jeder, der spricht, zu verstehen glaubt, schmerzlichen
Schaden gestiftet. Wir erkennen die Persönlichkeiten nicht
mehr, und die Persönlichkeiten beneiden die Techniker.
Wenn Nietzsche Heines Technik bewundert, so straft ihn
jeder Satz, den er selbst schrieb, Lügen. Nur einer nicht:
»Die Meisterschaft ist dann erreicht, wenn man sich in der
Ausführung weder vergreift noch zögert«. Das Gegenteil
dieser untiefen Einsicht ist die Sache des Künstlers. Seine
Leistung sind Skrupel; er greift zu, aber er zaudert, nachdem
er zugegriffen hat. Heine war nur ein Draufgänger der
Sprache; nie hat er die Augen vor ihr niedergeschlagen. Er
schreibt das Bekenntnis hin: »Der Grundsatz, daß man den
Charakter eines Schriftstellers aus seiner Schreibweise
erkenne, ist nicht unbedingt richtig; er ist bloß anwendbar
bei jener Masse von Autoren, denen beim Schreiben nur die
augenblickliche Inspiration die Feder führt, und die mehr

dem Worte gehorchen, als befehlen. Bei Artisten ist jener Grundsatz unzulässig, denn diese sind Meister des Wortes, handhaben es zu jedem beliebigen Zwecke, prägen es nach Willkür, schreiben objektiv, und ihr Charakter verrät sich nicht in ihrem Stil«. So war er: ein Talent, weil kein Charakter; bloß daß er die Artisten mit den Journalisten verwechselt hat. Und die Masse von Autoren, die dem Wort gehorchen, gibt es leider nur spärlich. Das sind die Künstler. Talent haben die andern: denn es ist ein Charakterdefekt. Hier spricht Heine seine unbedingte Wahrheit aus; er braucht sie gegen Börne. Aber da er objektiv schreibt und als Meister des Worts dieses zu jedem beliebigen Zwecke handhabt, so paßt ihm das Gegenteil gegen Platen. In ihm sei, »ungleich dem wahren Dichter, die Sprache nie Meister geworden«; er sei »dagegen Meister geworden in der Sprache, oder vielmehr auf der Sprache, wie ein Virtuose auf einem Instrumente«. Heine ist objektiv. Gegen Börne: »Die Taten der Schriftsteller bestehen in Worten«. Gegen Platen: er nenne seine Leistung »eine große Tat in Worten« – »so gänzlich unbekannt mit dem Wesen der Poesie, wisse er nicht einmal, daß das Wort nur bei dem Rhetor eine Tat, bei dem wahren Dichter aber ein Ereignis ist«.

Was war es bei Heine? Nicht Tat und nicht Ereignis, sondern Absicht oder Zufall. Heine war ein Moses, der mit dem Stab auf den Felsen der deutschen Sprache schlug. Aber Geschwindigkeit ist keine Hexerei, das Wasser floß nicht aus dem Felsen, sondern er hatte es mit der andern Hand herangebracht; und es war Eau de Cologne. Heine hat aus dem Wunder der sprachlichen Schöpfung einen Zauber gemacht. Er hat das höchste geschaffen, was mit der Sprache zu schaffen ist; höher steht, was aus der Sprache geschaffen wird. Er konnte hundert Seiten schreiben, aber nicht die Sprache der hundert ungeschriebenen Seiten gestalten. Wenn nach Iphigeniens Bitte um ein holdes Wort des Abschieds der König »Lebt wohl!« sagt, so ist es, als ob zum erstenmal in der Welt Abschied genommen würde, und solches »Lebt

wohl!« wiegt das Buch der Lieder auf und hundert Seiten
von Heines Prosa. Das Geheimnis der Geburt des alten
Wortes war ihm fremd. Die Sprache war ihm zu Willen.
Doch nie brachte sie ihn zu schweigender Ekstase. Nie
zwang ihn ihre Gnade auf die Knie. Nie ging er ihr auf
Pfaden nach, die des profanen Lesers Auge nicht errät, und
dorthin, wo die Liebe erst beginnt. O markverzehrende
Wonne der Spracherlebnisse! Die Gefahr des Wortes ist die
Lust des Gedankens. Was bog dort um die Ecke? Noch
nicht ersehen und schon geliebt! Ich stürze mich in dieses
Abenteuer.

August 1911

Nachwort

zu Heine und die Folgen

Die tiefste Bestätigung dessen, was in dieser Schrift gedacht
und mit ihr getan ist, wurde ihr: sie fand keine Leser. Ein
Gedrucktes, das zugleich ein Geschriebenes ist, findet keine.
Und mag es sich durch alle äußeren Vorzüge: den beque-
men, noch in feindlicher Betrachtung genehmen Stoff, ein
gefälliges Format und selbst durch den billigsten Preis empfehlen – das Publikum läßt sich nicht täuschen, es hat die
feinste Nase gegen die Kunst, und sicherer als es den Kitsch
zu finden weiß, geht es dem Wert aus dem Wege. Nur der
Roman, das Sprachwerk außer der Sprache, das in vollkom-
menster Gestalt noch dem gemeinen Verstande irgend Halt
und Hoffnung läßt, nährt heute seinen Mann. Sonst haben
vor dem Leser jene, die ihm mit dem Gedanken im Wort
bleiben, einen unendlich schweren Stand neben denen, welche ihn mit dem Wort betrügen. Diesen glaubt er sofort, den

andern erst nach hundert Jahren. Und keine irdische Träne aus den Augen, die das Leben vom Tod begraben sehen, verkürzt die Wartezeit. Nichts hilft. Die Zeit muß erst verstinken, um jene, die das sind, was sie können, so beliebt zu machen, wie diese da, welche können, was sie nicht sind. Nur daß dieses Heute noch den besondern Fluch des Zweifels trägt: ob der Kopf, der die Maschine überlebt, auch ihre Folgen überstehen wird. Nie war der Weg von der Kunst zum Publikum so weit; aber nie auch hat es ein so künstliches Mittelding gegeben, eins, das sich von selbst schreibt und von selbst liest, so zwar, daß alle sie schreiben und alle verstehen können und bloß der soziale Zufall entscheidet, wer aus dieser gegen den Geist fortschreitenden Hunnenhorde der Bildung jeweils als Schreiber oder als Leser hervorgeht. Die einzige Fähigkeit, die sie als Erbteil der Natur in Ehren halten: von sich zu geben, was sie gegessen haben, scheint ihnen auf geistigem Gebiet als ein Trick willkommen, durch den es gelingen mag, zwei Verrichtungen in einer Person zu vereinigen, und nur weil es noch einträglichere Geschäfte gibt als das Schreiben, haben sich bisher so viele unter ihnen Zurückhaltung auferlegt und begnügen sich damit, zu essen, was die andern von sich gegeben haben. Wie derselbe Mensch sich in einer Stammtischrunde vervielfacht hat, in der ein Cellist, ein Advokat, ein Philosoph, ein Pferdehändler und ein Maler sitzen, durch den Geist verbunden und nur vom Kellner nach den Fächern unterschieden: so ist zwischen Autor und Leser kein Unterschied. Es gibt bloß noch Einen, und das ist der Feuilletonist. Die Kunst weicht vor ihm zurück wie der Gletscher vor dem Bewohner des Alpenhotels. Einst konnte man den, so rühmten die Führer, mit Händen greifen. Wenn der Leser heute ein Werk mit Händen greifen kann, dann muß das Werk eine üble Seite haben. Der Herausgeber dieser Zeitschrift ist sich durchaus bewußt, daß sie ihr Ansehen großenteils jener Empfänglichkeit verdankt, die sich etwa dem vorzüglichen Romanautor nicht gleich darum entzieht, weil sie vom Hörensagen weiß, daß er auch ein Künstler ist. Er darf sich die Nachsicht getrost zunutze machen. Der Herausgeber der Fackel hat nicht selten das Gefühl, daß er an jener schmarotzt. Sie würde ihm unwiderruflich verweigert, wenn die Leser gar erführen, in welchem Stadium der Unzurechnungsfähigkeit solch witzige Anläßlichkeiten entstehen, von welcher Kraft der Selbstvernichtung diese Treffsicherheit lebt und wie viel Zentner Leid eine leichte Feder tragen kann. Und wie düster das ist, was den Tagdieb erheitert. Das Lachen, das an meinen Witz nicht heranreicht, würde ihnen vergehen! Sähen sie, daß der kleine Stoff, der ihnen zu Gesicht steht, nur ein schäbiger Rest ist von etwas, das sie nicht betasten können, sie gingen endlich davon. Ich bin bei denen, die sich einbilden, meine Opfer zu sein, nicht beliebt; aber bei den Schadenfrohen noch immer weit über Verdienst.

Mag nun die Fackel sich in so vielen unrechten Händen befinden: wenn sich das, was von mir geschrieben ist, in einen andern Druck wagt, so langen wenige darnach. Für eine Sammlung von Satiren oder Aphorismen soll das nicht beklagt sein. Eine solche ist mit den seltenen Lesern zufrieden, denen die textliche Veränderung ein neues Werk bedeutet. Aber an der Schrift »Heine und die Folgen«, die als Manuskript in den Buchverlag kam, hat es sich gezeigt, daß es nicht mehr Leser gibt, als jene wenigen. Und diese Erfahrung kann gerade sie nicht schmerzlos hinnehmen. Denn ihr Wille ist, Leser zu schaffen, und das könnte ihr nur gelingen, wenn sie Leser findet. Sie trägt den Jammer des deutschen Schrifttums aus, und sie ist nicht zufrieden damit, daß ihre Wahrheit sich an ihr selbst erfülle. Darum betritt sie den Weg der Reue, der aus dem Buch zurück in die Zeitschrift führt, und auch diese Notwendigkeit sei ihr gefällig, die Perversität des geistigen Betriebs unserer Tage zu erweisen. Hier, im vertrauten Kreis, wird sie wenigstens den Versuch machen, zu mehr tauben Ohren zu sprechen, als in der großen deutschen Öffentlichkeit zu haben sind.

Denn es ist nicht zu denken, daß sie just für den Gegenstand taub waren, von dem zu ihnen die Rede ging. Von Heine hören sie noch immer gern und wenn sie auch nicht wissen, was soll es bedeuten. Sicherlich würde die Schrift, wenn sie bloß den Lebenswert seiner Kunst verneinte, jenem Zeitgefühl nichts Neues sagen, das sich selbst durch die Verabredungen der Intelligenz nicht betrügen läßt. Sicherlich läßt es sich eher zur Bettelei für ein Heine-Denkmal als zur Lektüre seiner Bücher herumkriegen. Und dem Haß, der dort ansetzte, wo nicht Liebe, nur intellektuelle Heuchelei die Grabeswacht hält, würde zwar einige Erbitterung, aber kein allgemeines Interesse antworten. Diese Schrift indes, so weit entfernt von dem Verdacht, gegen Heine ungerecht zu sein, wie von dem Anspruch, ihm gerecht zu werden, ist kein literarischer Essay. Sie erschöpft das Problem Heine nicht, aber mehr als dieses. Der törichteste Vorwurf: daß sie Heine als individuellen Täter für seine Folgen verantwortlich mache, kann sie nicht treffen. Die ihn zu schützen vorgeben, schützen sich selbst und zeigen die wahre Richtung des Angriffs. Sie sollen für ihre Existenz verantwortlich gemacht werden, und der Auswurf der deutschen Intelligenz, der sich sogleich geregt hat, bewies, daß er sich als die verantwortliche Folge fühle. Es waren Individuen, die durch ihre eigene Lyrik schwer genug gestraft sind oder durch ihre eigene Polemik zu sehr insultiert waren, als daß sie einer besondern Abfertigung bedurft hätten. Die wenigen, die sich geärgert, und die vielen, die nicht gelesen hatten, haben bestätigt, was geschrieben war. Nicht die Gefahr, eine Entweihung Heines zu erleben, wohl aber die Furcht, das Feindlichste zu hören, was diesem Zeitalter der Talente gesagt werden kann, hat dem Ruf ein stärkeres Echo ferngehalten. Nicht eine Wertung Heine'scher Poesie, aber die Kritik einer Lebensform, in der ein für allemal alles Unschöpferische seinen Platz und sein glänzend elendes Auskommen gefunden hat, wurde hier gewagt. Nicht die Erfindung der Pest, nicht einmal ihre Einschleppung wurde

getadelt, aber ein geistiger Zustand beschrieben, an dem die
Ornamente eitern. Das hat den Stolz der Bazillenträger
beleidigt. Hier ist irgendwie die Sprache von allem, was sie
einzuwickeln verpflichtet wurde, gelöst, und ihr die Kraft,
sich einen bessern Inhalt zu schaffen, zuerkannt. Hier ist in
dieser Sprache selbst gesagt, daß ihr der kalligraphische
Betrug fremd sei, der das Schönheitsgesindel zwischen Paris
und Palermo um den Schwung beneidet, mit dem man in der
Kunst und in der Hotelrechnung aus dem Fünfer einen
Neuner macht. Das haben sie nicht verstanden, oder als
bedenklich genug erkannt, um es nicht hören zu wollen.

Um aber die Unfähigkeit, die eine redliche Wirkung des
begabten Zeitgeistes ist, nicht schwerer zu belasten als die
Bosheit, die in allen Zeiten die sozialen Möglichkeiten gegen
den Gedanken mobilisiert hat, muß gesagt werden, daß
noch ein besonderer Verdacht den Autor dazu bestimmt hat,
vom Verlag Albert Langen das Recht des Wiederabdruckes
dieser Schrift zu erbitten. Sein bekannter Verfolgungswahn,
der ihm sogar zugeflüstert hat, daß es ihm in zwölf Jahrgän-
gen nicht gelungen sei, sich beliebt zu machen, ließ ihn an
eine absichtliche Unterdrückung der Broschüre glauben.
Stellte ihm vor, daß die aufgestöberten Wanzen aus der
Matratzengruft sich in Bewegung gesetzt und just dort
angesiedelt hätten, wo der ihnen bekannte Weg vom Gedanken in den Handel führt. Die Furcht vor der Presse kann
Berge versetzen und Säle verweigern: vielleicht bedarf es
nicht einmal der Anregung, um einen Wiener Buchhändler
im Vertrieb einer gefährlichen Broschüre, von der nur ein
kleiner Gewinn abfällt, lau zu machen. Zumal einen von
jenen, die noch heute der Fackel einen autorrechtlichen
Prozeß verübeln, den ihr erster Drucker geführt hat. Ist es
denn nicht eine Wiener Tatsache eigenster Art, daß nicht nur
den Blicken der spazierenden City das Ärgernis meiner
Bücher entzogen wird, sondern daß die Hefte der Fackel,
die in einer Zeile mehr Literatur enthalten als die Schaufenster sämtlicher Buchhandlungen der Inneren Stadt, und an

deren letztes Komma mehr Qual und Liebe gewendet ist als
an eine Bibliothek von Luxusdrucken eines Insel-Verlags –
gezwungen sind, zwischen Zigarren, Losen und Revolverblättern ihre Aufwartung zu machen, um die Kosten zu
decken, die eine nie belohnte und nie bedankte Mühe verur-
sacht, während im Chor das Ungeziefer des Humors die
Sache für lukrativ hält und sich an dem Begriff der »Doppelnummer« weidet! Eine Zeitschrift, welche die legitimsten
administrativen Hilfen wie den Aussatz flieht, so aus sich
selbst leben möchte, um so gegen sich selbst zu leben,
buchgeboren wie kaum ein Buch im heutigen Deutschland,
muß die Stütze des zuständigen Handels, die ihm Pflicht
wäre, entbehren und in der österreichischen Verbannung
jene Schmach verkosten, die den wegen eines politischen
Delikts Verurteilten in die Zelle der Taschendiebe wirft.
Ahnt die freigesinnte Bagage, deren kosmisches Gefühl die
Gewinnsucht ist und von der man die Gnade erbetteln muß,
für irrsinnig gehalten zu werden, wenn man keinen Profit
macht, ahnt sie, wie viel Genüsse sie sich mit dem Geld
erkaufen könnte, das mein Werk des Hasses verschlingt, bis
es die Gestalt hat, mit der ein Selbstverherrlicher nie zufrieden ist – weil es erst dann ihm die Fehler enthüllt, die die
andern nicht merken! Aber hier, in sein Archiv, nimmt er,
was ihm beliebt, und zieht er ein, was andernorts nicht
beliebt hat. Hier kann ihn nichts enttäuschen. Eine Arbeit,
die statt zwanzig Auflagen nicht die zweite erlangt hat: hier
kann ihr nichts mehr geschehn. Ihr Verfasser, dessen Lust es
ist, in die Speichen seines eigenen Rads zu greifen, sich selbst
und die Maschine aufzuhalten, wenn ihm ein Pünktchen
mißfällt, wird nie mehr einem fremden publizistischen
Betrieb seine Hilfe gewähren. Er wirbt nicht um neues
Publikum. Die Fackel ist ihm nicht Tribüne, sondern
Zuflucht. Hier kann ihn das Schicksal einer Arbeit nur bis
zur Vollendung aufregen, nicht bis zur Verbreitung. Was
hier gelebt wird, mag im Buche wiedererstehn. Aber es ist
Lohn genug, unter dem eigenen Rade zu liegen.

Zwischen den Lebensrichtungen

Schlußwort

Nicht die Feststellung der unerheblichen Tatsache, daß die Schrift »Heine und die Folgen« neben der Verbreitung durch die Fackel nun doch im siebenten Jahr bei der dritten Auflage hält, erfordert die Ergänzung. Ein anderes sei nachgetragen, das gleichfalls, indem es scheinbar etwas berichtigt, einer tieferen Betrachtung erst dessen Richtigkeit zu erkennen gibt. Alles, was hier und in allen Kapiteln über den Lebensverlust des heutigen Lebens und den Sprachverrat deutscher Menschheit gesagt ist, hat die gedankliche Spur, die bis zum Rand dieses Krieges führt, der meine Wahrheit auch zur Offenbarheit gemacht hat. Nur dort bedarfs einer Darlegung, wo ich gerade in dem Drang, der Maschine zu entrinnen, einer schon völlig entmenschten Zone den Vorzug vor jenem Schönheitswesen gab, das dem unaufhaltsamen Fortschritt noch weglagernde Trümmer von Menschentum entgegenstellte. In den später geschriebenen Aphorismen ist die zum Krieg aufgebrochene Antithese zugunsten eben jener Lebensform entschieden, als einer, welche die Sehnsucht nach Leben und Form hatte und eben um solcher Sehnsucht, um eines selbstretterischen Instinktes willen, die Notwehr gegen die Tyrannei einer wertlosen Zweckhaftigkeit auf sich nehmen sollte, gemäß der das Leben Fertigware ist und die Kultur die Aufmachung. Denn es mußte die Frage, »in welcher Hölle d e r K ü n s t l e r gebraten sein will«, abdanken vor der zwingenden Entscheidung, daß d e r M e n s c h in dieser Hölle nicht gebraten sein will, durch die richtende Erkenntnis des Künstlers selbst, der nun nicht mehr das Recht und nicht mehr die Möglichkeit hat, die sichere Abschließung seines Innern zu suchen, sondern nur noch die Pflicht, zu sehen, welche Partie der Menschheit gleich ihm um die Erhaltung solchen Glückes kämpft und gegen den Zwang einer Lebensanschauung, die aus dem Leben alle Triebe gepreßt hat, um es einzig dem Betrieb zu erhalten. Daß es aber jene Regionen sind, von deren Wesensart in ruhiger Zeit die Störung kam, darüber sich einem Zweifel hinzugeben, wäre Kriegsverrat an der Natur, die sich der Maschine erwehrt. Sie tut's, und tue sie's auch mit Hilfe der Maschine, dem Künstler gleich, der die Betriebsmittel der Zeit nicht verschmäht hat, um ihr zu sich zu entfliehen. Er bejaht vor der Unvollkommenheit des Lebens den Lebensersatz und vor dem halben Individualitäten das System des ganzen patentierten Persönlichkeitsersparers. Der sich der Maschine bedient, gewinnt in dem Maße, als sie alle verlieren, die die Maschine bedienen. Denn diese macht den Menschen nicht frei, sondern zu ihrem Knecht, sie bringt ihn nicht zu ihm selbst, sondern unter die Kanone. Der Gedanke aber, der nicht wie die Macht eine »Neuorientierung« braucht, um sich am Ruder wieder zu finden, weiß: Er schuf sich nur den Notausgang aus dem Chaos des Friedens, und was an der Wertverteilung »deutsch-romanisch« widerspruchsvoll schien, war nur der Widerspruch des neuen Daseins gegen sich selbst, der heute ereignishaft seine Lösung erfährt. Die Auffassung, die den »Lazzaroni als Kulturideal neben dem deutschen Schutzmann« scheinbar nicht gelten lassen wollte, sie bestätigte ihn darin mehr als jene, die es – im Sinne des »Malerischen« – wollten und die die eigentlichen Deutschen sind. Das Wort vom »Schönheitsgesindel zwischen Paris und Palermo« mag nun auf jene Hunnenhorde der Bildung reflektieren, die an der Verwandlung von Lebenswerten in Sehenswürdigkeiten schuld ist. Was hier von der Sprache und dem Menschen gedacht war, ist dem Typus, der tieferer Zwecklosigkeit nachhangend in der Sonne lungern kann, blutsverwandter als dem unerträglichen Eroberer eines Platzes an der Sonne, dessen Geistesart es freilich entsprochen hat, ein bunteres Dasein ornamental zu entehren und damit den Untergang zu beschönigen. In jenem geweihten Sinn, der die »basaltfreie« Ordnung und Zweckhaftigkeit wahrlich nur zu dem höheren Zwecke will, um ungestört die Schlösser und Wunder der Seele zu betreuen, mußte ich die Umgebung solches Warenpacks vorziehen, weil es die besten Instrumente abgab, um mir Ruhe vor einer lärmvollen Welt zu verschaffen, in der sie, nur weil sie keine Menschen mehr waren, selbst nicht mehr stören konnten. Aber die andern taten es, weil sie's halb waren. Es war mir einst zu wenig, und jetzt ist es doch so viel geworden. Und an dieses Problem, in welchem ganz ähnlich auch die Antithese Berlin–Wien zu Gunsten Wiens bereinigt wird, wirft der Zusammenbruch noch die Erkenntnis, daß gerade in der Sphäre der Lebensmechanik der ganze Widerspruch selbst enthalten war. Daß es nicht allein um »deutsch-romanisch«, sondern um »deutsch-weltlich« geht, zeigt sich, indem die bunte Welt auf Farbe dringt. Amerika, das es besser hat, und die Welt der alten Formen vereinigen sich, um mit einem Kunterbunt fertig zu werden, das von dort die Sachlichkeit, von da die Schönheit zusammenrafft und immerzu in der tödlichen Verbindung von Ware und Wert, in der furchtbaren Verwendung der alten Embleme für die neuen Realien durchzuhalten hofft. Der Angelsachse schützt seinen Zweck, der Romane seine Form gegen den Mischmasch, der das Mittel zum Zweck macht und die Form zum Vorwand. Da hier die Kunst nur Aufmachung ist; da diese Sachlichkeit, diese Ordnung, diese elende Fähigkeit zum Instrument einem auf Schritt und Tritt den Verlust an Menschentum offenbart, den es gekostet hat, um ein so entleertes Leben dem Volkstum zu erringen; da es selbst die Oberflächenwerte, für die alle Seelentiefe und alle Heiligkeit deutschen Sprachwerts preisgegeben wurde, im Zusammenstoß der Lebensrichtungen nicht mehr gibt; da der Deutsche eben doch kein Amerikaner war, sondern nur ein Amerikaner mit Basalten – so taugt der Zustand nicht mehr zum Ausgangspunkt der Phantasie. Weil sie Geist und Gott und

Gift benützen, um das Geld zu erraffen, so wendet sie sich von den Entmenschten einem Schönheitswesen zu, das gegen die unerbittliche Wut der Zeit seine Trümmer verteidigt. Auf der Flucht aus ihr habe ich Unrecht tun müssen. Die Partei der Menschenwürde habe ich nie verleugnet und jetzt, wo, ach, der Standpunkt erreicht ist, sie nehmen zu können, habe ich dem Weltgeist nichts abzubitten als die Schuld, in solcher Zeit geboren zu sein, und den Zwang, sichs auf der Flucht häuslich einzurichten.

Der Fall Kerr

März 1911

Der kleine Pan ist tot

In Berlin wurde kürzlich das interessante Experiment gemacht, einer uninteressanten Zeitschrift dadurch auf die
Beine zu helfen, daß man versicherte, der Polizeipräsident
habe sich der Frau des Verlegers nähern wollen. Das Experiment mißlang, und der ›Pan‹ ist toter als nach seiner Geburt.
Herr Maximilian Harden hatte schon Abonnenten verloren,
weil er sie durch den Nachweis vermehren wollte, daß Fürst
Eulenburg homosexuell veranlagt sei. Herr Alfred Kerr, der
dieses Wagnis, einen erotischen Hinterhalt für die Politik
und den politischen Vorwand für das Geschäft zu benützen,
tadelte, hat einen schüchternen Versuch gemacht, es zu
kopieren, indem er, gestützt auf die erweisliche Wahrheit,
daß Frau Durieux die Gattin des Herrn Cassirer sei, sich
bemüßigt fand, in Bezug auf die Erotik des Herrn v. Jagow
»auszusprechen was ist«. Herr Kerr ist dabei zu Schaden
gekommen. Denn eine üble Sache wird dadurch nicht
schmackhafter, daß man sie statt in Perioden in Interjektionen serviert, und der Moral ist nicht besser gedient, wenn sie
von einem Asthmatiker protegiert wird, als von einem
Bauchredner. Das demokratische Temperament mag es ja als
eine geistige Tat ohnegleichen ansehen, daß einer dem Polizeipräsidenten »hähä« zugerufen hat, und die Verehrer des
Herrn Kerr, dessen Stil die letzten Zuckungen des sterbenden Feuilletonismus mit ungewöhnlicher Plastik darstellt,
mögen diesen Polemiker sogar für den geeigneten Mann
halten, mich für »Heine und die Folgen« zur Rede zu
stellen. Ich möchte das Talent des Herrn Kerr so gering
nicht einschätzen wie jene, die ihm zu politischen Aktionen
Mut machen. Im sicheren Foyer theaterkritischer Subtilitä-

ten hat er es immerhin verstanden, aus dem kurzen Atem
eine Tugend zu machen, und man könnte ihm das Verdienst
einer neuen Ein- und Ausdrucksfähigkeit zubilligen, wenn
es nicht eben eine wäre, die wie alle Heine-Verwandtschaft
Nachahmung ihrer selbst ist und das Talent, der Nachahmung Platz zu machen. Das bedingt einen geistigen Habi-
tus, der auch den leiblichen geflissentlich dazu anhält, sich
noch immer als Jourbesucher der Rahel Varnhagen zu fühlen, und dem das politische Interesse bloß eine Ableitung
dessen ist, wovon man leider stets im Überfluß hat: der
Sentimentalität. Sie allein macht es verständlich, daß Ästheten, die aus Lebensüberdruß Gift nehmen könnten, weil es
grün ist, und die einen Pavian um den roten Hintern beneiden, manchmal drauf und dran sind, die Farbe, die bisher
nur ihr Auge befriedigt hat, auch zu bekennen. Diesen
politischen Zwischenstufen zuliebe ist der ›Pan‹ gegründet
worden, und wenn man schon glaubte, alle Sozialästheten
würden sich wie ein Heinrich Mann erheben und fortan
nach seinen Gedanken handeln, die an der Oberfläche sind
und doch tief unter seiner Form, – so erschien ein offener
Brief an Herrn v. Jagow. Er war die Antwort auf einen
geschlossenen. Herr v. Jagow hatte sich der Frau Durieux
»außergesellschaftlich« nähern wollen. Man denke nur, welchen Eindruck das auf Herrn Kerr machen mußte, dessen
Scherz, Satire, Ironie und tiefere Bedeutung sich in dem
Worte »Ecco« erschöpft, wozu aber, wenn er gereizt wird,
in der Parenthese noch die treffende Bemerkung »Es ist
auffallend« hinzutreten kann. Herr Harden hätte in solchem
Falle vom Leder gezogen, das heißt er hätte den Feind dieses
riechen lassen statt des Gewehrs. Herr Kerr begann fließend
zu stottern, teilte den Polizeipräsidenten in sechs Abteilungen und fühlte sich aristophanisch wohl. Herr Cassirer, der
am Skandal und am Geschäft beteiligte Verleger, duldete
still. Und der Fall wurde zum Problem, wie viel Aufsehen
man in Deutschland mit schlechten Manieren machen kann.
Gewiß, man muß von modernen Literaten nicht verlangen,

daß sie die Qualität einer Schauspielerin eher in der Fähigkeit erkennen, sich eine außergesellschaftliche Annäherung
gefallen zu lassen, als in dem Ansehen, das sie als Hausfrau
eines Kunsthändlers genießt. Gewiß, man mag es hingehen
lassen, daß ein moderner Impressionist über die Psychologie
der Schauspielerin so korrekt denkt wie ein Schauspieler, der
ja der Erotik zumeist als Mitglied der deutschen Bühnengenossenschaft gegenübersteht. Aber man muß über die
Promptheit staunen, mit der hier – jenseits des Problems der
Theaterdame – die allerordinärsten Abfälle des Moraldog-
mas aufgegriffen wurden, die die Hand des Bürgers davon
übriggelassen hat. Und daß hier die laute Entrüstung einem
Geschäft helfen sollte, da die stille nur der Ehre Vorteil
gebracht hätte, macht den solid bürgerlichen Eindruck der
Angelegenheit vollkommen. Fast könnte man fragen, ob
Herr v. Jagow dem ›Pan‹ durch die Unterlassung der Annäherung an Frau Durieux nicht mehr geschadet hätte, als
durch die Konfiskation der Flaubert-Nummer, und der
Ausruf auf der Friedrichstraße: »Der Polizeipräsident hat
meine Gattin beleidigt. Sensationelle Nummer des ›Pan‹!«
legt die Erwägung nahe, ob man in solchen Ehrenhändeln
dem Störer des ehelichen Friedens nicht prinzipiell zwei
Kolporteure ins Haus zu schicken hat. Herr Cassirer hatte
zwar schon durch einen Rittmeister Aufklärungen empfangen und »seinerseits« die Sache für erledigt erklärt; er
hatte aber »keinen Einfluß« auf die Entschlüsse der Redaktion. Deutsche Verleger sind gegenüber den Geboten ihrer
Redakteure vollkommen machtlos und gegen einen ausbeu-
terischen Angestellten helfen ihnen bekanntlich weder die
Gerichte noch können sie selbst mit dem Komment in der
Hand einen Privatwunsch durchsetzen. Die Redakteure des
›Pan‹ waren nicht davon abzuhalten, einen Eingriff in das
Familienleben ihres Verlegers zu begehen. Zwar hat Herr
Cassirer zugegeben, eine Bemerkung des Herrn v. Jagow –
»der ›Pan‹ kann über mich schreiben, was er will« – habe ihn
schließlich bestimmt, seine Redaktion gewähren zu lassen.

Aber wenn er nach einer solchen ausdrücklichen Erlaubnis des Polizeipräsidenten sich schon nicht bewogen fühlte, Herrn v. Jagow zu schonen, so bleibt es immerhin verwunderlich, daß es dem ›Pan‹ unbenommen blieb, über seinen eigenen Chef zu schreiben, was er wollte. Indes, es war nicht nur Naivität notwendig, um die Publikation zu rechtfertigen, sondern wahrlich auch, um sie zu veranlassen. Der Glaube an die Plumpheit des Herrn v. Jagow war plumper. Denn der Amtsmensch ist zwar ungeschickt genug, um seinen Besuch bei der Schauspielerin mit der Berufung auf sein Zensoramt harmlos zu machen, aber so ungeschickt, um sein Zensoramt als Besucher der Schauspielerin gefährlich zu machen, ist er nicht. So ungeschickt, es zu glauben, sind nur die Polemiker und die Verleger. Herr v. Jagow hat es schriftlich gegeben, um sich zu decken. Hätte er drohen wollen, so hätte er es mündlich gegeben. Ganz so dumm, wie die Journalisten es brauchen, sind die Machthaber nicht in allen Fällen; sie sind nur manchmal dumm genug, dem Verdacht, dem sie ausweichen wollen, entgegenzukommen. Wenn sie das Interesse für Theaterfragen zum Vorwand für erotische Absichten nehmen, so machen sie es anders, und wenn sie sich auf ihr Amt berufen, so wollen sie sich schützen, nicht preisgeben. So flink macht einer einem tüchtigen Verleger nicht den Tartuffe; er müßte denn von einem tüchtigen Verleger dafür bezahlt sein. Daß die Freundlichkeit der Dame, die Herrn v. Jagow auf der Probe kennen gelernt hatte, inszeniert war, muß man trotz der Pünktlichkeit des Aufschreis des gekränkten tüchtigen Verlegers nicht annehmen. Das ist nur in jenen Teilen der Friedrichstraße üblich, wo keine Zeitschriften feilgeboten werden. Aber daß das Maß dieser Freundlichkeit die Annäherung des Dritten nicht absurd erscheinen ließ, ist ebenso wahrscheinlich, wie es für eine Schauspielerin nicht unehrenhaft ist, daß sie zur Ansprache eines Polizeipräsidenten ein freundliches Gesicht macht. Es geht nicht an, die erotische Dignität und den erotischen Geschmack des Paares

unter Beweis zu stellen, und darum kann Herrn v. Jagow
nichts Schlimmeres vorgeworfen werden als Neugierde,
wiewohl ihm auch die erwiesene Absicht auf eine Schauspielerin selbst die Todfeinde seines Regimes nicht ankreiden
würden. Nur die Liberale trägt kein Bedenken, gegen den
Tyrannen die Argumente des Muckers anzuführen, und
was er Satire nennt, ist das mediokre Behagen über einen
Zeremonienmeister, der durch eine Orangenschale zu Fall
kommt. Und antwortet man ihm, daß man Schutzmannsbrutalitäten verabscheuen und gleichwohl das Gewieher
über den ausgerutschten Präsidenten verächtlich finden
kann, so wird das Maul, das bisher nur »etsch« sagen
konnte, frech über alle Maßen. Herr Kerr nennt jetzt jeden,
der »noch behauptet, er habe einen Privatbrief öffentlich
behandelt«, und jeden, der »noch behauptet, er habe unbe-
fugt eine völlig beigelegte Sache der Öffentlichkeit überge-
ben«, »einen Halunken«, und der ›Pan‹ setzt seine Bemühungen, sich interessant zu machen, fort. Herr Cassirer, der
nur noch am Geschäft Beteiligte, duldet still. Ich will dem
aufgeregten Feuilletonisten, der schon vergebens bemüht
war, den Schleier vom Vorleben des Herrn v. Jagow wegzuzupfen, die Freude an keiner seiner neuen »Feststellungen«
verderben. Er verspricht zu kontrollieren, welche Blätter sie
ihm unterschlagen werden, und es ist zu hoffen, daß alle so
klug sein werden, sie ihm nachzudrucken. Denn kein
Angriff vermöchte die Miserabilität der Angelegenheit besser zu entblößen, als diese Verteidigung. Ich möchte Herrn
Kerr den Rat geben, sein Geschrei zu verstärken und auch
noch denjenigen einen Halunken zu nennen, der ihn
beschuldigt, Herrn v. Jagow die goldene Uhr gestohlen,
oder seine Tante Friederike Kempner geschlachtet zu haben.
Je mehr Leute, die grundlose Behauptungen aufstellen, er
Halunken nennt, desto besser lenkt er die Aufmerksamkeit
von den gegründeten ab und dem ›Pan‹ zu. Denn ob Herr
Kerr »befugt« oder nicht befugt war, im ›Pan‹ etwas zu
veröffentlichen, hat er mit seinem Verleger auszumachen,

und ob er diesem die Erlaubnis abgeschmeichelt oder abge-
trotzt hat, ist eine Sache, die die Öffentlichkeit nicht sonderlich interessiert. Ob Herr Kerr eine Affäre, die der Ehegatte
beigelegt hatte, ausweiden durfte, hat er mit dem Ehegatten
auszumachen. Wesentlich allein ist, daß dieser nichts dagegen einzuwenden hat. Nicht wesentlich zur Beurteilung der
Ethik des Herrn Kerr, aber zur Beurteilung des Falles. Nicht
ob Herr Kerr tut, was ihm vom Verleger-Gemahl erlaubt
oder verboten ist, sondern ob dieser erlaubt oder verbietet,
ist relevant. Dieser hat sich, so versichert Herr Kerr, bei der
Erledigung der persönlichen Affäre zwischen ihm und dem
ehestörenden Herrn v. Jagow »nachdrücklich« die Verwertung des »politischen Charakters der Angelegenheit« durch
Herrn Kerr vorbehalten. Das heißt, er »hat sich zwar gegen
die Veröffentlichung des Angriffs im ›Pan‹, weil er dessen
Verleger ist, gesträubt – keineswegs aber gegen seine Veröffentlichung überhaupt«. Man muß zugeben, daß eine bessere Verteidigung eines Mannes, der beschuldigt wird, die
Beleidigung seiner Frau zur Hebung seiner Halbmonatsschrift verwendet zu haben, gar nicht gedacht werden kann.
Herr Kerr sagt, daß ihm etwas erlaubt war. Herr Cassirer
hat bei den ritterlichen Verhandlungen mit Herrn v. Jagow
ausdrücklich das staatsgrundgesetzliche Recht des Herrn
Kerr, zu denken und zu schreiben, was er will, gewahrt.
Dagegen, daß es im ›Pan‹ geschehe, hat sich Herr Cassirer
gesträubt. Aber dann hat er's doch zugelassen. Es ist nun
wohl denkbar, daß bei der ritterlichen Austragung Herr
v. Jagow die Gedankenfreiheit des Herrn Kerr, gegen die
Herr Cassirer nichts auszurichten zu können beteuerte, anerkannt hat. Aber es ist immerhin zu bezweifeln, ob er die
Austragung noch als ritterlich akzeptiert hätte, wenn der
Gegner sich die Verwertung im eigenen Blatt vorbehalten
oder ihm auch nur gesagt hätte: Herr v. Jagow, auf Ehre, Sie
sind ein Ehrenmann, ich bin jetzt davon durchdrungen, daß
Sie meine Frau nicht beleidigt haben. Aber, auf Ehre, ich
hab da eine etwas wilde Redaktion und beim besten Willen

kann ich es nicht verhindern, daß zum Quartalswechsel so
etwas hineinkommt wie, daß Sie doch meine Frau beleidigt
haben... Hätte sich Herr Cassirer mit Herrn v. Jagow
geschlagen, so böte immerhin die Möglichkeit, daß die
Gegner unversöhnt schieden, eine Entschuldigung. Aber er
hat sich ausgeglichen, versichert selbst im ›Pan‹, sein persön-
licher Zwist zwischen ihm und Herrn v. Jagow sei »völlig
beigelegt«, verspricht, auf »den zwischen uns erledigten
Fall« nie mehr zurückzukommen – dazu würden ihn auch
»keinerlei Angriffe bewegen« –: und läßt Herrn Kerr seine
nachträgliche Forderung präsentieren. Denn Herr Kerr »sei
befugt, die Angelegenheit öffentlich zu behandeln.« Es ist so
albern und klingt so gentlemanlike, daß man sich fragt, ob es
nicht doch vielleicht einen Komment gibt, der dem Beleidig-
ten ausdrücklich gestattet, nachdem er volle Genugtuung
erhalten hat, den Gegner zwar nicht selbst anzuspucken,
aber es durch einen Dritten besorgen zu lassen. Ecco. Herr
Kerr nennt das Ganze einen »ethischen Spaß«. Ich nenne es
eine völlig humorlose Unsauberkeit. Und für den Fall, daß
Herr Kerr mich deshalb einen Halunken nennen sollte,
behalte ich mir nachdrücklich das Recht vor, den politisch-
persönlichen Charakter seiner Affäre so eingehend zu
besprechen, daß ihm einige Parenthesen wackelig werden
könnten. Bis dahin hat er die käsigste demokratische Gesinnung auf seiner Seite. Auch die Politiker in Schönheit, die
sich der Geste freuen, welche einem Machthaber auf den
Hosenlatz weist, mögen die Schlacht für gewonnen halten.
Zu bald aber dürfte die Ansicht populär werden, daß es den
Ästheten nichts hilft, wenn sie sich durch schlechte Manieren einer guten Sache würdig erweisen wollen. Die Kultur,
die auf Old Stratford-Papier arbeitet, versagt bei Gelegenheiten, wo manch ein deutscher Kommis seinen Mann stellt.
Nur im Geschäft ist sie ihm über. Pan war der Sohn des
Hermes. Dieser aber ist ein Handelsgott und heißt jetzt
Cassirer.

Der kleine Pan röchelt noch

Man sollte meinen, daß von Kultur erst dort die Rede sein könne, wo die Frage der Zimmerreinheit geklärt ist. Was nützen uns die schönen Künste des Spitzes, wenn die Hose leidet? Ecco. Darüber gibt's keine Debatte, und wenn das demokratische Gefühl in den beteiligten Kreisen hier die Politik ausspielt, so liegt insoferne ein bedauerliches Mißverständnis vor, als durch Politik höchstens die Freiheit vom Maulkorb erstrebt werden kann, nie aber das Recht, zu stinken. Ein anderes Mißverständnis liegt in der Entrüstung darüber, daß man einem Genius wie Herrn Alfred Kerr imputieren wolle, er habe Unsauberkeiten begangen, um das Geschäft einer Halbmonatsschrift zu heben. Da die Halbmonatsschrift nicht Herrn Kerr gehört, so dürfte keiner von den vielen, die sich bei dieser Begebenheit die Nase zuhielten, Herrn Kerr für den Cassirer der Sensation gehalten haben. Der Fall liegt schlimmer. Herr Kerr tat wie Herr Harden, aber aus reinen Motiven. Er hat eine ungeistige Aktion aus Überzeugung vertreten. Er reicht an die Beweggründe des Herrn Harden nicht heran. Um eine schlechte Sache zu führen, muß man ein guter Politiker sein. Herr Kerr ist nur das Opfer seines politischen Ehrgeizes. Herr Harden ist für eine Unanständigkeit verantwortlich; er weiß, daß es im Leben ohne ethische Betriebsunfälle nicht abgeht, und die Kollegen von der Branche können darüber streiten, ob er zu weit gegangen ist. Herr Kerr aber hat einen geistigen Horizont entblößt, der so eng ist, daß ihm nur eine Unanständigkeit zur Erweiterung hilft, und wäre es selbst eine, die er sonst erkennen würde. Er ist der Typus, der seine Gehirnwindungen als Ornament trägt und, da ein Muster der Mode unterworfen ist, keinen Versuch der Renovierung scheut. Die verzweifelte Sehnsucht, von der Nuance zur Tat zu kommen, macht den blasiertesten Artisten wehrlos vor Devisen wie: Alle Menschen müssen gleich sein, Per aspera ad astra oder J'accuse. Die Linie, die durch die feinsten Schwingungen und apartesten Drehungen nicht populär wird, gibt sich einer Perspektive preis, in der sie als Fläche wirkt. Das Problem des Ästheten – Herr Kerr ist einer, und mögen ihn noch linearere Naturen um seine Raumfülle beneiden – ist von Nestroy mit unvergeßlichen Worten umrissen worden. »Glauben Sie mir, junger Mann! Auch der Kommis hat Stunden, wo er sich auf ein Zuckerfaß lahnt und in süße Träumereien versinkt; da fallt es ihm dann wie ein fünfundzwanzig Pfund-Gewicht aufs Herz, daß er von Jugend auf ans G'wölb gefesselt war, wie ein Blassel an die Hütten. Wenn man nur aus unkompletten Makulaturbüchern etwas vom Weltleben weiß, wenn man den Sonnenaufgang nur vom Bodenfenster, die Abendröte nur aus Erzählungen der Kundschaften kennt, da bleibt eine Leere im Innern, die alle Ölfässer des Südens, alle Heringfässer des Nordens nicht ausfüllen, eine Abgeschmacktheit, die alle Muskatblüt Indiens nicht würzen kann.« Mit einem Wort, auch der Feuilletonist hat Stunden, wo er sich nach dem Leitartikel sehnt. »Der Diener ist der Sklav' des Herrn, der Herr der Sklav' des Geschäfts«, sagt einer, der dem Prinzipal wohl geholfen, aber von dem Handel nichts profitiert hat. Und: »Wenn ich nur einen vifen Punkt wüßt' in meinem Leben, wenn ich nur von ein paar Tag' sagen könnt': da bin ich ein verfluchter Kerl gewesen. Aber nein! Ich war nie ein verfluchter Kerl. Wie schön wär' das, wenn ich einmal als alter Handelsherr mit die andern alten Handelsherren beim jungen Wein sitz'... wenn ich dann beim lebhaften Ausverkauf alter Geschichten sagen könnt': Oh! Ich war auch einmal ein verfluchter Kerl! Ein Teuxelsmensch! Ich muß – ich muß um jeden Preis dieses Verfluchtekerlbewußtsein mir erringen! ... Halt! Ich hab's! ... Ich mach' mir einen Jux! ... Für die ganze Zukunft will ich mir die kahlen Wände meines Herzens mit Bildern der Erinnerung schmücken. Ich mach' mir einen Jux!« Einen Jux will er sich

machen, der Weinberl. Einen ethischen Spaß nennt es der
Herr Kerr. Er will einmal beim lebhaften Ausverkauf alter
Geschichten sagen können: Oh! Ich war ein verfluchter
Kerr! . . . Er habe ja nicht auf das Pathos des Moralphilisters
spekuliert. Aber der ethische Spaß lebt von der Heuchelei so
gut wie das moralistische Pathos, und es gehört schon ein
tüchtiges geistiges Defizit dazu, zu glauben, es sei kulturvol-
ler, durch die Enthüllung eines hochgestellten Lasters das
Gewieher des Bürgers herauszufordern, als seine Wut. Als
ob in erotischen Situationen eine Heiterkeit möglich wäre,
wenn's kein Ärgernis in der Welt gäbe, als ob Schwankfabri-
kanten nicht rückwärts gekehrte Mucker wären und die Zote
nicht das Widerspiel, das widrige, der Zensur. Ein Überzen-
sor, der Herrn von Jagow kontrolliert hätte, wäre weit
sympathischer als dieser Pan, der ein Bocksgelächter
anschlug, aber nur gleich dem Sohn des Hermes dünnen
Lärm erzeugte. Es ist die Sehnsucht nach dem Leitartikel.
Denn im Leitartikel wird eine Tat getutet, während im
Feuilleton nur eine Tüte gedreht wird. Ob es nun für den
›Tag‹ zizerlweis oder für die ›Königsberger Allgemeine‹ in
einem Zug geschieht. Ich halte die Enthüllung, daß die
rechte Hand des Herrn Kerr nicht weiß wie die linke
schreibt, allerdings für eine Enthüllung des Herrn Kerr,
wiewohl ich ihrer nicht bedurft und ganz genau gewußt
habe, daß unter den impressionistischen Fetzen ein gesunder
Plauderer steckt. Ich halte die Entschuldigung, die die töl-
pelhaften Helfer des Herrn Kerr vorbringen, der Stil ergebe
sich aus dem Gegenstand, der behandelt wird, für ein Mal-
heur. Denn es ist auffallend, würde Herr Kerr in Parenthese
sagen, und es ist monströs, würde ich fortsetzen, daß sich
die organischen Notwendigkeiten so genau an die redaktio-
nellen Verpflichtungen halten, und daß einer, der in Berlin
mit dem Matchiche Furore macht, in Königsberg so gut
Polka tanzt. Freilich würde ich hinzufügen, daß ich an den
Matchiche nie geglaubt habe, und daß es wirklich gehupft
wie gesprungen ist, wie diese Tänzerischen (die ein Echo

von Nietzsche in eine Verbalinjurie verwandeln) das Tempo
ihres Lebensgefühls nehmen. Takt halten sie in keinem Fall.
Was aber ferner auffällt, ist, daß die Arbeitseinteilung des
Herrn Kerr seinen Verehrern nicht auffällt, ja, daß sie
fortfahren, seine oszillierenden Banalitäten, die vor dem
kategorischen Imperativ von Königsberg sofort zur Ruhe
kommen und als Zeitungsgedanken agnosziert werden, im
Munde zu führen und als »fanalhafte Symptome der aufre-
genden Herrlichkeit dieses Künstlers« zu empfehlen. Wenn
Herr Kerr in Königsberg »die Seligkeit, die Seligkeit, die
Seligkeit des Daseins« preisen wollte, würde sie ihm zweimal gestrichen werden, und mit Recht. Denn wenn er es
einmal tut, ist es bloß keine Weltanschauung, aber wenn er
es dreimal tut, ist es bloß eine schmalzige Stimme. Ich
glaube, daß man sich da auf mein Ohr verlassen kann. Auch
habe ich wohl ein Gefühl für die Abhängigkeiten des Stils, den
nicht nur der »Gegenstand« bedingt. Zum Beispiel bin ich
selbst schon in der nämlichen Minute von einer Apokalypse
zu einem Hausmeistertratsch hinuntergestiegen. Aber ich
lasse mich hängen, wenn nicht eine Blutuntersuchung die
Identität ergibt. Und wenn sie nicht bei den Kontrasten des
Herrn Kerr die Nullität ergibt, jene, die eine Verwandlung
auf technischem Wege ermöglicht. Meine Verehrer, die mich
nur halb so gut verstanden wie verehrt haben, müßten dies
einsehen, und sie dürften mir nicht abtrünnig werden, weil
sie es nicht einsehen. Wenn mir aber ein Weichkopf, der
Absynth noch immer für einen ganz besondern Saft hält und
von der Unentbehrlichkeit des Montmartre überzeugt ist,
»Austriazismen« vorwirft, so muß ich mich in die Resignation flüchten. Denn mein Stil wimmelt nicht nur von Austriazismen, sondern sogar von Judaismen, die jenem nur
nicht aufgefallen zu sein scheinen, mein Stil kreischt von
allen Geräuschen der Welt, er kann für Wien und für den
Kosmos geschrieben sein, aber nicht für Berlin und Königsberg. Es schmerzt mich ja, daß ich so vielen Leuten den
Glauben an mich nehme, weil ich ihnen den Glauben an

andere nehmen muß. Aber war es schon bei Heine unerläßlich, so muß ich auf die Anbetung vollends verzichten, wenn
sie von der Duldung einer Kerr-Religion abhängen soll.
Selbst die einfältigsten unter meinen ehemaligen Verehrern
(jene, die imstande sind, zugleich zu sagen, daß ich ein
nationales Ereignis bin und daß ich mich schämen soll; die
Herrn Kerr den einzigen ebenbürtigen Kritiker nennen, der
es wagen dürfte, mich zu stellen, und dann behaupten, die
Nennung meines Namens in seiner Nähe sei mir zu Kopf
gestiegen), selbst solche müßten doch vor der Freiwilligkeit
meines Angriffs stutzig werden und sich überlegen, ob es
nicht endlich an der Zeit wäre, sich statt über mich über
Herrn Kerr aufklären zu lassen. Denn meine Beweggründe
sind auch nicht zu verdächtigen. Ich bin weder ein
»Schlechtweggekommener« noch ein »verhaltener Dyspeptiker«, Herr Kerr hat sich immer sehr freundlich gegen mich
benommen und ich habe ihm gegenüber stets einen guten
Magen bewährt. Ferner hätte ich allen Grund, das Odium
gewisser Bundesgenossenschaften zu fliehen und die Zustimmung von Leuten zu meiden, mit denen man nur
dann ein Urteil gemeinsam haben möchte, wenn sie es einem
ohne Angabe der Quelle abdrucken, von solchen, die Herrn
Kerr Stil-, Moral- und Urteilswechsel nur deshalb vorwer-
fen, weil sie keinen Stil, keine Moral und kein Urteil zu
wechseln haben. Wenn die starke Hemmung, auf einer
Schmiere des Geistes auch nur ein Extempore abzugeben,
mich nicht halten konnte, dann war die Lust wohl größer.
Nicht die, die literarische Persönlichkeit des Herrn Kerr für
einen Irrtum büßen zu lassen, sondern den Zusammenhang
zwischen Tat und Stil zu beweisen. Nicht ihn wie einen
Holzbock aus dem Schlafzimmer zu jagen oder wie einen
Harden aus dem Geschäft, sondern die Schnüffelei als Erlebnis zu erklären, den Skandal als den Tatendrang eines von
den Ereignissen ausgesperrten Feuilletonisten. Herr Alfred
Kerr ist nicht unwürdig, in ein geistiges Problem bezogen zu
werden. Die kulturelle Niedrigkeit dieser Sensation ist nicht

in dem Mittel, sondern in dem Zweck begründet, den man Herrn Kerr erst einräumen muß, um zur Geringschätzung zu gelangen. Die antikorruptionistische Absicht des Mannes, nicht die Skandalsucht macht ihn primitiv. Denn das ist der Fall Kerr: die geistige Belanglosigkeit des Jagow'schen Vergehens und der Eifer, mit dem sich ein Komplizierter auf der Tatsachenebene zu schaffen macht. Und da ihm Herr O. A. H. Schmitz, ein Mann, der in einem schlechten Feuilleton nie seine gute Erziehung vergißt, also immerhin ein Sachverständiger für die ›Pan‹-Affäre, Vorwürfe zu machen beginnt, antwortet Herr Kerr bitter, daß man schließlich »noch die Kreuzigung eines wirklichen Heilands oder die französische Revolution« pathosfrei und weltmännisch betrachten werde. Er ist ein Fanatiker. Er scheint von seiner Mission, dem Herrn v. Jagow Absichten auf Frau Durieux nachzuweisen, so erfüllt, von dem umwälzenden Erlebnis, eine Unregelmäßigkeit im Polizeipräsidium entdeckt zu haben, so erschüttert zu sein, daß ihm Nuancen nicht mehr auffallen. Der Unterschied zwischen der französischen Revolution und der Verwertung des Briefes des Herrn v. Jagow ist nämlich bloß der, daß man nicht Aristokrat sein muß, um das spätere Ereignis zu mißbilligen. Ekstatiker übersehen dergleichen. Je länger sie beschaulich gelebt haben, um so dringender verlangen sie zu wirken. Sie wollen für ihr Tun auch leiden; sie wollen aber nicht mißverstanden werden. Die Reinheit des Glaubens ist außer Zweifel; mißverstanden wird höchstens das vielfach punktierte und verklammerte Bekenntnis. Dafür war mir die vorhergehende Stelle ganz klar: »Wenn Schmitz auch nicht durch hervorragenden Scharfsinn ausgezeichnet ist, plaudert er doch geschmackvoll, umgänglich und scheut keine Anstrengung, einen leicht abgeklärten Eindruck zu ertrotzen«. Ein Satz, der immerhin auch für das Plaudertalent des Verfassers zeugt und ganz gut in Königsberg gedruckt werden könnte. Ich kenne Herrn Kerr noch aus der Zeit, wo er Wert darauf legte, daß auch in Breslau Subjekt und Prädikat an rechter

Stelle standen. Schon damals, wo die Welt der Erscheinungen sich ihm noch nicht nuanciert hatte, gelüstete es ihn nach einer Tat. Er beschuldigte den alten Tappert, den ernstesten Musiklehrer Berlins, den Hunger dazu getrieben hatte, sich als Kritiker bei Herrn Leo Leipziger zu verdingen, dieses »Amt« zur Erteilung von Privatstunden an Sänger mißbraucht zu haben. Der Kritiker hatte schon früher unterrichtet, und berühmte Sänger, die seinen Tadel nicht fürchten mußten, konnten seinen Rat brauchen. Der Greis, den die Ranküne der Fachgenossen in die Klage hineingetrieben hatte, weinte im Gerichtszimmer, und der Antikorruptionist erreichte, daß Herr Leipziger eine Gage ersparen konnte. Tragisch ist, als Einzelfall nicht für den typischen Übelstand, sondern für die Geistlosigkeit des Enthüllers geopfert zu werden. Mir war es Beruf, mich mit Einzelfällen abzugeben, und noch im Mißgriff der Person verfehlte ich die Sache nicht. Den Irrtum berichtigte die Leidenschaft. Herr Kerr, der sich zum Kampf gegen die Korruption von Fall zu Fall entschließen mußte, hat keinen Zusammenhang mit seinen Wahrheiten. Er ist ein Episodist, während Herr Harden kein Heldenspieler ist. Er will sich nur Bewegung machen, er schwingt Keulen, damit das ästhetische Fett heruntergeht. Theaterkritik ist eine sitzende Beschäftigung. Man sieht im Zwischenakt den Zensor mit der Salondame sprechen und ruft J'accuse. Es entsteht eine kleine Panik und man beruhigt sich wieder. Es jaccuselt im Feuilleton schon die längste Zeit. Und wird einer, der den Mund zu weit aufgemacht hat, niedergezischt, so sind sofort die Claqueure da, die die eigene Sache mit der fremden Sache und die persönliche mit der allgemeinen verbinden, zwischen den Herren Harden und Kerr gegen mich entscheiden und anarchisch die entstehende Verwirrung zu einem Schüttelreim benützen möchten. Als dem beschädigten Herrn Harden Dichter zu Hilfe eilten, als ihr gutes Recht auf Kritiklosigkeit von einer Zeitschrift mißbraucht wurde, nannte Herr Kerr diese ein Schafsblatt. Pan ist der Gott der Herden, und

Herr Kerr verzeichnet liebevoll, was jetzt den Leithammeln nachgeblökt wird. Wenn ich besudelt werde und von denen, die mich vergöttert haben, so ersteht mir kein Helfer unter jenen, die es heute noch tun. Das ist nicht unerträglich. Die polemische Unfähigkeit des Herrn Kerr bedarf der Stütze. Daß sie sie eben deshalb nicht verdient, weil sie ihrer bedarf, geht den Helfern nicht ein. Herr Kerr, der jene zu züchtigen versprach, die seine Feststellungen verschweigen wollten, verschweigt meine Widerlegungen. Er begnügt sich mit einem Argument, das ihm ein Geist zur Verfügung gestellt hat, unter dessen Schutz keine Schlacht gegen mich zu gewinnen ist. Aber so leicht will ich ihm das Leben nicht machen. Wenn er schon wie ein Harden reden kann, durch die Fähigkeit, wie ein Harden zu schweigen, wird er seine Anhänger nicht enttäuschen wollen. Es geht denn doch nicht an, daß man auf einem sorgsam vorbereiteten Terrain nicht erscheint, den Gegner, den weder unsaubere Motive noch ein ehrloses Vorleben noch Namenlosigkeit kampfunwürdig machen, glatt im Stiche läßt und die Zuschauer nach Hause schickt. (Es ist auffallend.) Herr Kerr zitiert drei Zeilen und Herr Cassirer stellt Strafantrag gegen den Berliner verantwortlichen Redakteur der ›Fackel‹. Die Arbeitsteilung ist im Stil der Affäre. Herr Kerr hat dem Herrn Cassirer bestätigt, daß er sich gegen die Veröffentlichung gesträubt habe, und Herr Cassirer dem Herrn Kerr, daß er zur Veröffentlichung befugt gewesen sei. Ich bin aber unduldsamer als Herr v. Jagow. Ich bestehe Herrn Kerr gegenüber auf dem Rendezvous, zu dem ich ihn mit Berufung auf mein Zensoramt geladen habe, und was die Ehre des Herrn Cassirer anlangt, so muß ich es freilich ihm als Geschäftsmann überlassen, zu entscheiden, ob durch eine Fortsetzung der Sensation im Gerichtssaal für den ›Pan‹ noch etwas herauszusetzen ist. Nur möchte ich ihn bitten, den Berliner verantwortlichen Redakteur, der den Angriff vielleicht später gelesen hat als er selbst, aus dem Spiele zu lassen und mit mir vorlieb zu nehmen. Ich will auch vor einem Berliner Gericht verantwortlich sein und verspreche, daß ich mich gegebenenfalls auch als österreichischer Staatsbürger den Folgen eines Freispruchs nicht entziehen werde. Was die Helfer betrifft, so gebe ich ihnen eines zu bedenken. Das Café des Westens ist ein geistig schlecht ventiliertes Kaffeehaus. Ich könnte da ein bißchen Luft einlassen und würde dabei auf die Erhitzung der Stammgäste keine Rücksicht nehmen. Sie mögen sich den Schmerz darüber, daß ich ihrem Glauben an Herrn Kerr abtrünnig wurde, nicht zu sehr zu Herzen nehmen, und wenn sie nicht anders können, sich im Ausdruck mäßigen und nicht das Problem der Zimmerreinheit, das durch die Affäre selbst berührt wurde, noch mehr verwirren. Ich verlange nicht Verehrung, aber anständiges Benehmen. Sie mögen bedenken, daß mir meine polemische Laune nicht so leicht zu verderben ist, denn während andere Polemiker sich dadurch beliebt machen, daß ihnen der Atem ausgeht, regt mich das Fortleben meiner Objekte immer von neuem an. Sie mögen bedenken, daß ich die Großen bis zu den Schatten verfolge und auch dort nicht freigebe, aber auch schon manchem kleinen Mann den Nachruhm gesichert habe. Das kommt davon, daß mir die, welche ich treffe, nur Beispiele sind, und die, welche ich gestalte, nur Anlässe. Über den Verlust des Herrn Kerr, dem solche Willkür nicht zur Verfügung steht und dem nicht Phantasie die polemische Potenz erhöht, müssen sie sich trösten. Sie müssen endlich aufhören zu glauben, daß auch nur eine der nachkommenden Generationen, und machte man selbst den Versuch, die Säuglinge der Zukunft mit Absynth aufzuziehen, sich auch nur eine Stunde lang erinnern wird, daß um 1910 in Berlin Leute gelebt haben, die sich für Tänzer hielten, weil sie nicht gehen konnten, in die Aktion flüchteten, weil ihnen die Persönlichkeit ausging, und zwischen Kunst und Leben sich mit Psycholozelach die Zeit vertrieben haben. Wenn diese vorbei ist und sich meine Satire nicht erbarmt, kommt nichts dergleichen auf die Nachwelt! Und was sind denn das für Helden, die mir vor der Nase herumfuchteln, wenn ihr Heiland der Polemik gegen einen Polemiker die gegen einen Polizisten vorzieht? Man ist über ihre Herkunft informiert. Als Gott einen Mann namens Pfemfert erschuf, vergriff er sich und nahm zu viel Lehm. Kopf und Kehle wurden voll davon. Der Mensch hustete: Pf…mpf..t. Und Gott ward unmutig und sprach: Heiße fortan so!…* Und das sind meine Gegner! Ich habe zu viel Odem bekommen, ich blase sie weg. Noch ein Wort, und es könnte ein Südwind gehen, daß sie Herrn Alfred Kerr von einem Journalisten, Herrn Cassirer von einem Verleger und den Montmartre vom Kreuzberg nicht unterscheiden!

Mai 1911

Der kleine Pan stinkt schon

So ward die Hyäne zum Aas. Es konnte nicht anders kommen. Der Weg in das Schlafzimmer eines Hochgestellten ist immer die ultima ratio einer verzweifelnden Administration. Ich werde diesen sterbenden Blick nicht vergessen. Aber nur kein Mitleid! Die rechtschaffenen Hyänen gehen auf den toten Krieger. Die literarischen auf das Privatleben eines Polizeidirektors. Aus solchem Leben erhoffte sich ein ästhetischer Schlemihl Bereicherung, das nannte er Tat, das war die politische Gebärde, auf die es jetzt alle abgesehen haben, die bisher ihre Zeit damit verbrachten, für die letzten

---

* Zur Ehre des damals an die falsche Seite Verirrten sei festgestellt, daß er inzwischen wiederholt und nachdrücklich den Irrtum bekannt und – in der ›Aktion‹ (XVIII 2/3) – jene »Rettungsaktion für Herrn Kerr« bereut hat, die, »als Karl Kraus ihn beinahe völlig niedergeboxt hatte«, so erfolgreich durchgeführt worden sei, »daß der Fasterledigte sich allmählich wieder an die Öffentlichkeit wagen durfte«. Er wird bald wieder in den Zustand zurückfinden, aus dem er gerettet wurde.

Dinge einer Tänzerin die Formel zu suchen. Wer aber beschreibt die Wut des Verlegers, der seine ganze Hoffnung auf den Konkurs dieser Weltanschauung gesetzt hat? Zu spät erkennt Herr Cassirer, der sich mit den Nuancierten einließ, daß die Sexualräumerei heute nur von einem handfesten Harden mit vorübergehendem Erfolg zu leisten ist. Der weiß, durch welches Schlüsselloch man zu schauen hat, hinter welcher Gardine man sich versteckt und wie man, wenn die erweisliche Wahrheit sich rentiert hat, mit Anstand verduftet. Herr Kerr verrät sich durch sein vorzeitiges »Hähä«. Er ist zu kindisch. Erwischt man ihn, sagt er, er habe sich einen ethischen Spaß machen wollen. Aber diese Sorte von ethischen Spaßmachern, die zu lachen beginnen, wenn sie bei einer unethischen Handlung betreten werden, ist schon die richtige. Jungen, die in fremdem Garten Kirschen pflücken, haben auch ein Erlebnis, aber behaupten nicht, daß der Geist endlich den Weg zur Tat gefunden habe. »Ecco«: das ist bloß eine lange Nase. Ecco: das ist auch die Rechnung, die man in italienischen Gegenden präsentiert bekommt, wenn man so unvorsichtig war, sich mit einer Donna in ein Gespräch zu begeben. Auf Herrn Kerr paßt es zwar nicht, denn er zieht keinen Vorteil aus dem Handel, und Herr Cassirer sagt wieder nicht ecco. Dagegen sind beide Herren fest entschlossen, aus dem Geschäft, das nach gegenseitiger Bestätigung ihrer Unverantwortlichkeit zustandekam, mit allen bürgerlichen Ehren hervorzugehen. Das wird ihnen nicht gelingen. Auch dann nicht, wenn sie von einem Prozeß gegen mich abstehen. Diesen Prozeß habe ich mir nämlich frei erfunden. Zwar hat mir die Berliner Verlagsstelle der Fackel telegraphisch mitgeteilt, Herr Cassirer habe Strafantrag gegen den verantwortlichen Redakteur der Fackel in Berlin gestellt; zwar war sie zu diesem vermessenen Glauben berechtigt durch das wiederholte Erscheinen eines Kriminalbeamten, der mit dem Heft in der Hand, das die Beleidigung enthielt, technische Aufklärungen verlangte und sich nach dem Wohnort des verantwortlichen Redakteurs erkundigte; zwar wurde die Untersuchung auch bei diesem fortgesetzt und eine Vorladung erlassen; zwar hatte der Anwalt des Herrn Cassirer das Heft bestellt; zwar haben Berliner und Breslauer Tagesblätter detailliert berichtet, daß Herr Cassirer Strafantrag gestellt habe und durch welche Behauptung er sich beleidigt fühle. Trotzdem könnte es möglich sein, daß Herr Cassirer nicht etwa seine Absicht oder seine Anzeige zurückgezogen, nicht etwa die Staatsanwaltschaft ihm den Dienst versagt hat, daß er nicht etwa jetzt den Fehlschlag für Zurückhaltung ausgibt und die Schwierigkeit von Erkundigungen vorschützt, sondern: daß er nie die Absicht gehabt, nie eine Anzeige erstattet hat und daß nur eine Häufung von Zufällen, die zeitliche Nachbarschaft irgendeiner andern Untersuchung, deren Tendenz bisher unbekannt ist, meinen Größenwahn genährt und mich in den Glauben getrieben hat, ich könnte die Kompagnie Cassirer-Kerr beleidigen. Das ist nun offenbar wirklich nicht möglich. Aber nicht, weil durch eine dicke Haut kein Messer geht, sondern weil ich an das Ehrenniveau der Kompagnie Cassirer-Kerr nicht heranreiche. Das ist eine wichtige tatsächliche Information. Es ist gut zu wissen, daß es nach der Jagow-Affäre noch ein Ehrenniveau der Kompagnie Cassirer-Kerr gibt. Man hätte es sonst vielleicht mit unbewaffnetem Auge und mit unbewaffneter Nase nicht wahrnehmen können. Und wenn wir nunmehr vor der Frage stehen, warum gerade ich, der doch noch nie mit einem Polizeipräsidenten etwas ritterlich ausgetragen und etwas über ihn veröffentlicht hat, gerade ich an dieses Ehrenniveau nicht hinanreiche, an das doch bald einer hinanreicht und jeder Herausgeber einer Berliner Großen Glocke hinanreicht, so finden wir im ›Pan‹ die Antwort: Hähä! ... Weil ich bereits brachialen Attacken ausgesetzt war. Dieses Motiv meiner Unfähigkeit, auch nur im Gerichtssaal dem Herrn Cassirer Satisfaktion zu geben, wird nun von diesem oder von Herrn Kerr oder von dem Schreiberlehrling, der dort gehalten wird, in einer anonymen

Notiz und in einer Art variiert, daß es gar nicht mehr der
Jagow-Affäre bedarf, um Herrn Cassirer, Herrn Kerr oder
den Schreiberlehrling, der dort gehalten wird, für ehrlos zu
erklären. Die Berufung auf die Tat eines besoffenen Cabarettiers, den eine erste Instanz zu einem Monat Arrest und eine
zweite nur unter Anerkennung der geminderten Verantwortlichkeit zu einer hohen Geldstrafe verurteilt hat; auf
eine Schandtat, der Frank Wedekind, Hauptmitarbeiter des
Herrn Cassirer, in einem offenen Brief an mich jeden mildernden Umstand versagt hat, ist eine so vollkommene
Unappetitlichkeit, daß zu ihrer Erklärung kein ethisches
Gebreste, sondern nur die Verzweiflung eines geistigen
Debakels ausreicht. Wie wäre es sonst zu erklären, daß eine
Zeitschrift, die zwar eingestandenermaßen zur Förderung
der Kultur, aber doch nicht direkt zur Förderung des Plattenwesens gegründet wurde, sich solchen Arguments erdreis-
ten und gegen einen Mann, der sich seinen Haß mit der
Feder verdient hat, solche Revanche predigen kann. Wie
könnte die Feigheit, die ihr Mütchen mit fremder und
verjährter Rache kühlt, sich so hervorwagen, wie könnte
eine Gesinnung, die meinen Speichel geleckt hat, um mir ihn
ins Gesicht zu spucken, so unter die Augen deutscher Leser
treten, wenn nicht die Reue über eine ungeistige Tat, die
verwirrende Fülle der Niederlagen, das Bewußtsein der
selbstmörderischen Wirkung jedes weiteren Wortes, das
durchbohrende Gefühl eines Nichts, das mit eingezogenem
Schweif in die Hütte kriecht, der Taumel der Erlebnisse, der
einen Ästheten durch die Politik in die Luft riß, den Grad
der Zurechnungsfähigkeit so herabgesetzt hätte wie bei
einem volltrunkenen Cabarettier? Eine Ohrfeige kann ein
literarisches Argument sein. Sie kann der geistige Ausdruck
der Unmöglichkeit sein, eine geistige Distanz abzustecken,
und ich habe es oft empfunden und gesagt, daß die Polemik
ihre Grenze in dem Wunsch hat, statt der Feder das Tinten-
faß zu gebrauchen. Luther, der schreiben konnte, ließ sich in
der Polemik gegen den Teufel dazu hinreißen. Die Drohung

mit der Faust kann ein Kunstwerk sein, und Herr Harden
wird es mir bestätigen, daß ich das Wort Ohrfeige schon so
gebraucht habe, als wäre es die erste, die in der Welt gegeben
wurde, und als hätte nie zuvor ein Kutscher mit einem
andern polemisiert. Die Berufung auf fremde Roheit ist
unter allen Umständen der Beweis ohnmächtiger Büberei.
Nie beruft sich ein Temperament auf die Prügel, die ein
anderer gegeben hat, doch immer ein Schuft. Ich bedarf
nicht des Beistands der deutschen Dichter, die diesem Pan zu
Hilfe eilen, in dem Glauben, daß sie ihn noch lebendig
machen können. Mögen sie ihren Namen für die Rundfra-
gen jenes Demokratins mißbrauchen lassen, der seine Götter
stürzt, wenn sie ihm keinen Nachdruck ihrer Aufsätze
erlauben, der an mir Gotteslästerung begeht und für Herrn
Kerr die Kastanien aus dem Dreck holt. Mögen die Literaten, die mir verehrende, nein »ehrfürchtige« Briefe schreiben, zu den Pöbeleien wie zu den Lügen schweigen, mit
denen ein Schwachkopf seine Enttäuschungen motiviert.
Mögen sie es glauben, daß ich Ansichtskarten mit meinem
Porträt in einem Kaffeehause verkaufen ließ, glauben, daß
diese Wahnvorstellung die Abkehr eines Nachläufers moti-
vieren kann, der noch ein Jahr lang an meinem Namen
schmarotzt hat. Ich brauche keine Hilfe und scheue kein
Hindernis. Ich werde mit der ganzen Schweinerei allein
fertig. Aber ich werde darauf achten, mit der pedantischen
Zähigkeit, die mich zu einem so üblen Gesellschafter macht,
darauf achten, wer dem Herrn Cassirer, dem Herrn Kerr
oder dem dort gehaltenen Schreiberlehrling noch die Feder
reicht. Ich werde mich unter Umständen nicht scheuen,
manchem der Herren Dichter mit dem Hut in der Hand
einen Fußtritt zu versetzen. Im Dichten nehm' ich's mit
ihnen auf, aber sie nicht mit mir im Anspruch auf Sauber-
keit. Nicht in der Fähigkeit, Distanz zu wahren. Ich dichte
nicht Poesie, um es dann mit der Krätze zu halten. Ich
mache aus der Krätze ein Gedicht und veranstalte Sympathiekundgebungen für die Poesie. Wollen sehen, wer's wei-

ter bringt. Ich kann zur Not den Herrn Kerr gestalten, aber
sie können ihn nicht verteidigen, wenn ihm etwas Menschliches passiert ist. Und seine menschliche Abwehr belastet
ihn. Jedes Wort, das er spricht, wirft ihn um. Er wehrt sich
nicht, weil ich ihn angreife, sondern ich greife ihn an, weil er
sich wehrt. Wenn ihn meine Kraft geschwächt hat, so stärkt
mich seine Schwäche. Das ist nun einmal das ewig unver-
rückbare Verhältnis zwischen der guten und der schlechten
Sache. Ihre Vertreter kämpfen mit ungleichen Waffen, und
recht hat der, der es sagen kann. Herr Kerr kann es nicht
einmal stottern. Auch diese Fähigkeit habe ich ihm genommen. Früher, in seiner Glanzzeit, hätte er noch sagen können: Herr Kraus hat einen A..a..ar..tikel gegen mich
geschrieben. Es war nicht, wie's auf den ersten Blick scheint,
gebrochenes, sondern gespieenes oder noch ein anderes
Deutsch. Das hat in Berlin eine Zeitlang Aufsehen gemacht.
Nun hat man erfahren, daß es in Königsberg fließend geht,
und der Nimbus dieses Percy, der nur Stotterer, nie Heißsporn war, dieses Schreibers, der so schrieb, als ob er den
Schreibfinger im Halse stecken hätte, ist dahin. Er war eine
Qualle, die immerhin Farbe hatte. Auf den Lebensstrand
geworfen, wird sie von mir zertreten. Grauere Schaltiere
mögen sie bewundert haben und ihr nachweinen. Mollusken
mögen über meine Grausamkeit klagen. Aber der Ozean ist
groß und im Sturm vergehn die Ästheten. Herr Kerr hätte
nicht an meinem Fuß kleben bleiben sollen. Und nicht in
Fischers Aquarium lebendig werden, wo er die Worte her-
vorbrachte: »Und Karlchen Kraus, der neuerdings als
Zwanzigpfennig-Aufguß von Oscar Wilde oder als Nietzscherl Heiterkeit fand, schwenkte die betropfte Fackel.« Das
ist keine Antwort, das ist ein Schwächezustand. Auf den
Preis kommt's nicht an, es gibt Revuen, die für zwei Mark
fünfzig eine stinkende Langweile ausatmen. Eine betropfte
Fackel bietet immer noch einen respektableren Anblick als
ein befackelter Tropf. Und wiewohl ich von Nietzsche
wenig gelesen habe, habe ich doch die dunkle Empfindung,

daß ihm mein Tanz besser gefallen hätte als die Zuckungen eines tänzerischen Demokraten, und daß ein Nietzscherl immer noch ein Kerl ist neben einem ganzen Kerr. Polemik soll den Gegner um seine Seelenruhe bringen, nicht ihn belästigen. Seitdem Herr Kerr den Schreibfinger aus dem Hals gezogen hat und mir in der Nase bohren möchte, ist die Situation bedrohlich. Herr Kerr kennt mich ziemlich genau und weiß, daß ich mehr bin, als er glaubt. Aber er gehört zu der ohnmächtigen Sorte, die mich für groß hält bis zu dem Augenblick, da ich trotzdem sage, sie sei klein. Seine Anhänger, die mich in ihren Blättern wöchentlich in Hymnen und Mottos ehrten, ihren Sabbath heiligten, wenn er ihnen einen Nachdruck aus der Fackel bescherte, und mich einen Gott nannten, sagen, ich sei größenwahnsinnig, wenn ich mich neben Herrn Kerr stelle. Es ist eine merkwürdige Erscheinung, daß die Verehrer stützig werden, wenn der Verehrte anfängt, sie für Esel zu halten. Warum eigentlich? Bin ich dadurch kleiner geworden? Oder hat zu meiner Wesenheit die vorausgesetzte Sympathie für eine Leimgeburt gehört, die ich mit einem »Pft« davonblase? Da lebt und webt in Prag ein empfindsamer Postbeamter. Er hat mir Briefe zugestellt, in denen er mich seiner höchsten Verehrung bezichtigte. Er hat mir geschrieben, daß sein Essay über das Wesen der Kritik – oder über was man halt so schreibt – mir auf den Geist zugeschnitten sei, oder was man halt so schreibt. Er hat mir auch Drucksachen zugestellt, nämlich selbstverfaßte Bücher mit Huldigungen auf dem Widmungsblatt, und einen Roman darunter, in dessen Text ich auch verehrt sein soll. Ich habe nie gelesen, aber immer gedankt. In der Fackel findet sich der Name dieses Autors weder im Guten noch im Bösen; sein Unfug in Journalen hat mich oft erzürnt, aber wie sollte man alle Eindrücke bewältigen können? Es ist ja ein vertrackter Zufall, aber es ist ein Zufall, daß der Name des Herrn Max Brod bis zu diesem Augenblick nie von mir erwähnt wurde. Das hat ihn verdrossen. Meine Meinung über ihn, um die er sonst im

Dunkel getappt hätte, kam ihm nur zu Ohren, als ihm
erzählt wurde, was ich von einem erotischen Gschaftlhuber,
der in München lebt, gesagt hatte: er habe in Prag seinen
erotischen Wurmfortsatz, und dieser sei Herr Max Brod.
Das hat ihn wieder verdrossen. Und nun – eine verspätete
Zustellung, wie sie bei der Post häufig vorkommt – erscheint
ein Protest zugunsten des Herrn Kerr, in welchem es heißt:
»Überdies ist er sehr schön. Ich meine: persönlich, schön
anzusehen. Das ist sehr wichtig und gut. Dichter sollen
schön sein...« Nun, bis hieher habe ich noch keinen Grund
zur Eifersucht; es muß auch solche Schwärmer geben. Ich
bin überzeugt davon, daß die Freiheit den schönen Augen
des Herrn Kerr zuliebe nicht nein sagen kann, ich habe
selbst die Empfindung, daß in ihnen der Völkerfrühling
glänzt, und es ist kein Zweifel, daß Herr Kerr so aussieht,
als ob man sich letzten Mittwoch auf dem Jour der Rahel
Varnhagen um ihn gerissen hätte. Einer der wenigen originellen Menschen, die unter der Berliner Literatur sitzen, soll
sogar, als er zum erstenmal dieser aus dichtem Bartbeet
hervorleuchtenden Backen ansichtig wurde, entzückt ausge-
rufen haben: Hier sollten Rosen stehen! Doch das sind
Geschmacksachen, ich selbst weiß aus eigener Wahrnehmung, daß ich nicht schön bin, und vom Hörensagen, daß
Herr Brod es auch nicht ist. Dieser aber erwähnt die körperlichen Vorzüge des Herrn Kerr nur, um meine Eitelkeit zu
reizen, deren Wesen er völlig mißverstanden hat, und fährt
fort: »Ein mittelmäßiger Kopf dagegen, wie Karl Kraus,
dessen Stil nur selten die beiden bösen Pole der Literatur,
Pathos und Kalauer, vermeidet, sollte es nicht wagen dürfen,
einen Dichter, einen Neuschöpfer, einen Erfreuer zu berüh-
ren. – So würde ich die Welt einrichten.« Es ist gut, daß
Herr Brod die Welt nicht eingerichtet hat. Sonst müßte der
liebe Gott Buchkritiken für die Neue Freie Presse schreiben,
eine lächerliche Altenberg-Kopistin für eine bewunderns-
werte Künstlerin halten und den Zifferer loben. Sonst hätte
Gott gottbehüte den Satz geschrieben, den ich in einer

Prager Zeitschrift finde: »Sie .. kam schnell mit einem Teller
wieder, auf dem mehrere Schnitten Wurst, ein halbes Stück
Imperialkäse lagen, und an ihn grenzend eine angefan-
gene Rolle Butter in ihrem Seidenpapier noch. Es sah nicht
anders aus wie eben Reste einer Mahlzeit. In ihm aber
erwachte der Hunger...« Und Gott selbst wüßte nicht, ob
er gewollt hat, daß im Käse, an den die Butter grenzt, der
Hunger erwacht ist, und er sähe, daß es nicht gut war, und
würde den Satz anders einrichten. Die Stelle ist einem
Roman »Jüdinnen« entnommen, der das Milieu in manchen
Redewendungen überraschend gut zu charakterisieren
scheint. Floskeln wie: »Hast du heuer schon gebadet?« und
»In Kolin wie ich noch klein war« gehen dem Autor so aus
dem Handgelenk, daß die Sicherheit erstaunlich ist, mit der
es ihm manchmal gelingt, in seiner eigenen Sprache den
Jargon zu vermeiden. Immerhin wird man es mir nicht
verübeln können, daß ich mich mit Herrn Brod nicht in eine
Auseinandersetzung über meinen Stil, über Pathos und
Kalauer einlasse und mich damit begnüge, ihn durch die
Versicherung zu verblüffen, daß mein Stil diese beiden bösen
Pole nicht nur selten, sondern geradezu nie vermeidet. Ob es
die höchste oder die niedrigste Literatur ist, den Gedanken
zwischen Pathos und Kalauer so zu bewegen, daß er beides
zugleich sein kann, daß er eine feindliche Mücke in die
Leidenschaft mitreißt, um sie im nächsten Augenblick in
einem Witz zu zertreten, darüber lasse ich mich mit keinem
lebenden Deutschen in einen Wortwechsel ein und mit
einem aus Prag ganz gewiß nicht. Ob es der Beweis eines
mittelmäßigen Kopfes ist, werden die Weichtiere selbst dann
nicht zu entscheiden haben, wenn sie unvermutet einen
Panzer anlegen. Über meine Wertlosigkeit ließe sich streiten
– der Annahme meiner Mittelmäßigkeit könnte man fast
schon mit einer tatsächlichen Berichtigung widersprechen.
Denn irgendein Problematisches muß wohl an mir sein,
wenn so viele Verehrer an mir irre werden. Ich führe ein
unruhiges Leben; und bin doch an Herrn Max Brod nie irre

geworden. Was ich aber als eine überflüssige Störung meiner
Wirrnisse empfinde, ist, daß seinesgleichen gegen mich frech
wird. Das sollten die andern nicht erlauben; die noch an
Götter glauben. Es ist gegen alle Einteilung. Wenn einer,
dem ich geopfert habe, über mich schriebe, er halte nichts
von mir, dann würde ich über mich nachzudenken beginnen
und nicht über ihn, und wenn ich doch zu dem Entschluß
käme, nicht mich, sondern ihn zu verwerfen, so würde ich
die verschmähte Liebe, die abgestoßene Eitelkeit, die ver-
ratene Geschäftsfreundschaft als Motiv in meinen Angriff
aufnehmen und meine Schäbigkeit nicht Entwicklung nennen. Dann wäre der Ausdruck eine Mißgeburt, aber er hätte
auch ihr Gesicht! Man fahre ihr in die Augen, wenn man
ihrer in zwölf Jahren in einem einzigen Exemplar habhaft
wird. Und man halte den Haß meiner Gegner in Ehren,
wenn man ihm nachsagen kann, daß er aus innerer Umkehr
entstanden ist. Den Blitz, der sie aus heiterm Himmel trifft
und den sie sonst als Schauspiel bewundert haben, zu verflu-
chen, ist menschlich. Aber damit ist nur bewiesen, daß der
Blitz, der Menschliches treffen will, nicht geirrt hat. Und
gewiß nichts gegen die Bedeutung des Blitzes bewiesen,
wenn der Bauer »Sakra!« sagt. Wenn Herr Kerr aber ordinär
wird und das, was ihn niedergeschmettert hat, Kunst war,
dann ist Recht und Unrecht mit einer Klarheit verteilt, wie
sie nie sonst über einem Kampf der Meinungen walten
könnte. Immerhin hätte ich es mehr als der Dichter Beer-
Hofmann verdient, daß Herr Kerr »Ave poeta« ruft. Auf die
Knie hatte ich ihn schon gebracht. Auf Erbsen kniend müßte
er noch als geübter Ästhet die Gebärde loben, die ihn
bezwang, oder, wenn anders er solcher Objektivität nicht
fähig ist, verstummen. Er plumpste mit einem gemeinen
Schimpfwort hin. Ich bin nicht würdig, vom Herrn Cassirer
verklagt zu werden. Ich bin nur würdig, von ihm aufgefordert zu werden, meine künftigen Bücher seinem Verlag zu
überlassen. Er drückt mir die Hand für meinen Kampf gegen
Herrn Harden, aber er könnte sie mir nicht reichen. Mißver-

ständnisse über Mißverständnisse. Wir wollen einander
nicht mehr wehtun. Es ist genug von Prügeln die Rede
gewesen. Von den körperlichen, auf die sich die Ästheten
berufen, und von den schmerzlicheren, die ich gegeben
habe. Ein Kunsthändler, selbst einer, der Affären ritterlich
austrägt, um sie publizistisch hinauszutragen, ist eine viel zu
unbeträchtliche Gestalt, als daß sie länger als nötig den
Horizont verstellen sollte. Auch muß der Prinzipal, dem
hundert dienstfertige Schreiberjungen die Sorge für das
Geschäft nicht abnehmen können, den Kopf behalten, um
im richtigen Augenblick Manet von Monet und gar Kerr von
Harden zu unterscheiden. Wenn sie sehen werden, wie er sie
gegeneinander ausspielt, werden die Berliner Cliquen schon
von selbst lernen, daß das Geschäft wichtiger ist als die
Kultur. Dann wird sich dieser ganze dionysische Flohtanz
zur Ruhe setzen, und die Mont-Martre-Interessenten, die
heute noch von den Sehnsüchten nach einem Hauch einer
Erinnerung an Düfte vibrieren und in Wahrheit Apachen des
Wortes sind, werden mich in Liebe und Haß verschonen.
Ihnen, die auch anders können, wird nichts andres übrig
bleiben. Denn es ist heute in Deutschland gegen mich nicht
aufzukommen; nicht gegen mich. Und wenn sie sich mit
ihrer ganzen Pietät für Heine umgürten, und wenn er selbst
zu ihnen auferstünde! Denn es ist ein Kampf mit ungleichen
Waffen, wenn die gute und die schlechte Sache gegeneinan-
derstehen. Die schlechte kann nur schlechter werden. Polemische Ohnmacht ist der stärkste Ausdruck des Unrechts.
Der Privatmann, der recht hat, schreibt recht. Der Literat,
der unrecht hat, wird in der Polemik kleiner als er ist und
gemeiner; er hat nicht Rausch noch Ruhe, er hat Reue;
entblößt das Unrecht mit jedem Versuch, es zu decken, und
begeht Selbstmord im Zweikampf, während dem Gegner die
Vertretung eines belanglosen Rechts schon hinter der wahren, heiligen, unentrinnbaren Mission verschwindet, die
Talentlosigkeit zu züchtigen.

Der kleine Pan stinkt noch

Herr Alfred Kerr hat am 1. Juli das Folgende erscheinen lassen:

> Vive la bagatelle!
> Swift

CAPRICHOS

I.

Herr Kraus (Wien) sucht fortgesetzt aus unsren Angelegenheiten Beachtung für sich herauszuschlagen. Mehrere suchten, die Schmierigkeit aus ihm herauszuschlagen. Erfolglos. Ich stellte neulich anheim, Kraus nicht mehr zu ohrfeigen. Es lag darin kein Werturteil über Unberechtigung der früheren Backpfeifen; nur über die Unberechtigung des Aufwands. Ein wandelndes Museum für Tachteln. Seit ihm zugesichert wurde, daß er ausnahmsweis jetzt keine kriegt, beunruhigt ihn die Gewohnheitsstörung: es fehlt ihm was.

Ohrfeigen sind aber kein Argument. Selbst dann sind sie es nicht, wenn einer so oft, von Männern wie von Frauen abwechselnd welche bekam, daß auf der Wange die Inschrift »Hier blühen Rosen« stehn kann – und die Sitzgelegenheit, gewissermaßen, ein Bertillonsches Archiv geworden ist.

Selbst für kleine Verleumder sind Ohrfeigen kein Argument. Darum sollen seine Backen Ferien haben: mag ihn schon der fremde Zustand – ohne Entziehungskur – aufregen. Ecco.

(Er bekam die einleitende seiner Ohrfeigen, als er Privatsachen, die reine Privatsachen waren, ohne jedes Recht besabberte.)

II.

Dem kleinen Kraus (welcher kein Polemiker ist, sondern eine Klette) soll im übrigen gelassen werden, was er nicht hat. Blieb ihm die Gabe des Schreibens auch verwehrt (caccatum non est dictum), so weiß er doch, Reportermeldungen auf der fünften Seite des Wochenblatts für Leitomischl und Umgegend mit vernichtender Schärfe zu beleuchten.

Er hat sich aber, infolge des Hinweises auf seine tatsächlich vorhandene Dummheit, zur Niederschrift von Afforismen bewegen lassen (weniger einem Drange des Intellekts folgend, als um die Abwesensheit seines Intellektmangels darzutun), – Kitsch, mit der Hand gefertigt, dessen Arglosigkeit sich in mechanischer Umdrehung äußert, in mechanischer Gegensätzelei, in Geistesschwäche mit »scharfsinniger« Haltung oder »menschenfeindlicher« Haltung; etwan: »Ich bleibe gebannt stehen, weil die Sonne blutrot untergeht wie noch nie, und einer bittet mich um Feuer.« Nietzscherl. Mehr sag ich nicht.

»Ich verfolge einen Gedanken, der soeben um die Straßenecke gebogen ist, und hinter mir ruft's: ›Fia–ker!‹« Tja, die einsamen Seelen. Das san halt dö Plag'n vun an Denker.

Falls nun die Plage der Selbstverachtung hinzutritt? (Er äußert: »Mir sind alle Menschen gleich, überall gibt's Schafsköpfe und für alle habe ich die gleiche Verachtung.«)

Nett, wenn er das Publikum betriebsam auf seinen abseitigen Weltekel aufmerksam macht. Oder wenn er (in belästigender Weise) die Leute fortwährend anruft, er wolle nicht von ihnen beachtet werden.

Grundcharakter: Talmi plus Talmud. Sein St... Sti.. Stil besteht aus zwei getrennten Nachahmungen: er verdünnt seinen Landsmann Spitzer und äfft Harden; Herr Kraus leidet an doppelter Epigonorrhöe. Er fälscht gewiß nicht – er geht nur in Irrungen ziemlich weit, so daß der alte berliner Scherz »Karlchen hat wieder mal gelogen« und zwar in der dümmsten schlichtesten spaßlosesten Weise glatt gelogen, erfunden, geschwindelt um einen Augenblickshalt zu haben, weil er sich auf die Großmut und Gleichgültigkeit seiner Gegner verläßt... dieser Satz kommt nie zu Ende; wollte sagen: so daß der alte berliner Scherz »Karlchen hat wieder mal gelogen« gewiß nicht ohne weiteres für ihn zur Beleuchtung dient... Was Epimenides über Kreta äußert, paßt nicht, weil Kraus von der Insel Mikrokephalonia stammt.

III.

»Die Art, wie sich die Leute gegen mich wehren...« Saphirle. Komm mal ran...

IV.

Ganz wie ein Tuchreisender, der weiß, was er der Gegenwart nietzschig-kitschig schuldet, in der Abwehr gegen Demokratismus. Ein Einsamer und ein emsiger Menschenfeind wird doch nicht...

Daß man demokratische Freiheit nicht in der Welt für das Höchste zu halten braucht, Knirps, aber jetzt für etwas Wichtiges in Deutschland; daß hierfür zu fechten ein Opfer ist (wie es eine Lust ist): das wirst Du nicht begreifen, – schale Haut.

Deine Sektion ergibt zwei Kleingehirne. Was Du kannst, schale Haut, ist einen Reporter lustig beschämen; den Schnatterstil des Herrn Harden glänzend nachtäuschen (später auch bewußt, mit einer Kennerschaft, die ulkig, aber peinlich ist); Du kannst für freie Geschlechtsübung Banalheiten äußern – und bist ein dummes Luder, das nie mit sich allein war. Oft ein amüsanter Spaßbold –: aber ein entsetzlich dummes Luder.

Nun lauf' – und präge Dir ein leichtes Capricho-Lied hinter die oft strapazierten Ohren:

V.

> Krätzerich; in Blättern lebend,
>   Nistend, mistend, »ausschlag«-gebend.
> Armer Möchtegern! Er schreit:
>   »Bin ich ä Perseenlichkeit...!«
>
> Wie der Sabber stinkt und stiebt,
>   Wie sich's Kruppzeug Mühe gibt!
> Reißen Damen aus und Herrn,
>   Glotzt der arme Möchtegern.
>
> Vor dem Duft reißt mancher aus,
>   Tachtel-Kraus. Tachtel-Kraus,
> Armes Kruppzeug – glotzt und schreit:
>   »Bin ich ä Perseenlichkeit...!«

ALFRED KERR

Es ist das Stärkste, was ich bisher gegen den Kerr unternommen habe. Gewiß, die drei Aufsätze haben einige Beachtung gefunden. Was aber bedeutet aller Aufwand von Kraft

und Kunst gegen die spielerische Technik des Selbstmords?
Gewiß, ich habe ihn in die Verzweiflung getrieben; aber er,
er hat vollendet. Ich habe ihn gewürgt, aber er hat sich
erdrosselt. Mit der wohlfeilsten Rebschnur, deren er habhaft
werden konnte. Es ist mein Verhängnis, daß mir die Leute,
die ich umbringen will, unter der Hand sterben. Das macht,
ich setze sie so unter ihren Schein, daß sie mir in der
Vernichtung ihrer Persönlichkeit zuvorkommen. Von mir
geschwächt, beginnen sie mit sich zu raufen und ziehen den
Kürzern. So einer zerreißt aus Gram sein Kleid, von dem die
Andern geglaubt haben, es sei etwas dahinter. Einer, zu dem
man sprechen möchte: du bist wie eine Blume, versetzt sich
einen so vehementen Rippenstoß, daß es aus ist und geschehen. Nicht wiederzuerkennen. Was hat dieser Kerr nur
gegen sich? Wie geht das zu, daß einer, der noch wenige
Wochen, bevor ich ihn tadelte, mich gerühmt hat, plötzlich
einen epileptischen Anfall auf mich verübt? Ich fürchte, er
war kein Charakter, es muß ihm irgendwie die geistige
Beharrlichkeit vor Gemütseindrücken gefehlt haben, er war
am Ende nicht das, was man im Tiergartenviertel eine Per-
seenlichkeit nennt. Ich glaube, daß ein kleines Schreibtalent
– ich bin gegen ihn viel gerechter als er gegen mich – völlig
aus der Fassung gerät, wenn ihm etwas passiert ist. Es sagt
nicht nur dummes Zeug, sondern sagt es auch schlecht. Wie
geht das nur zu, daß einer, der ehedem doch bis zu einem
gewissen Grad und speziell in Königsberg ein ganz geschick-
ter, manchmal recht zierlicher Feuilletonist war, in dem
Augenblick, wo ich seinen Geist aufgebe, mich sofort darin
bestärkt? Er stirbt mit einer Lüge auf den Lippen. Er glaubte
kein Wort von dem, was er gegen mich sagen mußte. Er
schätzte mich hoch, hat sich über mich nicht nur öffentlich
anerkennend geäußert – das würde nichts beweisen –, nein,
auch hinter meinem Rücken, enthusiastisch – das würde
nichts beweisen –, nein, mit einigem Verständnis von mir
gesprochen. Aber es widerfuhr ihm, nicht den Glauben an
mich, sondern den an sich zu verlieren, und ich bin nur das

Opfer seiner Verzweiflung. Immer ist das so. Kein Wort von dem, was sie gegen mich sagen, glauben jene stillen Verehrer, die ich plötzlich laut anspreche, oder die vielen Literaturgeliebten, die sich vernachlässigt fühlen. Feuilletonschlampen mit mehr oder weniger Talent reagieren immer so. La donna è mobile. Ecco. Ich bin auf einmal ganz klein, ekelhaft und kann nicht schreiben, weil ihnen alles gefallen hat bis dorthin, wo ich gegen sie geschrieben habe. Wurde so ein zwar überschätzter, aber zweifellos befähigter Leser wie dieser Kerr über mich gefragt, so sagte er Kluges. Und hatte er's nicht von sich, so war er doch belesen und informiert genug, um zu wissen, daß er sich blamieren würde, wenn er mich für einen so unbedeutenden Schriftsteller hielte, wie ich ihn. Er wußte ganz gut, daß das nicht geht, daß das heute in Deutschland keiner der andern Männer tut, an die man glauben muß, und daß es lächerlich ist, jenes Klischee der Geringschätzung gegen mich zu werfen, dessen sich heute selbst der Reporter schämt. Ich brauche keine Enquete, um mir das versichern zu lassen, schon ist das Urteil zum Urteil über den geworden, der's spricht. Sollte man diesen Kerr nach dem Spruch beurteilen, ich fürchte, er käme nicht auf die Nachwelt, wenn ihn je sein kurzer Atem so weit getragen hätte. Er kann's nur mehr durch mich erreichen. Ich habe schon so viele arme Teufel als Zeitübel perspektivisch genommen – Kerr tut nur so, als ob er das nicht verstünde –, daß es mir auf einen mehr oder weniger nicht ankommt. Ich fürchte, e r   k o m m t auf die Nachwelt! Gänzlich unvorbereitet, wie er ist, mit Haut und Haaren. Er muß sogar schon dort sein, denn ich sehe ihn nicht mehr. Unheimlich rasch gehen diese Verwandlungen vor sich. Gestern hat er noch Barrikaden gebaut, heute sitzt er mir schon als Fliege auf der Nase. Ich töte keine Fliege, es könnte in ihr die Seele eines Ästheten sein und dann wäre es eine Herzensroheit. Was bleibt mir übrig gegen ihn zu tun als ihn zu beklagen? Soll ich einen, der, wofern er lebt, sich kärglich als Desperado durchbringen muß, vor Gericht schleppen? Weil es einmal

möglich wäre, feststellen zu lassen, daß ich nie den Mist des
Privatlebens gekerrt habe – man sieht, auch im schäbigen
Kalauer bin ich ein Epigone–, sondern: daß einer, der
Karriere machen wollte, mich vor fünfzehn Jahren für eine
Verspottung seines schlechten Deutsch überfiel, dafür abge-
straft wurde und später mit bewußter Mißdeutung eines
völlig harmlosen Satzes verbreitet hat, er, der Kommis, habe
sich einer Ritterpflicht entledigt. Zwei weitere Gerichtsur-
teile würden die Neugier der Feuilletonbagage befriedigen:
über zwei Attacken, denen ich in den zwölf Jahren der
Fackel ausgesetzt war: von einem Instrument der Concordiarache, das später in Reue vor mir erstarb, und von einem
Rowdy, dem das Bezirksgericht einen Monat Arrest gab, die
höhere Instanz mit Berücksichtigung der Volltrunkenheit
eine hohe Geldstrafe. Soll ich wirklich einen vierten Prozeß
– zwei strengte der Staatsanwalt für mich an – herbeiführen,
um einem toten Reklamehelden Gelegenheit zu geben, für
eine Woche aufzuerstehen und eine zu sitzen? Soll ich mir
die maßlose Distanz zwischen meinem Leben und dem
Niveau, auf dem man »in Ehren« besteht – größer als die
Distanz zwischen diesem Niveau und der Fratze, die der
Kerr aus mir macht –, amtlich bestätigen lassen? Es ist
überflüssig; und was liegt solchem Pack an einer Verurteilung, wenn nur von der ihm blutsverwandten Tagespresse
meine drei Überfälle in fetten Titeln annonciert würden! Es
ist lästig; und wiewohl es nichts gibt, was ich zu verbergen
habe, räume ich doch nur mir das Recht ein, darüber zu
sprechen. Auch bin ich lieber Angeklagter. Und sage darum
diesem Kerr, daß nur ein so revolutionärer Feigling wie er,
nur ein so ganz mißratener Demokrat wie er, nur ein so von
allen guten Geistern des Takts und des Geschmacks verrate-
ner Angeber eines Polizisten wie er auf den Einfall geraten
konnte, mir die Feigheit derer zum Vorwurf zu machen, die
sich an mir vergriffen haben. Daß aber auch nur ein so
vollkommener Ästhet, dem der Backenbart schon den Blick
für das Leben überwachsen hat (und der bereits auf das

Motiv der Rosen zu meinen Gunsten verzichtet), nicht merken kann, daß dreihundert Überfälle nichts gegen meine Ehre beweisen würden, dreihundert Gewalttaten nichts gegen mein Recht, dreihundert Kopfwunden nichts gegen meinen Kopf. Und alle zusammen nichts gegen meinen Mut. Die Überrumpelung eines Kurzsichtigen spricht nicht einmal gegen seine Muskelkraft – er wäre zur Not imstande, einen Ästheten zu ohrfeigen –: sollte sie sein Werk herabsetzen können? Hätte der Kerr Unrecht gegen Herrn Sudermann, wenn dieser anstatt über die Verrohung der Kritik zu klagen, einen Roheitsakt an ihm vollzogen hätte? Hat der Kerr Recht gegen Herrn v. Jagow, weil dieser ihn nicht geprügelt hat? Und ist es erhört, daß einer, der bisher wenigstens in einem Theaterparkett geduldet wurde, seine Wehrlosigkeit vor dem geistigen Angriff in die Infamie rettet, die brachiale Überlegenheit anderer anzurufen? Man wird Mühe haben, eine hochgradige Gemütserschütterung als mildernden Umstand auszulegen, um zu sagen, dieser Kerr sei im Grunde besser als die Kreuzung von einem Schulbuben und einem Schandjournalisten, zu der er sich jetzt verurteilt hat. Er darf nicht wissen, daß er das Häßlichste niedergeschrieben hat, was die Meinung der von mir gepeitschten Mittelmäßigkeit auf Lager hält, er muß sich seine völlige Unverantwortlichkeit ärztlich bestätigen lassen – sonst ist es ausgeschlossen, daß er die Hand, die diese Feder geführt hat, jemals noch reuelos betrachtet. Gegen den Wert meiner Leistung kann sie nichts ausrichten. Daß er mich unterschätzt, beweise ich durch jeden Satz, den ich über ihn schreibe. Aber wenn's mir selbst nicht gelänge, wenn ich wirklich das dümmste Luder wäre, welches je mit fremder Eigenart Aufsehen machen wollte: daß ich ihn nicht unterschätze, beweist er durch jeden Satz, den er über mich schreibt. Und weil er dies besser beweist als ich, drum habe ich ihn abgedruckt. Weil sich nichts Vernichtenderes gegen diesen Kerr unternehmen läßt, als wenn man ihm das Wort erteilt! Man lese. Man vergleiche. Nach meinen Aufsätzen

lobte man mich, konnte aber immer noch glauben, irgend-
etwas müsse auch an dem Kerr, von dem man doch so viel
schon gehört hat, zu finden sein. Nun sieht man, daß er die
Räude hat. Daß nur dieser Zustand ihn befähigen konnte,
das Lied vom »Krätzerich« zu dichten. Daß er eine völlig
unsaubere Angelegenheit ist. Nun versteht man nicht, wie
dieser parasitische Humor, dessen Sprecher im Verein rei-
sender Kaufleute vor die Tür gesetzt würde, für Königsberg
lesbare Feuilletons zustandebringen konnte. Ich verstehe es.
Ich habe im Leben viel mit Minderwertigen zu tun gehabt.
Ich weiß, wie ein Floh tanzt und wie eine Motte am Licht
kaputt wird. Ich weiß, wie Sinnesverwirrung einen sonst
leidlichen Plauderer entstellen kann, und daß es eben vorher
gefehlt war, an solche Individuen den Maßstab der Perseen-
lichkeit anzulegen. Dieser Kerr übernahm sich, als er
glaubte, seine Leere könne politisch gestopft werden, und
als er seine Temperamentlosigkeit an der Glut eines Polizeipräsidenten explodieren ließ. Er bekam dafür Schläge, die
schmerzhafter waren, als wenn mir die in zwölf Jahren
angesammelte Wut einer Millionenstadt sämtliche Knochen
zersprügelt hätte. Anstatt nun zu schweigen und ruhig an
seiner Entwicklung und für Königsberg zu arbeiten, ließ er
sich hinreißen. Nun ist er hin. Und ließ mir nichts übrig, als
ihn aufzubahren. Vielleicht hält er sich noch den Nachruf.
Ich druck ihn ab. Man kann nicht lebendiger dastehen, als
wenn man diesem Alfred Kerr das letzte Wort läßt.

Nestroy und die Nachwelt

Zum 50. Todestage

Wir können sein Andenken nicht feiern, indem wir uns, wie's einer Nachwelt ziemt, zu einer Schuld bekennen, die wir abzutragen haben. So wollen wir sein Andenken feiern, indem wir uns zu einer Schuld bekennen, die wir zu tragen haben, wir Insassen einer Zeit, welche die Fähigkeit verloren hat, Nachwelt zu sein... Wie sollte der ewige Bauherr nicht von den Erfahrungen dieses Jahrhunderts lernen? Seitdem es Genies gibt, wurden sie als Trockenwohner in die Zeit gesetzt; sie zogen aus und die Menschheit hatte es wärmer. Seitdem es aber Ingenieure gibt, wird das Haus unwohnlicher. Gott erbarme sich der Entwicklung! Er lasse die Künstler lieber nicht geboren werden, als mit dem Trost, wenn sie auf die Nachwelt kommen, würde diese es besser haben. Diese! Versuche sie es nur, sich als Nachwelt zu fühlen, und sie wird über die Zumutung, ihren Fortschritt dem Umweg des Geistes zu verdanken, eine Lache anschlagen, die zu besagen scheint: Kalodont ist das Beste. Eine Lache, nach einer Idee des Roosevelt, instrumentiert von Bernhard Shaw. Es ist die Lache, die mit allem fertig und zu allem fähig ist. Denn die Techniker haben die Brücke abgebrochen, und Zukunft ist, was sich automatisch anschließt. Diese Geschwindigkeit weiß nicht, daß ihre Leistung nur wichtig ist, ihr selbst zu entrinnen. Leibesgegenwärtig, geisteswiderwärtig, vollkommen wie sie ist, diese Zeit, hofft sie, werde die nächste sie übernehmen, und die Kinder, die der Sport mit der Maschine gezeugt hat und die Zeitung genährt, würden dann noch besser lachen können. Bange machen gilt nicht; meldet sich ein Geist, so heißt es: wir sind komplett. Die Wissenschaft ist aufgestellt, ihnen die herme-

tische Abschließung von allem Jenseitigen zu garantieren.
Die Kunst verjage ihnen die Sorge, welchem Planeten soeben die Gedanken ihrer Vorwelt zugutekommen. Was sich
da Welt nennt, weil es in fünfzig Tagen sich selbst bereisen
kann, ist fertig, wenn es sich berechnen kann. Um der
Frage: Was dann? getrost ins Auge zu sehen, bleibt ihr noch
die Zuversicht, mit dem Unberechenbaren fertig zu werden.
Sie dankt den Autoren, die ihr das Problem, sei es durch
Zeitvertreib abnehmen, sei's durch Bestreitung. Aber sie
muß jenem fluchen, dem sie – tot oder lebendig – als Mahner
oder Spielverderber zwischen Geschäft und Erfolg begegnet.
Und wenns zum Fluch nicht mehr langt – denn zum Fluchen
gehört Andacht –, so langt's zum Vergessen. Und kaum
besinnt sich einmal das Gehirn, daß der Tag der großen
Dürre angebrochen ist. Dann verstummt die letzte Orgel,
aber noch saust die letzte Maschine, bis auch sie stille steht,
weil der Lenker das Wort vergessen hat. Denn der Verstand
verstand nicht, daß er mit der Entfernung vom Geist zwar
innerhalb der Generation wachsen konnte, aber die Fähigkeit verlor, sich fortzupflanzen. Wenn zweimal zwei wirklich vier ist, wie sie behaupten, so verdankt es dieses Resultat
der Tatsache, daß Goethe das Gedicht »Meeresstille«
geschrieben hat. Nun aber weiß man so genau, wieviel
zweimal zwei ist, daß man es in hundert Jahren nicht mehr
wird ausrechnen können. Es muß etwas in die Welt gekommen sein, was es nie früher gegeben hat. Ein Teufelswerk der
Humanität. Eine Erfindung, den Kohinoor zu zerschlagen,
um sein Licht allen, die es nicht haben, zugänglich zu
machen. Fünfzig Jahre läuft schon die Maschine, in die vorn
der Geist hineingetan wird, um hinten als Druck herauszu-
kommen, verdünnend, verbreitend, vernichtend. Der Geber
verliert, die Beschenkten verarmen, und die Vermittler
haben zu leben. Ein Zwischending hat sich eingebürgert, um
die Lebenswerte gegeneinander zu Falle zu bringen. Unter
dem Pesthauch der Intelligenz schließen Kunst und Menschheit ihren Frieden… Ein Geist, der heute fünfzig Jahre tot

ist und noch immer nicht lebt, ist das erste Opfer dieses
Freudenfestes, über das seit damals spaltenlange Berichte
erscheinen. Wie es kam, daß solch ein Geist begraben
wurde: es müßte der große Inhalt seines satirischen Denkens
sein, und ich glaube, er dichtet weiter. Er, Johann Nestroy,
kann es sich nicht gefallen lassen, daß alles blieb, wie es ihm
mißfallen hat. Die Nachwelt wiederholt seinen Text und
kennt ihn nicht; sie lacht nicht mit ihm, sondern gegen ihn,
sie widerlegt und bestätigt die Satire durch die Unvergänglichkeit dessen, was Stoff ist. Nicht wie Heine, dessen Witz
mit der Welt läuft, der sie dort traf, wo sie gekitzelt sein
wollte, und dem sie immer gewachsen war, nicht wie Heine
wird sie Nestroy überwinden. Sondern wie der Feige den
Starken überwindet, indem er ihm davonläuft und ihn durch
einen Literarhistoriker anspucken läßt. Gegen Heine wird
man undankbar sein, man wird die Rechte der Mode gegen
ihn geltend machen, man wird ihn nicht mehr tragen. Aber
immer wird man sagen, daß er den Horizont hatte, daß er
ein Befreier war, daß er sich mit Ministern abgegeben hat
und zwischendurch noch die Geistesgegenwart hatte, Lie-
besgedichte zu machen. Anders Nestroy. Keinen Kadosch
wird man sagen. Keinem Friedjung wird es gelingen, nachzuweisen, daß Der eine politische Gesinnung hatte,
geschweige denn jene, die die politische Gesinnung erst zur
Gesinnung macht. Was lag ihm am Herzen? So viel, und
darum nichts vom Freisinn. Während draußen die Schuster
für die idealsten Güter kämpften, hat er die Schneider
Couplets singen lassen. Er hat die Welt nur in Kleingewer-
betreibende und Hausherren eingeteilt, in Heraufgekom-
mene und Heruntergekommene, in vazierende Hausknechte
und Partikuliers. Daß es aber nicht der Leitartikel, sondern
die Welt war, die er so eingeteilt hat, daß sein Witz immer
den Weg nahm vom Stand in die Menschheit: solch unver-
ständliches Kapitel überblättert der Hausverstand. Blitze am
engen Horizont, so daß sich der Himmel über einem
Gewürzgewölbe öffnet, leuchten nicht ein. Nestroy hat aus

dem Stand in die Welt gedacht, Heine von der Welt in den Staat. Und das ist mehr. Nestroy bleibt der Spaßmacher, denn sein Spaß, der von der Hobelbank zu den Sternen schlug, kam von der Hobelbank, und von den Sternen wissen wir nichts. Ein irdischer Politiker sagt uns mehr als ein kosmischer Hanswurst. Und da uns die Vermehrung unserer intellektuellen Hausmacht am Herzen liegt, haben wir nichts dagegen, daß die irdischen Hanswurste Nestroy gelegentlich zum Politiker machen und ihn zwingen, das Bekenntnis jener liberalen Bezirksanschauung nachzutragen, ohne die wir uns einen toten Satiriker nicht mehr denken können. Die Phraseure und Riseure geben dann gern zu, daß er ein Spottvogel war oder daß ihm der Schalk im Nacken saß. Und dennoch saß er nur ihnen im Nacken und blies ihre Kalabreser um. Und dennoch sei jenen, die sich zur Kunst herablassen und ihr den Spielraum zwischen den Horizonten gönnen, so von der individuellen Nullität bis zur sozialen Quantität, mit ziemlicher Gewißheit gesagt: Wenn Kunst nicht das ist, was sie glauben und erlauben, sondern die Wegweite ist zwischen einem Geschauten und einem Gedachten, von einem Rinnsal zur Milchstraße die kürzeste Verbindung, so hat es nie unter deutschem Himmel einen Läufer gegeben wie Nestroy. Versteht sich, nie unter denen, die mit lachendem Gesicht zu melden hatten, daß es im Leben häßlich eingerichtet sei. Wir werden seiner Botschaft den Glauben nicht deshalb versagen, weil sie ein Couplet war. Nicht einmal deshalb, weil er in der Geschwindigkeit auch dem Hörer etwas zuliebe gesungen, weil er mit Verachtung der Bedürfnisse des Publikums sie befriedigt hat, um ungehindert empordenken zu können. Oder weil er sein Dynamit in Watte wickelte und seine Welt erst sprengte, nachdem er sie in der Überzeugung befestigt hatte, daß sie die beste der Welten sei, und weil er die Gemütlichkeit zuerst einseifte, wenn's ans Halsabschneiden ging, und sonst nicht weiter inkommodieren wollte. Auch werden wir, die nicht darauf aus sind, der Wahrheit die Ehre

vor dem Geist zu geben, von ihm nicht deshalb geringer
denken, weil er oft mit der Unbedenklichkeit des Originals,
das Wichtigeres vorhat, sich das Stichwort von Theaterwerkern bringen ließ. Der Vorwurf, der Nestroy gemacht
wurde, ist alberner als so manche Fabel, die er einem
französischen Handlanger abnahm, alberner als sich irgend-
eines der Quodlibets im Druck liest, die er dem Volk
hinwarf, das zu allen Zeiten den Humor erst ungeschoren
läßt, wenn es auch den Hamur bekommt, und damals sich
erst entschädigt wußte, wenn es mit einem Vivat der versammelten Hochzeitsgäste nach Hause ging. Er nahm die Schablone, die als Schablone geboren war, um seinen Inhalt zu
verstecken, der nicht Schablone werden konnte. Daß auch
die niedrige Theaterwirkung hier irgendwie der tieferen
Bedeutung zugute kam, indem sie das Publikum von ihr
separierte, und daß es selbst wieder tiefere Bedeutung hat,
wenn das Orchester die Philosophie mit Tusch verabschie-
det, spüren die Literarhistoriker nicht, die wohl fähig sind,
Nestroy zu einer politischen Überzeugung, aber nicht, ihm
zu dem Text zu verhelfen, der sein unsterblich Teil deckt. Er
selbst hatte es nicht vorgesehen. Er schrieb im Stegreif, aber
er wußte nicht, daß der Ritt übers Repertoire hinausgehen
werde. Er mußte nicht, wiewohl jede Nestroysche Zeile
davon zeugt, daß er es gekonnt hätte, sich in künstlerische
Selbstzucht vor jenen zurückziehen, die ihn nur für einen
Lustigmacher hielten, und der mildere Stoß der Zeit versagte
der Antwort noch das Bewußtsein ihrer Endgültigkeit, jenen
seligen Anreiz, die Rache am Stoff im Genuß der Form zu
besiegeln. Er hätte, wäre er später geboren, wäre er in die
Zeit des journalistischen Sprachbetrugs hineingeboren worden, der Sprache gewissenhaft erstattet, was er ihr zu verdanken hatte. Die Zeit, die das geistige Tempo der Masse
verlangsamt, hetzt ihren satirischen Widerpart. Die Zeit
hätte ihm keine Zeit mehr zu einer so beiläufigen Austragung blutiger Fehde gelassen, wie sie die Bühne erlaubt und
verlangt, und kein Orchester wäre melodisch genug gewe-

sen, den Mißton zwischen seiner Natur und der nachge-
wachsenen Welt zu versöhnen. Sein Eigentlichstes war der
Witz, der der Bühnenwirkung widerstrebt, dieser planen
Einmaligkeit, der es genügen muß, das Stoffliche des Witzes
an den Mann zu bringen, und die im rhythmischen Wurf das
Ziel vor dem Gedanken trifft. Auf der Bühne, wo die
Höflichkeit gegen das Publikum im Negligé der Sprache
einhergeht, war Nestroys Witz nur zu einer Sprechwirkung
auszumünzen, die, weitab von den Mitteln einer schauspie-
lerischen Gestaltung, wieder nur ihm selbst gelingen konnte.
Sein Eigentlichstes hätte eine zersplitterte Zeit zur stärkeren
Konzentrierung im Aphorismus und in der Glosse getrieben, und das vielfältigere Gekreische der Welt hätte seiner
ins Innerste des Apparats dringenden Dialektik neue Tonfälle
zugeführt. Seiner Satire genügte vorwiegend ein bestimmter
Rhythmus, um daran die Fäden einer wahrhaft geistigen
Betrachtung aufzuspulen. Manchmal aber sieht sich die
Nestroysche Klimax an, als hätten sich die Termini des
jeweils perorierenden Standesbewußtseins zu einer Himmelsleiter gestuft. Immer stehen diese vifen Vertreter ihrer
Berufsanschauung mit einem Fuß in der Profession, mit dem
andern in der Philosophie, und wenn sie auch stets ein
anderes Gesicht haben, so ist es doch nur Maske, denn sie
haben die eine und einzige Zunge Nestroys, die diesen
weisen Wortschwall entfesselt hat. Was sie sonst immer sein
mögen, sie sind vor allem Denker und Sprecher und immer
in Gefahr, coram publico den Gedanken über dem Atem zu
kurz kommen zu lassen. Dieser völlig sprachverbuhlte
Humor, bei dem Sinn und Wort sich fangen, umfangen und
bis zur Untrennbarkeit, ja bis zur Unkenntlichkeit um-
schlungen halten, steht über aller szenischen Verständigung
und fällt darum in den Souffleurkasten, so nur Shakespeare
vergleichbar, von dem auch erst Shakespeare abgezogen
werden muß, um die Theaterwirkung zu ergeben. Es wäre
denn, daß die Mission einer Bühnenfigur, die ohne Rücksicht auf alles, was hinter ihr vorgeht, zu schnurren und zu

schwärmen anhebt, vermöge der Sonderbarkeit dieses Auf-
tretens ihres Beifalls sicher wäre. Noch sonderbarer, daß der
in die Dialoge getragene Sprach- und Sprechwitz Nestroys
die Gestaltungskraft nicht hemmt, von der genug übrig ist,
um ein ganzes Personenverzeichnis auszustatten und neben
der Wendung ins Geistige den Schauplatz mit gegenständli-
cher Laune, Plastik, Spannung und Bewegung zu füllen. Er
nimmt fremde Stoffe. Wo aber ist der deutsche Lustspiel-
dichter, der ihm die Kraft abgenommen hätte, aus drei
Worten eine Figur zu machen und aus drei Sätzen ein
Milieu? Er ist umso schöpferischer, wo er den fremden Stoff
zum eigenen Werk erhebt. Er verfährt anders als der
bekanntere zeitgenössische Umdichter Hofmannsthal, der
ehrwürdigen Kadavern das Fell abzieht, um fragwürdige
Leichen darin zu bestatten, und der sich in seinem ernsten
Berufe gegen einen Vergleich mit einem Possendichter wohl
verwahren würde. Wie alle besseren Leser reduziert Herr
v. Hofmannsthal das Werk auf den Stoff. Nestroy bezieht den
Stoff von dort, wo er kaum mehr als Stoff war, erfindet das
Gefundene, und seine Leistung wäre auch dann noch erheb-
lich, wenn sie nur im Neubau der Handlung und im Wirbel
der nachgeschaffenen Situationen bestünde, also nur in der
willkommenen Gelegenheit, die Welt zu unterhalten, und
nicht auch im freiwilligen Zwang, die Welt zu betrachten.
Der höhere Nestroy aber, jener, der keiner fremden Idee
etwas verdankt, ist einer, der nur Kopf hat und nicht
Gestalt, dem die Rolle nur eine Ausrede ist, um sich auszu-
reden, und dem jedes Wort zu einer Fülle erwächst, die
die Gestalten schlägt und selbst jene, die in der Breite
des Scholzischen Humors als Grundtype des Wiener Vorstadttheaters vorbildlich dasteht. Nicht der Schauspieler
Nestroy, sondern der kostümierte Anwalt seiner satirischen
Berechtigung, der Exekutor seiner Anschläge, der Wortführer seiner eigenen Beredsamkeit, mag jene geheimnisvolle
und gewiß nicht in ihrem künstlerischen Ursprung erfaßte
Wirkung ausgeübt haben, die uns als der Mittelpunkt einer

heroischen Theaterzeit überliefert ist. Mit Nestroys Leib mußte die Theaterform seines Geistes absterben, und die Schablone seiner Beweglichkeit, die wir noch da und dort in virtuoser Haltung auftauchen sehen, ist ein angemaßtes Kostüm. In seinen Possen bleibt die Hauptrolle unbesetzt, solange nicht dem Adepten seiner Schminke auch das Erbe seines satirischen Geistes zufällt. Nur die fruchtbare Komik seiner volleren Nebengestalten hat originale Fortsetzer gefunden, wie etwa den Schauspieler Oskar Sachs, dessen Art in ihrer lebendigen Ruhe dem klassischen Carltheater zu entstammen scheint. Aber als Ursprung und Vollendung eines volkstümlichen Typus dürfte ein Girardi, der, ein schauspielerischer Schöpfer, neben der leeren Szene steht, die ihm das Bühnenhandwerk der letzten Jahrzehnte bietet, über den theatralischen Wert der Nestroyschen Kunst hinausragen, welche ihre eigene Geistesfülle nur zu bekleiden hatte. Darum konnte auch ein Bühnenlaie wie Herr Reinhardt einem Girardi einen Nestroy-Zyklus vorschlagen. In Girardi wächst die Gestalt an der Armut der textlichen Unterstützung, bei Nestroy schrumpft sie am Reichtum des Wortes zusammen. In Nestroy ist so viel Literatur, daß sich das Theater sträubt, und er muß für den Schauspieler einspringen. Er kann es, denn es ist geschriebene Schauspielkunst. In dieser Stellvertretung für den Schauspieler, in dieser Verkörperung dessen, was sich den eigentlichen Ansprüchen des Theaters leicht entzieht, lebt ihm heute eine Verwandtschaft, die schon in den geistigen Umrissen der Persönlichkeit hin und wieder erkennbar wird: Frank Wedekind. Auch hier ist ein Überproduktives, das dem organischen Mangel der Figur durch die Identität nachhilft und zwischen Bekenntnis und Glaubhaftigkeit persönlich vermittelt. Der Schauspieler hat eine Rolle für einen Dichter geschrieben, die der Dichter einem Schauspieler nicht anvertrauen würde. In Wedekind stellt sich – wenn ich von einem mir näher liegenden Beispiel sprachsatirischer Nachkommenschaft absehe – ein Monologist vor uns, dem gleichfalls eine scheinbare Herkömmlichkeit und Beiläufigkeit der szenischen Form genügt, um das wahrhaft Neue und Wesentliche an ihr vorbeizusprechen und vorbeizusingen. Auf die Analogie im Tonfall witzig eingestellter Erkenntnisse hat einmal der verstorbene Kritiker Wilheim hingewiesen. Der Tonfall ist jene Äußerlichkeit, auf die es dem Gedanken hauptsächlich ankommt, und es muß irgendwo einen gemeinsamen Standpunkt der Weltbetrachtung geben, wenn Sätze gesprochen werden, die Nestroy so gut gesprochen haben konnte wie Wedekind.

»Sie steht jetzt im zwanzigsten Jahr, war dreimal verheiratet, hat eine kolossale Menge Liebhaber befriedigt, da melden sich auch schließlich die Herzensbedürfnisse.«

Eine solche biographische Anmerkung würde, wie sie ist, auch von einem der Nestroyschen Gedankenträger gemacht werden, wenn er sich mit dem gleichen Schwung der Antithese über das Vorleben seiner Geliebten hinwegsetzen könnte. Und im »Erdgeist« könnte einer ungefähr wieder den wundervollen Satz sprechen, der bei Nestroy vorkommt:

»Ich hab' einmal einen alten Isabellenschimmel an ein' Ziegelwagen g'seh'n. Seitdem bring' ich die Zukunft gar nicht mehr aus'm Sinn.«

Vielleicht aber ist hier das absolut Shakespearische solch blitzhafter Erhellung einer seelischen Landschaft über jeden modernen Vergleich erhaben. Es ist ein Satz, an dem man dem verirrten Auge des neuen Lesers wieder vorstellen möchte, was Lyrik ist: ein Drinnen von einem Draußen geholt, eine volle Einheit. Die angeschaute Realität ins Gefühl aufgenommen, nicht befühlt, bis sie zum Gefühl passe. Man könnte daran die Methode aller Poeterei, aller Feuilletonlyrik nachweisen, die ein passendes Stück Außenwelt sucht, um eine vorrätige Stimmung abzugeben. An solchem Satz bricht der Fall Heine auf und zusammen, denn es bietet sich die tote Gewißheit, daß ein alter Isabellenschimmel zu sinnen anfinge: Wie schön war mein Leben

früher – Heut' muß ich den Wagen zieh'n – O alter Zeiten
Gewieher – Dahin bist du, dahin! – Der Wagen aber sprach
munter – Das ist der Welten Lauf – Geht der Weg einmal
hinunter – so geht er nicht wieder hinauf ... Und wir wären
über die Stimmung des Dichters inklusive der ironischen
Resignation vollständig informiert. Bei Nestroy, der nur
holperige Coupletstrophen gemacht hat, lassen sich in jeder
Posse Stellen nachweisen, wo die rein dichterische Führung
des Gedankens durch den dicksten Stoff, wo mehr als der
Geist: die Vergeistigung sichtbar wird. Es ist der Vorzug,
den vor der Schönheit jenes Gesicht hat, das veränderlich ist
bis zur Schönheit. Je gröber die Materie, umso eindringli-
cher der Prozeß. An der Satire ist der sprachliche Anspruch
unverdächtiger zu erweisen, an ihr ist der Betrug schwerer
als an jener Lyrik, die sich die Sterne nicht erst erwirbt und
der die Ferne kein Weg ist, sondern ein Reim. Die Satire ist
so recht die Lyrik des Hindernisses, reich entschädigt dafür,
daß sie das Hindernis der Lyrik ist. Und wie hat sie beides
zusammen: vom Ideal das ganze Ideal und dazu die Ferne!
Sie ist nie polemisch, immer schöpferisch, während die
falsche Lyrik nur Jasagerei ist, schnöde Berufung der schon
vorhandenen Welt. Wie ist sie die wahre Symbolik, die aus
den Zeichen einer gefundenen Häßlichkeit auf eine verlorene
Schönheit schließt und kleine Sinnbilder für den Begriff der
Welt setzt! Die falsche Lyrik, welche die großen Dinge
voraussetzt, und die falsche Ironie, welche die großen Dinge
negiert, haben nur ein Gesicht, und von der einsamen Träne
Heines zum gemeinsamen Lachen des Herrn Shaw führt nur
eine Falte. Aber der Witz lästert die Schornsteine, weil er die
Sonne bejaht. Und die Säure will den Glanz und der Rost
sagt, sie sei nur zersetzend. Die Satire kann eine Religions-
störung begehen, um zur Andacht zu kommen. Sie wird
leicht pathetisch. Auch dort, wo sie ein gegebenes Pathos
nicht anders einstellt als ein Ding der Außenwelt, damit ihr
Widerspruch hindurchspiele. Ja und Nein vermischen sich,
vermehren sich, und es entspringt der Gedanke. Ein Spiel,

gesinnungslos wie die Liebe. Das Ergebnis dieser vollkommenen Durchdringung, Erhaltung und Verstärkung polarer Strömungen: eine Nestroysche Tirade, eine Offenbachsche Melodie. Hier unterstreicht der Witz, der es auslacht, das Entzücken an einem Schäferspiel; dort schlägt die Verzerrung einer schmachtenden Mondscheinliebe über die Stränge der Parodie ins Transzendente. Das ist der wahre Übermut, dem nichts unheilig ist.

»Mich hat ein echt praktischer Schwärmer versichert, das Reizendste is das, wenn von zwei Liebenden eins früher stirbt und erscheint dem andern als Geist. Ich kann mich in das hineindenken, wenn sie so dasitzet in einer Blumennacht am Gartenfenster, die Tränenperlen vom Mondstrahl überspiegelt, und es wurd' hinter der Hollerstauden immer weißer und weißer und das Weiße wär' ich – gänzlich Geist, kein Stückerl Körper, aber dennoch anstandshalber das Leintuch der Ewigkeit über'n Kopf – ich strecket die Arme nach ihr aus, zeiget nach oben auf ein' Stern, Gotikeit, ›dort werden wir vereinigt‹ – sie kriegt a Schneid' auf das Himmelsrendezvous, hast es net g'sehn streift die irdischen Bande ab, und wir verschwebeten, verschmelzeten und verschwingeten uns ins Azurblaue des Nachthimmels…«

Gewendetes Pathos setzt Pathos voraus, und Nestroys Witz hat immer die Gravität, die noch die besseren Zeiten des Pathos gekannt hat. Er rollt wie der jedes wahren Satirikers die lange Bahn entlang, dorthin wo die Musen stehen, um alle neun zu treffen. Der Raisonneur Nestroy ist der raisonnierende Katalog aller Weltgefühle. Der vertriebene Hanswurst, der im Abschied von der Bühne noch hinter der tragischen Figur seine Späße machte, scheint für ein Zeitalter mit ihr verschmolzen, und lebt sich in einem Stil aus, der sich ins eigene Herz greift und in einem eigentümlichen Schwebeton, fast auf Jean Paulisch, den Scherz hält, der da mit Entsetzen getrieben wird.

Frau von Zypressenburg: Ist sein Vater auch Jäger? – Titus: Nein, er betreibt ein stilles, abgeschiedenes Geschäft, bei dem die Ruhe seine einzige Arbeit ist; er liegt von höherer Macht gefesselt, und doch ist er frei und unabhängig, denn er ist Verweser seiner

selbst; – er ist tot. – Frau von Zypressenburg (für sich): Wie
verschwenderisch er mit zwanzig erhabenen Worten das sagt, was
man mit einer Silbe sagen kann. Der Mensch hat offenbare Anlagen
zum Literaten.

Und es ist die erhabenste und noch immer knappste Para-
phrase für einen einsilbigen Zustand, wie hier das Wort um
den Tod spielt. Dieses verflossene Pathos, das in die
unscheinbarste Zwischenbemerkung einer Nestroyschen
Person einfließt, hat die Literarhistoriker glauben machen,
dieser Witz habe es auf ihre edlen Regungen abgesehen.
In Wahrheit hat er es nur auf ihre Phrasen abgesehen.
Nestroy ist der erste deutsche Satiriker, in dem sich die
Sprache Gedanken macht über die Dinge. Er erlöst die
Sprache vom Starrkrampf, und sie wirft ihm für jede Redensart einen Gedanken ab. Bezeichnend dafür sind Wendungen wie:

»Wann ich mir meinen Verdruß net versaufet, ich müßt' mich g'rad
aus Verzweiflung dem Trunke ergeben.«

Oder:

»Da g'hören die Ruben her! An keine Ordnung g'wöhnt sich das
Volk. Kraut und Ruben werfeten s' untereinand', als wie Kraut und
Ruben.«

Hier lacht sich die Sprache selbst aus. Die Phrase wird bis in
die heuchlerische Konvention zurückgetrieben, die sie erschaffen hat:

»Also heraus mit dem Entschluß, meine Holde!« »Aber Herr
v. Lips, ich muß ja doch erst . . .« »Ich versteh', vom Neinsagen keine
Rede, aber zum Jasagen finden Sie eine Bedenkzeit schicklich.«

Die Phrase dreht sich zur Wahrheit um:

»Ich hab die Not mit Ihnen geteilt, es ist jetzt meine heiligste Pflicht,
auch in die guten Tag' Sie nicht zu verlassen!«

Oder entartet zu Neubildungen, durch die im Munde der
Ungebildeten die Sprache der höheren Stände karikiert wird:

»Da kommt auf einmal eine verspätete Sternin erster Größe zur Gesellschaft als glanzpunktischer Umundauf der ambulanten Entreprise . . .«

Wie für solche Absicht die bloße Veränderung des Tempus genügt, zeigt ein geniales Beispiel, wo das »sprechen wie einem der Schnabel gewachsen ist« sich selbst berichtigt. Ein Ineinander von Problem und Inhalt:

»Fordere kühn, sprich ohne Scheu, wie dir der Schnabel wuchs!«

Nestroys Leute reden geschwollen, wenn der Witz das Klischee zersetzen oder das demagogische Pathos widerrufen will:

»O, ich will euch ein furchtbarer Hausknecht sein!«

Jeden Domestiken läßt er Schillersätze sprechen, um das Gefühlsleben der Prinzipale zu ernüchtern. Oft aber ist es, als wäre einmal die tragische Figur hinter dem Hanswurst gestanden, denn das Pathos scheint dem Witz beizustehen. Echte Herzenssachen werden abgehandelt, wenn ein Diurnist zu einer Marschandmod' wie in das Zimmer der Eboli tritt:

»Ihr Dienstbot' durchbohrt mich – weiß er um unsere ehemalige Liebe?«

Witz und Pathos begleiten sich und wenn sie, von der Zeit noch nicht gereizt, einander auch nicht erzeugen können, so werden sie doch nie aneinander hinfällig. Der Dichter hebt zwar nicht den eigenen Witz unverändert in das eigene Pathos, aber er verstärkt ihn durch das fremde. Sie spielen und entlassen sich gegenseitig unversehrt. Wenn sich Nestroy über das Gefühl hinwegsetzt, so können wir uns darauf verlassen, und wenn sein Witz eine Liebesszene verkürzt, so erledigt er und ersetzt er sämtliche Liebesszenen, die sich in ähnlichen Fällen abspielen könnten. Wo in einer deutschen Posse ist je nach der Verlobung der Herrschaften das Nötige zwischen der Dienerschaft mit weniger Worten veranlaßt worden:

»Was schaut er mich denn gar so an?« »Sie ist in Diensten meiner künftigen Gebieterin, ich bin in Diensten ihres künftigen Gebieters, ich werfe das bloß so hin, weil sich daraus verschiedene Entspinnungen gestalten könnten.« »Kommt Zeit, kommt Rat!«

Und wenn es gilt, an Nestroyschen Dialogstellen sein Abkürzungsverfahren für Psychologie zu zeigen, wo steht eine Szene wie diese zwischen einem Schuster und einem Bedienten:

»Ich gratuliere zum heimlichen Terno, oder was es gewesen und, aber auf Ehr', ich war ganz paff.« »Der Wirt gar! Der hat noch ein dümmeres Gesicht gemacht als Sie. Wetten S' 'was, daß ich ihm jetzt zehn Frank' schuldig bleib', und er traut sich nix zu sagen... Ja, einen Dukaten wechseln lassen, das erweckt Respekt.« »Kurios! (Beiseite.) Aber auch Verdacht... Unser Herr ist verschwunden. Bei dem Proletarier kommt ein Dukaten zum Vorschein... Hm... Sie sind Schuster?« »So sagt die Welt.« »Haben vermutlich einen unverhofften Engländer gedoppelt?« »Ach, Sie möchten gern wissen, wie ein ehrlicher Schuster zu ei'm Dukaten kommt?« »Na ja... auffallend is es... Das heißt, interessant nämlich...« »Als fremder Mensch geht's Ihnen eigentlich nix an... aber nein, ich betrachte jeden, den ich im Wirtshaus find', als eine verwandte Seele. (Ihm die Hand drückend.) Sie sollen alles wissen.« (In neugieriger Spannung.) »Na, also?« »Seh'n Sie, die Sach' ist die. Es liegt hier eine Begebenheit zu Grunde... eine im Grunde fürchterliche Begebenheit, die kein Mensch auf Erden je erfahren darf, folglich auch Sie nicht.« »Ja, aber...« »Drum zeigen Sie sich meines Vertrauens würdig und forschen Sie nicht weiter.«

Solche Werte sind versunken und vergessen. Zeitmangel hat wie überall in der Kunst so vor allem im Theater das Publikum zur Umständlichkeit gewöhnt. Nur diese ermöglichte dem von den Geschäften ermüdeten Verstand, sich auch die Genüsse zu verschaffen, deren Vermittlung er so lange für die Aufgabe der höheren Dramatik hielt: die Fortschritte der neueren Seelenkunde kennen zu lernen, einer Psychologie, die nur Psychrologie ist, die Lehre, sich auf rationale Art mit den Geheimnissen auseinanderzusetzen, in Spannung gelangweilt von Instruktoren, in Schön-

heit sterbend vor Langeweile, von der französischen Regel
de Tri bis zum nordischen Integral. Kein Theaterbesucher,
der es über sich gebracht hätte, ohne die nötige Problem-
schwere zu Bett zu gehen. Dazwischen der Naturalismus,
der außer den psychologischen Vorschriften noch andere
Forderungen für den Hausgebrauch erfüllte, indem er die
Dinge beim rechten Namen nannte, aber vollzählig, daß ihm
auch nicht eines fehle, während das Schicksal als richtig
gehende Pendeluhr an der Wand hing. Und all dies so lange
und so gründlich, bis sich die Rache der gefesselten Bürger-
phantasie ein Ventil schuf in der psychologischen Operette.
Im abseitigsten Winkel einer Nestroyschen Posse ist mehr
Lebenskennerschaft für die Szene und mehr Ausblick in die
Soffitte höherer Welten als im Repertoire eines deutschen
Jahrzehnts. Hauptmann und Wedekind stehen wie der vor-
nestroysche Raimund als Dichter über den Erwägungen
der theatralischen Nützlichkeit. Anzengrubers und seiner
Nachkommen Wirkung ist von der Gnade des Dialekts ohne
Gefahr nicht loszulösen. Nestroys Dialekt ist Kunstmittel,
nicht Krücke. Man kann seine Sprache nicht übersetzen,
aber man könnte die Volksstückdichter auf einen hochdeutschen Kulissenwert reduzieren. Nur Literarhistoriker sind
imstande, hier einen Aufstieg über Nestroy zu erkennen.
Aber daß dieser, selbst wenn seine Ausbeutung für die
niedrigen Zwecke des Theatervergnügens auf Undank
stieße, als geistige Persönlichkeit mit allem, was auf der
Bühne eben noch Hand und Herz oder Glaube und Heimat
hat, auch nur genannt werden darf, wäre doch ein Witz, den
die Humorlosigkeit sich nicht ungestraft erlauben sollte.
Auf jeder Seite Nestroys stehen Worte, die das Grab sprengen, in das ihn die Kunstfremdheit geworfen hat, und den
Totengräbern an die Gurgel fahren. Voller Inaktualität, ein
fortwirkender Einspruch gegen die Zeitgemäßen. Wortbar-
rikaden eines Achtundvierzigers gegen die Herrschaft der
Banalität; Gedankengänge, in denen die Tat wortspielend
sich dem Ernst des Lebens harmlos macht, um ihm desto

besser beizukommen. Ein niedriges Genre, so tief unter der
Würde eines Historikers wie ein Erdbeben. Aber wie wenn
der Witz spürte, daß ihn die Würde nicht ausstehen kann,
stellt er sie schon im Voraus so her, daß sie sich mit Recht
beleidigt fühlt. Könnte man sich vorstellen, daß die Professionisten des Ideals eine Erscheinung wie Nestroy vorüber-
ziehen ließen, ohne einen sichtbaren Ausdruck ihres Schrek-
kens zu hinterlassen? Die Selbstanzeigen der Theodor
Vischer, Laube, Kuh und jener andern besorgten Dignitäre,
die sich noch zum hundertsten Geburtstag Nestroys gemeldet haben, sind so verständlich, wie die Urteilspolitik Hebbels, der Nestroy ablehnt, nachdem Nestroys Witz ihm an
die tragische Wurzel gegriffen hat, Herrn Saphir lobpreist,
von dem weniger schmerzliche Angriffe zu erwarten waren,
freilich auch Jean Paul haßt und Heine liebt. Speidels mutige
Einsicht unterbricht die Reihe jener, die Nestroy aus Neigung oder anstandshalber verkennen mußten. Was wäre
natürlicher als der Widerstand jener, die das heilige Feuer
hüten, gegen den Geist, der es überall entzündet? So einer
mußte alle Würde und allen Wind der Zeit gegen sich haben.
Er stieß oben an die Bildung an und unten an die Banalität.
Ein Schriftsteller, der in hochpolitischer Zeit sich mit
menschlichen Niedrigkeiten abgibt, und ein Carltheater-
schauspieler mit Reflexionen, die vom Besuch des Concordiaballs ausschließen. Er hat die Katzbalgereien der
Geschlechter mit Erkenntnissen und Gebärden begleitet,
welche die Güterverwalter des Lebens ihm als Zoten anstreichen mußten, und er hat im sozialen Punkt nie Farbe
bekannt, immer nur Persönlichkeit. Ja, er hat den politischen Beruf ergriffen – wie ein Wächter den Taschendieb.
Und nicht die Lächerlichkeiten innerhalb der Politik lockten
seine Aufmerksamkeit, sondern die Lächerlichkeit der Politik. Er war Denker, und konnte darum weder liberal noch
antiliberal denken. Und wohl mag sich dort eher der Verdacht antiliberaler Gesinnung einstellen, wo der Gedanke
sich über die Region erhebt, in der das Seelenheil von

solcher Entscheidung abhängt, und wo er zum Witz wird,
weil er sie passieren mußte. Wie verwirrend gesinnungslos
die Kunst ist, zeigte der Satiriker durch die Fähigkeit, Worte
zu setzen, die die scheinbare Tendenz seiner Handlung
sprengen, so daß der Historiker nicht weiß, ob er sich an die
gelobte Revolution halten soll oder an die verhöhnten Kräh-
winkler, an die Verspottung der Teufelsfurcht oder an ein
fanatisches Glaubensbekenntnis. Selbst der Historiker aber
spürt den Widerspruch des Satirikers gegen die Behaftung
der Menschlichkeit mit intellektuellen Scheinwerten und hat
kein anderes Schutzmittel der Erklärung als Nestroys Furcht
vor der Polizei. Der Liberale ruft immer nach der Polizei,
um den Künstler der Feigheit zu beschuldigen. Der Künstler
aber nimmt so wenig Partei, daß er Partei nimmt für die
Lüge der Tradition gegen die Wahrheit des Schwindels.
Nestroy weiß, wo Gefahr ist. Er erkennt, daß wissen nichts
glauben heißt. Er hört bereits die Raben der Freiheit, die
schwarz sind von Druckerschwärze. Schon schnarrt ihm die
Bildung ihren imponierenden Tonfall ins Gebet. Wie
erlauscht er das Rotwelsch, womit die Jurisprudenz das
Recht überredet! Wie holt er die terminologische Anmaßung
heraus, mit der sich leere Fächer vor der wissensgläubigen
Menschheit füllen. Und statt der Religion die Pfaffen, wirft
er der Aufklärung lieber die Journalisten vor und dem
Fortschritt die Wissenschaftlhuber. Man höre heute den
Gallimathias, den der Kometenschuster im Lumpazivagabundus erzeugt. Nach einem unvergleichlichen Aufblick,
mit dem er einer skeptischen Tischlerin nachsieht:

Die glaubt net an den Kometen, die wird Augen machen...

fährt er fort:

Ich hab' die Sach' schon lang heraus. Das Astralfeuer des Sonnenzir-
kels ist in der goldenen Zahl des Urions von dem Sternbild des
Planetensystems in das Universum der Parallaxe mittelst des Fix-
stern-Quadranten in die Ellipse der Ekliptik geraten; folglich muß
durch die Diagonale der Approximation der perpendikulären Zir-

keln der nächste Komet die Welt zusammenstoßen. Diese Berech-
nung is so klar wie Schuhwix...

Und klingt so glaublich, als ob Nestroy das Problem des
»Grubenhundes« an der journalistischen Quelle studiert
hätte. Der Satz hätte, wie er ist, achtzig Jahre später, als
wieder statt eines Kometen die Astronomen sich persönlich
bemühten, in der Neuen Freien Presse gedruckt werden
können. Ich behalte mir auch vor, ihn gelegentlich einzu-
schicken. Aber noch jenseits solcher Anwendbarkeit in dringenden Fällen will Nestroy nicht veralten. Denn er hat die
Hinfälligkeit der Menschennatur so sicher vorgemerkt, daß
sich auch die Nachwelt von ihm beobachtet fühlen könnte,
wenn ihr nicht eine dicke Haut nachgewachsen wäre. Keine
Weisheit dringt bei ihr ein, aber mit der Aufklärung läßt sie
sich tätowieren. So hält sie sich für schöner als den Vormärz.
Da aber die Aufklärung mit der Seife heruntergeht, so muß
die Lüge helfen. Diese Gegenwart geht nie ohne eine
Schutztruppe von Historikern aus, die ihr die Erinnerung
niederknüppeln. Sie hätte es am liebsten, wenn man ihr
sagte, der Vormärz verhalte sich zu ihr wie ein Kerzelweib
zu einer Elektrizitätsgesellschaft. Der wissenschaftlichen
Wahrheit würde es aber besser anstehen, wenn man ihr
sagte, der Vormärz sei das Licht und sie sei die Aufklärung.
Zu den Dogmen ihrer Voraussetzungslosigkeit gehört der
Glaube, daß zwar früher die Kunst heiter war, aber jetzt das
Leben ernst ist. Und auch darauf scheint sich die Zeit etwas
einzubilden. Denn in der Spielsaison, die die erste Hälfte des
neunzehnten Jahrhunderts ausfüllt, habe man sich ausschließlich für die Affäre der Demoiselle Palpiti vulgo
Tichatschek interessiert, während man jetzt im allgemeinen
für die Affäre des Professors Wahrmund schwärmt und nur
gelegentlich für die Affäre Treumann. Wenn es sich so
verhält, wohl dem Vormärz! Aber der Unterschied ist noch
anders zu fassen. Im Zeitalter des Absolutismus war das
Theaterinteresse ein Auswuchs des vom politischen Druck
aufgetriebenen Kunstgefühls. In der Zeit des allgemeinen

Wahlrechts ist der Theatertratsch der Rest der von der politischen Freiheit ausgepowerten Kultur. Unser notorisches Geistesleben mit dem des Vormärz zu vergleichen, ist eine so beispiellose Gemeinheit gegen den Vormärz, daß nur die sittliche Verwahrlosung, die fünfzigtausend Vorstellungen der »Lustigen Witwe« hinterlassen haben, den Exzeß entschuldigen kann. Die große Presse allein hat das Recht, mit Verachtung auf das kleine Kaffeehaus herunterzusehen, das einst mit lächerlich unzulänglichen Mitteln den Personenklatsch verbreitete, ohne den man damals nicht leben konnte, weil die Politik verboten war, während man heute ohne ihn nicht leben kann, weil die Politik erlaubt ist. Ein Jahrzehnt phraseologischer Knechtung hat der Volksphantasie mehr Kulissenmist zugeführt als ein Jahrhundert absolutistischer Herrschaft, und mit dem wichtigen Unterschied, daß die geistige Produktivkraft durch Verbote ebenso gefördert wurde, wie sie durch Leitartikel gelähmt wird. Man darf aber ja nicht glauben, daß sich das Volk so direkt vom Theater in die Politik abführen ließ. Der Weg der erlaubten Spiele geht durchs Tarock. Das müssen die liberalen Erzieher zugeben. Wie sich die Rhetorik des Fortschritts verspricht und die Wahrheit sagt, ist zum Entzücken in der Darstellung eines Sittenschilderers aus den achtziger Jahren nachzulesen, der die alte Backhendlzeit des Theaterkultus ablehnt und den neugebackenen Lebensernst wie folgt serviert:

Die Zeit ist eine andere geworden, als wie sie anno Bäuerle, Meisl und Gleich war, und wenn auch die alte Garde des unvermischten Wienertums, die ehrenwerten Familien derer von »Grammerstädter, Biz, Hartriegel und Schwenninger« ihrem ererbten Theaterdrange insoferne Genüge leisten, als sie bei einer Premiere im Fürstschen Musentempel oder bei einer Reprise der »Beiden Grasel« in der Josefstadt nie zu fehlen pflegen, so ist doch das Gros ihrer Kompatrioten durch die mannigfachsten Beweggründe von dem Wege ins Theater längst abgelenkt worden und widmet die freie Zeit einem Tapper, einer Heurigenkost oder den Produktionen einer Volkssängerfirma, die just en vogue ist – Zeit und Menschen sind anders geworden.

Später wurde dann das Leben noch ernster, es kamen die Probleme, die Gschnasfeste, die geologischen Entdeckungen, die Amerikareise des Männergesangvereins, und für noch spätere Zeiten wird es wichtig sein, daß sie erfahren: Nicht im Vormärz ist in den Wiener Zeitungen die folgende Kundmachung erschienen:

Die gestrige Preiskonkurrenz beim »Dummen Kerl« brachte Fräulein Luise Kemtner, der Schwester der bekannten Hernalser Gastwirtin Koncel, mit dem kleinsten Fuß (19½) und Herrn Moritz Mayer mit der größten Glatze den ersten Preis. Heute werden die engste Damentaille und die größte Nase prämiiert.

So sieht Wien im Jahre 1912 aus. Die Realität ist eine sinnlose Übertreibung aller Details, welche die Satire vor fünfzig Jahren hinterlassen hat. Aber die Nase ist noch größer, der Kerl ist dümmer, wo er sich fortgeschritten glaubt, und die Preiskonkurrenz für die größte Glatze ist das Abbild einer Gerechtigkeit, die die wahren Verdienste erkennt, neben den Resultaten einer Verteilung des Bauernfeldpreises. Ein Blick in die neue Welt, wie sie ein Tag der Kleinen Chronik offenbart, ein Atemzug in dieser gottlosen Luft von Allwissenheit und Allgegenwart zwingt zur vorwurfsvollen Frage: Was hat Nestroy gegen seine Zeitgenossen? Wahrlich, er übereilt sich. Er geht antizipierend seine kleine Umwelt mit einer Schärfe an, die einer späteren Sache würdig wäre. Er tritt bereits seine satirische Erbschaft an. Auf seinen liebenswürdigen Schauplätzen beginnt es da und dort zu tagen, und er wittert die Morgenluft der Verwesung. Er sieht alles das heraufkommen, was nicht heraufkommen wird, um da zu sein, sondern was da sein wird, um heraufzukommen. Mit welcher Inbrunst wäre er sie angesprungen, wenn er sie nach fünfzig Jahren vorgefunden hätte! Wie hätte er die Gemütlichkeit, die solchen Zuwachs duldet, solchen Fremdenverkehr einbürgert, an solcher Mischung erst ihren betrügerischen Inhalt offenbart, wie hätte er die wehrlose Tücke dieses unschuldigen Schielgesichts zu Fratzen geformt! Die Posse, wie sich die falsche Echtheit dem großen Zug bequemt, nicht anpaßt, ist ihm nachgespielt; der Problemdunst allerorten, den die Zeit sich vormacht, um sich die Ewigkeit zu vertreiben, raucht über seinem Grab. Er hat seine Menschheit aus dem Paradeisgartel vertrieben, aber er weiß noch nicht, wie sie sich draußen benehmen wird. Er kehrt um vor einer Nachwelt, die die geistigen Werte leugnet, er erlebt die respektlose Intelligenz nicht, die da weiß, daß die Technik wichtiger sei als die Schönheit, und die nicht weiß, daß die Technik höchstens ein Weg zur Schönheit ist und daß es am Ziel keinen Dank geben darf und daß der Zweck das Mittel ist, das Mittel zu vergessen. Er ahnt noch nicht, daß eine Zeit kommen wird, wo die Weiber ihren Mann stellen und das vertriebene Geschlecht in die Männer flüchtet, um Rache an der Natur zu nehmen. Wo das Talent dem Charakter Schmutzkonkurrenz macht und die Bildung die gute Erziehung vergißt. Wo überall das allgemeine Niveau gehoben wird und niemand draufsteht. Wo alle Individualität haben, und alle dieselbe, und die Hysterie der Klebstoff ist, der die Gesellschaftsordnung zusammenhält. Aber vor allen ihm nachgebornen Fragen – die der Menschheit unentbehrlich sind, seitdem sie die Sagen verlor – hat er doch die Politik erleben können. Er war dabei, als so laut gelärmt wurde, daß die Geister erwachten, was immer die Ablösung für den Geist bedeutet, sich schlafen zu legen. Das gibt dann eine Nachwelt, die auch in fünfzig Jahren nicht zu bereisen ist. Der Satiriker könnte die große Gelegenheit erfassen, aber sie erfaßt ihn nicht mehr. Was fortlebt, ist das Mißverständnis. Nestroys Nachwelt tut vermöge ihrer künstlerischen Unempfindlichkeit dasselbe, was seine Mitwelt getan hat, die im stofflichen Einverständnis mit ihm war: diese nahm ihn als aktuellen Spaßmacher, jene sagt, er sei veraltet. Er trifft die Nachwelt, also versteht sie ihn nicht. Die Satire lebt zwischen den Irrtümern, zwischen einem, der ihr zu nahe, und einem, dem sie zu fern steht. Kunst ist, was den Stoff überdauert. Aber die Probe der Kunst wird auch zur Probe der Zeit, und wenn es immer

den nachrückenden Zeiten geglückt war, in der Entfernung
vom Stoff die Kunst zu ergreifen, diese hier erlebt die
Entfernung von der Kunst und behält den Stoff in der Hand.
Ihr ist alles vergangen, was nicht telegraphiert wird. Die ihr
Bericht erstatten, ersetzen ihr die Phantasie. Denn eine Zeit,
die die Sprache nicht hört, kann nur den Wert der Information beurteilen. Sie kann noch über Witze lachen, wenn sie
selbst dem Anlaß beigewohnt hat. Wie sollte sie, deren
Gedächtnis nicht weiter reicht als ihre Verdauung, in irgend-
etwas hinüberlangen können, was nicht unmittelbar aufge-
schlossen vor ihr liegt? Vergeistigung dessen, woran man
sich nicht mehr erinnert, stört ihre Verdauung. Sie begreift
nur mit den Händen. Und Maschinen ersparen auch Hände.
Die Organe dieser Zeit widersetzen sich der Bestimmung
aller Kunst, in das Verständnis der Nachlebenden einzuge-
hen. Es gibt keine Nachlebenden mehr, es gibt nur noch
Lebende, die eine große Genugtuung darüber äußern, daß es
sie gibt, daß es eine Gegenwart gibt, die sich ihre Neuigkei-
ten selbst besorgt und keine Geheimnisse vor der Zukunft
hat. Morgenblattfroh krähen sie auf dem zivilisierten Mist-
haufen, den zur Welt zu formen nicht mehr Sache der Kunst
ist. Talent haben sie selbst. Wer ein Lump ist, braucht keine
Ehre, wer ein Feigling ist, braucht sich nicht zu fürchten,
und wer Geld hat, braucht keine Ehrfurcht zu haben. Nichts
darf überleben, Unsterblichkeit ist, was sich überlebt hat.
Was liegt, das pickt. Mißgeburten korrigieren das Glück,
weil sie behaupten können, daß Heroen Zwitter waren.
Herr Bernhard Shaw garantiert für die Überflüssigkeit alles
dessen, was sich zwischen Wachen und Schlafen als notwendig herausstellen könnte. Seiner und aller Seichten Ironie ist
keine Tiefe unergründlich, seinem und aller Flachen Hoch-
mut keine Höhe unerreichbar. Überall läßt sichs irdisch
lachen. Solchem Gelächter aber antwortet die Satire. Denn
sie ist die Kunst, die vor allen andern Künsten sich überlebt,
aber auch die tote Zeit. Je härter der Stoff, desto größer
der Angriff. Je verzweifelter der Kampf, desto stärker die

Kunst. Der satirische Künstler steht am Ende einer Entwicklung, die sich der Kunst versagt. Er ist ihr Produkt und ihr hoffnungsloses Gegenteil. Er organisiert die Flucht des Geistes vor der Menschheit, er ist die Rückwärtskonzentrierung. Nach ihm die Sintflut. In den fünfzig Jahren nach seinem Tode hat der Geist Nestroy Dinge erlebt, die ihn zum Weiterleben ermutigen. Er steht eingekeilt zwischen den Dickwänsten aller Berufe, hält Monologe und lacht metaphysisch.

August Strindberg †

Die Schrift im Herzen Strindbergs hat Bibellettern. Da ließ Gott der Herr einen tiefen Schlaf fallen auf den Menschen. Und nahm seiner Rippen eine. Und bauete ein Weib aus der Rippe, die er von dem Menschen nahm. Da sprach der Mensch: Das ist nun einmal Bein von meinem Beine, und Fleisch von meinem Fleische! Sie heiße Männin; denn vom Manne ist sie genommen... Und sie sah, daß von dem Baume gut zu essen wäre... Da sprach Adam: Das Weib, das du mir zugesellt hast, gab mir von dem Baum, und ich aß... Dieses ist das Buch von des Menschen Geschlecht. Wieder ist alles einfach wie am siebenten Tag. Es ist der Schrei Adams, der mit dem Rücken zur Menschheit das Gleichnis Gottes sucht. Er erkennt, daß er nackt sei. Dort bewahrt der Cherub den Weg zu dem Baum des Lebens. Hier draußen aber ist dem Menschen das Weib zugesellt, geschaffen aus etwas, das ihm fehlt, geschaffen aus dem Mangel. Das Weib ist die Rippe, ohne die er leben muß; also kann er ohne das Weib nicht leben. Denn sie sind Ein Fleisch: so sollen sie zwei Seelen sein! Strindberg fordert von Gott die Rippe des Mannes zurück, denn Gott ist ihm die Seele des Weibes schuldig geblieben. Die Schöpfung ist ihm im Manne beschlossen, alles Weitere ist Minderung. Strindberg glaubte schon, ehe er seinen Frieden mit Gott machte: er glaubte an zuviel Gott. Die wahren Gläubigen sind es, welche das Göttliche vermissen. Er wollte nicht wissen, daß es Tag und Nacht gibt, Mann und Weib. Er forderte von Gott eine Hälfte ein. Er war ein Gläubiger Gottes: des Schuldners. Er mußte der Nacht verfallen und dem Weib, um auch dort Gott zu erleben. Und Gott rief: Adam, wo bist du?... Er war am Weibe zum Chaos geworden, das

Welt wurde im Dichter. Das Weib unterbricht in Strindberg die Schöpfung, weil es aus dem Glauben erschaffen ist, daß es zerstören könne. Aber das Weib zerstört nicht den Mann. Ihr Dasein kann hindern oder unnütz sein: so wird ihr Fernsein hilfreich wie Gottes linker Arm. Der mehr als ein Mann war und mehr als den Gott wollte, brauchte den Teufel, um zur Schöpfung zu kommen. Aber er war nicht wie Gott imstande aus dem Mangel das Weib zu erschaffen. Er hat ihn nur wie Weininger tragisch erlebt, tragischer, weil er nicht den Ausweg Weiningers fand. Immer ist dort das Geschlecht des Mannes mit sich nicht fertig geworden, wo es die Seele des Weibes beruft. Aber der Geist kann nur am Gegenteil erstarken und nur, wenn er durch alle erkannten Mißformen der Weibkultur zum Ursprung strebt. Denn das Geschlecht des Weibes werde Geist, und Paulus schreibt an die Korinther: »Wie das Weib von dem Manne ist, also ist der Mann durch das Weib da; Alles aber ist von Gott.« So hat auch Strindbergs Geist von dem Ursprung gelebt, den seine Erkenntnis floh, und im Pathos dieses Widerspruchs lebte er zwischen Himmel und Erde. Hebbels bürgerlichste Bürgschaft: Darüber kommt kein Mann weg, verwandelt sich in Strindberg zum Erdbeben: Über das Weib selbst kommt kein Mann weg. Denn »darüber« nicht wegzukommen, bringt jedermann zustande. Aber nur einer trägt für sie alle, ein christlicher Titan, den Himmel auf seinen Schultern ... Strindberg war immer, den Rücken zur Menschheit, auf dem Wege zu Gott, in Leidenschaft und Wissenschaft. Adam oder Faust, er sucht ihn im Laboratorium und in der Hölle der erotischen Verdammnis. Er sendet die letzte christliche Botschaft aus. Da er stirbt, geschehen am Himmel keine Zeichen, aber die Wunder der Erde wirtschaften ab. Die titanische Technik sinkt, und singt: Näher, mein Gott, zu Dir! Strindberg, sterbend, horcht auf und versucht eine Melodie. Bernhard Shaw, überlebend, zuckt die Achseln. Er glaubt nicht, daß näher zu Gott männlicher ist.

Strindbergs Wahrheit: Die Weltordnung ist vom Weiblichen bedroht. Strindbergs Irrtum: Die Weltordnung ist vom Weibe bedroht. Es ist das Zeichen der Verwirrung, daß ein Irrender die Wahrheit sagt. Strindbergs Staunen über das Weib ist die Eisblume der christlichen Moral. Ein Nordwind blies, und es wird Winter werden.

Schnitzler-Feier

Als er fünfzig Jahre alt wurde, mußte er dem Ansturm der
Bewunderung entfliehen und den ereignisvollen Tag fern
von Wien, »irgendwo am Meere«, zubringen. Es hat Dichter
gegeben, die älter wurden und unbelästigt von Gratulanten
an ihrem Wohnsitz bleiben konnten. Unsere Explosionen
haben keine Ursache mehr. Die Zeit ist ein Knockabout:
eine Flaumfeder fällt, und die Erde dröhnt. Wie kann ein
Zarter so von Begeisterung umtobt werden? Es ist im
Geschlechtscharakter der Generation begründet. Sie alle
sind Söhne des Hermes und der Aphrodite, und ein Kräfti-
ger könnte ihnen nur beweisen, daß sie Weiber sind. Die
Position Schnitzlers im Weichbild der Gegenwart soll damit
nicht geleugnet, sondern zugegeben werden. Dem Unbe-
trächtlichen, das sie sich zu sagen hat, vorbestimmte Form
zu sein, ist auch etwas, das von der Gnade einer schöpferischen Notwendigkeit stammt. Auch diese Zeit hat ihre
Dichter, die sie sich aus der Unfähigkeit schafft, Dichter
gegen die Zeit zu sein. Ein Zeitdichter aber darf auch nicht
mit solchen verwechselt werden, die sich die Zeit hält und
die unter dem Diktat des fremden Bedürfnisses schreiben.
Sie sind bloß das Zubehör und nicht der Ausdruck der
Überflüssigkeit, und Arthur Schnitzler, ein konzentrierter
Schwächezustand, soll mit dem Geschmeiß nicht verglichen
werden, das Musik macht, weil sich der Ernst des Lebens
erholen will. Er steht zwischen jenen, die der Zeit einen
Spiegel, und jenen, die ihr einen Paravent vorhalten: irgendwie gehört er in ihr Boudoir. Nicht nur in seinen Anfängen;
viel mehr noch später, als er nachdenklich wurde und ihr
sagte, daß sich über uns ein Himmel wölbt und daß man nie
wissen kann, wie die Sache ausgehe. Schnitzlers Seichtigkeit
war das Abziehbild eines Jahrzehnts der schlechten Gesell-

schaft und als solches von Wert für ein weiteres Jahrzehnt;
Schnitzlers Esprit war die Form der für ein Zeitalter maßgebenden Männerschwäche. Schnitzlers Tiefe, mit dem Verlust
der Liebenswürdigkeit bezahlt, ist der karge metaphysische
Rest, der sich ergibt, wenn Anatol Kaiserlicher Rat wird
oder sagen wir, Conseiller impérial. Da der Autor die Verwandlung dieses Lebenstypus in Treue mitgemacht hat, so
kann ihm die Liebe jener nicht fehlen, die, ohne die Nichtigkeit ihres Daseins zu erkennen, von dem Vorhandensein
einer Unendlichkeit sich überzeugen lassen und denen nach
dem schicksalswidrigen Handel ihres Tages gut und gern die
Erkenntnis einleuchtet, daß wir nur Marionetten sind in der
Hand einer höheren Macht und was dergleichen Gedanken
mehr sind, die, jenseits der Kunst vorgetragen, weniger sind
als eine Zibebe, welche ein Dichter anschaut. Schnitzler
wird immer etwas bleiben, was als eine Verständigung zwischen Ibsen und Auernheimer, der Gesellschaft die Befassung mit Problemen erleichtert. Aber ich glaube beinahe,
daß seine Lebemänner Gestalten sind und seine Ewigkeit ein
Feuilleton. Helfen die Anwälte seiner Vertiefung, helfen die
Worte, die sie finden, nicht diesem Verdacht? »Hier waltet
auch schon das Schicksal, wie Schnitzler es ansieht, jenes
Schicksal, das Pointierungen liebt...« Das Schicksal ist ein
besseres Feuilleton als jenes, dem dieser Satz entnommen ist,
das Schicksal dürfte fast schon mehr ein Leitartikel sein. Ich
glaube, daß nur ein Mangel an Plastik von den Gegenständen zu den »Zusammenhängen« abschweift, und die fertige
Vorstellung, daß »der große Puppenspieler uns alle an
unsichtbaren Fäden hält«, nur eine Ausrede ist für das
schuldbewußte Unvermögen, die Stricke zu sehen, mit
denen wir uns strangulieren. Wenn die höhere Macht, deren
Hand uns zu fassen kriegt, ein Dichter ist, dann braucht er
die Verantwortung nicht auf das Schicksal abzuwälzen, und
dann erst hat er das Recht, es zu tun. Nichts ist begrenzter
als die Ewigkeitsidee, zu der ein Tändler erwacht, und von
dem, was die Liebe mit dem Tod vorhat, davon hat ein

Schnitzlerscher Sterbemann noch nicht die leiseste Ahnung; wenn auf solch amouröse Art die Zeit vertrieben ist, folgt nichts nach, und Herzklopfen war nur eine physiologische Störung. Daß Schnitzler Arzt ist, damit mag es zur Not zusammenhängen. Daß Medizin und Dichtung sich in ihm wundersam verknüpfen, ist uns bis zum Unwohlwerden von den Feuilletonisten auseinandergesetzt worden. Das, worauf es ankommt in der Kunst, das Patientenerlebnis, haben sie weder behauptet, noch hätten sie es zu beweisen vermocht. Um Dichter zu sein, muß man nicht eigens Laryngologie studiert haben, ihr etwaiger philosophischer Hintergrund läßt sich mit der Praxis bequem ausschöpfen, und wenn man selbst in der Medizin gedanklich weiter vorgedrungen wäre, als der Beruf erfordert und erlaubt, so würde das noch immer nichts neben der geistigen Eigenmächtigkeit bedeuten, die im künstlerischen Schaffen begründet ist. Nur eine Plattheit, deren Jargon von einem, der sich über den Tod Sorgen macht, behauptet, er mache sich über den Tod Gedanken, scheint es auch für ein geistiges Verdienst zu halten, und wenngleich Schnitzler gewiß besser ist als jene, die ihn so richtig verstehen, so hat sein Werk doch Anteil an der Banalität einer Auffassung, die es mit der zweifelhaften Geistigkeit der Medizin zu verklären sucht. Diese ist ihr »die geheimnisvolle Wissenschaft, die geradenwegs in die Geheimnisse des Menschen und des Lebens hineinführt«. Ein Rachenkatarrh ist die Gelegenheit, um alles zu erfahren, und wenn man den Leuten nur tief genug in den Mund hineinsieht, so weiß man auch, was sich im Herzen tut. Schnitzler ordiniert zwar nicht mehr, aber von der alten Gewohnheit kann er nicht lassen: »er auskultiert noch immer, wenngleich ohne Hörrohr, er klopft die Menschen im Gespräch sorgfältig ab, er fühlt ihnen den Puls und er schaut ihnen in die Augen.« Versteht sich: nur bildlich, und es kommt trotzdem nicht mehr heraus als bei der Ordination. So ist nämlich das Leben, daß es nicht so ist. Es läßt sich nicht in allegorische Artigkeiten »einfangen«, und hat

überhaupt etwas gegen diese Beschäftigung, deren Schlagwort die Marke aller um Schnitzler gruppierten Literatur ist.
»Der Duft und die Farbe, der Zauber und die musikalische
Anmut dieser Stadt«, solches läßt sich zur Not von diesen
zarten Schindern »einfangen« – das Leben nicht. Dort helfen
hundert Assoziationen, die schon durch hundert Hände
gegangen sind, und ein Hautreiz genügt, um den, der am
Grinzinger Bachl spazieren geht, zum Dichter zu machen.
Der Dichter vor dem Leben hat leider einen schweren Stand,
und ihm ist es geradezu überlassen, alles, was noch nicht ist,
zum Dagewesensein zu steigern. Was haben die Laubsäge-
arbeiten dieser Schnitzler und Abschnitzler mit dem Chaos
zu schaffen? Was die Sorgfalt der äußern Form mit der ord-
nenden Gewalt des Sprachgeists? Was geht den guten
Geschmack die Kunst an? Der Schöpfer wird keinen Augenblick »nachdenklich«; würde ers, es wäre um die Kreatur
geschehen. Dem Denker ziemt es, nicht verstanden zu werden. Aber der Nachdenkliche wird so gut verstanden, daß er
für den Denker gehalten wird, versteht sich von jenen, die
nicht einmal nachdenklich sind. Es geht ihm so, wie dem
Gutgelaunten, den die Humorlosigkeit für einen Humoristen hält. Schnitzlers Melancholien lassen sich bequem von
jenen »aufzeigen« – auch eine neue literarische Beschäftigung –, die sich nicht einmal die Gedanken machen können,
die ihnen längst vorgemacht sind. Kaum einen Festartikel
habe ich gelesen, in dem nicht erkannt war, daß Schnitzler
aus den Bezirken der Erotik »ins weite Land gegangen« sei,
aus den Problemen des gesellschaftlichen Lebens »den Weg
ins Freie gefunden« habe, hierauf »dem Ruf des Lebens
gefolgt« sei und »den einsamen Weg beschritten« habe, »um
in den ›Marionetten‹ zu den tiefsten Aufschlüssen vom
Puppenspiel des Lebens zu gelangen«. Wie es für den Künstler zeugt, daß jeder, der sich mit ihm befaßt, immer wieder
mit seinen Worten seine Werte zu fassen bekommt, so ist die
stereotype Berufung auf jene allzu schmackhaften Symbole
für deren Bereiter charakteristisch. Die Schicksalsküche

stellt andere Genüsse her als Bilderrätsel und Buchtitel, die jeden ausgewachsenen Anatol nachdenklich stimmen, und die Hingabe ans Grenzenlose, die das Rathausviertel mitmacht, ist mir verdächtig. Es ist ein Aberglaube, daß der Künstler für das Klischee nicht verantwortlich sei, das mit ihm fertig wird, und so glaube ich, daß ein Buch, durch welches »mit Stundenglas und Hippe Freund Hein schreitet, vom Eingang zum Ausgang«, nicht zu hoch über dem Niveau leben kann, auf dem solche Vorstellung zustandekommt. »Man hört das Schnitzlersche Problem anklingen, die ewige tieftraurige Frage des Dichters überhaupt«; aber solcher Frage ist solches Ohr nicht unerreichbar. Die Zusammenhänge des Schicksals sind dunkel genug, aber bei weitem nicht so verdächtig wie die eines Buches. Das Schnitzlersche Problem, das neue, wächst im Schnitzlerschen Milieu, dem alten, es ist ein Ornament, wie alles Höhere, das für ein Inneres gesetzt wird. Es ist eine fertige Sache wie der liebe Gott, an den sie glauben, weil er einmal da ist, aber mit einem Glauben, der nicht stark genug wäre, Gott zu schaffen, wenn er nicht Gott sei Dank da wäre. Fertig hat Schnitzler das ganze Inventar dieser Unendlichkeit übernommen, die sich über dem irdischen Boudoir so gut wie über der irdischen Handelskammer wölbt. Fertig bis auf die Nomenklatur ist die ganze Vorstellung seiner Romanwelt. Eine »Bertha Garlan« ist nicht in Wien zuständig, sondern aus einem Roman nach Wien gekommen, um in einen Roman wie in eine Pension einzuziehen. Auch das Wienertum von mehr konfessioneller Färbung zieht von der vorrätigen Poesie an, und es entsteht neben einer »Frau Redegonda« ein »Dr. Wehwalt«, der gewiß Wigelaweia getrieben hat, ehe er in unsere Mitte kam. Es ist wohl möglich, daß die Reporter recht haben, wenn sie behaupten, »die Wiener Gesellschaftskreise hätten eine Zeitlang im Tone der Schnitzlerischen Dialoge geplaudert, geflirtet, verliebt, zärtlich und melancholisch getan«, wie nach Wildes Ausspruch die englische Natur die Präraffaeliten nachgeahmt

habe. Denn die Natur geht so gern mit der Kunst wie die
Unnatur mit der Unkunst. In der empfänglichen Niederung
jener Wiener Gesellschaft, die für die lebensbildende Kraft
Schnitzlerscher Dialoge in Betracht kommt, dürften sich
solche Verwandlungen schon zugetragen haben, und die
Bedeutung Schnitzlers als eines Befreiers gebundener
Unkraft, Dichters eines bestimmten Lebenscottages, soll
keineswegs geleugnet werden. Merkwürdig in die Irre geht
diese Intimität nur, wenn sie höhere Anforderungen an ihren
Autor stellt, und von ihm mehr will, als ihrer eigenen
Gesundheit zuträglich wäre. »Vielleicht gibt er uns das reine
Lustspiel, vielleicht auch den großen Roman...« Nun, hier
werden keine Kräfte gereizt, die imstande wären, die Da-
seinsform jener Kreise unmöglich zu machen, die ihren
Geschmack zu solcher Begehrlichkeit steigern. Der tiefen
Erkenntnis des Literarhistorikers Weilen stimme ich zu:
»Daß Schnitzler bisher das Beste, was in ihm lag, noch nicht
gegeben, ist die sicherste Gewähr für seine weitere Entwicklung«; so weit gehe ich noch mit. Aber dann höre ich die
nachdenkliche Frage: »Soll sie uns das ersehnte deutsche
Lustspiel schenken, das zu schaffen er wie kein anderer
berufen scheint? Wir wissen es nicht. Aber eines scheint uns
sicher: Wenn er erst klar und deutlich den Ruf des Lebens
vernimmt, dann hat er gefunden, was er mit so unermüdli-
chem Eifer, so strenger Selbstzucht sucht: den Weg ins
Freie.« Und indem ich zweifle, ob dieser Weg zum deutschen Lustspiel führt, sucht mich eine Plaudertasche zu
überreden: »Wer weiß, vielleicht schenkt er der deutschen
Bühne schließlich doch noch das Lustspiel, das viele seiner
Freunde und Verehrer von ihm erwarten... Daß er noch
kein größeres geschrieben hat, würde nichts beweisen, denn
das Lustspieltalent reift auch bei den Berufenen spät und
entwickelt sich langsam.« Sie können es nicht erwarten, die
Verantwortlichen der Entwicklung; dieses Trauerspiel sehnt
sich nach einem Lustspiel – und es ist schon da, denn die
Gesellschaft steht besorgt vor ihrem brütenden Dichter,

mästet ihn mit Zureden, und es kommt nichts heraus. Wie sollte es? Das Lustspiel »gibt« man denen nicht, die es wollen, und gibt jener nicht, von dem sie es wollen. Gibt nicht die Liebenswürdigkeit eines Talentes, das sich in üble Laune verzogen hat, weil die gute Laune eben nicht zum Lustspiel langte. Schnitzlers Tendenzen waren so dünn, daß sie wohl oder übel einer Weltanschauung weichen mußten. Es ist das Los der Süßwasserdichter, daß sie die Begrenzung spüren, sich unbehaglich fühlen und dennoch drin bleiben müssen. Am genießbarsten sind sie noch im Abschildern ihres Elements. Aber sie suchen vergebens mit derselben oratorischen Weitläufigkeit Anschluß an Meerestiefen, wie ehedem an das Festland der sozialen Gesinnungen. »Er ficht«, hieß es damals, »gegen das gesellschaftliche Vorurteil, welches den Gefallenen die einstige Verfehlung nicht vergißt, und den Weg zu späterem Glücke versperrt.« Schon faul! Er ficht gegen die Verführung der Theaterdamen durch kleine Gagen. Er ficht gegen das Duell. Das ficht uns nicht an. Die Rebellion eines sozialgemuten Schnitzler konnte die Gesellschaft ertragen. Es ist jene Freiheit, zu der sie fähig ist, und die hundertmal schlimmer ist als die doch irgendwo von einem geistigen Punkt gerichtete Unfreiheit. Selbst Schnitzlers Humor wird keine Verwirrung stiften. Er blickt jetzt empor. Aber hat etwa der Autor des »Reigen« die Hoffnung auf die große Lache geweckt, zu der nur der Blick von oben auf Menschliches fähig wäre? Seine erotische Psychologie geht auf eine Nußschale der Erkenntnis, langt darum nicht zum Aphorismus, nur zur Skizze, die in der Form über dem Wiener Feuilleton, im Einfall unter dem französischen Dialog steht. Dieser Humor geschlechtlicher Dinge lebt von der Terminologie und erst recht von deren Unterlassung: dem Gedankenstrich. Dieser Blick auf Physiologisches kommt nicht von der Höhe, und darum kommt auch die Metaphysik Schnitzlers nicht von den Abgründen. Schnitzlers Separée und Schnitzlers Kosmos sind von einem Wurzellosen angeschaut. Die geistigen Spitzen der Schnitzlerschen Welt stechen in die Augen: jeder weist darauf hin, das Zitat, das in den meisten Festartikeln wiederkehrt, ist wirklich »die Formel Schnitzlers«: diese Predigt der »Unbeirrtheit«. Sie könnte das Erlebnis eines großen Ethikers sein, aber er würde sie schwerlich in solchem Text halten: »Jeder muß selber zusehen, wie er herausfindet aus seinem Ärger, aus seiner Verzweiflung, oder aus seinem Ekel, irgendwohin, wo er wieder frei aufatmen kann. Solche Wanderungen ins Freie lassen sich nicht gemeinsam unternehmen, denn die Straßen laufen ja nicht im Lande draußen, sondern in uns selbst. Es kommt nur für jeden darauf an, seinen inneren Weg zu finden. Dazu ist es notwendig, möglichst klar in sich zu sehen, den Mut seiner eigenen Natur zu haben, sich nicht beirren zu lassen.« Das ist mit Augen zu greifen. Unbestreitbar, daß auf solchem Weg ins Freie nicht gemeinsam zu spazieren ist; das liegt in der Natur dieser Allegorie, die in dem Vergleichsobjekt leider nicht restlos aufgeht. Der »innere Weg« ist ein einsamer Weg, führt aber auch zum Romantitel. Jeder in sich, Gott in uns alle. Aber es ist, weiß Gott, weniger Glaube, weniger Metaphysik als das bekannte Insich-Geschäft der neueren Psychologie. Schnitzler ist ihr dichterischer Ausdruck, wie jene Kulturschwätzerin versichert, die jetzt jeden Abend um sechs nachsieht, ob nicht schon etwas Kunstgewerbliches unter unserm Bette steht. Sie hat noch nie »an« die Pflicht der Kunst, uns die Lebensnotwendigkeit zu schmücken, vergessen, aber sie begreift alles, was Kultur ist, und fragt deshalb an Schnitzlers Geburtstag: »Begegnen wir nicht gleich an der ersten Gabelung seines Entwicklungsganges der unbewußten Anwendung der Mach'schen Ich-Lehre, die in der Zergliederung des Ich-Bewußtseins gipfelt?« Traurig genug, aus dem Mund eines Weibes eine solche Frage zu hören. Aber recht hat sie schon. Schnitzler ist wirklich einer jener psychologischen Bittsteller, denen die eigene Tür vor der eigenen Nase zugeschlagen wird, jener gehemmten Eindringlichen, die vor der Bewußtseinsschwelle umkehren müssen und darüber unglücklich sind: außer sich. Wirklich einer von jenen, die auf der Lauer liegen, wenn sie vorübergehen. Aber hier ächzt nur als schmerzliche Neugierde intellektueller Nerven, was in den großen Versuchern als die tragische Sehnsucht wehrhafter Gehirne brüllt. Es ist – wenngleich in der ehrlichsten und saubersten Art – der Typus, der aus einem fehlenden Ich zwei macht. Das weiß sogar der Hermann Bahr, daß diese Form von Verinnerlichung nur innere Schwäche ist: »Furcht von Menschen, die sich bewahren wollen, weil sie noch nicht wissen, daß dies der Sinn des Lebens ist: sich zu zerstören, damit Höheres lebendig werde«. Immerhin, wenn Schnitzler sich bewahren will, wird doch etwas mehr lebendig als wenn Bahr sich vergeuden will; aber Höheres kommt dort und da nicht heraus, und es ist peinlich, den Attinghausen von Ober-St. Veit, der seinen Uli vom Griensteidl nicht mehr erkennt, mit dem Aufgebot der letzten Gradheit in einen Lehnstuhl von Olbrich zurücksinkend, verkünden zu hören: »Ich kann Dir heute nichts anderes sagen, nichts besseres wünschen, Du bist mir zu lieb. Du bist mir zu lieb, denn täusche Dich doch nicht: Du bist kein Hofrat unserer Pharaonen, laß Dich nicht dazu machen.... Bescheide Dich nicht, ergib Dich nicht an Wien, erhöre Dich selbst! Vorwärts, aufwärts, werde was Du bist!« (Stirbt.) Wie anders Dörmann. »Wohl dir«, ruft er, »daß du gegangen den selbsterwählten Pfad, daß Sinnen und Verlangen ausreiften dir zur Tat. Es grüßt dein reines Wirken, es drückt dir warm die Hand von anderen Bezirken – ein Freund aus ›Jugendland‹«. Es kann, wiewohl die Sätze hier fortlaufend gedruckt sind, auch dem Laien nicht auf die Dauer verborgen bleiben, daß es sich um Verse, ja sogar um Reime handelt. Sie bringen mit stiller Nachdenklichkeit die Wehmut zum Ausdruck, die sich immer einstellt, wenn ein Dichter erkennt, daß er in ganz andere Bezirke gekommen ist, als in der Jugend geplant war, nämlich auf die Wieden und in die Leopoldstadt. Indem aber ein Libretto auf Empfehlung eines Zigarrenagenten von

einem Fürsten Lubomirski zur Komposition angenommen
wurde, zeigt sich, daß das Schicksal zwar seine Zusammenhänge, aber auch seine guten Seiten hat, und daß Baudelaire
ein Pechvogel war. Von einer ähnlichen unbegründeten
Schwermut erfüllt sind schon die Jugendgedichte Arthur
Schnitzlers selbst, mit denen der ›Merker‹ seine Festnummer
eröffnet hat, offenbar, um mit diesem aus Dämmer und
Schimmer gewobenen Kitsch zu beweisen, daß der Jubilar
nie ein Lyriker war. Der Merker werde bekanntlich, und wie
er selbst wünscht, so bestellt, daß weder Haß noch Lieben
das Urteil trüben, das er fällt. Da er keines zu haben scheint,
so ist die Forderung leicht erfüllbar. Herr Georg Hirschfeld,
dessen schicksalhafte Zusammenhänge mit der deutschen
Literatur darin bestehen, daß er zuweilen mit Schnitzler
durch die stillen Gassen der Wiener Vorstadt geht, da er an
der Seite Gerhart Hauptmanns schneller überflüssig wurde
und weniger profitieren konnte, dankt jenem nicht nur für
das »Durchdringen in der Kunst, wo er sein ehrlicher Förde-
rer geworden«. »In Maitagen, die Schnitzlers Geburtsfest
umschließen«, sei er mit ihm gewandelt, und »nicht schwach
an der Seite dieses Starken« gewesen. »Leise, leise« habe sich
eine positive Lust am Dasein in ihm gemeldet. »Wie oft
folgte ich Schnitzlers Blick, wenn er die schönen Mädchen
der Josefstadt betrachtete, die Christinen (mit einem n) und
die Schlagermizzis«. Leise, ganz leise zieht's durch den
Raum ... Aber das ist ja von Dörmann und aus dem »Walzertraum« – nein, »es zog ein holdes Grüßen durch die Luft.
Ich aber, im Schatten dieses Dichters, durfte schauen und
atmen, wortlos fragen zum reinen Wiener Himmel empor.«
Aber wahre Dich, Wien! mahnt Hirschfeld, anders als Bahr.
Wahre Dich. »Du hast einen großen Dichter noch, der dein
Erbe wahrt, dein unersetzliches Erbe.« Dieser entartete
Berliner verdient wirklich nicht, daß es eine Untergrund-
bahn gibt. Wir wollen ihn in Wien zuständig machen und
ihn mit jenem andern Hirschfeld verwechseln, der plaudern
kann. Ein Herr Ernst Lothar, den man gleichfalls verwech-

seln möchte, sagt, Schnitzler sei uns Führer gewesen, »hinaus zu den Grenzen des Letzten und Geheimnisvollsten«. Es kommt eben darauf an, wie weit man diese Grenzen steckt, das ist Standpunktsache, für manche Leute beginnt dort schon die Ewigkeit, wo ich noch den Zeitvertreib sehe, und manche stehen schon dort vor den Rätseln, wo andere nur eine Rätselecke finden. Es ist aber leider nicht zu leugnen, daß zwischen allerlei Feuilletonvolk auch die Dichter Wedekind, Heinrich und Thomas Mann die Gelegenheit, die sie anrief, benützt haben, um die Bedeutung des Schnitzlerschen Schaffens weit über alles in der heutigen Literatur vorrätige Maß anzuerkennen. Wenn man selbst die Liebenswürdigkeit, die der Anlaß zur Pflicht macht, abzieht, bleibt noch so viel übrig, daß für die kritische Potenz der Gratulanten nicht viel übrig bleibt. Sie sind wohl auch zur Kritik nicht verpflichtet. Wenn aber Frank Wedekind behauptet, daß Schnitzler ein Klassiker und der einzige Dramenschöpfer sei, der nach zwanzig Jahren deutscher Produktion lebe, so ist weder die Selbstlosigkeit solchen Lobes noch die Verkennung Hauptmanns begreiflich und die Frage gestattet, ob Wedekind wirklich die theatralische Haltbarkeit des »Weiten Landes« oder die journalistische Haltbarkeit des »Freiwilds« neben »Erdgeist« und »Pippa« für diskutabel hält. Solche Äußerungen eines von seiner Produktion auf gewerbliche Probleme abirrenden Genies sind unerquicklich und sollten von einer innern Zensur unterdrückt werden, solange es Redaktionen gibt, die ihnen Vorschub leisten. Ich glaube, daß Wedekinds Bedeutung für das deutsche Drama länger vorhalten wird als seine kritische Autorität, deren Äußerungen zugleich mit jenen Geistern veralten werden, denen sie gelten. Arthur Schnitzler »Meister« zu nennen, möge Herrn Zweig überlassen bleiben, der es mit Recht tut, nicht ohne die beruhigende Zusicherung zu geben, daß seine Generation, wiewohl sie »anderes wolle«, die frühere nicht entwurzeln werde. Was sie will, die Generation des Herrn Zweig, weiß ich, und Herr Zweig weiß es auch. »In unserer

Zeit, da die Kunst sich gern der Popularitätssucht, der Geldverdienerei, der Journalistik und Gesellschaftlichkeit kuppelt«, sei der Anblick Schnitzlers erfreulich. Nichts lenke mehr »von der Vista auf die Werke ab, als jene kleinen Unsauberkeiten des Charakters, die uns die Indiskretion der Nähe leicht preisgibt«. Herr Zweig kennt sich aus und hat ganz recht, wenn er Schnitzler von dem Drang zur Geldverdienerei, zur Journalistik und zur Gesellschaftlichkeit ausnimmt. Es ist nur die Frage, warum die neue Generation, die zu all dem inkliniert, die es weiß, und die ihr Ende bei der Neuen Freien Presse voraussieht, sich nicht lieber umbringt, und was Schnitzler anlangt, so ist gewiß zum Lobe seiner Person zu sagen, daß er sich nie um jene zweifelhaften Subsidien mangelnder Persönlichkeit umgesehen hat, sondern daß sie von selbst zu ihm gekommen sind. Schnitzler ist von ihnen unumringt und sitzt in der Fülle aller Leere, ohne daß er das Talent jener Betriebsamkeit aufwenden mußte oder konnte, die heute den Wert ersetzt. Seine Position ist zwischen Bedeutung und Geltung, und eine geheimnisvolle Verwandtschaft mit ihm muß die Welt so hingerissen haben, daß sie ihm gern entgegenkam.

Das Denkmal eines Schauspielers

Unter den vielen Drucksachen, die ich zugeschickt bekomme – als brauchte ich immer neue Belegexemplare für die Erkenntnis, daß aller technische Aufwand der Verbreitung der Geistesschwäche dient –, befinden sich auch solche, deren Format mir die Rücksendung erschwert. Mag Verleger oder Autor glauben, daß ich sie gelesen habe. Ich müßte sie, Kreuzbände im rechten Sinn des Wortes, in ein Postamt tragen, und ehe ich einem Romanidioten zuliebe diesen Weg mache, lege ich ihn lieber zu den übrigen, in einen Winkel, der bis zur nächsten Übersiedlung wartet, um als ganzer ausgemistet zu werden. Ja, ich schlucke den Staub der Zeit; der künftige Mieter wird es rein haben. Ein Titelblatt, ein Verlagsprospekt genügen etwa der Neugier. Nicht unbesehen wandern sie alle, an deren Nichtigkeit so vieler Menschen Kräfte wirkten, in den Winkel. Welch ein Weg, vom Baum, der fallen mußte, durch die Papierfabrik zum Setzkasten, weil der Wahn eines Narren sich am Schreibtisch nicht beruhigen wollte, sondern hundert Hände brauchte, um sich in tausende zu spielen; welch ein Apparat aus Zeit und Nerven, bis der Ehrgeiz eines, der das Alphabet mißbrauchen kann, die Gangart eines Briefträgers beschleunigt, der mir das Rezensionsexemplar bringt. In den Winkel!

Vor solchem Ende bleibe ein Doppelband bewahrt, den ich in der nach Monaten ersten freien Stunde durchblättert habe. Die spärliche Pause, die mir, der letzten Beute meiner Jagd, gegönnt ist, wie verbringe ich sie? Nicht mehr vor einem Kunstwerk, weil seine Fülle mich nicht beruhigt, wenn sein Mangel mich in die Arbeit treibt. Unzulängliche Götter lassen mich nicht zur Andacht kommen. Nur Menschliches, das noch kein Nachschöpfer geformt hat, taugt zur Erholung. Doch welche Qual der Hindernisse sperrt den Weg dazu, wenn sie es nicht längst verschüttet hat! Menschen kennen lernen, ist Gefahr ohne Romantik. Aber es gibt noch Verstorbene – immer seltener auch sie – und wird man mit solchen bekannt, so zeigt sichs bald, ob die Anknüpfung sich lohnt; und wenn ein abgeschlossenes Stück Menschentum aus Briefen zu uns spricht, so sollen wir umgänglich sein. Ich habe eine Bekanntschaft gemacht, auf die ich stolz bin. Ich habe den wahrsten Menschen kennen gelernt, und es war ein Schauspieler. Adolf Ritter von Sonnenthals Briefwechsel* – von der liebreichsten Kordelia mit jener beherrschenden Sorgfalt, die nur die Treue hat, gesammelt – läßt eine Gestalt erblicken, die wie das letzte Ebenbild Gottes in ihrer Zeitverlassenheit zum Monument ihrer selbst wird. Von dem Augenblick idealer Lebenserwartung, in dem das Kriehuber'sche Blatt von 1859 einen edlen Jüngling vorstellt, bis zu dem ins Jenseits glotzenden Wahnsinn Lears – welch eine Dichtung aus Milde und Männlichkeit, Anmut und Adel, Güte und Größe, die die Natur zustandegebracht hat, damit ein Komödiant einen Pfarrer lehre, ein Jude den Aristokraten, der Schneiderlehrling den Weltmann. Nie hat es einen ritterlicheren Ritter gegeben als diesen vollkommensten Darsteller einer bürgerlichen Kultur, deren kläglicher Zerfall noch durch die Harmonie dieser Lichtgestalt geadelt wird. Nie hat ein jüdischer Familienname weniger den Glanz seines Inhalts verleugnet; und so wahr die penetrante Häßlichkeit des Wiener Lebens vor einem Gonzaga nur noch an eine Kommerzgasse denken läßt, die in jenen Schottenring mündet, vor dem man nicht an Schotten denkt, so möchte man vor einem Tal voll Sonne sich immer auch eines strahlenden Menschenlebens besinnen, über das durch alle Alter die unveränderte Gnade eines windstillen Klimas gebreitet war.

Viele Probleme, mit denen die Zeit sich über Wasser hält und die der Zweifel braucht, um nicht an sich selbst zu

* Nach den Originalen herausgegeben von Hermine von Sonnenthal, mit zwei Bildnissen in Gravüre, 24 Einschaltbildern und einem Brieffaksimile.

verzweifeln, werden zuschanden vor der Einheit eines Menschen, dessen Hingang zu rechter Zeit erfolgt, um den Reinhardtschen Ensemblewirkungen des Zerfalles Platz zu machen. Der Zusammenbruch der Lebens- und Bühnenwerte vollzieht sich in dem Grinsen einer Generation, die zwischen Gott und dem Schauspieler alles zerzweifelt, was imstande war, ein schöneres Leben als das ihre auf die Beine zu stellen. Die Unfähigkeit zum Gefühl, die wirklich hofft, durch Autos weiter und durch Aeros höher zu kommen, erfrecht sich eines Stilbewußtseins und wirft alles in die Rumpelkammer ihrer Parvenüschaft, was doch so bedeutend war, daß es ableben mußte, um dem Mißwuchs das Recht auf Selbstbehauptung zu vermachen. Die Höherwertigkeit eines Zeitalters beweist sich aber nicht an dem höheren Niveau literarischer und sonst gewerblicher Fertigkeit; nicht einmal an dem Dasein vereinzelter schöpferischer Mächte, die nur Boten sind des kommenden Chaos. Sondern sie hat sich an der höheren Aufnahmsfähigkeit bewiesen und an der größeren Bewegtheit der Masse, und die Kultur des Theaters zeigt den Wärmegrad des Lebens an. Ist die Massenkunst schlechter, so ist die Masse schlechter geworden. Nur zwischen sieben und zehn ist unmittelbar das Abbild unsres Zustandes erhältlich, nicht durch die Literatur. Es beweist gar nichts gegen eine Zeit, daß die Konturen, in die schauspielerisches Leben eingefüllt war, von handwerklichen Federn gezogen sind. Es beweist aber alles für eine Zeit, daß in diesem Grundriß echte Bühnengötter ihre Wunder schufen. Ein Mißglaube ist es, der vom Wort und vom Geist jene unmittelbaren Wirkungen auf die Gegenwart erhofft, die allein der Klang vermag und das Weib. Der Sprechkunst, nicht der Sprachkunst ist es vorbehalten, uns selbst zu sagen, wie es um uns selbst bestellt ist. Zum Gedanken führt keine Bühnentür, und der Weg, der ein Säkulum braucht, steht nicht für einen Abend offen. Die Zeit war noch ganz, die halbe Autoren hatte. Die ganzen leben nicht dem Ohr der Gegenwart, sie schaffen das Ohr der Zukunft. Sie sind nicht zu lesen, denn sie gehen auch ungelesen in das Blut. Daß sie durch den Mund des Schauspielers gehört werden könnten, war immer der Irrtum eines Literatentums, welchem Kunst und Bühne nur darum vereinbar scheinen, weil es im gleichen Abstand von beiden lebt. Kein Tropf, der mit der dramaturgischen Forderung an das Theater herantritt, hat sich noch den Kopf darüber zerbrochen, warum denn heute unter verständigen Bühnenbürgern, die Ibsen erläutern können, kein Vulkan mehr ausbricht, keine Leidenschaft, die mit Kean oder Narziß vorlieb nimmt, um die Erde zu erschüttern. Als ob die Menschlichkeit, die der große Schauspieler wirkt, vom Wortmacher mehr als das Stichwort brauchen könnte, und als ob die unvergeßliche Gebärde je etwas dem Teil von Shakespeare verdanken könnte, der des Geistes ist und nicht des Stoffes! Und als ob der Gedanke auf die Zunge angewiesen wäre und nicht von ihr, indem er ihr Laute leiht, zugleich gefesselt würde. Als ob, was gehört wird, auch verstanden werden könnte, und was gefühlt wird, nicht vom Sprecher käme, sondern vom Wort. Die stickige Zeitluft, in der Schauspieler zu Psychologen werden mußten, tut sich viel darauf zu gute, die Literatur dem Theater nähergebracht zu haben. Aber sie weiß nicht, daß sie hier – zeitweise – bloß mit ihrem analytischen Pech Glück hat. Sie hat das Theater zum Hörsaal gemacht, in welchem zu tausend Einzelnen gesprochen wird, ohne die bindende Kraft, die nie der Begriff, nur der Tonfall vermag. Was sind tausend intelligente Schwächlinge, wenn sie nicht einmal mehr das eine und einzige Weib bilden, das dem Schauspieler erliegt? Die literarischen Gelegenheitsmacher jener großen schauspielerischen Generation, die nie mehr eine Nachfolge finden wird, die geistigen Korrespondenten eines Sonnenthal, die ihm auch Briefe schreiben, sind die Autoren zwischen Gottschall und Lindau. Sie sind reinlicher als die Handlanger, die heute, entlarvt vom schauspielerischen Mittelwuchs, mit ihrer Geistigkeit als solcher dem Publikum Spaß machen, welches sie – Hand auf den Bauch –

noch immer bei weitem dem Ibsen vorzieht. Es ist gleichwohl möglich, daß der Kulturhochmut, der heute um das
Theater herumschwindelt, aus der Mitwirkung eines Philippi an einer Riesenleistung der Wolter, eines Sudermann an
einem ihn umstülpenden Triumph der Helene Hartmann,
aus der zeitlichen und räumlichen Anwesenheit der nüch-
ternsten Macher bei den heroischen Augenblicken des Burgtheaters dieselben falschen und frechen Schlüsse zieht wie
aus der Unentbehrlichkeit des Herrn Buchbinder für den
ein Volkstum bezeugenden Genius Girardi. Man beklage
den literarischen Defekt und man finde den schauspielerischen Effekt bedenklich. Doch »dieser Defektiv-Effekt hat
Grund«. Die Poloniusse verstehen es nur nicht. Sie glauben,
die mimische Leistung sei ein Vergängliches und habe sich
jeweils an dem Text zu beweisen. In Wahrheit lebt der Klang
länger als das Wort, wenn es nur ihn hat und nicht auch die
Schrift. Wie sonderbar, daß das wahre und großartige
Leben, das einen Sonnenthal und seinen Umkreis erfüllt hat,
noch im Briefwechsel die zweifelhaftesten Kompagnons seiner Erfolge adelt. Und wie wird das Gefühl, an einer
schauspielerischen Leistung sei nur der Text vergänglich,
eben vor dieser Briefsammlung zur Gewißheit! Das Menschentum, das im durchschnittlichen Komödianten verschwindet, um im großen Bühnenschöpfer wiederaufzule-
ben, und nicht anders als in jeder andern Formkraft, die eine
Kunst bedeutet, es lebt als ein Beispiel fort und geht – trotz
der Ansicht über die Flüchtigkeit des Bühnendaseins – ganz
ähnlich in das Gehör der kommenden Geschlechter ein, die
es nicht mehr hören können, wie die Bücher, die nicht
gelesen werden müssen, um fortzuwirken.

Dieses hier aber gehört zu jenen, die gelesen werden
sollten um einer zeitlichen Wirkung willen: um die Auffassung zu berichtigen, welche die von einer wesenlosen
Natürlichkeit bestochene Generation von der verflossenen
Größe hat, mit deren Schilderung die überlebenden Zeugen
ihr nur ein posthumes Vorurteil beibringen. Sie hat sich

gewöhnt, das Pathos der überlebten Epoche für ein solches zu halten, das schon in seinem Ursprung ein Residuum sein müsse, und es sei eben eine Zeit gewesen, die aus dem Leben, das immer schon nach ehrlichen Handelshäusern verlangt habe, mit einem dekorativen Betrug herauszuwachsen bestrebt war. Die Kunst einer Wolter könne nichts anderes gewesen sein als der Bühnenausdruck dessen, was sonst eben auf makartisch gesagt wurde. Sie ahnen nicht, daß eben in solcher Zeit die Urkräfte auf der Bühne entfesselt waren. Sie glauben wirklich, daß ihre dürftigen Eindrücke von geschlossenen Ensembles, durch die ein Regisseur den Willen eines bühnenfremden Autors drückt, an die Erschütterungen hinanreichen können, welche in den ironisch klischierten Achtziger-Jahren einer Jugend zuteil wurden, die, wenn keinem anderen Erlebnis, diesem da bis zum Grab die Treue hält. Bei der reinen Flamme, die die Erinnerung an das Dasein eines Lewinsky verklärt, sei's geschworen: hier ist das Lob des Vergangenen die letzte Phrase, die die Wahrheit sagt. Und wie ist dieser Sonnenthal'sche Briefwechsel imstande, die ganze Konvention eines maniervollen Lebens eben wieder glaubhaft zu machen, wenn seine fortwährende Wärme und Würde unserer Zeit verlogen scheinen müßten, weil diese noch in ihrer Fratzenhaftigkeit verlogen ist. Denn die Frechheit des Benehmens ist ihr ganzer Inhalt, aber die Sitten der Vorzeit waren der Spielraum für die Kraft. Davon könnte bei einigem guten Willen dieses Buch überzeugen, in dem hinter keinem Schnörkel ein unechtes Wort ist, mindestens keines, zu dem man sich nicht ein echtes Herz vorstellen möchte. Denn in diesem Schauspieler ist so viel Höflichkeit, daß ihrer nur die Gradheit fähig ist, und so viel Menschlichkeit, daß man erst hinterdrein gewahr wird, ihre Anlässe seien Rollen gewesen und die Träne sei über Schminke geflossen. Spät erst, im Zersplittern jener bürgerlichen Kultur, der ein Schauspieler seine Ritterkrone aufsetzte, mochte es scheinen, als wäre seine Art auch eins mit ihrem Mißklang, und es war möglich, daß ein Ressentiment gegen eine jüdische Presse, die längst die Vertretung der Verfallsbestrebungen übernommen hatte, seinen ehrwürdigen Resten unrecht tat. Aber vor dem Buch, in dem sein ganzes reines Leben aufgebreitet liegt, stellt es sich leicht heraus, wie wenig diese Natur mit dem unsaubern Verlauf der Dinge zu schaffen hatte. Nur wer nicht weiß, daß auf den höchsten Höhen der Schauspielkunst die Quelle des Lebens wieder fließt, kann über die Profession dieses Edelmannes, wenn man sich ihrer nach so viel Feinheit doch vergewissert hat, den Kopf schütteln. Es mag dieselbe Ahnungslosigkeit sein, der auch seine Konfession noch heute zum Maß für die Tiefe seiner Empfindungen dient. Sein Wesen war mehr, als ihm bewußt sein mochte und als er es sich erlauben wollte, jenem Streitfeld entrückt, wo die Dummheit, die den Menschenwert konfessionell verdächtigt, und die Frechheit, die ihn konfessionell begründet, noch immer miteinander beschäftigt sind. Der Antisemitismus, der einen Adolf Sonnenthal nicht für voll nimmt, ist von seiner eigenen Leere erfüllt, und die liberale Weltanschauung ist eben dort zu Ende, wo sie sich auf den Darsteller ihrer noch unverbrauchten Humanität zu berufen beginnt, der ein Mensch war, ehe die Händler zur Welt kamen. Eine andere Weihe als ihren angemaßten Tempelsang hat die Orgel seiner Stimme begleitet. Ertönte sie heute und später, sie wäre als Sturm geboren, der unter ihnen Schrecken verbreitet. Wohl hatte sie nichts von der feindlichen Urgewalt, mit der die Rede der großen Tragöden das Ohr überrannte, wie die Matkowskys, der Wolter und vielleicht jener Burgtheatergiganten, deren Art der junge Sonnenthal verzückt erlebt hat. Und dennoch hatte sie, wenn sie mit sanfter Überredung sich Eingang verschaffte, die Macht, uns bis zum Herzkrampf zuzusetzen, und wenn sie Goneril verfluchte, so klang sie, als würden Trümmer des Menschentums durch Tränen zerbröckelt. Wenn je eine schauspielerische Begabung würdig war, durch ein Denkmal vor dem Gesicht der Taubheit geehrt zu werden, so war es diese, die

sicher wie keine zuvor den Umfang des von der Bühne zu
umfangenden Lebens hatte und die vollkommenste Sprache
einer Gesellschaft führte, wie Girardi die eines Volks. Das
Kainz-Denkmal ist, wie es jede solche Verewigung eines
trefflichen Einzelfalls von Schauspielerei wäre, in Pietät oder
Eitelkeit die Privatsache jener Kreise, die auf die Idee verfie-
len. Es mag in der Stadt, deren Persönlichkeit ihre ureigen-
sten Darsteller vergißt und in der es kein Nestroy-Denkmal
gibt, als eine Kuriosität seinen Platz haben. Sonnenthals
Briefwechsel wirkt bescheidener und deutlicher. Und bleibt
eben darum auch der Beachtung jener Passanten entrückt,
die Zeitungen lesen. Außer durch ein paar Notizen hat man
nichts von diesem Buch erfahren, in welchem nebst der
wunderbaren Geschlossenheit eines Schauspielerlebens, vor
dem der faule Zauber aller Ensembles schwindet, in einer
Reihe konventioneller Briefe die ganze Tragödie der Burg-
theaterherrlichkeit, der ganze Dahingang einer edlen Büh-
nenkultur, der ganze Abstieg der Wiener Gesellschaft
beglaubigt ist. Und nebstbei noch dargetan, daß Aristokraten von 1860 bis 1890 ein besseres Verständnis für die Dinge
zwischen dem Geist und der Szene hatten als Literaten von
1914. Man hat allzu wenig von einem Buch gehört, aus
welchem ein Ritter spricht, an dem man immer wieder mit
Staunen gewahr wird, daß er eigentlich ein Hofschauspieler
ist, aber den zu ehren Fürsten eine Ehre war; ein Schauspieler, der weit voran der nachkommenden Standesmittelmä-
ßigkeit, die auf soziale Geltung sieht, doch so wenig komö-
diantische Eigenschaften gezeigt hat, daß man an seinem
Schauspielertum zweifeln müßte, wenn man nicht eben
wüßte, daß er diesem, nur diesem seine ganze Reinheit
aufbewahrt hat. Von einem Buch, das selbst dann wertvoll
wäre, wenn es, ohne die Erinnerung an einen vorzüglichen
Mann festzuhalten, bloß als eine Sammlung theater- und
kulturhistorischer Dokumente in Betracht käme. Das aber
schon durch einen einzigen Brief jene Weihe zu fordern und
zu empfangen scheint, welche die Überlebenden der Persön-

lichkeit Adolf Sonnenthals schuldig bleiben. Der 86jährige La Roche übermittelt – 1880 – dem Jüngeren, der in München reichen Erfolg hatte, die Grüße Elisabeth Marrs. »Die Frau Heinrich Marrs«, sagte sie, »läßt ihn grüßen.... Es tat mir wohl, ihn spielen zu sehen, denn ein edler Hauch weht uns aus seinen Darstellungen entgegen!« Und La Roche fährt fort:

Daß Sie große Sensation in München machen würden, wußte Carl La Roche vorher, und wo denn nicht?!
Aber, lieber Adolf –
NB. »Sparsam nur die Lippen naß gemacht
Hält stets in Amors Diensten Euch in Ehren –
Allzu rasche Spende
Macht dem Lied ein Ende,
Und wenn Seufzer winken,
Wird der Muth Euch sinken –
Darum sparsam etc. etc.«
Diese Lehre habe ich in der alten Oper »Hieronimus Knicke« vor 68 Jahren in Danzig gesungen – und stets befolgt!! Aber – jetzt ist es aus, ich bin fertig. Man sagt zwar, daß mit dem 86. Jahre, welches ich am 12. Oktober in Aussicht habe, die wahre männliche Kraft wieder eintrete, aber ich glaube nicht daran, zumal ich dieses Alter auch nicht erreichen werde, denn es geht mir wirklich miserabel und ich habe allen Muth verloren. Alt werden und nicht gesund dabei, soll der Teufel holen!
Raimund sang:
»Scheint die Sonne noch so schön,
Einmal muß sie untergehn!
Brüderlein fein,
Mußt nicht traurig sein!«
Ja, der hat gut singen, er hats überstanden. –
Mir schien die Sonne auch oft hell und schön und müßte ich ein undankbarer Hund sein, dies nicht anzuerkennen....
Nun, lieber Sonnenthal, ruhen Sie ein wenig aus auf Ihren neu erworbenen Lorbeeren und schonen Sie sich nach Möglichkeit....
Der Baumeister, der Bildhauer, der Maler kann von seinem Kunstwerke sagen: »Dies ist, und es wird sein« – Nicht so der Schauspieler. Nur das Aufgebot aller seiner Kraft gewährt seinem Kunstwerk

Vollendung. Jedes reißt ihn näher an das Grab – das sagt nach jeder kräftigen Darstellung die keuchende Brust, seine klopfenden Pulse und das erschütterte Nervensystem, ohne daß er sich rühmen könnte: »Dies wird sein!–« Sein Kunstwerk geht dahin, wie das Lächeln über das Gesicht eines Menschen. Drum rede der Freund und der Bewunderer eines seltenen Talents ein dankbares Wort von dem, was gewesen ist!–

Warum sollte diese ehrwürdige Handschrift, die unter liebenswürdigen Weisheitslehren Selbstbescheidung in einem erhabenen Tonfall findet, nicht besser und aufhebenswerter sein als das viele Geschmier und Geschwätz, mit dem eine altersschwache Jugend das Theater überschätzt, um es in seinem Urwert zu verkennen? Es ist, als ob in diesen Sätzen ein Laut von jenem Heros selbst verhallt wäre, unter dessen Führung der Schreiber in Weimar den Mephisto studiert hat. Und sie sind an einen Mann gerichtet, der siebzig Jahre später in Weimar der großherzoglichen Familie den Faust in dem Fauteuil vorliest, »in welchem, wie die Großherzogin freundlich aufmerksam macht, Goethe selbst immer während seiner Vorlesungen gesessen hatte«.

Drum rede der Freund und der Bewunderer eines seltenen Talents ein dankbares Wort von dem, was gewesen ist. Die Weisung La Roche's, in so alten Worten so neu gefühlt wie nur Iphigeniens Abschied, hat eine dankbare Überlebende noch einmal an den Schluß des Buches gesetzt. Und damit fassen wir – im Angesicht der uns umgebenden Gewandtheit – Mut zum Schmerz darüber, daß Sonnenthals Thräne nicht mehr fließt. Und daß dieser große Chor unserer Jugendbühne verstummt ist, ohne den Jugend zu haben uns heute nicht mehr denkbar scheint: Die Glocke, die Charlotte Wolter hieß; der Hammer, der mit Lewinskys Rede das Gewissen schlug; und einer Brandung gleich die Stimme des Cyklopen Gabillon; Zerlinens Flüstern; und Mitterwurzers Wildstroms Gurgellaune; eine Tanne im Wintersturm jedoch war Baumeisters Ruf; und schwebend, eine Lerche, stieg des jungen Hartmann Ton, vermählt dem warmen

Entenmutterlaut Helenens; und Hagel, der durch schwülen
Sommer prasselt, Krastels Sang; und edlen Herbstes
Röcheln Roberts Stimme. Und Sonnenthals: die große
Orgel, die das harte Leben löst. Und all der Sänger Stimme
und Manier, die noch verstimmt, von so eindringlichem
Geiste war, daß sie bewahrt sei gegen alles Gleichmaß,
womit die Narren der Szene und der Zeit die lauten Schellen
schlagen!

[Mai 1917]

Die Literaturlüge auf dem Theater

Man habe nur einmal den Mut, unmittelbar nach einer Lektüre der Nestroy'schen Judith die Hebbel'sche zu lesen, wie's mir, nach so vielen Jahren, neulich gefallen hat. Dann wird man auch den Mut haben, sich selbst – und auf alle mögliche Gefahr hin auch andern – einzugestehen: daß die Parodie von Hebbel ist und nicht von Nestroy. Denn die von Nestroy füllt, da sie, ganz abgesehen von ihrer satirischen Meinung, die Handschrift des schaffenden Geistes vorstellt, der mit dem Wort Leben wirkt und dessen Wort den Atem dieses Lebens hat, ihre eigene komische Realität aus. Wüßte man selbst nicht, daß hier jede Tirade nur eine kaum verbogene Wiederholung, die Einstellung eines lächerlichen Ernstes in eine bessere Denkordnung bedeutet, die schlichte Zitierung einer Spottgeburt vor das Hochgericht des Spotts, – so lebte die Nestroy'sche Posse doch in ihrem eigenen Element weiter, hätte aus sich selbst Pathos genug, um zu atmen und da zu sein. Keineswegs die Hebbel'sche Tragödie; denn sie war auf die Grimasse schon angewiesen, ehe diese als eine Naturnotwendigkeit sie antrat. Sie trägt den Nestroy'schen Hohn in sich, weil sie diesseits der Lebendigkeit solchen Atems geboren ist. Liest man dieses Original unmittelbar nach der Travestie, dann möchte man auf Schritt und Tritt – am überraschendsten vor dem Manasses-Motiv – an der Erstgeburt zweifeln und finden, daß die parodistische Eigenkraft Hebbels von Nestroy so wenig erreicht werden konnte, wie das Pathos Nestroy'scher Satzbildung von Hebbel. An keinem Vergleich von Gestaltetem und Gesagtem ist der Unterschied zwischen Sprachkraft und psychologischer Besprechung deutlicher zu fassen. Es ist eigentlich belanglos, daß die Nestroy'schen Sätze den Sinn einer Persiflage haben sollen.

»Was sagst du, Hosea, mein Freund!«« »»Was soll man da
sagen, sie stehn draußen vorm Tor.«« »»Aber werd'n sie stehn
bleib'n draußen?'«« »»Nein, sie werden dringen herein.«« Oder:
»Das is zu arg! Die Hungersnot kommt zu steigen, und
wenn sie steigt, so wachst sie.'«« Dies, wie die rassige Einheit
von Wunderglauben und Profit, ersetzt Hebbels bethulische
Ensembles. Und etliche Holofernes-Reden die gutmütige
Versicherung: »Es ist nicht so arg; ich hab' nur die Gewohnheit, alles zu vernichten.« Oder die herablassende Feststellung: »Sixt es, sixt es, jetzt is der Nebukadnezar ein Gott.«
Und erst der Schwertstreich, der den gordischen Knoten des
Holofernes-Problems durchhaut: »Ich möcht' mich einmal
mit mir selbst zusammenhetzen, nur um zu sehen, wer der
Stärkere is, ich oder ich.« Nach der Elle gesprochen, kommt
beim Original nichts Psychologischeres heraus, und ein für
allemal bleiben die Hebbel'schen Dimensionen auf den Maßstab so kleiner Lebendigkeit reduziert. Ohne Zweifel, dieses
Drama verdankt seine Unsterblichkeit dem satirischen
Nachweis, daß es nicht leben kann. Denn immer noch
dürfte das Dramatische, trotz allem, was die deutsche Bildung so seit Jahrzehnten zugelernt hat, viel eher eine
Beschäftigung der Sprache als der Psychologie sein. Es mag
ja einer literarhistorischen oder kritischen Gilde, die keine
Ahnung von dem Geheimnisse hat und darum ihr Wissen
vom Wißbaren breitschwätzt, epochenlang glücken, ein
Publikum – vor allem das deutsche – dumm zu machen und
ihm einen Klassiker aufzudrängen, den sie dazu ernennt. In
die Unsterblichkeit jedoch »zieht sich der Weg«, wie eben
Nestroy sagt, und auf die längere Lebensdauer dürften in
papierdünner Sprache gehaltene Exkurse über das Wesen des
Dämonischen kaum hinreichen, um mit den lebendigen
Möglichkeiten sprachlicher Gestaltung verwechselt zu werden. Die Hebbel'schen Menschen halten sich selbst nicht aus:
sie scheinen samt und sonders entschlossen, dem bauchred-
nerischen Versuch, der gar nur ein kopfrednerischer ist, ein
Schnippchen zu schlagen, und einigen sich, den Autor schon

beim Aufgehn des Vorhangs vor das Publikum zu ziehen.
Denn sie machen gar kein Hehl daraus, daß sie mit verteilten
Rollen alle das nämliche zu sagen haben und sozusagen auf
Teilung des Geistes spielen. Aber wäre dieser Geist nicht ein
gar so gescheiter Geist, so gings auf seiner Bühne wohl
dramatischer her. Und dennoch bewahrt diese Gescheitheit
ihr bürgerliches Maß, dessen sie selbst für Holofernessche
Redewendungen nicht entraten kann. Judith exekutiert eine
echt biblische Rache, indem sie dem Holofernes den Kopf
abnimmt, damit er an dem gestraft werde, womit er gesündigt hat. Nur müßte ihr und allen desgleichen geschehen,
nichts anderes, als was sie sich ohnedies selbst antun: sie
treten schon mit dem Kopf in der Hand auf und siehe da, es
ist der allen gemeinsame, der Hebbel'sche. Kein Vorwurf
aber trifft Hebbel weniger als der oft erhobene, daß seine
Geburten von der Nabelschnur des Gedankens noch nicht
befreit seien. So elementar lebt und stirbt sichs in seinen
Reichen nicht, wenngleich viel von so elementaren Dingen
gesprochen wird. Die endlose Schnur von aneinandergereih-
ten Überlegungen, die jede Hebbelsche Figur mitschleppt,
weist weniger auf Geburt als auf Selbstmord. Jede erhängt
sich an ihrem Scharfsinn, ehe sie noch auf zwei Beinen steht.
Mann und Weib, Bethulier und Nibelungen, der gehirnte
Siegfried und Judith, die mit Recht ihrem Schoß Unfruchtbarkeit wünscht, weil er dem Holofernes ein Problem gebä-
ren könnte – sie alle sind von dem gleichen Wortgeschlecht,
von der gleichen intellektuellen Herkunft, alle von Hebbel
persönlich ohne die Sprache gezeugt. Da ist auch nicht ein
Satz, der nicht stumm wäre, wenn man ihn liest, und der
nicht einen Sterbenslaut von sich gäbe, wenn man das Buch
zuklappt. Wie seltsam, daß dieser Autor zu jenen gehört, die
von dem Geheimnis wissen, das sie nicht haben. Ein Sprachdenker wie Nietzsche; indem er über die Sprache denken
konnte, was über sie zu denken ist: daß nur in und aus ihr zu
denken ist, und dieser Erkenntnis das Erlebnis schuldig
blieb; wie Nietzsche kein Sprachdenker. Seine Lyrik, die

manchmal aus dem intellektuellen Zwinger weit herausfindet und gar tönt, ergreift in freierer Luft – und doch nicht aus der Sprache – die schöne Erkenntnis:

Die Sprache.

Als höchstes Wunder, das der Geist vollbrachte,
 Preis' ich die Sprache, die er, sonst verloren
 In tiefste Einsamkeit, aus sich geboren,
Weil sie allein die andern möglich machte.

Ja, wenn ich sie in Grund und Zweck betrachte,
 So hat nur sie den schweren Fluch beschworen,
 Dem er, zum dumpfen Einzelsein erkoren,
Erlegen wäre, eh' er noch erwachte.

Denn ist das unerforschte Eins und Alles
 In nie begriff'nem Selbstzersplitt'rungs-Drange
 Zu einer Welt von Punkten gleich zerstoben:
So wird durch sie, die jedes Wesen-Balles
 Geheimstes Sein erscheinen läßt im Klange,
 Die Trennung völlig wieder aufgehoben.

»Es werde immer wieder Licht. Es war schon da und sammle sich wieder aus der Farbenreihe. Wissenschaft ist Spektralanalyse: Kunst ist Lichtsynthese. Der Gedanke ist in der Welt, aber man hat ihn nicht. Er ist durch das Prisma stofflichen Erlebens in Sprachelemente zerstreut, der Künstler schließt sie zum Gedanken. Der Gedanke ist ein Gefundenes, ein Wiedergefundenes. Und wer ihn sucht, ist ein ehrlicher Finder, ihm gehört er, auch wenn ihn vor ihm schon ein anderer gefunden hätte.« Wie vor mir Hebbel diesen. Aber der Dramatiker hat reichlich ohne das Wunder sein Auskommen gefunden. Ohne daß sie ihm den schweren Fluch beschworen hat, ist sein Geist im dumpfen Einzelsein verblieben. Seine dramatische Welt ist wahrlich eine von Punkten, zu denen in nie begriff'nem Selbstzersplitt'rungs-drange das unerforschte Eins und Alles gleich zerstoben war, ohne daß die Sprache ihm die Bindung vollzogen hat.

Was er treibt, ist Spektralanalyse, und der deutsche Leser
nennt es »Gedankendichtung«. Aber der in einer geistigen
Konvention zuständige Autor, der bloß nicht charakterisieren kann, fällt bei weitem nicht so die Nerven an, wie der
unermüdlich hinter seinen Figuren arbeitende Denker, dem
man drei Stunden lang dabei zusehen muß und dessen
Eigensinnigkeit eben das Terrain zu behaupten sucht, wohin
sie am allerwenigsten gehört. In Deutschland jedoch entschädigt sich Unbehagnis durch einen Respekt, der nie dem
zu Empfindenden und immer dem nicht zu Verstehenden
gezollt wird. Nur in Deutschland ist das Staunen vor einer
durch Sprachnot sich fortfrettenden Problematik möglich,
und weil Ibsen sich eines Tages kühn entschloß, kein Dichter mehr zu sein, sondern sittliche Forderungen zu stellen,
anstatt deren Erfüllung auf dem einzig sicheren Umweg der
Kunst vorzubereiten, ließen sich auch die Zuhörer dogma-
tisch hinreißen und ein alle Entbehrungen durchhaltendes
Publikum erklärte sich bereit, sich zwei Jahrzehnte lang im
Theater zu langweilen. Eben so lange, als der analytische
Zauber des neuen kritischen Geschäftes wirken konnte, das
auf dem Wissen gegründet war: zu tun, als ob man emp-
fände, was man bloß nicht versteht, schafft auch das
Ansehn, als ob man verstände, was man nicht empfindet.
Aller Schwindeldramaturgie zum Trotz aber, die damals
emporgediehen ist, indem sie eine Menge von Eseln durch
die Freuden der Eingeweihtheit für die Qualen der Langweile entschädigen konnte, sei es gesagt: daß ich, wissend
daß es Shakespeare und Nestroy gibt, aus der Atmosphäre
der Hebbel und Ibsen skrupellos in die der Scribe und
Sardou flüchten würde und das lebendige Andenken einer
Burgtheatervorstellung von »Feenhände« oder »Die guten
Freunde« für alle Verzückungen gebe, zu denen uns die
norddeutsche Ersatzweihe seit 1890 herumkriegen wollte.
Was sich die Leute im französischen Lustspiel zu sagen
hatten, weiß ich nicht mehr, aber bewahre es in ange-
nehmster Erinnerung, als Rhythmus und Form von irgend-

etwas, das mit dem Leben zusammenhing, als Spielraum echter schauspielerischer Kultur, die eine größere Tatsache menschlicher Entwicklung bleibt als die Hervorbringung eines Werkes, in welchem auseinandergesetzt wird, daß das Problem der Geschlechter ein Problem ist. Denn wenn das schlechte Drama nicht in der Menschheit mündet, so mündet doch das gute Theater in der Gesellschaft. Solange Tröpfe sich nicht durch Bildung bewogen gefühlt haben, den kastalischen Quell mit dem benachbarten delphischen Orakel zu verwechseln, war's überhaupt noch eine Lust, im Theater zu leben. Der Irrwahn, daß wir dort die Fakultäten absitzen müssen, stand noch nicht auf dem Repertoire. Das Leben war einem wenigstens im Theater leicht gemacht. Nun leider ist es allzu leicht geworden. Denn nachdem die großen Anstrengungen eingeführt waren – mit Orchestermangel als Strafverschärfung –, rächte sich die mißhandelte Theaterliebe durch Orgien der Banalität und entfesselte die Tanzoperette, die, als ratio des Schwachsinns, auch seine ultima ratio und vielleicht die letzte Konsequenz der Verhebbelung und Vernebelung der Bühne bedeutet.

Brot und Lüge

Es wäre mithin zum inneren Aufbau der Welt unerläßlich, ihr
das wahre Rückgrat des Lebens, die Phantasie, zu stärken.
Dies könnte nur gelingen, indem die Notwendigkeit bereinigt
und also der Menschengeist von der Befassung mit ihr erlöst,
zugleich aber auch der Zustrom aus den falschen Quellen eines
papierenen Lebens gehemmt wird. Denn in dem Maß, als der
Geist den Selbstverständlichkeiten preisgegeben war, wuchs
sein Verlangen, die Phantasie von außen ihm ersetzt zu bekommen, und je mehr dieses Verfahren vervollkommnet wurde,
desto mehr war wieder der Zweck den Mitteln ausgeliefert.
Nur eine Politik, die als Zweck den Menschen und das Leben
als Mittel anerkennt, ist brauchbar. Die andere, die den Menschen zum Mittel macht, kann auch das Leben nicht bewirken
und muß ihm entgegenwirken. Sie schaltet umsomehr den
gesteigerten Menschen, den Künstler, aus, während die nüchterne Ordnung der Lebensdinge ihm den naturgewollten
Raum läßt. Jene gewährt eine rein ästhetische und museologi-
sche Beziehung zum geschaffenen Werk, sie bejaht, diesseits
der Schöpfung, das Resultat als Ornament und lügnerische
Hülle eines häßlichen Lebens, ja sie erkennt nicht einmal das
Werk an, sondern eigentlich nur das Genußrecht der Bevor-
zugten an dem Werk, dessen Schöpfer vollends hinter dem
fragwürdigen Mäcen einer im Besitz lebenden Welt verschwindet. Sie züchtet allen Elementaren abtrünnigen und eben
darum allem Schöpferischen feindlichen Snobismus, der seine
Beziehung zur Kunst legitimiert glaubt, wenn er den Schutz
des schon vorhandenen Kunstwerks über die Sorgen der Lebensnot gestellt wissen möchte. Aber der Sinn der Kunst
erfüllt sich erst, wenn der Sinn des Lebens nicht zur Neige
geht, und Symphonien wachsen nur, wenn nicht daneben ein
todwundes Leben um Erbarmen stöhnt. Was in das Leben
wirkt, ist auch vom Leben bedingt. Ästheten, die die Verhin-
derung erkennen, mögen dem Geräusch die Schuld geben. In
Wahrheit aber umschließt das Geheimnis, dem sich das Werk
entringt, noch diesen rätselhaften Einklang mit allem Lebendigen, dessen Verarmung zugleich auch die schöpferische Seele
verarmt. Denn was irdischer Überfluß vermag: neben der Not

zu leben, weil er von ihr lebt, vermag der Reichtum göttlichen Vermögens nicht – er leidet mit ihr, er verkümmert an dieser Gleichzeitigkeit eines unbefriedigten Lebens und er versiegt an diesen sündigen Kontrasten von Fülle und Mangel, die die Zeit dem stets verantwortlichen Gewissen einer höheren Menschenart vorstellt. In einer Kultur, die den Luxus mit Menschenopfern erkauft, fristet die Kunst ein dekoratives Dasein, und wie alle lebendigen Tugenden eines Volks sind die produktiven Kräfte gleich gehemmt im Glanz und im Elend und zumal unter dem schmerzlichen Fluch dieser Verbindung. Die Kraft, zu geben, wie das Recht, zu empfangen, sind von der Sicherung bedingt, daß das Leben nicht unter seiner Notwendigkeit und nicht über ihr gehalten, nicht ans Entbehren verloren sei und nicht ans Schwelgen, sondern aufbewahrt für sich selbst und zur Glücksempfindung jeglichen Zusammenhangs mit der Natur, als zu dem »Anteil an diesen Tagen«, den Gott einer Spinne wie einem Goethe gewollt hat. Der Mensch aber hat gewollt, daß er des Anteils, daß er seiner selbst verlustig gehe, und aus der Zeit, die den Lebenssinn mit den Ketten und Fußfesseln der Lebenssorge bindet und das Geschöpf entehrt, floh jede Gnade der Schöpfung. Ist das Naturrecht verkürzt, die Schönheit zu empfangen, so verkümmert auch die Fähigkeit, sie zu geben. Nur jener unseligen, die auch den feindlichen Zeitstoff bewältigt und sich an dem Mißton erregt, der Symphonien verhindert, ist Raum gelassen – woraus sich mir bei klarster Erkenntnis der Problemhaftigkeit meiner Gestaltungen sozusagen der völlige Mangel einer zeitgenössischen Literatur in deutscher Sprache erklärt. Wie es um die Malerei bestellt ist, eine Kunst, deren Werk seine Materie nicht überdauert, weiß ich nicht. Wohl aber weiß ich, daß sie, falls ihr eine ähnliche Verbindung mit allem Lebendigen, wirkend und bedingt, wie der Sprache eignet, einen Rembrandt erst haben kann, wenn ringsum nicht der Tod die Schöpfung bestreitet, und daß die produktive Tat in leerer Zeit der Entschluß wäre, mit der Leinwand des vorhandenen Rembrandt die Blößen eines Frierenden zu bedecken. Denn der Geist steht zwar über dem Menschen, doch über dem, was der Geist erschaffen hat, steht der Mensch; und er kann ein Rembrandt sein.

Diese Sätze habe ich im Juli 1919 geschrieben, zu einer Zeit, da der Hunger für die wohlhabenden Kreise dieser Stadt

zwar längst eine Zeitungsrubrik war, aber noch nicht in die
Theater- und Kunstnachrichten hinüberspielte. Ich glaube
wohl, daß hier für Herzen, die noch lebendige Gedanken zu
fassen vermöchten, ein Einklang vernehmbar war zwischen
den elementaren Angelegenheiten der Menschheit, also dem
Sinn des Lebens und dem Begriff der Kunst, als eine ungeahnte Verbindung, durch die Sein und Schaffen in eine
freiere Erde eingeordnet erscheinen, wie eine Entdeckung
ihrer Pole: Persönlichkeit und Gemeinschaft und deren
Funktion, doch eine und dieselbe Welt zu umschließen.
Aber die Gedanken eines Autors sind für wenige Leser ein
Anlaß, sich welche zu machen. Weil es an den empfangenden Herzen fehlt, fehlts an den verstehenden Köpfen, und in
wie geringem Maß die geistigen Dinge danach angetan sind,
Ursache einer zeitlichen Wirkung zu sein und eine Handhabe dem unmittelbaren Begreifen, zeigt wie kaum ein
anderer Fall so beispielhaft mein Schicksal einer tiefen
Unwirksamkeit, die noch ihre Popularität dem Mißverständnis verdankt, so daß ich mich einigermaßen befugt
halte, über die völlige Überflüssigkeit allen Kunstbesitzes
ein Wort zu sprechen. Hätten geistige Kräfte jene kontagiöse
Gabe der Überredung, welche den Meinungen als ein
scheinbarer und von jeder Widerrede zerstörbarer Erfolg
zukommt, so wäre doch in zwanzig Jahren das große Übel
ausgerottet, dem wir den Untergang so vieler irdischer
Werte und Hoffnungen verdanken, diese Presse, die nicht
durch die Verbreitung lebensgefährlicher Ansichten, sondern durch die tödliche Gewalt ihres seelenfeindlichen
Wesens den Schrecken ohne Ende und nun das Ende mit
Schrecken heraufgeführt hat. Ja, ich könnte selbst, von
meinem geringfügigen Beispiel auf die kulturellen Besitztümer übergreifend, die den Tempelhütern der Kunst am
Herzen liegen, die Frage stellen, ob denn diese Erzlügner,
die doch gewiß den Wert an der Wirkung messen, im Ernst
der Meinung sind, daß die Habe, vor die sie schützend ihre
Arme breiten, damit unser Hunger ja nicht um ein paar

Wochen verkürzt werde, wirklich mehr wert sei als die ausländische Valuta, für die wir Getreide bekommen können: wenn all ihr Zauber uns nicht davor bewahrt hat, in diesen Zustand zu geraten, wenn all der herzerhebende und für die Kultur unentbehrliche Besitz uns nicht davor behütet hat, eine Zeitlang mit Gelbkreuzgranaten und Flammenwerfern uns zu vergnügen. Und ob es nicht eben das Ergebnis ist, daß wir selbst nur noch als leibliche Existenz diese Werke wert sind, aber nicht mehr ihrer würdig. Und die eigentliche Niederlage: nur mehr auf Lebensmittel Anspruch zu haben und nicht auf das Glück, eine Kultur aus dem Krieg zu retten, die uns nicht genug verbunden war, uns vor ihm zu retten. Nur zu gern überlasse ich es den Kunstsachverständigen, zu entscheiden, ob Teppiche und Gobelins in dem Tempel Platz haben sollen, in dem unsere Blut- und Wucherwelt vor Rembrandt und Dürer ihre Andacht verrichtet, und vertraue, als einer, in dessen Seele zeitlebens nur die Farbe der Natur Eingang fand, blind der Überlieferung, daß die Werke der Malerei zu jenen unveräußerlichen Geistesgütern der Menschheit gehören, ohne die wir uns das Leben nicht vorstellen und uns selbst nicht auf der heutigen himmelnahen Stufe der Entwicklung denken könnten. Meiner Ahnung ist das Geheimnis unerschlossen, aus dem der Genius in zeitbedingten, zeitverfallenen Materialien seine Welt ersinnt, und es muß wohl jene überzeitliche Wirkung, ohne welche die Kunst nichts als ein schnöder Zeitvertreib oder Aufputz wäre, auch der Schöpfung eingeboren sein, deren Magie der Möglichkeit nicht widerstrebt, wie einst dem fürstlichen Zahler, nun frisch aus dem Mysterium einem Cottagejuden zuzufallen, damit sie ihrer Einmaligkeit genüge und noch im Werte steige. Da ich nun von den Bedingungen dieser Produktion so wenig wie um ihr Geheimnis weiß, so käme meine Unwissenheit in den Verdacht der grundsätzlichen Aversion eines Farbenblinden, wollte ich meinen unerschütterlichen Glauben, daß das Leben wichtiger sei als das Kunstwerk, vornehmlich an den

Werken der bildenden Kunst betätigen. Der Frage, ob man solche gegen Lebensmittel umtauschen solle, habe ich durch die Entscheidung, die mit der kostbarsten Leinwand die Blößen eines Frierenden zu bedecken riet, unzweideutig vorgegriffen. Das Beispiel, gegen das der ästhetische Vorbehalt sich sträubt und der rationale die Zweckwidrigkeit der brüchigen Kunstmaterie einwendet, war, als die vorgestellte Wahl der höchsten und letzten im Raum der Notwendigkeit verfügbaren Werte: des toten Lebens und des noch lebendigen, der Gedanke: daß ein auf sein primärstes Problem ausgesetztes Menschentum dem Schaffen und dem Empfangen entsagen muß und der Geist aus Treue zu sich selbst, vom Ästhetischen ins Sittliche gewendet, zur Barmherzigkeit wird. Es kann vollends nicht zweifelhaft sein, daß ich Besitzinteressen für kein Hindernis ansehen werde, wenn es sich nicht um die Zerstörung eines Kunstwerks zum Schutz gegen Erfrieren, sondern nur um seine Entfernung zum Schutz gegen Verhungern handelt. Da es aber noch höhere Interessen als die der Interessenten sein sollen, welche den Verkauf von Kunstwerken verwehren, da sogar die höchste Lüge, über die wir all in unserer Not noch verfügen und die wir noch an unserm Grabe aufpflanzen, nämlich unsere Kultur es verwehren soll, so wird es sich empfehlen, daß ich ein Gebiet, in dem ich nur durch Unzulänglichkeit des Wissens Aufsehn errege, verlasse und jenes betrete, zu dem mir auch der Todfeind eine gewisse Beziehung der Liebhaberei nicht absprechen wird; und daß ich mein Augenmerk einer Kulturgefahr zuwende, die uns vorläufig noch nicht droht, von der ich aber selbst in Zeiten des Wohlstands wünschen würde, daß sie über uns verhängt wäre. Der tiefsinnigste Einwand gegen den Verkauf von Gobelins, der in allen Protesten wiederkehrt, ist wohl die Erkenntnis, daß Brot, wenn es einmal aufgegessen ist, nicht mehr da ist, während man an der Kunst etwas Dauerhaftes hat. Vorausgesetzt, daß die Regierung, als sie sich zu der Methode entschloß, den Hunger zunächst mit Brot zu stillen und indessen auf Gott oder andere Hilfe zu vertrauen, nicht im Voraus bedacht haben sollte, worauf sie ein Weiser da aufmerksam macht, nämlich auf die Vergänglichkeit der Nahrung im Gegensatze zur Unvergänglichkeit von Gobelins; und falls sie etwa der Meinung war, daß wir von »dem Speck, der knapp für ein paar Wochen reichen wird«, auch fernerhin werden leben können, sei ihr eine Anregung geboten: wenn die Museen geleert sind, nicht zu vergessen, daß es auch Bibliotheken gegen Hunger gibt.

Und damit wäre ich auf dem Gebiete angelangt, wo mein Kulturnihilismus schon einiges Zutrauen verdient und wo ich von berufswegen berechtigt bin, lieber die Zerstörung zu wünschen als den Gebrauch zur Lüge. Wenn es nun um den Verkauf von Literatur ginge, so weiß ich wohl, daß das vielmalige Vorhandensein eines und desselben Geisteswerkes wie die nationale Bedingtheit seines Verständnisses Wesensmerkmale sind, die seinen Kaufwert neben dem Ertrag der bildenden Kunst verschwinden lassen; gleichwohl würde hier, bei yertausendfacher Fülle des Inventars, das bibliophile Moment in zahllosen Fällen seinen Anreiz bewähren. Ich habe für die Dringlichkeit, das nackte Leben zu retten, nur darum das Beispiel des Bildwerks bevorzugt, weil Leinwand als Kälteschutz sinnfälliger ist denn Papier, das doch erst durch Feuerung dem wohltätigen Zwecke dienstbar wird. Ich lasse aber den Argwohn nicht an mich heran, als ob ich, um in kalter Nacht zu arbeiten, nicht bereit wäre, mit meinen Werken einzuheizen, wenn mich je verlangt hätte, sie zu besitzen. Die Gewißheit um den toten Wert aller geistigen Habe, und wie erst in den Händen dieser Zeitgenossenschaft, hat mich noch immer vor dem Streben nach einem Erfolg bewahrt, der dem Wesen aller künstlerischen Produktion fremd ist und dessen Mangel sie erst bestätigt, und es gehört die ganze Selbstsicherheit dieses Gefühls dazu, den geräuschvollen Anklang, der dem stofflichen Reiz wie der Sonderbarkeit des Einzelfalles gilt, nicht mit jener Wirkung zu verwechseln, die ein Werk dem Publi-

kum zu eigen gibt. Kann ich es aber als den eigentlichen
Erfolg meiner Gestaltungen werten, daß sich ihr leichtester
Satz dem gemeinen Verständnis noch immer schwerer
erschließt als ein Dutzend Bücher, die man ihm abgewinnen
könnte; und ist es mir, so wenige es auch wissen oder spüren
mögen, zu glauben, daß ich kein materielles Hindernis
gelten ließe, wenn es die Vervollkommnung eines Wortes
gilt, seine Verantwortung vor mir selbst, also den Bestand
vor dem mir zunächst maßgebenden Forum, und dann ohne
Beruhigung über dieses hinaus bis an ein imaginiertes
Sprachgericht; daß ich einem Beistrich zuliebe auch die
Reise an den fernsten Druckort nicht scheute und dennoch
unbefriedigt heimkehrte – so wird auch der niedrigste Ver-
kenner in meiner Einschätzung des fertigen, nur scheinbar
fertigen Werks, dessen Aufhaltbarkeit alle Zweifel entfesselt
hat und dessen Abschluß alle Reue, jede andere Sehnsucht
als die nach Beifall erkennen. Wenn das Vorlesen der eigenen
Schriften nicht auch die Befriedigung wäre, die dem nervö-
sen Anspruch darstellerischer Lust gebührt, so wäre es nur
die Qual des Autors, der noch nie einen Blick in seine
gedruckten Werke, es sei denn zur frohgemuten Änderung
für spätere Ausgaben, getan hat, der sie am Vorlesetisch
hilflos in all ihrer Unzulänglichkeit erleiden muß und, während er das Ohr befriedigt, dem Aug verborgene Korrektu-
ren vermerkt. Der Irrtum, daß die Seele, in der so irdisch
unwägbare Interessen leben, Raum haben könnte für Er-
folgsucht, müßte schon an der Wahrnehmung zuschanden
werden, daß sie den ungeheuerlichen und an jedem Tag
bemerkten Ausfall durch all die Jahre doch zu ertragen
vermocht hat. Der Irrtum lebt fort von dem Mißverständnis
jener historischen Verbindlichkeit, die ich mir mit höheren
Pflichten auferlegt habe: innerhalb der eigenen Publizität
auch die Signale meines Daseins aus der fremden zu ver-
zeichnen und, da ich dieses Brauchs schon entwohne, mit
stolzerem Behagen alle Momente zu sammeln, in denen sich
die Konvention des Schweigens an mir erweist. Welch grel-

leres Schandmal könnte ich aber an einer offiziellen Literaturwelt, die nun leider auch die Ehren der Weltliteratur
verteilt, entdecken, als ihre Stellung zu mir? An welchem
andern Fall würde denn ihr elendes Scheinwesen, das zu
entblößen mir Gebot ist, sinnfälliger? Wo träte die Kongruenz meiner Behauptung mit der Beweisführung derzeit in
packendere Wirksamkeit? Und was könnte, nebst seinem
eigenen Verhältnis zur Kriegsschmach, das ganze lumpige
Lügenwerk dieses Feuilletonismus besser enthüllen als die
hehlerische Gewandtheit, mit der er das, was ich 1914
ausgesprochen habe, jenen, die sich schon 1918 getraut
haben es mir zu stehlen, als Geistestat anrechnet? Wenn
doch der Unverstand, der einem Autor Selbstgefühl vorwirft, endlich zur Kenntnis nähme, daß dieser Zustand nur
bis zur Drucklegung vorhält, und da freilich in einer gar
nicht vorstellbaren Schrankenlosigkeit, darüber hinaus
jedoch nur als der Verzicht auf eine Erfolgswelt in Erscheinung tritt! Und ich glaube wohl, daß keiner der Schöpfer, zu
denen sich der Gebildete einer Beziehung rühmt, die aber
ohne das zweifelhafte Medium der Literaturgeschichte ganz
gewiß nicht auf diese Nachwelt gekommen wären, anders,
weniger eitel und weniger bescheiden, zu seinem Werk
gestanden hat. Auch sie haben sich selbst eingeheizt, und
hätten eben darum nicht gezögert, es mit ihren fertigen
Werken zu tun und so auch mit den fremden.

Indem ich bei Verwendung meiner Bibliothek keinesfalls
die eigenen Schriften verschone, schütze ich meine allgemeine Geringschätzung der schon geschaffenen Werke
gegen den Verdacht, daß ich es geflissentlich auf die mir
fremden, auf die Verarmung von Galerien abgesehen habe,
und so zu den Objekten der Wortkunst gesinnt, dürfte es
dem Schriftsteller am ehesten glücken, einer in Schönheit
sterbenden Kriegswelt mit dem Gedanken beizukommen,
daß im Namen der Kunst und alles ewigen Lebens der
erschaffene Mensch über dem erschaffenen Werk steht. Um
die Forderung mit aller nötigen Unerbittlichkeit zu stellen,

sei vorweg der Fall angenommen, daß es nicht wie bei den Bildwerken nur auf eine räumliche Trennung, durch die ja bloß die Bedingungen ihrer unmittelbaren Wirkung verändert, vielleicht verbessert werden, sondern auf eine Vernichtung unserer Literaturschätze, ja in der Totalität aller Drucke, die irgendwo vorrätig sind, abgezielt wäre – eine Katastrophe, die man sich noch leichter als durch die Politik der Kohlennot durch einen der Zufälle kriegerischer Zwecklosigkeit verhängt denken könnte. So behaupte ich mit freier Stirn, daß unsere Welt zwar an Genüssen, an jenem Glück der Lüge, die ihr Genüsse einbildet, und vollends der Lüge, die ihr das Hochgefühl einer kulturellen Verantwortung verschafft, ärmer würde, aber nicht um eine Faser von einem lebendig empfangenen Wert. Behaupte ich mit der Beharrlichkeit, die mir so wenig Erfolg erstritten hat: daß ein Zeitungsblatt mehr gegen unsere sittliche Entwicklung bewirkt hat als sämtliche Bände Goethes für sie! Weshalb ich mir zwar von der planmäßigen Vernichtung alles vorhandenen Zeitungspapiers – nach Kriegen, die diese Menschheit ihm verdankt – einen Gewinn verspreche, aber von dem zufälligen Ruin aller vorhandenen Geisteswerke – durch Kriege, die diese Menschheit trotz ihnen führt – keinen Verlust befürchte. So denke ich, und bezeuge es mit der Tatsache, daß die Deutschen, und wenn sie noch so lügen, aus ihren Herzen keine Mördergrube machen, wenns ihre Kultur gilt, und daß sie in hundert Jahren auf ihren Goethe nicht so stolz waren wie in fünf auf ihre Bombenschmeißer. Ich glaube, daß eine Untersuchung, wie viel Deutsche die Pandora und wie viele den Roten Kampfflieger von Richthofen gelesen haben, ein Resultat zeitigen würde, das uns nicht gerade berechtigen könnte, uns in Kulturaffären mausig zu machen. Aber man wende nicht ein, daß Krieg Krieg ist. Wenn das Volk Goethes nicht schon im Frieden gelogen hätte, so hätte es ruhig zugegeben, daß es Geibel für einen weit größern Dichter hält. Wie könnte man die Unentbehrlichkeit der ewigen Werte für das deutsche Gemüt besser

beweisen als durch den Umstand, daß vom Erstdruck des
Westöstlichen Divan der Verlag Cotta voriges Jahr die letzten Exemplare vom Tausend an einen Liebhaber verkauft
hat? Bedürfte es noch des erschütterten Blicks auf die Auflagenfülle Heinescher und Baumbachscher Lyrik? Und welche Gefahr müßte denn einem Wortheiligtum drohen, damit
das deutsche Kulturbewußtsein in Wallung käme? Die
Schmach, ein Bild aus dem Land zu verkaufen, wo es doch
keine war, es hereinzukaufen, möchte jeder Kunstgreisler
von unserm Gewissen abwenden. Aber wer protestiert
gegen die ruchlose Verwüstung, die den klassischen Wortkunstwerken durch die Tradition der literarhistorischen
Lumperei und den ehrfurchtslosen Mechanismus der Nachdrucke angetan wird, durch den frechen Ungeist, der die
Sprachschöpfung an der Oberfläche des Sinns identifiziert
und korrigiert, und durch ein System, das der Barbarei des
Buchschmucks den innern Wert zum Opfer bringt? Welch
ärgerer Unglimpf droht denn dem Jagdteppich als statt in
Wien in Paris zu hängen? Hat je ein Konservator anders als
durch Unfähigkeit an dem ihm anvertrauten Schatz gesündigt, hätte er je wie der Literarhistoriker es gewagt, einen
erhaltenen Wert zu zerstören und einen Strich, den er für
verfehlt hält, weil seine Stumpfheit eben hier die schöpferische Notwendigkeit nicht spürt, glatt zu überschmieren? An
einem der ungeheuersten Verse der Goethe'schen Pandora
haben sich die Herausgeber der großen Weimarer Ausgabe
dieser Missetat erdreistet, sich unter ausdrücklichem Hinweis auf die Urfassung dazu bekennend, einfach, weil sie die
Sprachtiefe für einen Schreibfehler hielten und die schäbige
Verstandesmäßigkeit ihrer Interpungierung für den Plan des
Genius. »Rasch Vergnügte schnellen Strichs« – gleich den
Kriegern des Prometheus an eben jener Stelle. Von solchem
Hirnriß, der nun für alle folgenden Ausgaben maßgebend ist
und bleibt, von solchem Verbrechen, mit dem sich die
deutsche Literaturbildung in ihrer Ohnmacht vor dem Geist
durch Frechheit behauptet, von solchem Exzeß deutschen

Intelligenzknotentums möchte ich sagen, daß er die Kulturschmach von zehn ans Ausland verkauften Tizians, die doch
höchstens durch ein Eisenbahnunglück und durch keinen
Historiker verstümmelt werden können, in Schatten stellt.
Die deutsche Bildung möge noch so laut versichern, daß sie
ohne Goethe nicht leben kann, ja sie möge es sogar glauben
– welche Beziehung hat der deutsche Leser zu einem Vers,
wenn der deutsche Gelehrte kapabel ist, an dessen heili-
ges Leben Hand anzulegen? Eben noch die, daß er seinerseits imstande ist, »Über allen Gipfeln ist Ruh« zu einem
U-Boot-Ulk zu verunreinigen. Wenn Güter des Geistes den
Empfänger so begnadeten, wie die zurechtgemachte Fabel
wähnt, so müßte allein von solcher Wortschöpfung, müßte
sich von den vier Zeilen, die Matthias Claudius »Der Tod«
betitelt hat, eine allgemeine Ehrfurcht auf den Kreis der
Menschheit verbreiten, in dessen Sprache solche Wunder
gewachsen sind, nicht allein zur Heilung dieser selbst,
sondern zur Andacht vor aller Naturkraft und zur Läuterung der Ehre des Lebens, zu seinem Schutz gegen alles, was
es herabwürdigt, kurzum zu einer politischen und gesellschaftlichen Führung, die den Deutschen dauernd vor dem
Gebrauch von Gasen und Zeitungen bewahrte. Es müßte
mehr Stille in dem Hause sein, in dem solche Worte einmal
vernommen wurden, und kein Gerassel mehr hörbar, seitdem ein Atemzug der Ewigkeit zur Sprache ward. Statt
dessen erfahren wir es, daß der Lebenston, den keine Schöp-
fermacht zu verinnerlichen vermöchte, sich an eben ihren
Wundern vergreift und ein schimpfliches Behagen, nieder-
trächtiger als jeder Plan, zur Ausrede für die Lästerung
wird. Denn wie keine der Nationen, deren Wort solcher
Fülle im Einfachsten enträt, deren Mensch aber teil hat an
ihren Gaben, lebt der Deutsche neben seinen Gipfeln auf
hoffnungslosem Flachland und empfängt nichts von dem
Klima, in dem seine Geister hausen. Vermittelt den anderen
ihre günstige Mittellage die leichte Berührung mit dem
Segen, den die künstlerische Kraft der Nation ergibt, steht

jeder einzelne von ihnen durch den zärtlichen Umgang mit der Sprache dem Dichter nahe, so läßt die Umgangssprache des Deutschen nur noch das Staunen übrig, daß aus solchem Rohstoff doch auch das Höchste erwachsen konnte, und die Beziehung seiner Kultur zu den Schöpfern scheint hinterher durch die Pflicht der Bildung oder die Fleißaufgaben des Snobismus hergestellt. Nur eine Sprache, die so der Seele und dem Betrieb, zugleich der tiefsten und der niedrigsten Gesittung gerecht wird, hat die Totenklage über Euphorion und ein »Heldengedächtnisrennen« ermöglicht, und noch die stets fertige Beschönigung jedes Kultur- und Menschheitsgreuels mit der Landsmannschaft Goethes. Nein, Geistesgüter sind nicht wie jene, die sich schieben lassen, »sofort greifbar«, sie entziehen sich dem Händlergeist, auch wenn er sich auf sie beruft und je prompter er an sie herankommen möchte, um sich ihrer zur schönern Aufmachung zu bedienen. Und weil er von ihnen nichts spürt, als daß sie sich ihm weigern, wenn er sie begreifen möchte, so rächt er sich an ihnen. Daß aber just jenes Spießertum, dem eine heilige Schrift zur Unterlage für Gspaß und Gschnas taugt, zum Schutz der Kunstehre das Maul aufreißen muß, versteht sich aus der naiven Unbefangenheit, mit der diese Bekenner, ebenso wie sie ihre ungeheuchelten Schweißfüße in Illustrationen vorführen, auch ihren angebornen Drang zur Lüge annoncieren. Die Selbstlosigkeit, aus der deutsche Kulturhüter sich zu Protesten entschließen, ist wohl am deutlichsten in der Tatsache ausgeprägt, daß kein einziger von ihnen auch nur einen Augenblick vor der Möglichkeit erschrickt, man könnte seine Existenz zum Beweise heranziehen, daß in Deutschland gar keine Kultur in Gefahr ist. Vorbildlich bleibt die Unerschrockenheit jener 93 Intellektuellen, die keine Lüge gescheut haben, um darzutun, daß Deutschland verleumdet werde, und die damit auch tatsächlich den Krieg gewonnen haben, der nur später durch die Ungunst der Verhältnisse wieder verloren ging. So aus der Lüge eine Wissenschaft zu machen und aus der Wissenschaft

eine Lüge – das trifft keine andere Nation, und weil jede
andere so natürlich geartet zu sein scheint, daß sie vor der
Wirklichkeit der Not nicht Redensarten machen wird und
daß sie den Hunger für eine respektwürdigere Tatsache hält
als selbst Gobelins, so glaube ich, daß sie sobald nicht in die
Lage kommen wird, solche um jenes willen verkaufen zu
müssen. Gelogen wird ja überall, wo gedruckt wird in der
Welt; aber weiß Gott, im Zentrum Europas ist der Mensch
schon vollends nach dem Ebenbild des Journalisten geschaffen. Hätten so idealen Geschöpfen Werke, die von den
Gedanken der Menschlichkeit überfließen, je etwas anderes
als Zeitvertreib gebracht – und den ehrlichern unter ihnen
bloß Zeitverlust –, wie wären sie mit so frischem Mut in die
Hölle der heutigen Sittlichkeit eingegangen? Fragt man nun
aber, wo denn jene durch die Zeitalter dringende Geistes-
macht der Kunst geblieben sei, deren Versagen an der Men-
schenseele wahrlich das größere Rätsel ist als die Unwirksamkeit des unmittelbaren Eindrucks, so kann ich nur
bekennen, daß, sowenig ich von dem Erfolg der Lektüre
oder der Betrachtung halte, so unverrückbar mir der Glaube
an die sittliche Fernwirkung des künstlerischen Schaffens
besteht bleibt, ohne den zu denken undenkbar wäre. Und
daß sie ganz gewiß durch alle Offensiven des Satans, deren
furchtbarste wir nun erleiden, hindurchgeht, um die
Menschheit doch auf einem höheren Grade anzutreffen, als
es der Fall wäre, wenn ein Schöpfungsfluch ihr geboten
hätte, ohne ihre Sterne durch ihre Nacht zu finden.

Von diesem Glauben an die tiefere Unentbehrlichkeit und
Unveräußerlichkeit des künstlerischen Wesens zu dem flachen Wahn, daß wir ohne sein Objekt und dessen Betastung
nicht auskommen, ist etwa so weit wie von meinem Schreibtisch zu einer Protestversammlung, in der sich Kunstspießer
für die bedrohte Ehre einer Schöpfung ereifern, von welcher
sie weniger wissen als von dem Speck, über den sie sich
erhaben dünken, solange sie ihn haben. Solange ihnen die
Vorstellung eines Lebens, in dem zum erstenmal die Selbst-

verständlichkeit zum Problem wird, und zum einzigen Problem, nicht an den eigenen Leib rückt. Denn das Quentchen Phantasie, schon heute zu empfinden, was man erst morgen erleben wird und was der nächste Nachbar schon gestern erlebt hat, bringt kein Künstler auf. Es bereitet mir ein in Worten gar nicht ausdrückbares Vergnügen, mich schützend vor die Viktualien zu stellen, wenn eine Regierung es wagte, sie für die Ideale der Wiener Künstlergenossenschaft verkaufen zu wollen. Was bleibt unsereinem übrig als an Butter zu denken, wenn sie für die hehre himmlische Göttin zu schwärmen beginnen? Würde ich nicht dazu inklinieren, Fieberträume zu haben, wenn am Rande des Weltuntergangs ein Dämon namens Sukfüll die Fremden zu dessen Besichtigung anlockt, und beherrschte mich nicht die Vorstellung, daß jener letzte Nibelungenschatz, der nach einem verschärften U-Bootkrieg noch gehoben werden kann, der Fremdenverkehr ist, ich würde klaren Blickes erkennen, daß in diesen dunklen Tagen ein Ersatz für Gschnasfeste beabsichtigt war, indem Malermeister, anstatt jenen unseligen Humor in seine Rechte treten zu lassen, aufstehen, um die Kunst gegen die Ansprüche der gemeinen Lebensnot zu verteidigen. So weit habe ich aber in dem Lärm, den schlechte Musikanten in unserer Hölle aufführen, noch meine Sinne beisammen, um ihnen zu sagen, daß die Not eine viel ehrfurchtgebietendere, viel elementarere Angelegenheit ist als ihre ganze Kunst und selbst als die Kunst, und daß wir nach einer Epoche, in der Millionen mit Lügen die Augen ausgewischt und Tausende mit Gasen geblendet wurden, nach der zur Erholung auf den Wiener Straßen die Schwindsucht spazieren geht, und deren Erinnerung uns zwischen den Strafen unserer irdischen Verdammnis mit dem Bild der Gefangenen quält, die das Fleisch ihrer verhungerten Kameraden gegessen und mit den Kleidern von Choleraleichen sich gegen Frost geschützt haben – weder zu Künstlerhaushumor aufgelegt sind noch zur Andacht vor Gobelins die innere Sammlung besitzen. Und wenn ein maßgebender Tropf, ohne daß ihm der Setzer das Manuskript zurückgibt, die Erkenntnis niederschreibt, Brot sei nur eine irdische Angelegenheit, Kunst aber eine höhere und wir dürften »das wertvollste Besitztum der Nation«, nämlich den Schönbrunner Jagdteppich, nicht gegen Lebensmittel tauschen, weil ein geistreicher Franzose einmal gesagt hat, eine Statue des Phidias habe mehr für die Unsterblichkeit Griechenlands geleistet als alle Siege Alexanders des Großen, so ist ihm zu erwidern, daß die Belästigung mit diesem notorischen Sachverhalt erträglicher wäre, wenn eben der Verkauf eines vaterländischen Kunstwerks geplant würde, und daß man allerdings behaupten kann, Kochs Kolossalgemälde »Die große Zeit« habe mehr für die Unsterblichkeit Österreichs geleistet als alle Siege des Erzherzogs Friedrich, während anderseits sämtliche Statuen des Phidias weniger für unsern Lebensmut getan haben als ein Jahrgang der Neuen Freien Presse gegen ihn. Sollte man glauben, daß eine Öffentlichkeit, und wäre ihre geistige Ehre durch den langjährigen Zwang zur Mordslüge noch über alles vaterländische Maß verludert, solche Schönrederei und solches Kunstpathos widerstandslos erträgt? Eine Berufsdebatte von Spenglern und Tischlern wird mehr lebendige Beziehung zum Leben bekunden als die Wallungen dieser Handwerker, die in ihrem Wahn, gar mit der Kunst verbunden zu sein, den schrecklichsten der Schrecken noch überbieten. Schlappe Hüte, matte Herzen hinter gestärkten Brüsten, das rollende Auge zu einem Himmel emporgewendet, von dem sie ihr Lebtag kein anderes Geheimnis als das des Wetters empfangen haben – wie heilsam wäre ihnen ein Traum, der ihnen die Protestversammlung von Rembrandts entgegenstellte, die gegen den Versuch aufstehen, die Zeugnisse ihrer lebendigen Kraft, überall wirksam oder unwirksam, zum Hausfetisch der Bildung zu machen und der Rettung des Lebens vorzuenthalten! Leute, die es mit der Ehre ihres Berufs vereinbar gefunden und nicht als Stigma der deutschen Kultur verabscheut haben, daß die Kunst als Schöpfungsakt »in den Dienst des Kaufmanns« eintrete, finden es unleidlich, daß sie als Wertgegenstand dem Menschentum diene. Der Menschheit ganzer Jammer faßt mich an, wenn ihre Würde in die Hand dieser Künstler gegeben ist! Und die Zündkraft der Redensart erscheint auf keinem Gebiet wirksamer als auf dem der künstlerischen Profession. Wäre es sonst möglich, daß auch ein Mann, dessen Kunstauffassung dem gemalten Künstlerhausernst reichlich fern steht, bei dem rednerischen Gschnas bedenkenlos mittut? »Wenn ein Tizian in irgend ein Dorf gesendet würde, dann würde man zu diesem Dorfe eine Eisenbahn führen lassen. Wien aber soll seiner Kunstwerke beraubt werden; es würde zu einer Stadt herabsinken, über die man die Achseln zucken und an der man vorbeifahren würde.« Der Kunstgelehrte, dem die Frage, ob man mit Bildern Getreide kaufen soll, Sorgen macht, scheint die künstlerische Kohlenfrage für gelöst zu halten. Er würde sonst gewiß dagegen protestieren, daß man beim besten Willen, eine Eisenbahn zu einem Tizian führen zu lassen, nicht genug Kohle für diesen Zweck hat, ja nicht einmal für den doch praktischeren Ausweg, den Tizian nach Wien zu bringen, und leider auch nicht für die Notwendigkeit, den Neugebornen im Wöchnerinnenspital den Erfrierungstod zu ersparen. Aber sein Glaube an eine Menschheit, die mitten auf ihren Geschäftsreisen nach Wien umkehrt, weil es dort keine Gobelins mehr gibt, ist doch ein rührender Beweis jener Lebensferne, in die auch bei bestem Kohleneinlauf keine Eisenbahn geht. Wiewohl der Tizian so mit den allerpraktischesten Rücksichten verknüpft wird, scheint hier doch weit weniger der Standpunkt der Landesfremden als der der Weltfremden zur Geltung gebracht. Der Kunstkenner erklärt schlicht, daß »die Frage der geistigen Zukunft Deutschösterreichs auf dem Spiele« sei, und hält es für eine »Angelegenheit von größter geistiger Tragweite«, was sie zweifellos ist, wenn man an sie den Maßstab der geistigen Tragweite anlegt, die die Argumente ihrer Vertreter haben.

Sie bezeichnen sich aber trotzdem als die »geistig Höchststehenden einer Nation, an denen ein Verbrechen begangen werden soll«. Und einer von ihnen paradiert mit dem Gedanken: Wenn das Brot aufgegessen sei, »werden wir tausendmal ärger dran sein, weil wir nicht einmal mehr die Hoffnung haben werden, uns durch Manöver wie das jetzt beabsichtigte noch solange über Wasser zu halten, bis das Wunder geschieht, auf das offenbar gewartet wird«. Man würde also meinen, daß der Hohlkopf mindestens in demselben Maß, in dem uns dann die Hoffnung fehlt uns über Wasser zu halten, sie jetzt gegeben sehen und also für den Verkauf plädieren müßte. Aber es widerstrebt ihm eben, das wertvollste Besitztum der Nation, nämlich den Jagdteppich – er wird sogleich den Phidias berufen – »um ein Linsengericht zu verkaufen« und sich dadurch »auf Jahrhunderte hinaus mit der Verachtung der Nachwelt zu beladen«. Die Schäden des Weltkriegs würden, schätzt der Optimist, »in fünfzig bis sechzig Jahren ausgeglichen sein«, aber in den Baedekers der kommenden Zeiten – Achtung auf den Fremdenverkehr! – werde »unsere Schmach in großen Buchstaben verzeichnet stehen und, solange Wien besteht und es Wiener gibt, uns auf der Seele brennen«. Wenn wir dazu noch hoffen können, daß dann den Wienern auch etwas auf dem Herde brennen wird, so dürften die Sukfülls, die da kommen werden, sich schon etwas von der Attraktion einer solchen Schmachspezialität versprechen. Es wird doch immer heißen, daß es ein lustiges Völkchen war, das aus purem Übermut, wo eh nur fünfzig Jahre bis zum Ende der Hungersnot waren, den Vorsatz ausgeführt hat: Verkaufts mein' Gobelin, i fahr in' Himmel! Und »allen Warnungen und Argumenten zum Trotz«. Denn es ist nicht nur, sagen die Künstler, »ein unersetzlicher kultureller Verlust, sondern auch eine schwere Schädigung des Volksvermögens«. Wozu noch kommt, daß »die Erklärungen der Regierung den Künstlern nicht die Überzeugung zu verschaffen vermögen«, daß sie schon alle andern Mittel versucht habe um die

fremde Valuta zu bekommen und »daß die ernste Absicht
bestand, Hindernisse, die der Beschaffung des Kredits im
Wege stehen mochten, zu beseitigen«. Glauben sich aber die
Künstler zur Beurteilung dieses Gegenstandes hervorragend
kompetent, so räumen sie doch ein: »Sollte sich aber der
Verkauf als unbedingt notwendig erweisen, so erwarten sie«.
Der seichte Ärger, der dann irgendwelche Richtlinien vor-
schreibt, macht nicht nur aus der sozialen Sache eine künstlerische, sondern verwechselt noch die beiden. In die Enge
getrieben, will er den ganzen Schwall kultureller Verwah-
rungen nur zur Verhütung eines schlechten Verkaufs aufge-
boten haben. Aber da diese Sorge in die kunstrichterliche
Kompetenz fällt, erscheint die Verkaufsnotwendigkeit bejaht. Wenn also die Katastrophe – nicht die der Hungersnot – unabwendbar sei, so sei »der einzige schmale Trost,
der dem einigermaßen weltbürgerlich Veranlagten bleibt,
der, daß diese Schätze an den Orten, wo sie hinkommen
werden, besser verstanden und gewürdigt werden dürften
als dort, wo sie bis jetzt waren«. Das ist sicherlich ein Trost
in dem letzten Unheil, das wir uns durch einen mutwillig
heraufbeschworenen Verteidigungskrieg zugezogen haben,
und wohl auch etwas wie eine Erkenntnis. Was aber bleibt
jenen übrig, die nicht weltbürgerlich veranlagt sind, sondern
mehr im Hinblick auf den Phidias Lokalpatrioten? Wie
kommen wir dazu, durch unsere Gobelins Frankreich zur
Unsterblichkeit zu verhelfen? Einst zwar waren wir auch für
diese besorgt, und die Debatte weckt die Erinnerung an jene
Tage, wo wir noch genug zu essen hatten, aber das Essen uns
nicht mehr schmecken wollte, weil den Parisern die Mona
Lisa gestohlen war. Es war das Merkmal der kulturellen
Solidarität, die damals Europa noch umspannte, daß wir
alle, auch jene überwiegende Majorität, die sie nie gesehen
und bis dahin für eine Pariser Nackttänzerin gehalten hatte,
ihre Entrückung als den schwersten Eingriff in unsern geistigen Besitzstand empfanden, und zwar unter dem Zuspruch
der habgierigsten Stimme dieses Landes, die wie sonst nur

vom Zauber der Milliarde plötzlich vom Farbenschmelz dieses Lächelns zu schwärmen anhub und den Raub der Mona Lisa als den persönlichen Verlust ihres Börsenlebens beklagte. Denn das künstlerische Gewissen Wiens, möge es nun von akademischen Christusbärten oder vom Gegenteil vertreten sein, reagiert nicht so sehr auf den Zuwachs, den ein Museum empfängt, wie auf den Verlust, den es erleidet. Es ist so geartet, daß es von der Zustandebringung der Mona Lisa weit weniger erfreut als durch ihre Entfernung gekränkt war, und seine Empfindlichkeit in diesem Punkte geht so weit, daß gerade jene von dem Verlust eines Kunstschatzes am heftigsten bewegt sind, die dadurch von seiner Existenz erfahren und vom kunsthistorischen Museum etwa wissen, daß es das Gegenteil vom naturhistorischen Museum ist und von diesem durch das Mariatheresiendenkmal, gleichfalls eine Sehenswürdigkeit, getrennt. Als uns allen die Mona Lisa gestohlen war, war der Schmerz grenzenlos wie die Liebe kulturverbundener Völker, die sich bald darauf mit Stacheldraht versehen mußte. Nun, da wir in der Frage des Jagdteppichs den kulturellen Besitz zugleich als nationalen verteidigen müssen, schwillt die Melodie des Lebensleids zum Trauerchoral. Nur eine publizistische Spottdrossel mischt sich hinein: »Ja, wie schauen denn Sie aus?« »Es wird immer schöner. Seit einer Woche habe ich keinen Unterstand, seit drei Tagen nichts mehr zu essen und jetzt hör' ich noch, daß sie den herrlichen Schönbrunner Jagdteppich verkaufen.« Aber auch sie, wandelbar wie diese Vögel sind, war noch kurz zuvor eine Nachtigall, die, gegen italienische Ansprüche, die Klage tönte: »Nehmt uns unser Geld, nehmt uns die Nahrung, nehmt uns alles, aber laßt uns unsere Kunst!« Ja, daß ihre Werke der Kriegführung zum Opfer fielen, das hat das künstlerische Gewissen durch Jahre getragen, ohne zu zucken und ohne zu protestieren, hat die strategischen Rücksichten als Fatum oder Wohltat der Vorsehung schweigend oder beifällig hingenommen, und nur der Feind war der Heuchler, der den Offensiven auf Kulturwerte widerstrebte, und der Künstler der Schützer der militärischen Notwendigkeit. Fürs Vaterland war der Mensch über das Werk gestellt und das Leben eines deutschen Soldaten eine französische Kathedrale wert, die eo ipso nur ein Stützpunkt war. Für die Zwecke des Todes ward selbst das Leben geachtet. Gegen die Notwendigkeit, die der Krieg hinterläßt und die nur ein wehrloser Staat zu betreuen hat, schützt das künstlerische Gewissen seinen Besitzstand.

Die geistig Höchststehenden einer Nation, die solcherart genötigt sind, sich gegen ein geplantes Verbrechen zur Wehr zu setzen, tun es aber beileibe nicht nur in ihrem eigenen Interesse. Vielmehr denken sie jederzeit auch an die »breiten Massen«, zumal wenn es gilt, diese vor die Wahl zwischen den geistigen und den irdischen Genüssen zu stellen und ihnen den Brotkorb höher zu hängen als die Bilder. Wenn nun der Rektor der Universität, der sich für berechtigt hält, in Dingen der Kunst mitzusprechen, weil er Schwind heißt, und sich verpflichtet fühlt, bei Kulturgefahr auszurücken, weil ja Wissenschaft und Kunst doch sogar nach Schusterbegriffen auf einen Leisten gehören, und von dem ich überzeugt bin, daß er wie jeder Gebildete von der Qualität eines Specks nicht weniger versteht als von der Herstellung eines Kunstwerks – wenn also der Repräsentant der Wissenschaft Verwahrung einlegt gegen den Verkauf von Kunstschätzen, weil deren Kulturwert »auch für die breiten Massen der Bevölkerung größer sei, als kunstfremde und indifferente Kreise auch nur ahnen können«, so möchte ich als ein Angehöriger dieser Kreise ihn darauf aufmerksam machen, daß die breiten Massen der Bevölkerung zwar der Gnade der künstlerischen Schöpfung irgendwie und schon ehe sie auf die Welt kamen, teilhaftig wurden wie alle menschliche Kreatur und selbst die gebildete, daß aber die Aufstellung in Museen hiezu nicht das geringste beigetragen hat und das Erziehungswerk keineswegs vervollständigt. Ich würde mich zwar nicht getrauen, auch Vorhängen und Teppichen diese moralische Zauberwirkung, die dem metaphysischen

Element eignet, ohneweiters zuzuschreiben – täte ich's, so
wäre ich freilich der Ansicht, daß sie auch in den Kisten des
habsburgischen Inventars sich bewährt –, aber was die Kunst
betrifft, so glaube ich, wie nur ein Gläubiger glauben kann,
daß ihre Wege unerforschlich sind wie die Gottes und es
selbst für die Wissenschaft und deren Rektor bleiben, ja
sogar für den von der tierärztlichen Hochschule, der auch
protestiert. Ich möchte dieser Gesellschaft, die ein Leben,
das um sein Wesentliches ringt, mit Zutaten befriedigen will,
vor allem aus einem Grunde raten, sich von ihren Kunst-
besitztümern, die schon unter ihrem Blick zu Ornamenten
werden, zu erleichtern: weil sie – abgesehen von dem ihr
überflüssig erscheinenden Zweck, sich durch den Verkauf
das Leben zu retten – den unleugbar besseren Gewinn
davontrüge, um ihre dicksten Lügen ärmer zu werden.
Nicht allein um die professionelle Kunstlüge, zu deren
schauerlichen Paraden Handwerker, die sich gegenseitig um
die Aufträge ihres Genius und ihrer Kundschaft beneiden,
vereint ausrücken; nein, auch um die große Kulturlüge, mit
der sich die Menschen selbst beheucheln, indem sie sich
glauben machen wollen, daß in ihrem Umgang mit Kunstwerken ein tieferes Bedürfnis als das stoffliche Wohlgefallen
zur Erfüllung gelange, mehr als der Geschmack befriedigt
werde und ein reicheres Glück zu holen zu sei als der Genuß
der Verknüpfung mit Erinnerungswerten, und indem sie der
Meinung sind, sie verlören mehr als eine zumeist auch nur
durch die Bildungslüge verschaffte Illusion, wenn sie dieser
Objekte beraubt würden. In Wahrheit wären nicht nur die
breiten Massen der Bevölkerung, sondern auch die Rektoren
beider Universitäten unschwer in die Versuchung zu führen,
zwischen einem echten Velasquez und einer Kopie nach
Ameseder nicht unterscheiden zu können und umsoweniger
zwischen einem späteren Goethe und einem frühen Hofmannsthal, ganz gewiß aber, wenn die Hand aufs Herz
gelegt wird, einem schönen Porträt von Adams den Vorzug
zu geben vor einem häßlichen von Van Gogh und einem

klaren Vers von Kernstock vor einem dunklen von Hölderlin. Treten wir lieber nicht ein in den Kosmos der ewigen
Ahnungslosigkeit, in dem diese ganze kunstgenießende
Welt, tagtäglich von einer Armee von Interessenten, Händlern und Handwerkern in Ausstellungen, Buchhandlungen,
Theater, Konzerte und Vortragssäle gejagt, vermöge der
einzig erfühlten Kunst, sich die Zeit zu vertreiben, und
vermöge der einzig gekonnten Menschlichkeit, den Nächsten wie sich selbst zu belügen, ihre Unbefangenheit auslebt.
Es genüge, zu erwähnen, daß es jüngst einem, der mit
wahrem Erfindersinn das publizistische Kulturbewußtsein
allen erdenklichen Belastungsproben auszusetzen liebt,
gelungen ist, in einer Zeitung den Hinweis unterzubringen
auf das »wunderbare Rubenssche Gastmahl von Lionardo«,
und ich verbürge mich dafür, daß der Redakteur, der's
gedruckt hat, nicht zögern würde, den Verkauf von Kunstwerken aus den Wiener Museen zu beklagen. Von den
breiten Massen, von jenen, unter denen reichlich viel Bildung Platz hat, wage ich die Behauptung, daß sie vor
Nedomanskys Auslage schon Verzückungen erlebt haben,
die ihnen alle Originale der Renaissance nicht bieten können, und ich möchte ernstlich dagegen protestieren, daß das
Kunstgefühl einer Stadt, die seit Jahrzehnten die Verkörperung der Drau und der Sau an der Albrechtsrampe ohne
vandalische Gelüste erträgt und ohne wenigstens jetzt die
Abtretung dieser Sehenswürdigkeiten an die Sukzessionsstaaten zu erzwingen, daß ein publizistisches Gewissen, das
sich kürzlich über die Verunzierung dieser Kunststätte
durch Plakate aufgehalten hat, sich mit Sorgen wegen kultureller Gefahren abgibt. Gschnas und Kitsch – das ist jene
Notwendigkeit, deren Entbehrung ich diesem Menschen-
schlag im Innersten zutraue; und daß er sich von den
Erzeugnissen, die zum Geschmack sprechen, zum schlechten und selbst zum guten, schwerer trennt als von der
Kunst, glaube ich ohneweiters. Wer aber würde ihm die
»Zerstreuung« mißgönnen, die Empfänglichkeit tadeln, die

noch durch den letzten Klingklang über das Tagwerk erhoben wird, und den Anregungswert der Unkunst unterschätzen? Was selbst dem Künstler der stoffliche oder rhythmische Reiz ihm unerschlossener Künste gewährt, empfängt jeder von allen und der Kitsch erfüllt eine Mission sozialer Beglückung, die der Kunst versagt bleibt, welche Sammlung voraussetzt, an ihrer Oberfläche nichts zum An- und Unterhalten bietet und auf dem Hohlweg der Bildung zwar in das Gedächtnis, aber nicht in das Gemüt dringt. In eben jenes Gemüt, zu dessen unbewußter Bildung sie über weite Zeiträume beiträgt. Sie ist und bleibt der Luxus, dessen Überflüssigkeit der Bürger am ehesten zugestände und den preiszugeben ihn keine Sehnsucht, sondern nur eine Verabredung hindert. Wer der allgemeinen Not das persönliche Behagen nicht zum Opfer bringen will, ist sicherlich ein Schurke. Aber er würde, wenn er auf seine Warmwasserleitung schmerzlicher verzichtet als auf ein Kunstwerk, das im Museum hängt, wenigstens nicht lügen. Denn bei jener war es immerhin das Bedürfnis der Nerven, also doch eines Stücks von ihm, das sich angesprochen fühlte; aber nichts ist in ihm, wozu die Kunst sprach, und er hat ihrem Schweigen mit einer Lüge geantwortet.

Es ist gar kein Wunder, daß die Menschheit immer wieder bereit ist, sich für die Machtlüge ihrer Beherrscher aufzuopfern, da sie sich selbst zum Opfer ihrer Kulturlüge präpariert hat. Sie verdankt sie demselben Journalismus, der auch jene durchzusetzen imstande war. Nur weil sie nun lügen muß, würde sie nicht zugeben, daß die notgedrungene Einschränkung der Tagespresse in ihrem geistigen Haushalt fühlbarer wird als es der Verlust aller Bibliotheken würde und daß der Umtausch von Rotationspapier gegen Lebensmittel ihr mehr an die Wurzel ihrer kulturellen Existenz ginge als die Hingabe aller Galerien. Sie bleibt für immer jener Macht verbunden, die ihre Phantasie ausrodet wie die Wälder zur Erzeugung des Papiers, auf dem es gelingt, um ihr dafür allerlei wohlschmeckenden Ersatz zu bieten. Durch die

Technik des Druckwesens, die ihr, was sie so von den ewigen Werten zum Schmückedeinheim brauchte, fix und fertig ins Haus stellt, aller geistigen Anstrengung überhoben, gewohnt für allen Ausfall an lebendiger Vorstellung durch Klischees entschädigt zu werden, hat sie darum jene letzte blutige Probe bestehen müssen, durch die sich ein Leben, aus dem die Realitäten ausgeschaltet sind, in Tod umsetzt, jene Rache der Elemente an einer Zivilisation, die die Oberfläche allen Wesens zu Ornamenten verlogen hat. Aber da eine fortschrittlich verpfuschte Menschheit selbst von ihrem Untergang nichts lernt, weil er nur ein Erlebnis und keine Phrase ist, so schaltet sie noch die Realität des Hungers aus, und wir erfahren in der schauerlichen Tragödie einer zum Menschenmaterial erniedrigten Gemeinschaft, daß sie nun auch ohne Vorstellung ihres Unglücks dahintaumelt, bis zur Berührung der eigenen Haut nichts spürt, an der Regel nur die Ausnahme gewahrt, den Nebenmenschen bloß unter dem Begriff der eigenen Hauptperson anerkennt, für den Verlust des Nachbarn nur die Witterung der Chance hat und sich schon selbstlos dünkt, wenn sie nicht die Not bewuchert, sich nur absperrt vor ihr. Wir erfahren erstarrten Blickes, daß sie das Sterben der andern als Zeitungsnachricht erlebt und das geringste eigene Opfer jenen zum Vorwurf macht, die den Mut haben, ein Leichenfeld zu regieren, ohne die Macht, es in ein Paradies zu verwandeln. Wir erfahren, daß dieser ganze traurige, von einem Zeitungsverstand zum Urteil über Alles berechtigte, ohne Ehrfurcht vor dem Unglück, ohne Respekt vor dem redlichen Willen zu helfen, ohne Vorstellung von Leben und Tod, von Staat und Krieg sich erdreistende, auf unerlebte Ideale pochende Bildungspöbel die Notdurft als die Angelegenheit der andern empfindet oder in seiner gräßlichen Vereinzelung des Herzens nicht einmal der schmählichen Hoffnung bewußt wird, daß ihm eine Extrawurst gebraten würde – denn das ergäbe ja noch einen rechtschaffenen Schurken, mit dem sichs umgehn ließe –, nein, nur das Unterpfand der Lüge bewahrt,

der ästhetischen Lebensausflucht und all jener faustdicken
Phrasen von Kultur, die die Schwelle des Bewußtseins so
besetzt halten, daß eine egoistische Regung gar nicht einmal
hinaufgelangt. Und selbst gerüttelt, können sie es nicht
verstehen, daß nun, wo es kein Problem gibt als die Verteilung des Mangels, dieses Überrests von einem Leben, das in
der Bejahung der Quantität sie vernichtet hat, daß es nun
auch keine andere Legitimität gibt als die des Magens und
kein anderes Privileg als des Hungers. Aber es wäre die
Pflicht jener, deren graue Sorge um die Beschaffung von
Getreide von den unverantwortlichen Wortdreschern aufgehalten wird, ihnen das Problem, das denkbar einfachste und
ihnen doch unfaßliche, wieder zum Erlebnis zu machen –
indem man sie einzelweis und erst in der Stunde der persönlich gespürten Not vor die Alternative stellt, und zwar durch
die Wirtschafterin oder Hausmeisterin, die den Kulturhüter
fragen müßte, ob er für diesmal lieber auf seine Ration
verzichten wolle oder auf die Gobelins. Wir wollen abwarten, ob auch dann von Leuten, die noch nicht vierzig Tage
und vierzig Nächte gefastet haben, auf die Zumutung, Steine
in Brot zu verwandeln, dem Versucher geantwortet würde:
Der Mensch lebt nicht vom Brote allein. Ich glaube nicht,
daß es solche Bekennernaturen sind, um bei einer Hungersnot auch mit jeglichem Wort vorlieb zu nehmen, das durch
den Mund Gottes geht. Wären sie es, sie vermäßen sich
nicht, das eigene Maß der Leidensfähigkeit dem Nächsten
aufzuerlegen und zu protestieren, wenn fremdem Hunger
die Erlösung winkt.

Nein, anders als durch das unmittelbare, den persönlichen
Leib berührende Erlebnis lernt der Gebildete nicht; der
Anschauungsunterricht der nackten Not, den er stündlich
hundertfach empfangen könnte, genügt nicht, Herzen zu
erschüttern; und die Vorstellung ist längst vor die Hunde
gegangen, zu jener Gattung, der das Wort des Menschen all
seine Verworfenheit zuschiebt, wiewohl sie doch aus Treue
für ihn selbst den Hungertod auf sich nimmt. Sie weiß nichts

von Problemen, wenn es die Liebe gilt. Aber dieses hier ist so plan, daß man wähnen könnte, es müßte selbst Intellektuellen eingehen. Sie aber wieder sind eine Gattung, die nur darum, weil sie sich in ein Problem vertieft, noch das flachste verflachen muß. Flach ist es, wie die Politik dieser Tage, der nichts zum Inhalt bleibt als die Frage, ob morgen genug Kohle kommen wird, damit übermorgen noch Licht sei. Aber eben das ist für die Menschen, die den Krieg mit dem Frieden beendigt glauben, am schwierigsten zu fassen. Die für die bunte Lüge eines mörderischen Vaterlands das Durchhalten geübt haben, wollen nicht zugeben, daß es zur Lebensrettung notwendig ist; und deren Faulheit keinen bessern Vorwand kannte als die Versicherung, daß jetzt Krieg sei, lassen es nicht gelten, daß jene, die ihn am schwersten erlebt, nun an Arbeitslust eingebüßt haben und daß die einzige Beglaubigung einer siechen Zeit die Formel ist: Jetzt war Krieg! Sie dementieren ihn feierlich; sie haben ihn schon satt. Diese Sorte, die durch vier Jahre nicht zur Kenntnis nehmen wollte, daß sie den Krieg angefangen hat, will nun auch nicht wahr haben, daß sie ihn verloren hat, ja sie möchte so tun, als ob sie ihn überhaupt nicht geführt hätte – aus welchem Geisteszustand sich mit zwingender Notwendigkeit ergeben muß, daß sie ihn auch nicht beendigen wird. Ein Erlebnis, das durch allen Jammer dieses Krieges und seiner Verlassenschaft ein Wohlgefühl über ein Jahrtausend breiten müßte: keine Habsburger, keine Hohenzollern zu haben, dies Glücksgeschenk, das o Königin das Leben doch schön macht, wird an die Erinnerung vergeudet, daß unter den Szeptern ein Kaiserfleisch beziehungsweise ein Eisbein zwei Kronen, die also noch 1 Mk. 50 waren, gekostet hat, und wiewohl jene nachweislich erst zu einer Zeit entfernt wurden, wo diese Lebensgüter schon zehnmal so teuer waren, ist der Schwachsinn, der aus der hoffnungslosesten Abteilung der Irrenhäuser ins Freie entkommen scheint, melancholisch, weil er die Rechnung ohne den angestammten Wirt machen muß, und gibt an der weiteren Teuerung dem Nachfolger die Schuld. Für die schlichte Erkenntnis, daß, wo nichts ist, nicht nur der Kaiser sein Recht an die Republik verloren, sondern auch den Zustand verschuldet hat, hat die geistige Aushöhlung der Kriegsjahre keinen Vorrat mehr erübrigt und der Patient, dem das Bein amputiert werden muß, um sein Leben zu retten, ist auch psychisch derart lädiert, daß er den Arzt für das Leiden verantwortlich macht und jenen Todfeind zurückruft, der ihn zwar angeschossen hat, aber ehe ers tat, ihm doch nie zugemutet hätte, sich das Bein abnehmen zu lassen! Und weil die Feuerwehr noch dies und das preisgeben mußte, macht der Verunglückte sie nicht nur fürs Wasser, sondern auch fürs Feuer verantwortlich und wünscht sich zur Rettung den Brandstifter herbei. Nun muß ich ja sagen, daß, wenn die Wiederkehr des Übels alle nur erdenkliche Erleichterung und Vergütung so sicher garantierte, wie seine Herrschaft allen Wucher und alle Verwüstung bewirkt hat, ich lieber in der Republik verhungern und erfrieren wollte. Und nach zwanzig Jahren Republik noch würde ich bei jedem Tritt in den Dreck dieser Straßen, auf jeder Höllenfahrt dieser Bahnen, auf jedem Kreuzgang zu diesen Ämtern das Andenken jener verdammten Habsburger berufen, immer einer hoffnungslosen Gegenwart zugutehaltend, daß ein mystischer Zusammenhang waltet zwischen dem spanischen Zeremoniell und dem österreichischen Pallawatsch, und auch dem Wirrsal dieser Gehirne, die im Heimweh nach der Ursache deren fortwirkende Schmach bezeugen. Aber die uns in den Abgrund geführt haben, sind uns dennoch zu früh entrückt: sie hätten uns, als die unverkennbaren Exponenten des Jammers, noch ein Weilchen, noch bis in die unterste Tiefe begleiten und dann erst verlassen sollen, damit eine Welt, die durch Schaden dumm wird, ohne Sehnsucht nach ihnen hinsterbe und ohne den Drang, sie noch einmal zu erleben. Denn das fatalste Erbe, das uns die Dynasten hinterlassen haben, ist nicht die Not, sondern der Fluch einer Geistesverfassung, durch die wir unfähig

geworden sind, die Erlösung von ihnen als den wahren
Ertrag unsres Leidens zu empfinden, als dessen eigentlichen
Sinn zu werten, und unwürdig werden ihres Verlustes.
Dieser Zustand einer Gehirn- und Charaktererweichung,
durch sieben Jahrzehnte sub auspiciis befördert, ist ein
solcher, daß die Menschen hierzulande nicht nur in der
Grunderfassung des Übels straucheln, sondern vor jeder
Misere des Tags, zu der sie ihre Kriegführung verurteilt hat,
Täter und Helfer verwechseln, und daß etwa der Bestohlene
dem Wächter die Schuld gibt und sich beim Dieb beschwert
und wenn der Dieb gegen den Wächter gewälttätig wird –
was des Landes so der Brauch ist–, der Bestohlene einen
unerhörten Übergriff des Wächters ausruft. Ein Schwächezustand, aber ohne den Naturreiz der hurischen Empfindung, deren Verhängnis es ist, den Zuhälter gegen die Polizei
in Schutz zu nehmen. Sie tragen auch kein Bedenken, dem
Helfer die unsauberen Motive zu unterschieben, die sie im
eigenen Geschäftskreis zum unrettbaren Opfer der Ausbeutung machen, denn jeder, der seine Tasche preisgibt, duldet
ja nur unter dem Vorbehalt, daß er es selbst auf die des
Räubers abgesehen habe. Wahrlich, sie waren eher bereit,
dem Vaterland eine Generation zu opfern als die nun leeren
Zimmer! Und rätselhaft bleibt, wie der unbedankte Wille,
die Prokura der Not zu führen in einer Sphäre, in der sich
heute nur noch die Ehrlosigkeit von selbst versteht, nicht
vom Ekel überwältigt wird und wie es gelingen mag, eine
Gesellschaft zum Verzicht zu zwingen, deren Letztes, was
sie besitzt, die Frechheit sein wird, und sie zwar nicht vor
den Gelegenheiten ihres Mißvergnügens, aber uns alle vor
den blutigen Ausbrüchen der Verzweiflung zu bewahren.
Und welch ein Gelingen, wenn wir vor solchen Neuerungen
mit dem Leben davonkommen, auch jenen Wiederherstel-
lungen zu entgehen! Nein, hier rettet kein politischer Wille,
nur das Glück, durch das die Dummheit für eine verlorene
Revolution vom Schicksal entschädigt wird, wenn sie so
dumm war, die Vorteile eines verlorenen Kriegs zu verspie-

len: die verlorenen Monarchen. Wir sind durch ihre Kriegführung nicht nur in der Zivilisation um Jahrhunderte zurückgeworfen, sondern in der geistigen Entwicklung irgendwo angelangt, wo wir überhaupt nie waren, und bloß dadurch, daß wir in so hohem Maße kriegstauglich waren, sind wir untauglich zu einer Freiheit, deren riesenhafte Quantität – ganz gemäß den Bedingungen jener Heldenzeit – keiner inneren Berufung entspricht. Uns bleibt nichts als die Zeitung, die uns überleben wird, nichts als das Unrecht, das mit uns geboren ist, nichts als die Lüge, die wir gewohnt sind und die keine Revolution uns aus der Seele reißen wird. Wer nicht daran gestorben ist, lügt weiter. Denn um zu leben, braucht er die Lüge wie der andere einen Bissen Brot.

Ein Faust-Zitat

.

Der sprachliche Tiefgang der Faust-Welt wird erst zum Wunder, wenn man ehrfurchtslos genug ist, die Schichten dieser Schöpfung zu unterscheiden und manches, was sich im Himmel begibt, als mit den vorhandenen Mitteln der Erde bewerkstelligt zu erkennen. Was der Rhythmus in oft nur beiläufiger Verbindung mit dem Gedanken vollbracht hat, muß dem Abstieg zu den Müttern alles Sprachdaseins erst den Wonneschauer vorbereiten. Eine sprachkritische Durchforschung des ersten Teiles würde dem Worterlebnis zwischen Faust und Helena, dem der Reim entspringt, keinen allzu bedeutenden Vorlauf beistellen, vielmehr ergeben, daß hier die Sprache noch die Mittellage zwischen orphischem Lied und einer mit ungeheurer Sinnfülle begnadeten Operette behauptet. Man könnte aber auch weiterhin vielfach diese Distanz nachweisen und etwa spüren, daß das Ende des Mephistopheles, der sich in ein dürftiges Epigramm über sein Erlebnis flüchtet, der nirgendwohin abgeht und dessen Verlegenheit nur darin gestaltet ist, daß an ihr weder die Bühne noch die Sprache mehr teilhat – ein großer Aufwand ist vertan –, vielleicht nicht später als sein Anfang entstanden sein mag. So großartig die Wortkunst den Anblick des Blamierten hergestellt hat, dem die Engel die hohe Seele weggepascht haben und der erkennen muß, daß er schimpflich mißgehandelt habe, so weit über Gebühr jämmerlich steht er in den Schlußversen da (Und hat mit diesem kindisch-tollen Ding der Klugerfahrne sich beschäftigt), die seiner Hilflosigkeit, einen Ausweg zu finden, eben noch mit einem Mißreim gerecht werden. Welche Konsequenz er aus der Torheit ziehen wird, die seiner sich am Schluß bemächtigt und von der uns bloß gesagt wird, daß sie nicht gering ist, davon wird uns nicht einmal eine Ahnung, geschweige denn eine Anschauung. Dieses undramatische Ende, das auf der Szene keine gute Figur, sondern einen schlechten Satz zurückläßt und das der Sprechgestaltung schlechthin unzugänglich bleibt, ist hinreichend durch das Fehlen jeder szenischen Anweisung bezeichnet. Nachdem das Verschwinden der Unterteufel von ihm selbst mit ungeheurer Plastik dargestellt worden ist, kann er, der versäumt hat, ihnen in die Höllenflucht nachzustürzen – etwa nach der Verwünschung der sieghaften Engel–, weder abgehen noch zurückbleiben, er ist einfach nicht mehr vorhanden und wir müssen ihm aufs Wort glauben, daß er vernichtet ist. Ein »(ab)«, das nach einem Epigramm nicht möglich ist, würde allzu deutlich machen, daß dem Dichter die Figur entglitten ist, wie ihr selbst jene Seele, und daß er eben statt eines Schlusses Schluß gemacht hat. Es ist natürlich ein und dasselbe Versagen, das in der Sprache wie im dramatischen Atem fühlbar wird; und das wahrscheinlich vielen Stellen im »Faust« die Gemeinverständlichkeit gesichert hat. Denn die Geläufigkeit und möge sie auch nur die Beiläufigkeit sein, ist eben die Qualität, die erst die Zitierbarkeit ermöglicht und der zuliebe man dem Dichter selbst ein Wunder wie den viergeteilten Chor des »Helena«-Aktes verzeiht. Daß eine Zeile von diesem wie auch von der »Pandora« oder von Gedichten wie »An Schwager Kronos« hundert »Habe nun, ach!«-Monologe aufwiegt, das wird sich deutschen Lesern allerdings nie beweisen lassen, denn die geistigen Angelegenheiten haben es an sich, daß zwar der, der's vermag, in ihrem Gebiete klarere Beweise führen kann als es jedem andern mit greifbaren Dingen möglich ist, daß aber jene, die nur zwischen solchen leben und die Kunst für deren Aufputz halten, den Beweisen so verschlossen bleiben wie dem Wert, dem sie gelten. Die »Faust«-Bildung hat festgestellt, daß die Zeile »Ein großer Kahn ist im Begriffe auf dem Kanale hier zu sein« lächerlich sei und nicht, wie man ihr vergebens dartun würde, erhaben, und umgekehrt wäre es aussichtslos, die literarhistorische

Seele überzeugen zu wollen, daß nicht einmal das, was sie in einen Vers von ihrer eigenen Schönheit hineintut, darin vorhanden sei.

Immerhin mag an einem Beispiel dargetan werden, wie einem Wort oft die Flügel mit Nachsicht der Flugkraft zuwachsen und wie sie es über deren Mangel hinwegheben. Dort, wo noch nicht der Zwang der Wortschöpfung vorwaltet, der den rationalen Sinn so hart bedrückt, und wo zwischen Gestalt und Gehalt noch der Spielraum offen ist, in dem er sich am wohlsten fühlt, kann das tiefere Sprachgefühl die fehlende Verdichtung geradezu als Unstimmigkeit erfassen. Ein Fall, an dessen Fehler sich eben das Wesentliche, welches fehlt, darlegen läßt und der damit auch der Erkenntnis des Reimes dient als der Funktion, Schall oder Gedanke zu sein, ist das berühmte Zitat:

> Verzeih, ich kann nicht hohe Worte machen,
> Und wenn mich auch der ganze Kreis verhöhnt;
> Mein Pathos brächte dich gewiß zum Lachen,
> Hätt'st du dir nicht das Lachen abgewöhnt.

Gott und die Engel sind vorweg und mit Recht auf die gleiche Stufe der Empfänglichkeit gegenüber dem Nichtpathos des Teufels gestellt. Mephistopheles bittet den Herrn um Vergebung dafür, daß er nicht hohe Worte machen könne, und wenn ihn um dieses Mangels willen auch der ganze Kreis verhöhnt. Wohl treten in der Plastik des »ganzen Kreises« zunächst die Engel hervor, denen ja als Jugend und Gefolge die Lust, den Teufel zu verhöhnen, zugetraut werden kann. Aber Gott selbst, wenngleich er wahrscheinlich nicht höhnt, wird gebeten, die Unfeierlichkeit nicht übel zu nehmen; denn es gebührt sich ja, vor ihm hohe Worte zu machen, und er würde auf den Mangel an Pathos vielleicht nicht so schrill, aber doch auch negativ wie die Engel reagieren. Er würde vielleicht nicht höhnen, aber daß er lachen könnte (wenn er noch könnte), wird ihm im nächsten Vers bestätigt, und etwas anderes als über den

Teufel lachen, tut ja der »ganze Kreis«, in dem Gott schließlich inbegriffen ist, auch nicht. Mephistopheles hat kein Pathos und bekennt sich dazu auf die Gefahr hin, im Himmel lächerlich zu erscheinen. Aber hätte er Pathos: so brächte es »dich« – es ist also derselbe Partner wie in den ersten zwei Versen – »gewiß zum Lachen«. Das heißt: »erst recht«. Damit ist Gott in der Wirkung, die das Nichtpathos des Teufels auf ihn haben könnte, so sehr mit den Engeln identifiziert, daß man ihn, peinlich genug, fast höhnen sieht. Hätte ich Pathos, würdest du, der mich wegen des Mangels verhöhnt, erst recht lachen. Dies und nur dies kann der Sinn sein.

Und nun beachte man zunächst, welche Unmöglichkeit eines Reims entsteht, der doch phonetisch einer ist und als solcher in einem Gedankenraum, wo die Sphären »hohe Worte machen« und »lachen« zur Deckung gelangen sollen, geradezu das Beispiel der Naturhaftigkeit vorstellen könnte. Denn reimen kann sich nur, was sich reimt; was von innen dazu angetan ist und was wie zum Siegel tieferen Einverständnisses nach jenem Einklang ruft, der sich aus der metaphysischen Notwendigkeit worthaltender Vorstellungen ergeben muß. Andernfalls ist der Reim nichts als eine Schallverstärkung des Gedächtnisses, als die phonetische Hilfe einer Äußerung, die sonst verloren wäre, als das Ornament einer Sache, die sonst keine Beachtung verdient, ein Wortemachen, ohne das man vielleicht lachen würde. Der klanglich unreinste Reim kann wertvoller sein als der, dem kein äußerer Makel anhaftet, und alle Reimtheorie, die ihn daraufhin prüft, ob man ihn »verwenden« dürfe, ist kunstfernes Geschwätz, das auch die Dichter, die solchen Unfugs gelegentlich fähig waren, auf dem Niveau des Publikums zeigt, welches von der Lyrik nichts weiter verlangt, als daß sie ihm die Gefühle, die es ohnedies hat, in Erinnerung bringe. Die Qualität des Reims, der an und für sich nichts ist und als eben das den Wert der meisten Gedichte ausmacht, hängt nicht von ihm, sondern durchaus vom Gedanken ab, welcher erst wieder in ihm einer ist und ohne ihn etwas ganz anderes wäre. Der Reim ist keine Zutat, ohne die noch immer die Hauptsache bliebe. Die Verbindlichkeit, die in diesem Verhältnis vorwaltet, ist darin besiegelt, daß ein und derselbe Gedanke je nach dem Reim so verschieden sein kann wie ein und derselbe Reim je nach dem Gedanken.

Seicht oder tief, voll oder schal. (»Wie jede Sehnsucht, die ihn rief« – »wie der Empfindung Material«: ich könnte, was immer ich darüber zu sagen wüßte, nur mit den Reimen meines Gedichts »Der Reim« sagen. Doch sei dort unter dem Material der Empfindung ihr Wert verstanden, der den Wert des Reims verbürgt, nicht ihr Stoff. Denn Herz und Schmerz können den stärksten und den schwächsten Reim ergeben und in der trivialen Sphäre, wo »die Tageszeitung der erdensichern Schmach Verbreitung« bedingt, ersteht er so vollgültig wie in jenen »weitern Fernen«, wo es ein »staunend Wiedersehn mit Sternen« gibt. Der Reim entspringt wie nur Euphorion der Gedankenpaarung und er kann von den besten Eltern sein, wenn diese auch noch so niedrig wohnen. Denn tief genug unter der Region, wo der Seele Philomele antwortet, und in einer Niederung, die vor faustischen Versen zu beziehen blasphemisch anmutet, spielen sich die Coupletworte ab, die ich den sich und uns, seinen und unsern Jammer überlebenden Franz Joseph singen lasse:

> Was sind denn das für Sachen?
> Bin ich nicht Herr im Haus?
> Da kann man halt nix machen.
> Sonst schmeißt er mich hinaus.

Und doch ist es reinste Lyrik, denn im ausgeleiertsten Reim ist hier das kraftlose Wollen einer Person, einer Epoche, einer Gegend, mit der faulsten Resignation zweimal konfrontiert und die Gestalt mit allem Hintergrund aus der Sprache geschöpft. Sachen und machen, Haus und hinaus bewähren den Ursprung des Reims und jene ganze Wir-

kung, deren die Trivialsprache so gut fähig ist wie die Musik
der Sphären. Ich könnte, zur Empörung aller Sprach- und
Moralphilister, noch weiter gehen und bescheiden abtreten
vor einem Epigramm, das ich einmal an einer Wand gefunden habe, die den vulgärsten Spielraum des menschlichen
Mitteilungsbedürfnisses, die anonymste Gelegenheit des
Drangs nach Publizität vorstellt und der Volkspoesie jenen
Ab- und Zutritt läßt, der den dort Beschäftigten nicht
verboten ist. Nichts von der gereimten Unflätigkeit, die,
vom genius loci eingegeben, sich auf die Bestimmung des
Aufenthalts bezieht und mit ihrer fertigen Technik weit eher
dem Gebiet der Bildungspoesie zugehören dürfte, sondern
die naive Roheit in sexualibus, die die Gelegenheit benützt
und es sich nicht versagen kann, das, was ein kultiviertes
Gefühl umschreibend gern in jede Rinde einschnitte, auf
jede Planke zu setzen, ja sich eine solche ohne derartige
Zutat überhaupt nicht vorstellen könnte. Der erotische
Gedanke aber, dessen tragische Sendung, die Menschheit zu
offenbaren und zugleich vor ihr selbst verborgen zu sein,
sich in solcher notgedrungenen Heimlichkeit symbolhaft
abzeichnet, hat die Macht, noch auf seiner niedrigsten Stufe
zum Gedicht zu werden. Keine Rücksicht auf die Anstands-
bedenken aller Ausgesperrten, nur das Grauen vor einem
stofflichen Interesse, dessen Unzuständigkeit vor der Kunst
ich doch eben dartun will, verhindert mich, den genialsten
Reim, das vollkommenste Gedicht hieherzusetzen, das je in
deutscher Sprache entstanden ist, von einem Kretin oder
Tier gelallt, der oder das in dem unbewachten Moment ein
Genie war. Vollkommen darum, weil es, als der bündigste
Ausdruck der gemeinsten, allgemeinsten Vorstellung von
erotischem Glück, in einem beispiellosen Zusammenklang
der Sphären nur aus drei Worten besteht und weil der
Sexualwille mit diesem »Ist gut« noch nie so ein für allemal
ein Diktum gefunden hat, gegen das es keinen Einwand und
über das hinaus es keinen Ausdruck gibt. Da kann man
wirklich und in jedem Sinne nur sagen, daß das kein Goethe

geschrieben hat, und er selbst wäre der erste gewesen, es zuzugeben.)

Im Goetheischen Zitat nun haben die Sphären, die nach der Deckung im Reim verlangen, die Eignung, eben in der Antwort von Lachen auf Machen befriedigt zu sein, in der Beziehung von gemachtem und verlachtem Pathos sich gepaart zu fühlen. Trotzdem ist es ein schlechter, weil durch eine begriffliche Störung ernüchterter, ein leergewordener Reim. Das ist vom Element »verhöhnen« bewirkt, dessen Dazwischentreten das Lachen als Begriffsparallele in Anspruch nimmt. Das »Lachen« könnte seine volle Reimkraft nur bewahren, wenn es als eine vom Verhöhnen völlig unterschiedene Reaktion zur Anschauung käme. Daß dies nicht der Fall ist, beweist der offenbare Sinn. Dieser Naturreim des bündigsten Einverständnisses ist dadurch, daß der zweite Gedanke im »gewiß« kulminiert und das »Lachen« bloß im Schlepptau des Sinnes mitgeführt wird, vollständig entwertet. Es ist überhaupt kein Reim mehr, sondern bloß ein schwaches Echo des »Machen«, das der Erinnerung durch einen Nachklang ein wenig besser aufhilft als etwa ein »Spotten«. Da nun der Gedanke im Reim kulminieren oder dort noch erlebt sein muß, um ihn zu lohnen und von ihm gelohnt zu werden, so ist man gewohnt, in diesem Vers nicht das »gewiß«, sondern das »Lachen« zu betonen: ohne jede Verbindung mit dem Sinn des Ganzen und vermöge der natürlichen Anziehung des Reimes, aber eben darum, weil »gewiß« hier eine zu schwache Bekräftigung ist, um mehr als das »Lachen«, um die ganze Beziehung zum verlachten Nichtpathos zu tragen. »Mein Pathos brächte dich gewiß zum Lachen«: da ist »gewiß« nur eine Bestätigung der Wirkung des Pathos (»sicherlich«) und durchaus nicht die Steigerung im Vergleich zur Wirkung des Nichtpathos (»vollends«). Es stützt nur das Lachen bei Pathos und soll doch dessen Wirkung im Vergleich zu der des Nichtpathos hervorheben. Es hat alle Eignung, die Zeile zu isolieren, und der vom Sinn verlangten Beziehung auf den vorangegange-

nen Vers könnte eben nur mit der Prothese »vollends« (oder
metrisch: »erst recht«) aufgeholfen werden. Der Schauspieler des Mephistopheles, der selbst sein ganzes Nichtpathos
zusammenraffte, wird das »Lachen« nicht fallen lassen, sondern einfach nicht umhin können, es zu betonen: reimgemäß
und sinnwidrig. Der Vers als solcher ist, vom Schicksal des
Reims abgesehen, erst ein Vers, wenn nicht »gewiß«, sondern »Lachen« betont ist, andernfalls ist er nichts als argumentierende Prosa. Geschieht es aber, wie der Vers gebietet,
so löst sich die Beziehung zu den voraufgegangenen Versen:
das »Lachen« ist eine ganz andere Reaktion als das »Verhöhnen« und indem im »Pathos« doch ein Gemeinsames vorhanden bleibt, verwirren sich die beiden Begriffsreihen.
Aber nur durch die völlige Loslösung des dritten von den
ersten zwei Versen, die keinen Sinn übrig läßt, ist wieder ein
Anschluß des vierten möglich. Nur wenn »Lachen« betont,
als Neues gesetzt wird, kann fortgesetzt werden: Hätt'st du
dir nicht das Lachen abgewöhnt. Nur dann ist das »Lachen«
in der vierten Zeile keine Wiederholung, sondern eine Verstärkung. Fällt es in der dritten Zeile zu Boden, wie der Sinn
des Ganzen verlangt, so ist der Anschluß der vierten unmöglich. Es müßte denn eine Pause nach der dritten erlebt sein,
in der sich der Sprecher auf die Zunge beißt: Ah was red ich
da vom Lachen, du kannst ja gar nicht mehr lachen. Dieses
Zwischenspiel wäre auch durch einen Gedankenstrich nicht
dargestellt und ist im gegebenen Versraum mit sprachlichen
Mitteln überhaupt nicht zu bewältigen. Wenn die vierte
Zeile nicht wieder nur argumentierende Prosa sein soll, so
verlangt sie die volle Betonung des »Lachen« in der dritten;
sonst wäre das der vierten entwurzelt und nur so zu prosai-
scher Begriffsausführung hingesetzt. Sollen aber beide Zeilen ein Gedicht ergeben, so hört jede Verbindung mit den
ersten beiden auf. Wußte Mephistopheles vorweg, daß der
Herr sich das Lachen abgewöhnt hat, so würde dieser
Gedanke wieder jenen aufheben, mit dem er die Wirkung
seines Nichtpathos bezeichnet. Er kann doch nicht sagen,

daß Gott sich das Lachen nur gegenüber solcher Haltung abgewöhnt hat, die ihn »erst recht« zum Lachen reizt: mindestens lacht er also über die andere. Wieder ein Beweis, daß, um den Anschluß an den vierten Vers zu ermöglichen, »gewiß« unbetont, »Lachen« betont sein muß. Er ist nur möglich, wenn »gewiß« so viel wie »sicherlich« bedeutet. Alle Elemente der Sprachgestalt sind vorhanden, aber zerstreut, und man beachte, wie rein der Gedanke in dem vom zweiten Vers befreiten Reimpaar zur Geltung kommt. Wobei freilich, im unmittelbaren Reim auf »Worte machen«, der Hauptton, der auf »Worte« liegt, die volle Deckung ein wenig beeinträchtigen müßte, was gerade durch die Einmischung des verkürzten Verses repariert wird; wenn er nur nicht als Ganzer den Reimgedanken aufhöbe. Er tritt dazwischen mit der doppelten Funktion, sich zugleich nach oben und nach unten anzuschließen, indem das »verhöhnt« sowohl dem Nichtpathos entspricht wie das Lachen vorbereitet, das dem Pathos entsprechen soll. Ist dies aber gegen die Natur des dritten Verses gelungen, so hängt der vierte in der Luft. Denn daß der Teufel im kosmischen Raum des Versgeistes freizügig sei, kann er nicht beanspruchen, und gerade der Dialektik ist es verwehrt, über die Sprache hinaus zu sprechen. Die vier Gedankenreihen: Pathos, Nichtpathos, Lachen, Nichtlachen hätten eben, um ineinander zu greifen, mehr als vier Verse gebraucht. Es ist aber nicht einer jener gesegneten Fälle, tausendfach in Goethescher Sprachtiefe vorfindlich, wo gedankliche Fülle die Übersicht erschwert, vielmehr bedeutet die Kürze die Beiläufigkeit, bei der der handgreifliche Sinn keineswegs zu Schaden kommt.

Als ich mit meinem akustischen Spiegel »Literatur« daran ging, dem weltfreundlichen Ohr des nachtönenden Fäustlings den Schall berühmter Verse einzupflanzen, deren Sinn zugleich die Schlinge war, in der sich der Wortbetrug abfangen ließ, da war es merkwürdig, wie sich jene Stelle, die sich durch das Motiv eines ausgelachten Pathos so sehr der

Verwendung zu empfehlen schien, stilistisch dagegen sträubte. Schließlich jedoch fanden die Teile ihre sprachlogische Verbindung, der Reim seine Auffüllung, und die Satire lachte sich mit der folgenden Variante ins Fäustchen:

> Er kann bei Gott auch hohe Worte machen,
> doch kommt der Tag, wo ihn sein Kreis verhöhnt,
> sein Pathos bringt sie dann gewiß zum Lachen,
> sobald sie merken, daß es vorgetönt.

Konnte, um eine von der Literaturwelt nicht durchschaute, jedoch geförderte Usurpation der höchsten geistigen Sphäre zu brandmarken, kein Faustwort entheiligt werden, so durfte sich jenes die Zurichtung wohl gefallen lassen. In solche Beziehung gebracht, ist das Lachen »gewiß« an seinem Platz.

Die Wortgestalt

Als das stärkste Beispiel, wie im hingestellten Wort zugleich
eine Situation mit ihrem ganzen Hintergrund dasteht und
der sie beherrschende Charakter mit allen Schauern, die von
ihm in alle Entwicklung und dramatische Fortsetzung ausgehen, schwebt mir eine Stelle aus dem Schluß des III. Teils
von Heinrich dem Sechsten vor. Wie viele Menschen gibt es,
die Bücher lesen, und wie wenige dürften wissen, daß solch
ein Wert den vielen unerschlossen ist! Mir ist im ganzen
großen Shakespeare nichts bewußt, das sich dieser Wirkung,
von einem Wort bewirkt, an die Seite stellen ließe, wiewohl
wahrscheinlich die deutsche Sprache daran mitgewirkt hat.
Es steht am Beginn von Glosters blutiger Laufbahn und
öffnet gleichsam das Höllentor der Richard-Tragödie. Von
den drei Brüdern hat soeben König Eduard Margarethas
Sohn durchstochen, Gloster sticht nach, Clarence folgt. Da
Gloster auch die Mutter umbringen will, mahnt Eduard ab:
Wir taten schon zu viel. Während sie in Ohnmacht fällt,
wird Gloster von einem Entschluß gepackt:

> Clarence, entschuld'ge mich bei meinem Bruder.
> In London gibt's ein dringendes Geschäft:
> Eh ihr dahin kommt, sollt ihr neues hören.
> > Clarence.
> Was? Was?
> > Gloster.
> Der Turm! der Turm! (ab)

In der nächsten Szene – Zimmer im Turm – wird dann
Heinrich, mit einem Buch in der Hand, abgestochen von
einem, »der nichts weiß von Mitleid, Lieb' und Furcht« und
der »Zähne im Kopf bei der Geburt hatte«. »The tower! the
tower!« könnte nicht so das Schrecknis malen oder es mag
an dem Grausen des Rufs die Vorstellung der Lokalität ihren

Anteil haben. Dieses »Der Turm! der Turm!« ist ein unüber-
bietbarer Eindruck. Wie wenn darin einer säße, der einem
unerbittlichen Gläubiger sein Blut schuldet. Und doch
zugleich wie eine Mahnung an die Blutschuld dessen, der ihn
beruft, richtet der Turm riesengroß sich auf. Dieser Richard
aber weiß, was seine Pflicht ist. Nachdem man die Königin
abgeführt hat, fragt Eduard, wohin er verschwunden sei.

> Nach London, ganz in Eil, und wie ich rate,
> Ein blutig Abendmahl im Turm zu halten.

Da kann Eduard nicht umhin, der Tüchtigkeit dieses Bruders, der ein Mordskerl ist, Gerechtigkeit widerfahren zu
lassen:

> Er säumt nicht, wenn was durch den Kopf ihm fährt.

Der Turm aber steht da und wenn seine Vorstellung noch
ein anderes Bewußtsein zuließe, würde man sich fragen, was
alle Theaterdekorationen der Welt vor diesem Wortbau eines
Wortes vermöchten. Wie dieser ungeheuren Fügung ein
Monstrum in Menschengestalt entspringt, wird erst – im
Unterschied zweier dramatischen Abgänge – die ganze
Macht wie Ohnmacht des Wortes sinnfällig, wenn man dem
offenen Höllentor jenes Rufs das dem Mephistopheles ver-
schlossene entgegenhält: wie dort das Wort vermag, was hier
Worte versäumen.

Doch in der Goethe'schen »Pandora«: der Wortbrand in
der Feuerbotschaft der Epimeleia, der Chor der Krieger,
Annäherung und Entfernung des ersehnten Trugbilds in den
cäsurversunkenen Versen des Epimetheus – es müßte, immer
wieder, auf solche Wunder darstellend hingewiesen werden.
»Wenn nach Iphigeniens Bitte um ein holdes Wort des
Abschieds der König ›Lebt wohl‹ sagt, so ist es, als ob zum
erstenmal in der Welt Abschied genommen würde und
solches ›Lebt wohl!‹ wiegt das Buch der Lieder auf und
hundert Seiten von Heines Prosa.« (Heine und die Folgen.)
Das Geheimnis der Geburt des alten Wortes: niemals noch

hat »die Stunde« so geschlagen, niemals noch währte ein
Atemzug so die Ewigkeit wie in den vier Zeilen von Claudius' »Der Tod«; nie stand ein Wald so schwarz und still, nie
stieg der weiße Nebel so »wunderbar« wie in dem »Abend-
lied«. In der neueren Wortkunst möchte ich dem »Tibetteppich« Else Lasker-Schülers einen das überhaupt nicht
Vorhandene überragenden Rang einräumen. Meine eigenen
Schriften gebe ich als Gesamtheit her für einige Stellen, in
denen das, worauf es ankommt und wozu überall der Weg
beschritten ist, mit einer fast den eigenen Zweifel besiegen-
den Unabänderlichkeit erfüllt scheint. Es sind, von außen
besehen, Beispiele anderer Art als jene, wo ein Turm, ein
Wald, ein Brand, ein Gewebe schon als die Wortkulisse den
Prospekt der Phantasie stellen. Aber weil die eigentliche
Schöpfung die Materie der Vorstellung überwindet und ihr
selbst die Schönheit, die der Geschmack ihr absieht, nichts
anhaben könnte, so beweist sich die Symbolkraft der
gewachsenen Worte ebenso dort, wo sie eine Realität, wie
dort wo sie einen gedanklichen Vorgang bezeichnen: alles ist
so erst im Wort erlebt, als ob es vorher und außerhalb nicht
gedacht werden könnte, und glaubte man auch, dieser
Gestalt hinterdrein eine Meinung abzugewinnen wie jener
einen Bericht. Worte, die schon allen möglichen Verrichtungen und Beziehungen gedient haben, sind so gesetzt, daß sie
das Ineinander ergeben, in welchem Ding und Klang, Idee
und Bild nicht ohne einander und nicht vor einander da sein
konnten. Wie dort ein Turm, ein Wald nicht war oder erst
von diesem den Inhalt empfängt, den er nicht hatte, so ist
etwa das Wesen des Reimes als das »Ufer, wo sie landen,
sind zwei Gedanken einverstanden«, nun erst zugleich hörbar und sichtbar geworden. Auch hier wäre der Material-
wert, wenngleich nur der angewandten Vorstellung, eher
jener Reiz, über den die eingeborne Kraft der Sprache
hinwegmuß. Was sie von außenher fertig bekommt, verwandelt sie doch erst wieder in das Wort an sich und sie
verschmäht durchaus jene Voraussetzungen von Gefühl und

Stimmung, die der gewöhnliche Leser eben darum für wesentlich hält, weil er sie als seine eigene Leistung, als sein Mitgebrachtes wiedererkennt. Was die Sprache aus sich selbst vermag, erweist sie im Satz einer Glosse, wo jenen die Beziehung auf den mitgebrachten Anlaß befriedigt, so gut wie im Vers, wo er seine Empfindung zu agnoszieren glaubt. Die äußere Verständigung ist das Hindernis, das die Sprache zu überwinden hat. Wo es ihr erspart bleibt, ist die Daseinsfreude, die sie sich selbst verdankt, reiner. Ich möchte, was sie sich in jenem höchsten Sinne der Eitelkeit »einbildet«, um es zu haben, an einer Strophe dartun, an der sich auch jenen, die es nicht spüren, wie kaum an einem andern Beispiel das Sprachwesen anschaulich machen läßt: die Möglichkeit des unscheinbarsten Wortes, das nur je einer Aussage gedient hat, sich zur Gestalt zu erheben. Es ist die Strophe des Gedichtes »Verlöbnis«, in der die Paarung der Geschlechter zu tragischer Unstimmigkeit, als Mission des Weibes und als Funktion des Mannes, Wortgestalt erlangt hat: im Infinitiv der weiblichen Natur und im Finalsatz der männlichen, in der beruhenden Fülle und im entweichenden Rest.

> Und seine Armut flieht von dem Feste,
> daß sie nicht an der Fülle vergeh'.
> Weibsein beruht in Wonne und Weh.
> Mann zu sein rettet er seine Reste.

Welche Hast, die eben noch sich raffend Zeit hat, den Bürger in Ordnung zu bringen, verrät da schnöde die Natur, die eingebettet ruht zwischen diesen rapiden Versen der fliehenden Armut und der geretteten Reste. Wonne und Weh sollen sie nicht lyrisch verklären, darin ist scheinbar etwas von der vorausgesetzten Schönheit, die der Laie für den Wert nimmt. Sie sollen die Pole des weiblichen Wesens bezeichnen, und daß sie im eigenen W alliterieren, ist ihr Gedanke. Nun aber wird die Wesenhaftigkeit der geschlechtlichen Natur ihrer Zweckhaftigkeit gegenübergestellt: Fülle und Haltung, Entsagen und Versagen, Sein und zu sein – um wie viel länger währt doch dieses »Weibsein«, das verkürzte, als dieses »Mann zu sein«; wie bleibt jenes, verflüchtigt sich dieses und wie dürftig, wie weltabschließend, wie »zu« ist diese Partikel, die in ihrer Zielstrebigkeit noch kaum je so zur Anschauung gebracht war. Und wenn er längst dahin ist, sieht man noch Weibsein in Wonne und Weh beruhn. Die schönen Stimmungen, die die Dichter von je haben und in eine Form kleiden, die sich vor den Leuten sehen lassen kann; die Lebensinhalte der neueren und ihre Eigenart, sie nicht ausdrücken zu können: das mag ja alles ungleich wertvoller und preiswürdiger sein. Aber auf dem Nebengebiet, wo ganz ungestört vom Geschmack der Welt die Sprache etwas mit dem Gedanken vorhat, muß so etwas doch etwas zu bedeuten haben.

Wie wenig sie hiebei auf die Stofflichkeit Bedacht nimmt, deren vorhandener Reiz, sei es als Gefühlston sei es als Meinungswert, ihr nur ein Hindernis bietet und nicht die Hilfe, der das Worthandwerk seine ganze Existenz verdankt, soll noch an zwei dramatischen Beispielen gezeigt sein, deren materielle Sphäre viel weiter als ihre geistige von dem Standort jenes Turms entfernt liegt. Bei Nestroy, einem jener seltenen Autoren, die den vielen, die sie kennen, unbekannt sind, gibt es winzige Zwischenszenen, wo ein Satz über die Bühne geht und mit einer Figur ein Milieu, eine Epoche dasteht. Läßt sich etwas Eindringlicheres, Zeitfarbigeres denken als jene Frau von Schimmerglanz, gefolgt von dem Bedienten in bordierter Livree, die nur mit der Weisung:

Sage er ihm: Nein!

ins Leben tritt (nachdem der ehrsüchtige Holzhacker mit der Frage, ob Euer Gnaden vielleicht um a Holz gehn, sich genähert hat), und die, wie sie aufgetaucht war, majestätisch wieder am Horizont verschwindet – eine Fata morgana für den geblendeten Blick, der ihr folgt, um sich dann mit einem »Das ist fatal!« in die nüchterne Wirklichkeit zu schicken.

Ich möchte behaupten, daß diese Gestalt, die sich die vier
Wörter, die sie zu sprechen hat, abringen muß, eben vermöge dieser Leistung von tieferher ins Bühnendasein einge-
holt ist als eine abend-, aber nicht raumfüllende Ibsenfigur,
und daß auch jener Bediente mit seinem auf Stelzen nach-
schreitenden:

> Nein, wir nehmen's vom Greisler

– wie nur ein standesbewußter und fächertragender Peter
hinter Juliens Amme – ein ganzes Stück Leben und Landschaft bedeutet, weil hier schon der Wortgeist verrichtet hat,
was sonst in szenischer Ausführung erst mit schauspielerischen Mitteln bewirkt werden müßte. Und wenn in meiner
Travestie »Literatur« die Kluft vorgestellt wird zwischen
jener ehrlicheren Generation, die den Kommerz noch im
Kommerz, zu der jüngeren, die ihn schon im Geist betätigt,
so konnte sie als die weiteste Entfernung von einer neuzeitlichen Schwindelwelt nicht zu besserer Anschauung gebracht
werden als in dem »entfernten Verwandten«, der von seinem
Spieltisch nur manchmal einen erstaunten Blick in das Geistesleben tut und auf das Absurdum des leibhaftigen
»Waschzettels« mit der Frage reagiert:

> Sie, wer sind Sie eigentlich, Sie Asisponem?

Wie der gesunde Menschenverstand richtet sich diese Ver-
ständnislosigkeit vor einem papierenen Scheinwesen auf,
von dem sie dumpf ahnt, daß es auf einem Umweg zu dem
gleichen Lebensvorteil gelangen will. Die Stimme klingt von
weiter her als dieser Verwandte entfernt ist – man glaubt die
Luftlinie zu sehen. Hier ist die Unmöglichkeit, daß diese
zwei Daseinsformen in demselben Weltraum vorkommen,
als die Möglichkeit, daß sie in demselben Kaffeehaus vorkommen, in einem Naturlaut, der nach beiden Polen
zurückschlägt, greifbar geworden. Gleichwohl dürften nicht
wenige Leser meinen, daß die Wirkung der Stelle vom
Jargonwort als solchem bestritten sein wollte, und sie, je

nach Geschmack, komisch oder trivial finden. Die Körperhaftigkeit des Wortes, an dem man gemeinhin nur die eine Dimension der Aussage erkennt, ist immer in einer Unscheinbarkeit gegeben, die erst dem Blick, der über den Sinn hinauslangt, die tiefere Beschaffenheit darbietet, die Geschaffenheit, die Wortgestalt.

Von Humor und Lyrik

In diesem Sommer habe ich die Gelegenheit wahrgenommen, die überwältigende Humorlosigkeit der deutschen Literatur von zahlreichen berühmten Beispielen auf mich einwirken zu lassen. Das Wesen des deutschen Humors, dem Betrachter eine Belustigtheit aufzudrängen, die er selbst dann nicht mitmachen könnte, wenn er auch nur imstande wäre, ihre Ursache zu ergründen, hat sich mir am faßlichsten in Gerhart Hauptmanns »Jungfern vom Bischofsberg« offenbart, einem Lustspiel, das ich aus Furcht vor einer Enttäuschung am Dichter des Hannele und der Pippa seinerzeit gemieden hatte und das mir nun durch das Mitleid mit dem Humor jenes archäologischen Fundes einer Wurst geradezu die Bedingungen einer Gerhart Hauptmann-Tragödie zu erfüllen schien. Es war sicherlich kein Zufall der Wahllosigkeit, daß ich unmittelbar vorher Nietzsche, an den die fröhliche Wissenschaft um dieses blamierte falsche Gelehrtentum sichtlich anknüpft – eine Zopfneckerei, die pedantischer und enger ist als alles Zopftum –, gelesen und mich an Witzen, wie etwa, daß die deutsche Kultur an der »Rhinoxera« leide, delektiert hatte und an ähnlichem polemischen Geist, der nun einmal – ja, so sind sie diese Deutschen – der Unsterblichkeit einverleibt ist. Und mit dem Respektmangel, zu dem einen kein anderer Autor so sehr autorisiert wie der, der Kant einen Idioten genannt hat, darf auch gesagt sein, daß ich unmittelbar darauf zu den höchsten Vorbildern deutschen Mißhumors vordrang, zu den Dioskuren der Witzlosigkeit, deren Xenien ich bis dahin noch nicht in ihrer erschöpfenden Fülle genossen hatte. Ich fand sie in einem merkwürdigen Band »Nachträge zu Goethes sämtlichen Werken, gesammelt und herausgegeben von Eduard Boas, Leipzig, Verlag von L. H. Bösenberg 1841«, der einfach

vorbildlich ist für alle falsche Optik, durch die sich die
Literaturgeschichte vor jeder andern menschlichen Betäti-
gung auszeichnet. Es muß wirklich so sein, daß schon die
bloße Möglichkeit, sich berufsmäßig mit Dingen des Geisteslebens zu befassen, den Menschen dahin bringt, das
Kleine groß und das Große klein zu sehen. Die Xenien sind
ganz bestimmt nichts anderes als die Ausführung des Vorsat-
zes zweier Schriftsteller, weil sie sich langweilten, es darum
auch andern zu tun, und sie hätten das Jahr ihrer Entstehung
kaum überlebt, wenn nicht eben zwei Namen darunter
stünden, die wie ein gemeinsamer Schritt vom Erhabenen
zum Lächerlichen und doch nicht Lustigen nur dem Staunen
Raum lassen, daß es im geistigen Gebiet solche Verwandlungen geben kann. Es ist denn auch wirklich schwer, die
Dioskuren auseinanderzuhalten und die Spuren Schillers
von jener tieferen Humorlosigkeit, die die Satire »Götter,
Helden und Wieland« oder die »Aufgeregten« geschrieben
hat, zu unterscheiden und umgekehrt. Verdrießlich ist dabei
nicht, daß der Schöpfer der Helena und der Pandora keine
Heiterkeit verbreiten konnte, wohl aber daß er es wollte,
und erstaunlich ist, daß es ihm gelang. Denn die Urteils-
losigkeit der Literaturgeschichte kann sich mit Recht auf die
Empfänglichkeit der Zeitgenossenschaft berufen, die von
jenem Boas wie folgt vermerkt wird:

Am 31. Oktober 1517 ward die kirchliche Reformation in
Deutschland begonnen; im Oktober 1796 nahm die literarische ihren Anfang. Damals schlug Luther seine Thesen zu
Wittenberg an, jetzt erschien der Schillersche Musenalmanach
mit den Xenien. Niemals zuvor hatte Einer den Mut gehabt, alle
sanktionierten Dummheiten so schonungslos aufzurütteln, die
Heuchler so scharf zu geißeln. Unermeßlichen Vorteil zog das
deutsche Schrifttum aus diesem Ereignis, und wir wollen
hier einen kurzen Abriß seiner Geschichte geben.
– – Da erzürnten sich endlich die Leuen zu Jena und
Weimar heftig; sie beschlossen, einmal furchtbar Gericht
zu halten, und Schiller ging mit dem gewohnten Feuer darauf ein,
als Goethe den Anschlag zu den Xenien machte. Alles Kraftlose,

Gemeine, Altersmorsche und Selbstsüchtige sollte befehdet, jedoch die Grenze des frohen Humors nicht überschritten und alles Kriminelle vermieden werden, damit die Musen dem Scharfrichter nicht ins Handwerk fielen. So ging man denn lustig ans Werk, und in ganzen Schwärmen, wie Zugtauben, flatterten die bunten Epigramme mit der Botenfrau zwischen Jena und Weimar hin.
– – Auch die frische, unbefangene Jugend jauchzte laut den Xenien entgegen, und viele derjenigen Literaten, welche verschont geblieben waren, freuten sich hämisch der Flamme auf des Nachbars Dach.... Die aber (die Dioskuren) saßen lächelnd und unnahbar in ihrer Götterruhe, machten psychologische Studien an der fieberhaften Aufregung ihrer lieben Zeitgenossen, und ließen sich durch alles Gebell und Gewinsel nicht stören....

In voller Nachlebensgröße tritt hier weniger sympathisch die Doppelgestalt hervor, die, schon in Marmor, psychologische Studien an der Erregung macht, als die ahnungslose Botenfrau, die mit den Epigrammen zwischen Jena und Weimar hin- und herflattern mußte.

Schiller schrieb den 12. Dezember 1796 an Goethe: »Ich werde, wenn der Streit vorbei ist, Cotta vermögen, alles, was gegen die Xenien geschrieben worden, auf Zeitungspapier gesammelt drucken zu lassen, daß es in der Geschichte des deutschen Geschmackes ad Acta kann gelegt werden.«...

In diese Geschichte des deutschen Geschmackes gehört nicht so sehr alles, was gegen die Xenien geschrieben wurde, wiewohl es ja auch trostlos genug sein mag, sondern das Werk selbst und die Begeisterung dafür. Zwar ist die frische, unbefangene Jugend jenes Zeitalters, die sich somit kaum von der heutigen unterschied, sofort als das Literatentum agnosziert, das sich hämisch der Flamme auf des Nachbars Dach freut; aber die Anspruchslosigkeit, die hier eine Flamme gewahrte, zeigt, welches Minimum von Satire damals genügt hat, um den Instinkt der Schadenfreude, der dieser Zunft wie keiner andern eingeboren ist, in Betrieb zu setzen. Das Feuer hätte schon an den schlechten Hexame-

tern ein natürliches Hindernis finden müssen. Gleich das
erste Distichon, das den »ästhetischen Torschreiber« fragen
läßt:

> Halt Passagiere! Wer seid Ihr? W e ß Stand e s und Charakters?
> Niemand passieret hier durch, bis er den Paß mir gezeigt

deutet an, daß hier in der Tat ein großer Widerstand zu
überwinden war, um die Grenze des frohen Humors zu
überschreiten, und gar nicht so uneben wie solche Distichen
war jenes, mit dem einer geantwortet hat:

> – ∪ ∪ – – – –– – ∪ ∪ – ∪ ∪ – –
> In Weimar und in Jena macht man Hexameter wie der;
> – ∪ ∪ – ∪ ∪ – – – – – ∪ ∪ –
> Aber die Pentameter sind doch noch excellenter.

Gewiß gehört aber in die Geschichte des deutschen
Geschmackes mehr als solche Polemik die Art, wie der
Literarhistoriker auf die Gegenschriften reagiert. Unter
einem Dutzend, das er anführt, bespricht er eine folgendermaßen:

10. Urian's Nachricht von der neuen Aufklärung, nebst einigen
anderen Kleinigkeiten. Von dem Wandsbecker Boten. (Hamburg,
1797.)

Herr Claudius gehörte zu den Leuten, die den Mund
gern etwas voll nehmen, und von Allem, was sie betrifft, recht
viel Spektakel machen. So freute er sich gewiß auch
innerlich über den Xenienangriff; denn er konnte doch eine
Entgegnung schreiben, und die Leute sprachen nun von ihm.
Zuerst berichtet Herr Urian den Dänen über das neue Licht,
das in Frankreich aufgegangen, denn schießt er grobe, plumpe
Epigrammenpfeile auf Schiller und Goethe ab. Nur ein witziger Vers
steht unter allen:

Der Wilhelm.

> Wie er so leidig spielt mit Namen!
> Nennt seinen Liebling Nickel,
> Und seine Nickels Damen.

Das Xenion aber lautet:

18. Erreurs et vérité

Irrtum wolltest du bringen und Wahrheit, o Bote von Wandsbeck.
Wahrheit, sie war dir zu schwer; Irrtum, den brachtest du fort!

Dazu die Erläuterung des Herrn Boas:

Matthias Claudius in Wandsbeck, der Übersetzer des Buchs »Des
erreurs et de la vérité« von Marquis St. Martin, wovon jener sehr
naiv gestand: »Dies Buch ist ein sonderliches Buch, und die Gelehrten wissen nicht recht, was sie davon halten sollen, denn man
versteht es nicht. – Ich verstehe es auch nicht.«

Claudius, der sich mithin im Gegensatz zu den zeitgenössischen Literaten der Flamme auf dem eigenen Dach gefreut
haben muß, hatte gewiß nicht mehr Humor als dem besten
Deutschen von der Natur zugemessen wurde, immerhin
etwas weniger gewaltsamen, als in 413 Xenien enthalten ist.
Daß aber der Dichter des Abendliedes ein Reklameheld war,
diese Entdeckung konnte nur der deutschen Literaturgeschichte gelingen, und daß unter die Leute, die den Mund
gern etwas voll nehmen, ein Literarhistoriker Claudius ein-
reihen kann und nicht etwa Claudius den Literarhistoriker,
gehört zu den Dingen, die eben nur in der deutschen Literaturgeschichte möglich sind. Noch im Jahre 1841 also,
26 Jahre nach seinem Hingang, konnte über einen Mann,
dessen edlen Sinn jedes Wort, das er geschrieben hat, verbürgt und der nicht Goethes Umfang und Größe, aber
tiefere lyrische Augenblicke als selbst er erreicht hat, in so
niedrigem Ton geschrieben werden. Den Begriff, den jener
Boas von der lyrischen Schöpfung hat, offenbart er aber
auch in allem, was er für Goethe zu sagen hat; etwa so:

Goethe war eine viel künstlerischere Natur; er beherrschte seine
Werke immer und warf nichts aufs Papier, ehe es nicht glatt und
vollendet vor seinem Geiste stand.

Trotzdem gibt's aber Varianten bei Goethe, durch deren
Mitteilung sich Boas ja ein Verdienst erworben hat:

– – wir belauschen den Dichter, wie er doch zuweilen noch glättete, oder neue Linien eingrub, und finden dadurch ein Mittel, seinem hohen Bildungsgange folgen zu können.

Was nun diese Varianten betrifft, so geht ihre Bedeutung dem Literarhistoriker nicht aus ihnen selbst hervor, sondern:

Übrigens bin ich gegen den Einwand gewaffnet, »daß diese Varianten, sowohl in Hinsicht auf Masse als Inhalt, zu geringfügig seien, um hier mitgeteilt zu werden.«

Ein im deutschen Sprachgebiet, wo man den Wald vor lauter Blättern nicht sieht, wohl möglicher Einwand, dem Boas aber wie folgt begegnet:

Ich denke, es reicht vollkommen hin, wenn ich darauf erwidere: Die Veränderungen müssen doch wohl nicht so ganz bedeutungslos sein, da Goethe sonst gewiß Alles gelassen hätte, wie es früher war.

Ohne Zweifel. Und da geschieht es dem Literarhistoriker, der zuerst die endgültige Fassung von Wanderers Nachtlied mitteilt, daß ihm der Drucker den Schluß so hinsetzt, wie etwa der Ungar in der Anekdote ein Reimwort zitiert.

> Über allen Gipfeln
> Ist Ruh,
> In allen Wipfeln
> Spürest du
> Kaum einen Hauch;
> Die Vögelein schweigen im Walde.
> Warte nur, balde
> Ruhest auch du.

Wird hier durch die Umstellung zweier Worte das Werk entwertet, so zeigt die Urfassung in der Tat, wie wenig Worte verändert werden mußten und wie weit doch der Weg zu einem Gipfel deutscher Lyrik war:

> Unter allen Gipfeln ist Ruh;
> In allen Wäldern hörest du
> Keinen Laut!

> Die Vögelein schlafen im Walde;
> Warte nur! balde, balde
> Schläfst auch du!

(Man hätte nur »Die Vögelein schlafen« erhalten ge-
wünscht.)

Dieser Goethesche Ernst rührt doch mit jedem Buchstaben an tiefere menschliche Gründe als der Entschluß, die
Grenze des frohen Humors nicht zu überschreiten, aber
auch nicht zu erreichen. Und wann wäre dieses Gebiet von
einem deutschen Geist jemals betreten worden? Wobei ich
natürlich mit dem denkbar größten Respekt jenen Humor
außer allen Zweifel stelle, den die Humorlosen als so etwas
wie ein metaphysisches Schmunzeln über sämtliche Schwä-
chen der Menschheit definiert wissen wollen und der zwar
behaglicher und geruhsamer, aber nicht dankenswerter ist
als alle Versuche, sie mit Langeweile zu geißeln.

Man wird schon gemerkt haben, daß ich Humor mit Witz
verwechsle, aber ich tue es gern, indem ich tatsächlich nicht
weiß, was das Wesen des Humors ist, wenn ihm der Witz
fehlt. Ich will ja nicht behaupten, daß ich zur Beurteilung
dieser Dinge kompetent sei, aber an den großartigsten Beispielen von deutschem Humor ist er mir als die Eigenart
erschienen, keinen zu haben und für diese menschliche
Schwäche ein verstehendes Lächeln aufzubringen. Jean Paul,
der gewiß in vielem verehrungswürdige und trotz umfassender Bildung unbeschränkte Geist, sagt, daß der Humor, als
das umgekehrte Erhabene, nicht das Einzelne, sondern das
Endliche durch den Kontrast mit der Idee vernichte; es gebe
für ihn keine Toren, sondern nur Torheit und eine tolle
Welt. Es wird wohl noch wenigen Lesern gelungen sein, an
des Feldpredigers Schmelzle Reise nach Flätz diese Erkenntnis zu überprüfen; aber ich glaube, daß der Witz unzweifel-
haft daran festzustellen ist, daß er im Einzelnen das Endliche
durch den Kontrast mit der Idee vernichtet, während der
Humor eigentlich daran zu erkennen ist, daß er durch die
Ausflucht in das Allgemeine dieses Kontrastes gar nicht

habhaft und seine Beziehung auf die Idee oder seine Vernichtung des Endlichen nur glaubhaft wird, weil er nicht das
Temperament hat, sich zu dem Einzelnen so herabzulassen,
daß es nicht mehr vorhanden ist, was diesem doch wider-
fährt, wenn sich der Witz nur zu regen beginnt. Da ich
infolge einer angeborenen Unzulänglichkeit Romane nicht
zu Ende lesen kann, indem ich, der imstande ist, sechzehn
Stunden ohne Unterbrechung und ohne Ermüdung zu arbeiten, schon beim geringsten Versuch, mir zu erzählen, daß
Walter beim Betreten des Vorzimmers auf die Uhr sah, was
mich so wenig angeht wie alles was weiter geschah, in tiefen
traumlosen Schlaf verfalle, so sind mir sicherlich, nebst
allem, was die Menschheit in Spannung versetzt, zahllose
Perlen entgangen, die gesammelt ein Schatzkästlein deutschen Humors ergeben würden. Selbst die anerkanntesten
Abkürzer – von Kleist, der mit einem »dergestalt daß« über
alles Unwesentliche bei der Vergewaltigung der Marquise
von O. hinweggeht, bis zu Heinrich Mann, der überhaupt
nur jenes Wesentliche andeutet, das ihm die Erscheinungen
sowie Hintergründe des mondänen Lebens erschlossen
haben – konnten mir's nicht leichter machen, da ich mir
eben nichts »erzählen« lasse und mir die letzte Lokalnotiz
oder deren Dichtung bei Peter Altenberg stets unendlich
mehr gesagt hat als jedes Werk einer Kunstform, die, wie
keine andere, der Sprachschöpfung entraten kann (um alles
andern willen was nichts mit der Sprache zu schaffen hat,
wie Bericht und Psychologie) und in deren unkontrollierba-
rer Weite die wirkende Persönlichkeit zugunsten der Wirkung abdankt. Es scheint mir überhaupt keine andere Wortkunst zu geben, als die des Satzes, während der Roman nicht
beim Satz, sondern beim Stoff beginnt. Dagegen vermöchte
ich von der Lyrik nichts Höheres auszusagen, als was mir
ein Berliner Raseur, ungefragt aber bedankt, ins Ohr geflü-
stert hat: »Ja, der Bart hats in sich!« Im Drama bleibt die
reine Schöpfung um die Notwendigkeit verkürzt, sie durch
szenische Anweisungen und Behelfe für die reale oder vor-

gestellte Bühne zu ergänzen. Was die humoristischen Vertreter der Gattung betrifft, so möchte ich gestehen, daß mich seit der Minna von Barnhelm, die bekanntlich ein echt deutsches Lustspiel ist, eine unbestimmte Furcht vor dem Genre beseelt hat, welche durch Freytags »Journalisten« nicht behoben werden konnte, so gern ich einräume, daß es großen Schauspielern gegeben war, in den Rollen solcher Stücke eine gewisse Heiterkeit zu verbreiten. Die typische Hoffnung der Literarhistoriker, daß dieser oder jener Autor dem Publikum endlich »das deutsche Lustspiel schenken« werde, habe ich immer als eine bange Erwartung mitgemacht und erlöst aufgeatmet, sooft nichts daraus wurde. Was Grabbe in seiner maßlos einfältigen Schrift über die »Shakspero-Manie« (die in jeder Zeile belustigender wirkt als ein deutsches Lustspiel und zum Beispiel sein eigenes) gegen den Falstaff sagt, ist so übel nicht: »Ein Charakter, der bloß des Lebensgenusses wegen komisch und witzig ist«, sei »von der Grundlage der deutschen National-Komik, welche auch das Lustige unmittelbar auf Ideale bezieht und daher schon dessen Erscheinung als solche schätzt, weit entfernt«. Das ist er in der Tat. Man vergleiche nur jede Geste dieser Gestalt – die erst in der dem deutschen Publikum bekannten Oper »Die lustigen Weiber von Windsor« zur Leibhaftigkeit ihres Genies herabgekommen ist – mit allem, was das deutsche Lustspiel auf der Grundlage der deutschen National-Komik hervorgebracht hat. Wann aber hätte gerade sie das Lustige auf andere Ideale bezogen als auf das Fressen und Saufen, hinter dessen Komik doch nicht die Spur eines tragischen Zugs, wie er jener ritterlichen Verlumpung anhaftet, wahrnehmbar wird! Siebzig Jahre ›Fliegende Blätter‹, die den Frohsinn einer Nation von deutscher Burschenherrlichkeit zu deutscher Philisterschäbigkeit fortgebracht haben, sprechen wohl ebenso viele Bände für das Wesen deutscher Erlustigung: in Wort und Bild Illuminierung des Umstands, daß »Humor« Feuchtigkeit bedeutet. Die Charaktere, die aus solcher Belletristik in solches Leben hineingewachsen sind und umgekehrt, haben mit dem Falstaff nicht einmal den Lebensgenuß, sondern bloß dessen Mittel gemeinsam; ganz gewiß nicht den Ertrag der Komik und des Witzes. Wenn die deutsche Literatur nur an das Thema des Fressens und Saufens rührt, so stellt sie die lebendige Atmosphäre der Unappetitlichkeit her, die die physische Zeugenschaft dieses Aktes zur Pein macht, und es vollzieht sich alles mit dem Anspruch, daß die Aufnahme von Lebensmitteln an und für sich etwas Bemerkenswertes und Komisches sei. Nichts wird dem deutschen Humoristen zum größeren Erlebnis als die Vorgänge der Verdauung, und man erinnert sich noch, daß eine deutsche Sängerschar auf einer Ozeanfahrt sich und die Leser in der Heimat mit nichts Besserem zu zerstreuen wußte als mit der gegenseitigen Beobachtung der Seekrankheit und ihrer Begleiterscheinungen. Daß ein Wein gepantscht sein kann, ist ein Motiv, das von jeher deutsche Lustigmacher zu einem Grimm befruchtet hat, der in einem befreienden Lachen seinen versöhnlichen Ausklang zu finden hatte, und der deutsche Humor macht den Säufer nicht zum abschreckenden Beispiel, sondern sich zum Kumpan. In die Kategorie solcher urwüchsigen Geistlosigkeit gehört ein Gedicht, das ich in einer deutschen Zeitschrift, »Die Meister«, finde, die sich die Aufgabe gestellt zu haben scheint, vor deren Lektüre zu warnen. Von Ludwig Anzengruber, den die Liberalen zum Dichter gemacht haben, weil er den »Pfarrer von Kirchfeld« geschrieben hat, und dem, da er längst keiner mehr ist, die Klerikalen noch seine anständige Gesinnung nachtragen, rührt das Folgende her, das als Muster feuchtfröhlicher Fadaise schon ganz geschluckt werden muß:

Herr Wirt

Herr Wirt, was war das nächtens für
Ein gottverfluchter Tropfe?
Es schmerzt mich heute morgens schier
Ein jedes Haar am Kopfe!

Wie muß die edle Gottesgab'
Verschändet und verhunzt sein?
Mein Seel, was ich getrunken hab',
Das war wohl eitel K u n s t w e i n!

Ei, heb' die Hand beteuernd nicht,
Daß dieser Soff Natur ist.
Man weiß ja doch, verdammter Wicht,
Daß leicht wie Spreu dein Schwur ist.
Üb' lieber Treu und Redlichkeit,
Schreib's an die Etikette,
Damit sich sachte noch beizeit
Ein Christmensch davor rette.

Du hättest nur wie vor und eh
' w a s Kellerei betrieben
Und dir sei a n o r g a n i s c h e
Chemie ganz fremd geblieben?!
Hör du, es ist doch ganz u m s u n s t,
Hier Lügen zu erstinken,
's ist Kunstwein, denn 's ist eine Kunst,
Von diesem Wein zu trinken.

Von der Banalität abgesehn, die solche Anstrengung
braucht, um zu solchem Einfall zu kommen, und nebst aller
Versquetscherei ist der Reim »verhunzt sein« und »Kunstwein« bemerkenswert. Es ist aber der typische Reim der
deutschen Lustigkeit, den die von ihr Befallenen noch als
Reim hören. Heine ist gewiß von anderer Art, da er mit
etwas mehr wurzellosem Witz als urkräftigem Behagen die
Herzen aller Hörer zwingt. Aber in einer seiner Klapperstrophen, die durch die Lizenz, daß sich der dritte
Vers nicht reimen muß, einer Welt von Frechheit Mut
zur Satire gemacht haben, reimt sich der vierte folgendermaßen:

Von Köllen bis Hagen kostet die Post
Fünf Taler sechs Groschen preußisch.
Die Diligence war leider besetzt
Und ich kam in die offene Beichais'.

Hier ist wirklich die äußerste Einheit gedanklichen und klanglichen Wertes erreicht. Der Dichter hat getrost einen Hinweis unterlassen können, daß »preußisch« »preußäsch« ausgesprochen werden soll, um den Reim zu ermöglichen. Es hätte ihm ohnedies nichts geholfen, da »Beichais« – man weiß zuerst gar nicht, was das ist – leider nun einmal »Beichäß« und nicht »Beißäsch« ausgesprochen wird. Da kann einer nur das Dichterwort zitieren, daß die Diligence leider besetzt war; bei solchem Mangel an Sorgfalt für das Wort muß man wohl oder übel in die Beichais' kommen. Aber ein Dichterohr merkt keinen Unterschied und eine Kultur hat von der Lieder süßem Mund, der die Vorstellung »preußisch« mit einer »Chaise« in Harmonie bringt, ihren Begriff von Lyrik abgenommen. Und ein erschrockener Wildgans-Verehrer fragt mich, ob ich am Ende auch das Buch jener Lieder meine, das »einen Teil des deutschen Kulturbesitzes ausmacht«, wenn ich von einer Lyrik spreche, die im tiefsten Einklang mit dem, was das Publikum zu hören wünscht, ihm das einsagt, was es aus Zeitmangel nicht selber dichtet. Er hat's erraten, aber ich meine es nicht nur auch, sondern auch nur es, denn alles weitere kommt ja davon, ist ja bereits von einem Publikum, das sich ausnahmsweise Zeit genommen hat und unter die Literaten gegangen ist. Und um den, der die Rechnung ohne den Wirt Humor gemacht hat, beim Wort zu nehmen: wem könnte es ferner liegen, als mir, zu bestreiten, daß die Heine'sche Lyrik einen Teil des deutschen Kulturbesitzes ausmacht.

Nicht zu ihm gehören Couplets von Nestroy, der von diesem Wirt keinen Kunstwein bezieht und dafür auch ein sprachliches Charakterbild von Versoffenheit hergestellt hat, das auf festeren Beinen schwankt als die gesamte deutsche Lustigkeit von Goethe und Schiller bis Anzengruber und Hauptmann. In der Fortsetzung des »Lumpazivagabundus« tritt der schon ganz verkommene Knieriem mit dem folgenden Entree auf die Szene:

Herr Wirt, ein' saubern Slibowitz,
Ich hab' jetzt g'rad auf einen Sitz
Drei Hering' 'pampft in mich hinein,
Drauf 'trunken a vier Halbe Wein,
Hernach hab' ich ein' Heurig'n kost't,
Acht Würsteln und sieb'n Seidel Most,
Dann friß ich, denn das war net gnua,
Fünf Brezeln und ein' Kaas dazua,
Drum möcht' ich, denn ich hab' so Hitz',
Mich abkühl'n mit ei'm Slibowitz.

Hab'n Sie 's schon g'hört, daß s' drent beim Rab'n
Mich heut hinausgeworfen hab'n?
A jede Ripp' in mir hat 'kracht,
Mein Plan zur Rache ist schon g'macht.
Die Gäst' drent hab'n mir d' Freud' verdurb'n,
Jetzt beutl' ich z'Haus den Schusterbub'n,
Und wenn mich jemand hier tuschiert,
Wird heut mein Weib noch malträtiert;
Ich lass' gern, komm' ich schiach nach Haus,
Mein' Zorn an der Familli aus!

Das wiegt natürlich – und kein Mensch kennt es – als Gestalt
einen ganzen Schalanter auf und ist einfach das Denkmal
eines Volkstums. Vor solcher Vergeistigung des Ordinärsten
wird der deutsche Humor der Viktualien kleinlaut. Aber
gegen diese Lyrik, in der man nach den Schlägen, die das
Weib bekommt, skandieren kann, und gegen dieses versoffene Organ, in dem sich so organisch die Rache mit dem
Krachen der Rippen zum Reim fügt, hat halt doch auch die
Loreley einen schweren Stand. Nebst den scharfen Spuren,
die er bei Lichtenberg und bei Busch hinterließ, dürfte der
deutsche Humor, jener, der nicht von der eigenen Belustigung lebt – der Humor der Sprache, nicht der des »Stoffes«
(Alkohols) – ganz auf Nestroy aufgegangen sein. Und da er
in ihm konzentriertester Spiritus war (und nicht bloß jene
Feuchtigkeit, die den deutschen Sinn in Laune versetzt), so
ergab er auch den echten Lyriker. Aber zum deutschen

Kulturbesitz gehört das Bewußtsein, daß Humor sich dann bildet, wenn der Wein gepantscht ist, und Lyrik, wenn sie wie eine Blume ist. Wiewohl sie dann doch auch nur eine Kunstblume ist.

Der Reim

Er ist das Ufer, wo sie landen,
sind zwei Gedanken einverstanden.

Hier sind sie es: die Paarung ist vollzogen. Zwei werden eins
im Verständnis, und die Bindung, welche Gedicht heißt, ist
so für alles, was noch folgen kann, zu spüren wie für alles,
was vorherging; im Reim ist sie beschlossen. Landen und
einverstanden: aus der Wortumgebung strömt es den zwei
Gedanken zu, sie ans gemeinsame Ufer treibend. Kräfte sind
es, die zu einander wollen, und münden im Reim wie im
Kuß. Aber er war ihnen vorbestimmt, aus seiner eigenen
Natur zog er sie an und gab ihnen das Vermögen, zu
einander zu wollen, zu ihm selbst zu können. Er ist der
Einklang, sie zusammenzuschließen, er bringt die Sphären,
denen sie zugehören, zur vollkommenen Deckung. So wird
er in Wahrheit zu dem, als was ihn der Vers definiert: zum
Ziel ihrer spracherotischen Richtung, zu dem Punkt, nach
dem die Lustfahrt geht. Sohin gelte als Grundsatz, daß jener
Reim der dichterisch stärkste sein wird, der als Klang
zugleich der Zwang ist, zwei Empfindungs- oder Vorstellungswelten zur Angleichung zu bringen, sei es, daß sie kraft
ihrer Naturen, gleichgestimmt oder antithetisch, zu einander streben, sei es, daß sie nun erst einander so angemessen,
angedichtet scheinen, als wären sie es schon zuvor und
immer gewesen. Ist diese Möglichkeit einmal gesetzt, so
wird der Weg sichtbar, wie es gelingen mag, dem Reim eine
Macht der Bindung zu verleihen, die jenseits des bisher
allein genehmigten Kriteriums der »Reinheit« waltet, ja vor
der solche Ansprüche überhaupt nicht geltend gemacht werden könnten. Denn nicht das Richtmaß der Form, sondern
das der Gestalt bestimmt seinen Wert. Den Zwang zum
Reim bringt innerhalb der Bindung des Verses nicht jede

dichterische Gestaltung, die diese auferlegt, er kann sich aber, wie am Ende einer Shakespeare-Schlegel'schen Tirade gleichsam als das Fazit einer Gedankenrechnung ergeben, worin die Angleichung der dargestellten Sphären ihren gültigen Ausdruck findet. Der ganzen Darstellung förmlich entwunden, dem gegenseitigen Zwang, der zwischen der Materie und dem Schöpfer wirksam ist, lebt er in einer wesentlich anderen Region des Ausdrucks als das äußerliche Spiel, das er etwa in einer dürftigen Calderon-Übersetzung oder gar in einem Grillparzerschen Original vorstellt. Die Notwendigkeit des Reimes muß sich in der Überwindung des Widerstands fühlbar machen, den ihm noch die nächste sprachliche Umgebung entgegensetzt. Der Reim muß geboren sein, er entspringt dem Gedankenschoß; er ist ein Geschöpf, aber er ist kein Instrument, bestimmt, einen Klang hervorzubringen, der dem Hörer etwas Gefühltes oder Gemeintes einprägsam mache. Die gesellschaftliche Auffassung freilich, nach der der Dichter so etwas wie ein Lebenstapezierer ist und der Reim ein akustischer Zierat, hat an ihn keine andere theoretische Forderung als die der »Reinheit«, wiewohl dem praktischen Bedürfnis auch das notdürftigste Geklingel schon genügt. Aber selbst eine Kritik, die über den niedrigen Anspruch des Geschmackes hinausgelangt, ist noch weit genug entfernt von jener wahren Erkenntnis des Reimwesens, für die solches Niveau überhaupt nicht in Betracht kommt. Wenn man den ganzen Tiefstand der Menschheit, über den sie sich mit ihrem technischen Hochflug betrügt, auf ihre dämonische Ahnungslosigkeit vor der eigenen Sprache zurückführen darf, so möchte man sich wohl von einer kulturellen Gesetzgebung einen Fortschritt erhoffen, die den Mut hätte, die Untaten der Wortmißbraucher unter Strafsanktion zu stellen und insbesondere das Spießervergnügen an Reimereien durch die Prügelstrafe für Täter wie für Genießer gleichermaßen gefahrvoll zu machen.

Entnehmen wir dem Reim »landen – einverstanden« das Reimwort »standen« als solches, wobei wir uns denken

mögen, daß es als abgeschlossene Vorstellung den Sinn eines
Verses erfülle. In dem Maß der Vollkommenheit, wie hier
die äußere Paarung (landen – standen) in Erscheinung tritt,
scheint die innere zu mangeln, die das tiefere Einverständnis
der beiden Gedanken voraussetzt. Im Bereich der schöpferischen Möglichkeit – jenseits einer rationalen Aussage, die
sich mit etwas Geklingel empfehlen läßt – wird kaum ein
Punkt auftauchen, wo »landen« und »standen« Gemeinschaft schließen möchten. Doch nicht an der Unterschied-
lichkeit der Vorstellungswelten, welche in der äußeren
Übereinstimmung umso stärker hervortritt, soll die Minderwertigkeit eines Reimes dargetan sein. Vielmehr sei fühlbar
gemacht, wie durch die Verkürzung des zweiten Reimworts,
gerade durch eine Präzision, die den reimführenden Konsonanten mit dem Wortbeginn zusammenfallen läßt, das psy-
chische Erlebnis, an dem der Reim Anteil hat, verkümmert
wird. Widerstandslos gelangt der Reim zum Ziel der äußeren Deckung, hier, wo jede Reimhälfte isoliert schon bereit-
steht, sich der anderen anzuschmiegen. Wie lieblos jedoch
vollzieht sich dieser Akt! Denn es ist ein erotisches Erfordernis, daß eine der beiden Hälften sich von ihrer sprachlichen Hülle erst löse oder gelöst werde, um die Paarung zu
ermöglichen, hier die zweite, die von der reimwilligen ersten
angegangen und genommen wird. Dieser, der auf die eigene
Wortenergie angewiesenen, obliegt es, das Hindernis zu
überwinden, das ihr jene durch eine Verknüpfung mit ihrer
sprachlichen Region entgegenstellt. Man könnte gleicher-
weise sagen, daß die Liebe keine Kunst ist und die Kunst
keine Liebe, wo nichts als ein vorübergehendes Aneinander
erzielt wird. Setzen wir den Reim »landen« und »sich fanden«, so wäre schon ein Widerstand eingeschaltet, dessen
Überwindung dem Vorgang eine Lebendigkeit zuführt, die
das Reimwort »fanden« als solches in der Berührung mit
»landen« entbehrte. Nun ermesse man erst den Zuschuß,
der erfolgt, wenn die eine Reimhälfte mit einer Vorsilbe, gar
mit zweien behaftet oder mit einem zweiten Wort verbun-

den ist. Welch einen Anlauf hat da die andere zu nehmen, um trotz der Hemmung solcher Vorsetzungen zum Reimkörper selbst zu gelangen! Welche »Kraft« stößt, ungeachtet der Leiden, an »Leidenschaft«! Nur dort, wo die gedankliche Deckung der Sphären schon im Gleichmaß der Reimwörter vollzogen ist, wie bei »landen – stranden«, muß aus der Wortumwelt nicht jene Fördernis erwartet werden, die der Reim dem Hindernis, dem Zwang zur Eroberung verdankt, wiewohl auch hier ein »landet – gestrandet« als der stärkere Reim empfunden werden mag und es sonst erst aller rhythmischen Möglichkeit und umgebenden Wortkraft bedürfen wird, um der gefälligen Glätte entgegenzuwirken, die das Ineinander der Reimpartner gefährdet. Wem es eine Enttäuschung bereiten sollte, zu erfahren, daß Angelegenheiten, von denen er bisher geglaubt hat, sie würden von einer »Inspiration« besorgt, dem nachwägenden Bewußtsein, ja der Willensbestimmung zugänglich sind, dem sei gesagt, daß ein Gedicht im höchsten Grade etwas ist, was »gemacht« werden muß (es kommt von »poiein«); wenngleich es natürlich nur von dem gemacht werden kann, der »es in sich hat«, es zu machen. Man mag sich sogar dazu entschließen, man braucht keiner andern Anregung ein Gedicht zu verdanken als dem Wunsch, es zu machen, und innerhalb der Arbeit können dann jedes Wort hundert Erwägungen begleiten, zu deren jeder weit mehr Nachdenken erforderlich ist als zu sämtlichen Problemen der Handelspolitik. Sollte es wirklich vorkommen, daß ein Lyriker barhaupt in die Natur stürzen muß, um seinen Scheitel ihren Einwirkungen auszusetzen und eigenhändig erst den Falter zu fangen, den er besingen will, so hätte er diesen umgaukelt, er wäre ein Schwindler, und ich würde mich außerdem verpflichten, ihm auch den Trottel in jeder Zeile nachzuweisen, die durch solche Inspiration zustandegekommen ist.

Betrachten wir weiter den Fall, von dem als einem Beispiel und Motto diese Untersuchung ausgeht – wobei wir ganz und gar den Sinngehalt des einzelnen Reimworts ausschalten

wollen –, so würde also das Höchstmaß der äußeren Dek-
kung: landen – standen den niedrigsten Grad der dichterischen Leistung vorstellen, den höheren: landen – verstanden, den höchsten: landen – einverstanden, weil eben hier
mit einem durch den Silbenwall gehemmten und mithin
gesteigerten Impetus das Ziel der Paarung erreicht wird; weil
der Reim einen stärkeren Anlauf nehmen mußte, um stärker
vorhanden zu sein. Er mußte sich sogar den Ton der Stamm-
und eigentlichen Reimsilbe erobern, der auf die erste der
beiden Vorsilben abgezogen war, und es bleibt eine geringe
Diskrepanz zurück, dem Ohr den Einklang reizvoll vermittelnd: nicht unähnlich dem ästhetischen Minus, das dem
erotischen Vollbild zugute kommt, ja von dem allein es sich
ergänzen könnte. Das Merkmal des guten Reimes ist nebst
oder auch jenseits der formalen Tauglichkeit zur Paarung die
Möglichkeit der Werbung. Sie ist in der wesentlichen Bedingung verankert: vom Geistigen her zum Akt zu taugen.
Denn die Deckung der Sphären muß mit der der Worte so
im Reim vollzogen sein, daß er auch losgelöst von der
Wortreihe, die er abschließt, das Gedicht zu enthalten
scheint oder die aura vitalis des Gedichtes spüren läßt. Der
Reim ist nur dann einer, wenn der Vers nach ihm verlangt,
ihn herbeigerufen hat, so daß er als das Echo dieses Rufes
tönt. Aber dieses Echo hat es auch in sich, den Ruf hervor-
zurufen. Die zwei Gedanken müssen so in ihm einverstanden sein, daß sie aus ihm in den Vers zurückentwickelt
werden könnten. Herz – Schmerz, Sonne – Wonne: dergleichen war ursprünglich ein großes Gedicht, als die verkürzte-
ste Form, die noch den Gefühls- oder Anschauungsinhalt
einschließen kann. Wie viel sprachliches Schwergewicht
müßte nunmehr vorgesetzt sein, um dem Gedanken die
Befriedigung an solchem Ziel zu gewähren! Doch eben an
der Banalität des akustischen Ornaments, zu dem das
ursprüngliche Gedicht herabgekommen ist, gerade am abge-
nützten Wort kann sich die Kraft des Künstlers bewähren: es
so hinzustellen, als wäre es zum ersten Male gesagt, und so,

daß der Genießer, der den Wert zum Klang erniedrigt hat,
diesen nicht wiedererkennt. Die Vorstellung, daß der Reim
in nichts als im Reim bestehe, ist die Grundlage aller
Ansicht, die die lesende und insbesondere – trotz ihren
tieferen Reimen – die deutschlesende Menschheit von der
Lyrik hat. Er ist ihr in der Tat bloß das klingende Merkzei-
chen, das Signal, damit eine Anschauung oder Empfindung,
eine Stimmung oder Meinung, die sie ohne Schwierigkeit als
die ihr schon vertraute und geläufige agnosziert, wieder
einmal durchs Ohr ins Gemüt eingehe oder in die Gegend,
die sie an dessen Stelle besitzt. Da Kunst ihr überhaupt eine
Übung bedeutet, die nicht nur nichts mit einer Notwendigkeit zu schaffen hat, sondern eine solche geradezu aus-
schließt – denn sie möchte dem Aufputz ihrer »freien«
Stunden auch nur die Allotria seiner Herstellung glauben–,
so vermag sie vor allem dort nicht über formale Ansprüche
hinauszugelangen, wo hörbar und augenscheinlich die Form
dargebracht ist, um ihr das, was sie ohnehin schon weiß, zu
vermitteln: am Reim. Wie der Philister den letzten Lohn der
erotischen Natur entehrt und entwertet hat, so hat er auch
die Erfüllung des schöpferischen Aktes im Reim zu einem
Zeitvertreib gemacht. Wie aber der wahrhaft Liebende
immer zum ersten Male liebt, so dichtet der wahrhaft Dich-
tende immer zum ersten Mal, und reimte er nichts als Liebe
und Triebe. Und wie der Philister in der Liebe ästhetischer
wertet als der Liebende, so auch in der Dichtung ästhetischer als der Künstler, den er mit seinem Maße mißt und
erledigt. Daraus ist die Forderung nach dem »reinen Reim«
entstanden, die unerbittliche Vorstellung, daß das Gedicht
umso besser sei, je mehr's an den Zeilenenden klappt und
klingt, und der Hofnarr des Pöbels umso tüchtiger, je mehr
Schellen seine Kappe hat, bei noch so ärmlichem Inhalt
dessen, was darunter ist.

In dieser Vorstellung hat das erotische Prinzip der Überwindung des Widerstandes zum Ziel der Gedankenpaarung
keinen Raum. Da gilt nur das äußere Maß und eben diesem,

welches fern aller Wesenheit bloß nach dem Schall gerichtet
ist, wird auch der Mißreim genügen. Umgekehrt wird die
Erfassung des Reims als des Gipfels der Gedankenlandschaft
zwar auch dem verpönten »unreinen Reim« solche Eignung
zuerkennen, aber umso hellhöriger alles abweisen, was nur
so klingt wie ein Reim, oder klingen möchte, als wäre es
einer. Und solche Sachlichkeit darf auch vor den Lakunen
eines Dichtwerks, und wäre es das größte, nicht haltmachen.
Wie wenige deutsche Ohren werden das Geräusch vernommen haben, womit der Mephistopheles seinen dramatisch so
fragwürdigen Abgang vollzieht und worin die Torheit, die
seiner sich am Schluß »bemächtigt« – mit einer Kläglichkeit
des Ausdrucks, die fast der Situation gerecht wird – einer
Erfahrenheit antwortet, die sich »beschäftigt« hat. Wenn das
teuflische Mißlingen hier nur durch einen Mißreim veran-
schaulicht werden konnte, so wäre solches immerhin gelungen. Doch ließe sich das Kapitel der Beiläufigkeiten, mit
denen dichterische Werte besät sind und deren jede ein
Kapitel der Sprachlehre rechtfertigen würde, in der deutschen Literatur gar nicht ausschöpfen. Beträchtlich in diesem Zusammenhange dünkt mir die Erscheinung eines
Dichters wie Gottfried August Bürger, der außer starken
Gedichten eine ungereimt philiströse Reimlehre geschrieben
hat – welche als literarhistorisches Monstrum dem polemischen Unfug Grabbes gegen Shakespeare an die Seite gestellt
werden kann–, nebst dieser Theorie aber auch wieder
Reime, die es mit seinen abschreckendsten Beispielen aufzunehmen vermögen. Von irgendwelcher gedanklichen Erfassung des Problems weit entfernt und mit einer Beckmesserei
wütend, die ziemlich konsequent das Falsche für richtig und
das Richtige für falsch befindet, begnügt er sich, die »echt
hochdeutsche Aussprache« als das Kriterium des Reimwer-
tes aufzustellen. Somit dürfe sich nicht nur, nein, müsse sich
Tag auf sprach, Zweig auf weich, Pflug auf Buch, zog auf
hoch reimen. Welcher Toleranz jedoch sein Ohr fähig war,
geht daraus hervor, daß er den Mißreim des gedehnten und

des geschärften Vokals zwar tadelt, aber, wo es ihm darauf
ankommt die Ungleichheit der Schlußkonsonanten zu verteidigen, das Beispiel »Harz und bewahrt's« als tadellosen
Reim gelten läßt (anstatt hier etwa »Harz und starrt's«
heranzuziehen). Nachdem er aber »drang und sank« in die
Reihe der »angefochtenen Reime« gestellt hat, »deren Richtigkeit zu retten« sei, erklärt er kaum eine halbe Seite später,
»am unrichtigsten und widerwärtigsten« seien die Reime g
auf k und umgekehrt, und nimmt da als Beispiel: »singt und
winkt«. Wozu wohl gesagt werden muß, daß, wenn der
grundsätzliche Abscheu vor solchen Reimen schon eine
unvermutete Ausnahme der Sympathie zuläßt, diese doch
weit eher dem Präsens-Fall gebührt als dem andern, weil
dort die Gleichheit der Schlußkonsonanten den Unterschied
von g und k deckt, während er bei »drang« und »sank« offen
und vernehmbar bleibt. Wird doch vom feineren Gehör
selbst der zwischen lang (räumlich, sprich lank) und lang'
(zeitlich, sprich lang) empfunden und eben darum, wo die
Form »lange« nicht vorgezogen wird, durch den Apostroph
bezeichnet: die Bank, auf die ich etwas schiebe, reimt sich
also auf lang, solang' sie die Metapher bleibt, der die räumliche Vorstellung zugrunde liegt; sie ließe sich jedoch, in die
Zeitvorstellung aufgelöst, nicht so gut auf lang' reimen
(höchstens im Couplet, wo die Musik die Dissonanz aufhebt, oder zu rein karikaturistischer Wirkung wie bei Liliencron: »Viere lang, zum Empfang«). Auf lang reimt sich
Bank, auf lang' bang. Ist es also schon ein Mißgriff, den
Reim »drang und sank« zu empfehlen, so ist es völlig
unbegreiflich, daß er als die Ausnahme von einer Unmöglichkeit gelten soll, die ein paar Zeilen weiter mit dem
durchaus möglichen »dringt und sinkt« belegt wird. Das
Wirrsal wird noch dadurch bunter, daß der Reimtheoretiker
neben solches Beispiel als gleichgearteten Fehler das Monstrum »Menge und Schenke« setzt und neben dieses wieder
den zweifellos statthaften Reim »Berg und Werk«. Dafür
ergeben ihm, in anderem Zusammenhang, »Molch und

Erfolg« eine tadellose Paarung zweier Vorstellungswelten, deren Harmonie ihm offenbar so prästabiliert erscheint, daß er den Schritt vom Molch zum Erfolch vielleicht auch dann guthieße, wenn die Aussprache ihm ein besonderes Opfer auferlegte. (Wiewohl mit jenem ein Dolch oder ein Strolch, im Sinne des Strengen mit dem Zarten oder des Starken und des Milden, einen bessern Klang gäbe.) Doch während er eben für das »g« auf dem echt hochdeutschen »ch« besteht und solchen phonetischen Problemen zugewendet ist, macht er sich über eine innere Disposition des Worts zum Reim, also über das worauf es ankommt, nicht die geringsten Gedanken, und wenn ich mich bei einer Methode, der nur das entscheidend ist, worauf es nicht ankommt: das nebensächlich Selbstverständliche oder das ungewichtig Unrichtige, überhaupt aufhalte, so geschieht es, um an dem Exempel eines Dichters die allgemeine Unzuständigkeit des Denkens über den Reim anschaulich zu machen. Wie dieser Bürger, so denkt jeder Bürger über die Dichtkunst, ohne doch gleich ihm ein Dichter zu sein. Er hat natürlich ganz recht mit der Meinung, daß der Reim des gedehnten und des geschärften Vokals keiner sei. Wenn aber »Harz« und »bewahrt's«, so unbequem sie es schon von der Natur ihrer Vorstellung aus haben, zu einander finden können, dann möchte man doch fragen, warum »so unrein und widerwärtig als möglich« Fälle wie »schwer und Herr«, »kam und Lamm« sein sollen. Und vor allem, wieso denn eine Widerwärtigkeit, die sich ergibt, »wenn man geschärfte Vokale vor verdoppelten Konsonanten und gedehnte vor einfachen aufeinander klappt«, unter anderen Beispielen durch solche darzustellen wäre wie: »siech und Stich«, »Fläche und bräche«, »Sprache und Sache«. Wo ist da bei aller Unterschiedenheit im Vokal die zwischen einem verdoppelten und einem einfachen Konsonanten? Aber von diesem Wirrwarr abgesehen und von unserm guten Recht, hier die Reimmöglichkeit zu verteidigen, beweist insbesondere der Versuch, »Sprache und Sache« als einen Fall von Unreinheit und

Widerwärtigkeit hinzustellen, nichts anderes als die Welten-
ferne, in der sich solche Doktrin vom Wesentlichen einer
Sphäre hält, die sich hier schon im Material des gewählten
Beispiels beziehungsvoll erschließt. Denn man dürfte wohl
nicht leugnen können, daß zwischen Sprache und Sache eine
engere schöpferische Verbindung obwaltet als zwischen
»Harz und bewahrt's« (Reimpartner, denen nachgerühmt
wird, daß sie für jedes deutsche Ohr »vollkommen gleich-
tönend« seien), ja als zwischen Molch und Erfolch. Und
beinahe möchte ich vermuten, daß es im Kosmos überhaupt
keinen ursächlicheren Zusammenhang gibt als diesen und
auch keinen anderen Fall, wo gerade die leichte vokalische
Unstimmigkeit den vollen Ausdruck dessen bedeutet, was
als Zwist und Erdenrest einer tiefinnersten Beziehung, eines
Gegeneinander und zugleich Ineinander vorhanden bleibt
und einen Reim, der von Urbeginn da ist, noch im Wider-
streit der Töne beglaubigt. Die strengste Verpönung des
vokalischen Mißreims wird bei nur einigermaßen gedankli-
cher Anschauung eben diesen Ausnahmsfall zulassen und
ihn nicht mit dem Schnelligkeitsmesser in der Hand in die
Reihe der Mißbildungen wie »schämen und dämmen«, »treten und betten« verweisen. Aber Bürger, der das Gesetz,
daß g wie ch auszusprechen sei, als Grundlage der Reimkunst statuiert, ist im Vokalischen unerbittlich und will
sogar naturhafte Verbindungen wie »Tränen und sehnen«,
»sehnen und stöhnen«, »Blick und Glück« höchstens als
»verzeihliche Reime« gelten lassen. Warum er jedoch in
dieser Reihe auch an »Meer und Speer« Anstoß nimmt, ist
wieder rätselhaft. »Ein Dichter von feinem Ohr«, sagt er,
werde »zumal in denjenigen lyrischen Gedichten, worin es
auf höchste Korrektheit angesehen ist, sich erst nach allen
Seiten hin drehen und wenden, und nur dann nach solchen
Reimen greifen, wenn gar kein Ausweg mehr vorhanden zu
sein scheint«. Trotz allem Anteil, den ich dem Wollen und
Erwägen an der Erschaffung des Verses einräume und wiewohl ich es für die eigentliche Aufgabe des Dichters halte,

sich nach allen Seiten des Wortes hin zu drehen und zu
wenden, so möchte ich mir den Prozeß doch weniger
mechanisch, weniger als den einer Ansehung auf höchste
Korrektheit vorstellen, vielmehr glauben, daß die Formge-
bundenheit zwar kein Mißlingen verzeihlich und keine Rela-
tivität begreiflich macht, daß aber der scheinbar und von
außen gesehn minderwertige Reim dem Gesetz der gleichen
Notwendigkeit folgt wie alles andere und daß sich eben
Blick auf Glück und Tränen auf sehnen selbst dann reimen
müßten, wenn sie es nicht dürften und nicht an und für sich
unbedenkliche Reime wären. Aber Beispiele für mangelnden
Wohlklang sind diesem Onomatopoieten, Wortmaler, Dichter des »Wilden Jägers« und Vortöner Liliencrons plötzlich
wieder Reime wie »ächzen und krächzen« (wo doch der
Mißklang der Reimwörter keinen Mißklang des Reimes
ergibt), und in derselben Kategorie »horcht und borgt«
(wiewohl man ja »borcht« sagen muß und in anderer
Stelle ausdrücklich verlangt wird), und dann ein Reim –
einen bessern findst du nicht – wie »nichts und Gesichts«.
»Die Gesetze wenigstens des feineren Wohlklangs« erscheinen ihm beleidigt durch männliche Reime wie »lieb und
schrieb«, wenn sie allzunahe beieinander vorkommen, und
in ebensolchem Falle durch weibliche wie »heben und
geben«, »lieben und trieben«, »loben und toben«; denn ein
wichtiges Erfordernis des Wohlklanges sei »Mannigfaltigkeit
der Schlußkonsonanten«. Da kann man nur die Inschrift auf
dem Teller zitieren, den man in deutschen Hotelportierlogen
häufig angebracht sieht: »Wie man's macht, ist's nicht
recht«, ohne daß einem gesagt würde, wie man's recht
machen soll, insbesondere um die Mannigfaltigkeit der
Schlußkonsonanten bei weiblichen Reimen herbeizuführen.
Dagegen zeigt sich der Unerbittliche befriedigt von Reimen
auf »bar, sam, haft, heit, keit, ung«: an ihnen – nämlich als
männlichen Reimsilben, welche »voll betont sein müssen« –
sei »in dieser Rücksicht nichts auszusetzen«, also wenn sich
etwas auf »Erfahrenheit« reimt – aber nicht etwa Zerfahren-

heit, was insbesondere in diesem Zusammenhang ein richti-
ger Reim wäre, sondern zum Beispiel: »Tapferkeit«. (Was
schon fast an die französische Allreimbarkeit hinanreicht,
und in Bürgers »Lenore« reimen sich sogar Verzweifelung
und Vorsehung.) Weniger taugen ihm die Ableitungssilben
»ig« und »ich«, noch weniger »en« (das wäre allzu franzö-
sisch): so sind ihm »Huldigen und Grazien für männliche
Reime nicht tönend genug«. Eine Einsicht, die ihn
freilich nicht gehindert hat, gerade diese beiden Wörter für
tauglich zu halten, sich in der »Nachtfeier der Venus« auf
einander männlich zu reimen:

> Sie wird thronen; wir Geweihte
> Werden tief ihr huldig e n.
> Amor thronet ihr zur Seite,
> Samt den holden Grazi e n.

Wie man da überhaupt zu einem »männlichen Reim« kommen kann, ist unvorstellbar, aber Bürger hat sogar nichts
dagegen, daß man »Tapferkeit und Heiterkeit« reime, und
vielleicht hat er es irgendwo getan. Mit nicht geringem
Selbstbewußtsein findet er nach all dem: »es täte not, daß
das meiste«, was er da vom Reim gesagt habe, »Tag für Tag
durch ein Sprachrohr nach allen zweiunddreißig Winden hin
sowohl den deutschen Dichtern als auch den Dichter- und
Reimerlingen zugerufen würde. Wie? Auch den Dichtern?
Jawohl!« Denn es ärgere weit mehr, »wenn ein so guter
Dichter, als z. B. Herr Blumauer, ein so nachlässiger Reimer
ist«, als wenn es sich um einen ausgemachten Dichterling
handle. Von der gleichen Empfindung für einen weit größeren Dichter beseelt, hätte diesem ein kritischer Zeitgenosse
eine Reimtheorie vorhalten müssen, wenngleich nicht die
von Gottfried August Bürger, an die er sich leider doch
zuweilen gehalten hat. Nur zu begreiflich die Bescheidenheit, mit der er sie »Kurze Theorie der Reimkunst für
Dilettanten« betitelt. Es dürfte der perverseste Fall in der
Literaturgeschichte sein, daß ein wirklicher Dichter wie ein

Schulfuchs, dem die Trauben des Geistes zu sauer sind, von
diesen redet, völlig ahnungslos, in Aussprechschrullen ver-
bohrt (vom »Achton« und »Ichton« des ch, den das g habe)
und auf allen falschen Fährten pedantisch. Ernsthaft spricht
er, wenngleich ablehnend, von einem »Vorschlag«, der gemacht worden sei, »wegen unserer Armut an Reimen bloß
ähnlich klingende Reimwörter gutzuheißen«, und im Aller-
formalsten bleibt er mit der Erkenntnis befangen, daß »dem
Dichter, der seine Kunst, seine Leser und sich selbst ehrt
und liebt, wie er soll, auch das Kleinste keine Kleinigkeit ist«.
Nur ein Schimmer einer naiven Ahnung vom Wesentlichen
taucht auf, wenn er mahnt, abgebrauchte Reime wie Liebe,
Triebe, Jugend, Tugend zwar zu meiden, »ohne jedoch
hierin gar zu ängstlich zu sein. Die Schönheit des Gedankens
muß man darüber nicht aufopfern«. Es könne »sehr oft mit
sehr alten und abgedroschenen Reimen ein sehr neuer und
schöner Gedanke bestehen, und wenn dies ist, so vergißt
man des abgenutzten Reimes völlig«. Hier ist immerhin an
das Geheimnis gerührt, dessen Enthüllung ergeben würde,
daß es auf nichts von dem ankommt, was da durch ein
Sprachrohr nach allen zweiunddreißig Winden hin den
Dichtern hätte beigebracht werden sollen und was hoffentlich kein Radio nachholen wird: weil das Problem eben
darin liegt, daß zwar noch immer Liebe und Triebe ein
Gedicht machen können, aber nicht die Grazien, denen wir
huldigen.

Einen Verdruß wie über Herrn Blumauer kann man, wie
gesagt, Bürger nachempfinden, und selbst über noch bessere
Dichter. Derartige Grazienreime sind ja die Schillerlocke
einer ganzen »ersten Periode«, geradezu die Geistestracht
des Stadiums, wo sich »zitterten« auf »Liebenden« reimt
und »Segnungen« auf »Wiedersehn«. Daneben ist es schon
ein Ohrenschmaus, wenn sich »Blüten« zu »hienieden«
findet und dergleichen mehr, was Bürger auf das mißachtete,
von der »echt hochdeutschen Aussprache« abweichende
Schwäbisch hätte zurückführen müssen, wenn er es sich

nicht selbst geleistet hätte. Dort gehen »Werke« von geringer dichterischer Höhe und »Berge« von Pathos eine Paarung ein, an der der Theoretiker Bürger freilich sogar im Singular Anstoß nimmt. Aber noch in der »dritten Periode« ist Fridolin – in einem der peinlichsten Gedichte, deren Ruhm jemals im Philisterium seinen Reim fand – »ergeben der Gebieterin«. Und gleich daneben finden sich doch, wieder zwischen Plattheiten, die herrlichen Verse von den dreimal dreißig Stufen, auf denen der Pilger nach der steilen Höhe steigt (dessen Reim auf »erreicht« hier gar nicht stört und Bürgers Ansprüche befriedigt), und so etwas wie die Gestaltung des Drachenkampfes: »Nachbohrend bis ans Heft den Stahl«. Doch was reimt sich nicht alles im »Faust«, was sich nicht reimt! Nicht außen und, schlimmer, nicht innen. Um es darzutun, bedürfte es keineswegs einer so schwierigen Untersuchung wie der des »Faust-Zitats« (»hohe Worte machen – Lachen«), die ich einmal vorgenommen habe. Doch jene andere, durch die Zusammenziehung der Präposition fragwürdige Stelle, von der damals die Rede war, wird gern unvollständig zitiert, nämlich: »Vom Rechte, das mit uns geboren«. Und zwar mit dem Recht, das derjenige hat, der die Stelle nicht genau kennt und der wohl einen durchaus organischen Reim auf »verloren« angeben würde, wenn man ihn nach dem Wortlaut befragte. Der Vers lautet aber: »... das mit uns geboren ist«, und den Reim bildet nicht etwa ein voraufgehendes »verloren ist«, sondern die Vorzeile geht männlich aus:

> Weh dir, daß du ein Enkel bist!
> Vom Rechte, das mit uns geboren ist,
> Von dem ist leider nie die Frage.

Nun wäre hier zwar eine Deckung der Sphären »geboren« und »Enkel« gegeben, aber sie tragen zum Reime nichts bei, welcher vielmehr im völlig äußerlichen Einklang des Hilfszeitworts mit dem leeren Zeitwort besteht. Wohl wären in einer Antithese von Wesenheiten auch »bist« und »ist«

reimkräftig, hier haben jedoch die Reimpartner überhaupt keine andere Funktion als die, ihren Vers grammatisch abzuschließen. »bist« enthält noch etwas, aber im »ist« hat kein Gedanke Raum. Dichterisch entsteht ein weit größerer Defekt als durch den Mißklang der Reimlosigkeit: wenn etwa »geboren ward« stünde. Es ist einer jener unzähligen, auch bei Klassikern nicht seltenen Fälle, wo die Überflüssigkeit des Reims durch die Erkenntnis handgreiflich wird, daß er keiner Notwendigkeit entspringt, ja der trügerische Klang bereitet dem Gehör, das die Vorstellung der Wortgestalt vermittelt, ein ärgeres Mißbehagen als wenn die Stelle bloß äußerlich leer geblieben wäre. Das Recht, das eine falsche Reimtheorie auch dem »guten Dichter« gegenüber betont, darf eine, die auf das Wesen dringt, vor dem besten nicht preisgeben, und Goethe selbst, der im »Faust« wie das All auch die eigene sprachliche Welt von der untersten bis zur höchsten Region umfaßt, hätte aus dieser in die Beiläufigkeiten nicht mehr zurückgefunden, worin ein Nebeneinander von Sinn und Klang etwa das Zitat, aber nicht die Gestalt sichert. Von solchen Beispielen hätte Helena in jener bedeutenden Szene, wo der Reim als ein Vor-Euphorion der Wortbuhlschaft entspringt, ihn nimmer gelernt. Wie erschließt sich dort – »die Wechselrede lockt es, ruft's hervor« – sein innerstes Wesen!

> Ein Ton scheint sich dem andern zu bequemen,
> Und hat ein Wort zum Ohre sich gesellt,
> Ein andres kommt, dem ersten liebzukosen.

Und diese Liebe macht den Vers, und dann ist auf die Frage der Helena

> »So sage denn, wie sprech' ich auch so schön?«

auch gleich der Reim da:

> »Das ist gar leicht, es muß vom Herzen gehn.
> Und wenn die Brust von Sehnsucht überfließt,
> Man sieht sich um und fragt – «
>
> »Wer mitgenießt.«

Und sie lernt es, bis sich an seine Frage, wer dem »Pfand«
der Gegenwart Bestätigung gibt, der unvergleichliche Ton
der Liebe schmiegt: »Meine Hand«. Aber ihr Ohr ist erfüllt
von dem unerhörten Erbieten des Lynkeus, der mit den
Worten davonstürmt:

> Vor dem Reichtum des Gesichts
> Alles leer und alles nichts

also mit eben dem großartigen Reim, den Bürger als ein
Beispiel in der Reihe derer anführt, die »nicht für wohlklin-
gend geachtet werden können«, weil sie »sich zu weit von
dem reinen Metallton entfernen«, indem »der Vokal durch
die Menge der über ihn her stürzenden Konsonanten er-
stickt wird«. Solche Laryngologenkritik hat jenes Beispiel
ja nicht erlebt, wo die Erstickung des Vokals durch die über
ihn her stürzenden Konsonanten die Gewalt des Reims bedingt, die in dem ganzen Lynkeus-Gedicht hörbar wird
als der reine Metallton der Liebespfeile, von denen Faust
sagt:

> Allwärts ahn' ich überquer
> Gefiedert schwirrend sie in Burg und Raum.

Könnte es denn eine absolute Ästhetik des Reimes geben,
abgezielt auf die Klangwürdigkeit dessen, was sich zwischen
Rachen, Gaumen und Lippe begibt und was doch, möchte
es an und für sich noch so »unrein« wirken, in die so ganz
anders geartete Tonwelt des Kunstwerkes eingeht? Und
ergibt sich nicht als das einzige Kriterium des Reims: daß der
Gedanke in ihm seine Kraft bewährt bis zu dem Zauber, den
an und für sich leeren Klang in einen vollen, den unreinen in
einen reinen zu verwandeln? So sehr, daß der Reim als die
Blüte des Verses noch abgepflückt für das Element zeuge,
dem er entstammt ist. In dem Sinne nämlich, daß das
Gedicht auf seiner höchsten Stufe den Einklang der gedanklichen Sphären im Reim mindestens ahnen lassen wird. Ein
Schulbeispiel für das Gegenteil bei vollster lautlicher Erfül-

lung bildet ein Reim Georges in einem auch sonst verun-
glückten Gedicht (»Der Stern des Bundes«):

> Nachdem der kampf gekämpft das feld gewonnen
> Der boden wieder schwoll für frische saat
> Mit kränzen heimwärts zogen mann und maat:
> Hat schon im schönsten gau das fest begonnen

– – – – – – – – – – – – – – – – – – – –

Von allem orthographischen und interpunktionellen Hindernis abgesehen: nur lesbar und syntaktisch zugänglich,
wenn man sich die Imperfekta der Mittelverse – welche
unmöglich von »nachdem« abhängen könnten – als einge-
schaltete Aussage zwischen Gedankenstrichen denkt. Aber
welch einen Mißreim bedeutet dieses »Maat« (Schiffsmaat,
Gehilfe); welche Überraschung für die Saat, die doch von
Natur höchstens auf Mahd gefaßt wäre. Wie wenig sind
hier die zwei Gedanken einverstanden und wie anschaulich
fügt sich das Beispiel in das Kapitel der Beiläufigkeiten,
»mit denen dichterische Werte besät sind«. Und wie blinkt
dieser Reim doch vor Reinheit! Ein ästhetisches Gesetz
wäre dem Vorgang der Schöpfung, der im poetischen
Leben kein anderer ist als im erotischen – und wundersam
offenbart sich diese Identität eben in der Wortpaarung zwischen Faust und Helena –, eben nicht aufzuzwingen. Etwas
anderes ist es, von den Kräften auszusagen, die da am
Werke sind; und ganz und gar ohne den Anspruch, sie
dort, wo sie nicht vorhanden, verleihen zu können. Der
Nutzen einer solchen Untersuchung kann füglich nur darin
bestehen, daß den Genießern des Dichtwerks der Weg zu
einer besseren Erkenntnis und damit zu einem Genuß
höherer Art gewiesen wird. Und der Einblick in das, was
im Gedankenraum der gebundenen Sprache das Wort zu
leisten vermag, wird sich gewiß einer Betrachtung des Reimes abgewinnen lassen als der Form, die in Wahrheit den
Knoten des Bandes und nicht die aufgesetzte Masche bedeutet.

Wenn wir Lyrik nicht dem Herkommen gemäß als die Dichtungsart auffassen, die die Empfindung des Dichters zum Ausdruck bringt – was doch jeder literarischen Kategorie vorbehalten bleibt –, sondern als die unmittelbarste Übertragung eines geistigen Inhalts, eines Gefühlten oder Gedachten, Angeschauten oder Reflektierten, in das Leben der Sprache, als die Gabe, das Erlebnis in der andern Sphäre so zu verdichten, als wäre es ihr eingeboren, so wird sie alle Gestaltung aus rein sprachlichen Mitteln vom Liebesgedicht bis zur Glosse umfassen. Einmalig und aus dem Vor-Vorhandenen geschöpft ist jede echte Zeile, die in diesem Bereich zustande kommt, aber nicht dem Rausch (welcher vielleicht die Grundstimmung ist, die den Dichter von der Welt unterscheidet), sondern dem klarsten Bewußtsein verdankt sie die Einschöpfung ins Vorhandene. Und zwar in dem Grade der Bindung, die ihr Rhythmus und Versmaß auferlegen, deren eigenste Notwendigkeit zu ergreifen doch vorweg nur dem geistigen Plan gelingt. Andere Sprünge als den einen, den die Rhodus-Möglichkeit gewährt, versagt die gebundene Marschrichtung des Verses. Je stärker die Bindung, desto größer die sprachliche Leistung, die innerhalb der gegebenen Form – und die »neue« ist immer nur der Ausweg des Unvermögens – den psychischen Inhalt bewältigt. Der Verdacht einer rein technischen Meisterung auf Kosten des sprachlichen Erlebnisses wächst mit der Kompliziertheit der Form, während die Enge des Rahmens die wahre Bindung bedeuten wird, in der sich ein originaler Inhalt entfaltet. In dieser Hinsicht kann ein »Gstanzl« kunstvoller als eine Kanzone sein. Wenn eine meiner zahlreichen Zusatzstrophen zur Offenbach'schen Tirolienne lautet:

> Ungleichheit beschlossen
> hat die Vorsehung wohl.
> Nicht alle Genossen
> hab'n a Schloß in Tirol.

so ist in die Nußschale von 24 Silben mit dem Zwang zum
Doppelreim die ihm entsprechende Gegensätzlichkeit einer
ganzen Sphäre eingegangen, und die große Schwierigkeit
solcher Gestaltung liegt noch in dem Erfordernis, daß sie
von der Leichtigkeit der Form verdeckt sei. Eine Erleichterung, die von der Musik ohneweiters verantwortet würde,
wäre jene hier wie sonst übliche Beschränkung der Reimkor-
respondenz auf den zweiten und den vierten Vers, welche
mir aber dermaßen widerstrebt, daß ich auch die Grundstro-
phe mit dem typischen Text, der doch nur den Anlaß zu
lustigem Geblödel und Gejodel bietet:

> Mein Vater is a Schneider
> A Schneider is er,
> Und wann er was schneidert,
> So is' mit der Scher'

durch die so naheliegende Wendung verbessert habe:

> Und macht er die Kleider.

Ohne die musikalische Unterstützung jedoch empfinde ich
den Vierzeiler, der erst in der Schlußzeile die Vergewisse-
rung der Harmonie bringt, förmlich als die Beglaubigung
jenes Dilettantismus, der von Heine ins Ohr der deutschen
Menschheit gesetzt wurde, und seine satirische Leier als ein
Geräusch, weit unerträglicher als der Gassenhauer, der im
Hof gespielt wird, während man Musik macht. Mithin ganz
als die, die hier gemeint ist:

> Mißtönend schauerlich war die Musik.
> Die Musikanten starrten
> Vor Kälte. Wehmütig grüßten mich
> Die Adler der Standarten.

Es wäre ja in den meisten dieser Fälle – besonders in
»Deutschland, ein Wintermärchen« – auch kein Gedicht,
wenn es durchgereimt wäre. Aber hin und wieder hinkt
sogar der eine Reim, auf den diese ganze rhythmisch geförderte Witzigkeit gestellt ist, wie das von mir schon einmal
hervorgehobene Beispiel dartut:

> Von Köllen bis Hagen kostet die Post
> Fünf Thaler sechs Groschen preußisch.
> Die Diligence war leider besetzt
> Und ich kam in die offene Beichais'.

Selbst wenn man also aus irgendeinem unerfindlichen dialektischen Grund »preußesch« sagen dürfte, hätte die Beischäs dermaßen geholpert, daß ihrem Passagier gar ein »preuscheß« nachklang. (Akustisch etwas plausibler wird der – nur in einer berühmten Satire mögliche – Reim: »Wohlfahrtsausschuß – Moschus«, zwar nicht durch einen Mauschus, aber immerhin durch einen Oschuß.) Wenn's ebener geht und der Reim glückt, ist er in seiner Vereinzelung doch nur die Schelle, mit der die Post nach Deutschland läutet und zu der sich dem Reisenden, wie heute zum Geratter der Eisenbahn, eine Melodie einstellen mochte. Ich verbinde mit solchen Versen mehr noch als die akustische eine gymnastische Vorstellung, eine, die ich der Erfahrung verdanke, daß wenn man im Finstern eine Treppe hinuntergeht, die letzte Stufe immer erst die vorletzte ist. In der Heine-Strophe (deren Vorbild geschicktere Nachahmer entfesselt hat) glaubt man in der dritten Zeile auf festen Reim zu treten, tritt darum ins Leere und kann sich sehr leicht den Versfuß verstauchen. Wenn's gut abgeht, ist man nach der vierten Zeile angenehm überrascht. Da sich jedoch immer von neuem diese Empfindung einstellt, so stellt sich auch die einer lästigen Monotonie ein, welche von der Durchreimung eines satirischen Kapitels keineswegs zu befürchten wäre, weil der Reim dann eher als Ausdrucksmittel wirkte, als Selbstverständlichkeit und nicht immer wieder als Draufgabe auf eine skandierte Prosa. So aber erweist er nicht nur seine Überflüssigkeit, sondern auch seinen Mangel. Denn was sich da vor jedem sonstigen Eindruck dem Leser aufdrängt, ist das Gefühl, daß der Verfasser sich's noch leichter gemacht habe, als er's ohnedies schon hatte. Ist das Reimen nur eine Handfertigkeit, dann zeigt sich dies vollends an der geringeren Leistung. Und umsomehr dann, wenn von Gna-

den des Zufalls plötzlich doch ein Reim hineingerät, der das
System verwirrt und den Leser erst recht auf das aufmerksam macht, was der Verfasser sonst nicht getroffen hat.

> König ist der Hirtenknabe,
> Grüner Hügel ist sein Thron;
> Über seinem Haupt die Sonne
> Ist die große, goldne Kron'.

Mit aller Dürftigkeit im vorhandenen und im nichtvorhan-
denen Reim fast etwas Geschautes – das sich dann leider in
die Schäkerei fortsetzt von den Kavalieren, die die Kälber
sind und sich, da sie den dritten Vers füllen, nicht auf die
Schafe reimen, welche bloß Schmeichler sind. Dann vollends
niedlich, aber doch durchgereimt:

> Hofschauspieler sind die Böcklein;
> Und die Vögel und die Küh',
> Mit den Flöten, mit den Glöcklein,
> Sind die Kammermusici.

Warum geht's denn jetzt? Gewiß, dieser Reim, der sich per
Zufall gefunden hat, ist – im Gegensatz zu Küh' und Musici
– nicht einmal unorganisch; umso organischer der Mangel,
ihn nur ausnahmsweise eintreten zu lassen, da doch gerade
in diesem Gedicht die Kontrastelemente des Landschaftli-
chen und des Höfischen, so billig die Erfindung sein mag,
durchaus den Wechselreim erfordern würden und erlangen
müßten. Abgesehen von der Ungerechtigkeit einer Weltordnung, in der die Kühe Kammermusiker, während die Kälber
Kavaliere sind, und weggehört von einem Konzert, das die
Vögel, deren Flöten doch nur eine Metapher sind, mit den
Kühen aufführen müssen, die wirkliche Glöcklein haben,
freut man sich, diese zu hören, denn sie sind ein unerwarte-
ter Einklang mit den Böcklein, welche, ausgerechnet, Hofschauspieler sein dürfen. Im weiteren aber bleibt man wieder
nur auf den Schlußreim angewiesen, den man umso lieber
gleichfalls entbehren möchte. Ja, durch eine Entfernung
dieses Aufputzes ließe sich die sprachdünne Strophe im Nu

kräftigen. Man mache einmal den Versuch und setze statt des
Endreims ein beliebiges Wort zur Ergänzung des Verses,
selbst ohne Rücksicht darauf, ob es dem Sinn gemäß wäre,
und die reimlose Strophe hat schon etwas von einem Gesicht
und Gedicht. (Nur soll man es nicht gerade mit dem Kehrreim in »Deutschland« versuchen: ›Sonne, du klagende
Flamme!‹, der, wenngleich bloß »der Schlußreim des alten
Lieds«, hier doch dichterisch empfunden und verbunden
ist.) Wenn ich solchen Eingriff ohne Rücksicht auf den
Inhalt empfehle, so spreche ich freilich als einer, der es
vermag und gewohnt ist, die Sprachkraft und Echtbürtigkeit
eines Verses jenseits der Erfassung des Sinns, den ich geflissentlich wegdenke, zu beurteilen, fast aus dem graphischen
Bild heraus. Heines Reim schließt einen Sinn ab, kein Gedicht.

Man wird es vielleicht doch nicht als eitel auslegen, daß
ich unweit von Beichais' und Moschus mich selbst zitiere,
aber es kann sehr wohl eine Reimlosigkeit geben, die eben
als solche Gestalt hat, und die drei einleitenden Gedichte des
VII. Bandes der »Worte in Versen« sind Beispiele für die
verschiedenartige, immer stark hervortretende Funktion
einer ungereimten (letzten) Strophenzeile. In dem Gedicht
»Die Nachtigall« betont und sichert sie, an den Wechselreim anschließend, den Vorrang der Vögel vor den Menschen:

> Ihr Menschenkinder, seid ihr nicht Laub,
> verweht im Wald,
> ihr Gebilde aus Staub,
> und vergeht so bald!
> Und wir sind immer.

Diese Gegenüberstellung ist durch zwei weitere Strophen
(»Wir weben und wissen«, »Wir lieben Verliebte«) fortge-
führt, bis, entscheidend, nur noch der Vorrang – schließlich
auch vor den Göttern – zum Ausdruck gelangt, immer aber
dank der Besonderheit des letzten, hinzutretenden Verses,
der die Besonderheit der Erscheinung zusammenfaßt. In

»Imago« ist solche Absonderung durch den Nichtreim vom ersten zum vierten Vers bewirkt:

> Bevor wir beide waren,
> da haben wir uns gekannt,
> es war in jenem Land,
> dann schwand ich mit dem Wind.

Hier ist der Nichtreim die Gestalt dieses Schwindens: »und immer war ich fort«, »ich gab mich überall«, »die Welt hat meinen Blick«. Dann dient er dem Kontrast, die Bindung an eben diesen Verlust zu bezeichnen (welchem Wechsel auch die begleitende Melodie gerecht wird):

> In einen Hund verliebt,
> in jede Form vergafft,
> mit jeder Leidenschaft
> ist mir dein Herz verbunden.

Von da an bleibt die Isolation eben diesem Verbundensein vorbehalten: »und nennest meinen Namen«, »in deinem Dank dafür«, um endlich sein Beharren bis zur Verkündung der Schöpferkraft zu steigern:

> Und reiner taucht mein Bild
> aus jeglicher Verschlingung,
> wie du aus der Durchdringung
> der Erde steigst empor.

In »Nächtliche Stunde«, wieder absondernd, gehört die ungereimte letzte Zeile dreimal der Vogelstimme, die das Erlebnis der Arbeit über die Stufen der Nacht, des Winters und des Lebens begleitet:

> Nächtliche Stunde, die mir vergeht,
> da ich's ersinne, bedenke und wende,
> und diese Nacht geht schon zu Ende.
> Draußen ein Vogel sagt: es ist Tag.

Seine Stimme ist die Eintönigkeit: widerstrebend dem Einklang. Der erlebten Monotonie ist die des Ausdrucks gemäß, die nur die bange Steigerung zuläßt: »Draußen ein Vogel sagt: es ist Frühling«, »Draußen ein Vogel sagt: es ist

Tod«. Man ermesse aber die ungewollte Monotonie, den Greuel einer Ödigkeit, die entstünde, wenn in diesem Gedicht die Schlußzeile in einem Reim auf »vergeht« abwechselte. Doch vor der Möglichkeit solcher Abwechslung sichert es der durchwaltende Wille, hier nur wiederholen und nicht einklingen zu lassen; der einzige Reim, aus dem es besteht, dreimal gesetzt: »wende – Ende« gibt die ganze Trübnis des Gedankens, welcher die Dissonanz: Tag, Frühling, Tod entspricht. Indem es dreimal dieselbe Strophe ist, an der sich nichts verändert als die einander entgegengestellten Zeitmaße von Nacht zu Tod, ist eine solche Einheit von Erlebnis und Sprache erreicht, eine solche Eintönigkeit aus dem Motiv heraus, daß nicht nur der Gedanke Form geworden scheint, sondern die Form den Gedanken selbst bedeutet.

Hat hier also die erlebte Eintönigkeit ihre Gestalt gefunden, so bewirkt die Reimlosigkeit innerhalb der epigrammatischen Strophe eine Monotonie, die der vorgestellten Gegensätzlichkeit alle Kraft des Eindrucks nimmt. Der Vers ist eine Welt, die ihre Gesetze hat, und die Willkür, die in ihr schaltet, hebt mit den Gesetzen die Welt auf. Mit der reimlosen dritten Zeile läßt sie sie in das Nichts vergehen. Der Dilettant ist des Zwanges ledig, dem sich der Künstler unterwirft, um ihn zu bezwingen: das Ergebnis wird hier freier und müheloser sein als dort. Ich stelle es mir ungeheuer schwer vor, schlechte Verse zu machen. Wenn ich für solche Vorstellung Heine anführe, den für seine Folgen verantwortlich gemacht zu haben, mir eben diese nicht verzeihen können, so beziehe ich mich auf sein Typisches, das die Ausnahme derjenigen (späten) Gedichte selbstverständlich macht, in denen nicht die klingende Begleitung eines Sentiments oder Ressentiments ins Gehör, sondern ein wortdichter Ausdruck des Erlebnisses ins Gefühl dringt. In der typischen und populären Heinestrophe, welche ich gegen eine Welt des journalistischen Geschmacks für die Pandorabüchse des Kunstmißverstandes und der Sprachver-

derbnis erkläre, ist der Reim so wenig gewachsen wie der
Nichtreim, jener überflüssig und dieser nur notwendig aus
Not. Er ließe sich verheimlichen durch die Zusammenle-
gung je zweier Verse zu einer Langzeile, in der die Cäsur den
Nichtreim ersetzt: die geistige Gestalt würde sich durch
solchen Eingriff, der an Organischem unmöglich wäre,
kaum verändern, aber die Leier, die diese Form so geläufig
macht, auch wenn's bloß einmal dazu klingelt, ginge verloren. Wie zwischen Trochäus und Jambus, Daktylus und
Anapäst nicht der Zufall entscheidet, so bestimmt er auch
nicht die Vers-Einteilung. Man versuche die hier empfoh-
lene Operation an meinen Versen »Traum«, die ich mit
dem Selbstbewußtsein, das kunstkritische Untersuchungen
sachlich fördert (so anstößig es im sozialen Leben sein
mag), nun der Heinestrophe entgegenstelle, weil sie das Beispiel sind für eine organische Möglichkeit, die dritte Zeile
reimlos zu gestalten. Denn eben dieser Mangel ist hier Gestalt:

> Stunden gibt es, wo
> mich der eigne Schritt
> übereilt und nimmt
> meine Seele mit.

Dieser kurze Schritt übereilt den Läufer so, daß er den
aufhaltenden Reim nicht brauchen könnte, er jagt jenen
fiebrig in der Welt des Traums als eines vorlebendigen
Lebens, durch alle Wirrsale und Seligkeiten von Kindheit
und Liebe. Es ist alles jäh, unvermittelt, abgehackt, durch
die Vereinigung je zweier Kurzzeilen wäre dieses Tempo
aufgehoben und der Vers vernichtet; denn seine Wirksamkeit besteht darin, daß hinter ihm keine Cäsur steht, sondern
ein Abgrund, über den er hinüberjagt. Dagegen wäre wieder
das Gedicht »Jugend« mit einem reimlosen dritten Vers ein
unvorstellbares Gerassel; eine der Schwingen wäre gebro-
chen, auf denen der Flug in das Erlebnis der Kindheit geht.
Diese Funktion des Reims oder Nichtreims darf natürlich
nicht so verstanden werden, daß sie an jeder Strophe nach-

weisbar sein muß. Eine Unterbrechung der Linie, ausdrucksmäßig schon gesichert, läßt nicht etwa einen plötzlichen Wechsel des Ausdrucks zu. Gerade die Hast, die im »Traum« tätig ist, gibt einem Innehalten die vollere Anschauung:

> Staunend stand ich da
> und ein Bergbach rinnt
> und das ganze Tal
> war mir wohlgesinnt.

In der langen Dehnung dieses Tals (mit allen umgebenden »a«) ist fast der Reim auf »da« bewirkt, der in anderer sprachlicher Landschaft wirklich eintreten müßte. Dann geht es wieder rapid:

> Und der Wind befiehlt,
> damit leichtbeschwingt
> alles in der Luft
> heute mir gelingt.

»Immer heißer wird's« nun auf dieser Bahn, bis sie in den Ruhepunkt mündet:

> Wär' mein Tag vorbei!
> Wieder umgewandt
> kehrt' ich aus der Zeit
> in das lichte Land.

Noch in die Ruhe tönt es von dem eiligen Schritt.

Und hier ist auch ein Beispiel für die Kraft des Reimes, zu dem zwei Partner von ungleicher Quantität gepaart sind: umgewandt – Land. (»Quantität« nicht als Lautmaß: der Silbenlänge oder -kürze, sondern als Maß der Größe des Reimwortes.) Nur daß es hier der erste Partner ist, der sich von der Fessel der Vorsilben lösen muß, um die Paarung zu ermöglichen. Aber können wir uns ihn als den aktiven Teil vorstellen und daß·der andere sich dem schon geschwächten Partner ergebe? Aus dem Phänomen der Einheit, das der Reim bedeutet, wird die erotische Tendenz auch in umgekehrter Richtung vorstellbar; man erkennt, daß die Eroberung immer von dem Teil ausgeht, der begrifflich stärker erfüllt ist. In dem Beispiel also, mit dem die Untersuchung einsetzt, vom ersten Gedanken: »landen«, hier aber (wo es in der Tat »umgewandt« ist) vom zweiten: »Land«. Hier ist es die Vorzeile, die die stärkere Belastung, die Nachzeile, die das größere Gewicht hat. Selbstherrlich wirkend, hat sie so viel Atem und Widerstand zwischen den Worten, daß sich das letzte nicht so leicht ergeben würde: darum kommt, anders als im ersten Beispiel, ihr die Eroberung zu. Wie immer sich nun die Kräfte messen, um sich in den Reim zu ergeben, so wird ersichtlich, daß entweder der äußeren Quantität eine innere gegenübersteht oder daß der Unterschied auch bloß innerhalb dieser zur Geltung kommen kann. Den Widerstand, dessen Überwindung die Reimkraft nährt, wird sie nicht bloß dem Unterschied der sichtbaren, sondern auch dem der wägbaren Quantitäten verdanken. Er kann auch dem isolierten Reimkörper anhaften, vermöge der gedanklichen Stellung, die das Wort im Vers behauptet, und gemäß dem schöpferischen Element der Sprache, das nicht allein im Wort, sondern auch zwischen den Worten lebendig ist und die »sprachliche Hülle« noch aus dem Ungesprochenen webt. Echte Wortkraft wird, jenseits der äußeren Quantität, die glückliche Reimpaarung auch dort erreichen, wo sonst nur Gleichartigkeit ins Gehör dränge. Am vollkommensten aber muß die Wirkung sein, wo innere und äußere Fülle ins Treffen geraten, mag man nun hier oder dort den Angriff erkennen. Die metrische Terminologie unterscheidet in einem äußerlichen Sinn und fern von jeder Ahnung einer Erotik der Sprachwelt zwischen männlichen und weiblichen Reimen. Angewendet auf die eigentlichen Geschlechtscharaktere, die die Gedankenpaarung ergeben, würde diese Einteilung jeweils die Norm eines gleichgeschlechtlichen Verkehrs bezeichnen. Natürlicher wäre die ganz andere Bedeutung, daß ein männlicher und ein weiblicher Vers das Reimpaar bilden, jener, dem die innere, und dieser, dem die äußere Fülle eignet. Ein anschauliches Beispiel für solches

Treffen – von der rückwirkenden Art wie bei »umgewandt,
Land« – bietet eine jener guten, manchmal leider nur beiläu-
fig fortgesetzten Strophen Berthold Viertels (der mit Schau-
kal, später mit Trakl und Janowitz zu den heimischen Lyri-
kern gehört, die durch Zeilen wertvoller sind, als die belieb-
teren durch Bücher). Es war eine schöpferische Handlung,
dem Gedicht »Einsam« drei Strophen zu nehmen und nur
diese erste, die das Gedicht selbst ist, in der Sammlung »Die
Bahn« stehen zu lassen:

> Wenn der Tag zu Ende gebrannt ist,
> Ist es schwer nachhause zu gehn,
> Wo viermal die starre Wand ist
> Und die leeren Stühle stehn.

Wie starr steht hier, innerhalb der ganzen aus dem geringsten Inventar bezogenen Vision, viermal endlos, diese
Wand: dem zu Ende gebrannten Tag entgegen! Schließlich
fügen sich die Welten in den Reim wie der Heimkehrende in
den Raum, wo das Grauen wartet. Wie ist hier alles Schwere
des Wegs bewältigt und alles Leere am Ziel erfüllt. Die Fälle
in der neueren Lyrik sind selten, wo sich die Wirkung so an
den eigentlichsten Mitteln der Sprache nachweisen läßt.
Hätte Nietzsche die Anfangsstrophe seines Krähengedichts
von den folgenden befreit und gar von dem Einfall, den Wert
durch Wiederholung zu entwerten, es wäre ein großes
Gedicht stehen geblieben.

Das von einer Nährung der Reimkraft durch den Widerstand, durch die Möglichkeit von Werbung und Eroberung
Gesagte wird wohl vorzüglich für die unmittelbare Paarung
zu gelten haben, welche durch das äußere Gleichmaß der
Reimkörper leicht zu einer glatten und schalen Lustbarkeit
wird. Im Wechselreim ist dank dem Dazwischentreten des
fremden Verses, der wieder auf seinen Partner wartet, diese
Gefahr verringert. Gleichwohl wird auch hier und immer
die Deckung der verschiedenen Quantitäten (oder Intensitä-
ten) das stärkere Erlebnis bewirken, und auch da wird etwa

die vokalische Abwegigkeit, die der Umlaut bietet, zur Lustvermehrung des Gedankens dienen, welcher nun einmal »es in sich« hat, trotz allen Normen der Sitte und Ästhetik seine Natur zu behaupten; denn wie nur ein Erotiker formt er sich das Bild der Liebe nach der Vorstellung und weil er die Vorstellung selbst ist, so hat er noch näher zu ihr. Der »unreine Reim« – die Hände ihm zu reichen, schauert's den Reinen – wird für die Ächtung durch den Gewinn entschädigt sein und dem »Blick«, der ihn strafend trifft, stolz sein »Glück« entgegenhalten. Der Reimphilister (unerbittlicher als der Reim-Bürger, der in glücklichen Stunden seiner eigenen Strenge vergaß) stellt Forderungen, die in der Welt der Dichtung nicht einmal gehört werden können, obgleich sie nichts als Akustisches enthalten. »Menge – enge« darf gelten, doch »Menge – Gedränge«, an und für sich schon ein Gedicht, weniger. »Sehnen und wähnen« weniger als »sehnen und dehnen«, »Ehre und Leere« eher als »Ehre und Chimäre«. Der Reimbund »zwei und treu« wird erst in der Leierei anerkannt, die eine so volle begriffliche Deckung entstellt:

> Er schlachte der Opfer zweie
> Und glaube an Liebe und Treue!

Von der Funktion der Widerstandssilbe weiß man vollends nichts: davon, daß sich der Reim in dem Maße der Verschiedenheit dessen verstärkt, was dem Reim angegliedert ist. Diesseits aller schöpferischen Unerschöpflichkeit, diesseits dessen, was nicht ermeßbar ist, ließe sich, soweit Geistiges sich der Quantität selbst entnehmen läßt, vielleicht ein Schema aufstellen. Da wäre der Reim am stärksten, wenn das isolierte Reimwort der einen Zeile dem komplizierten der andern entspricht: Halt und Gewalt. (Oder das komplizierte dem komplizierteren: Gewalt und Vorbehalt.) Schwächer im Gleichmaß der isolierten Reimwörter: Halt und alt. Noch schwächer im Gleichmaß der komplizierten: Gehalt und Gestalt (oder: Vollgehalt und Mißgestalt). Am schwächsten, wenn sich bereits die Vorsilben reimen: behalt und Gestalt. Denn je selbständiger sich beiderseits der Klang der Vorsilbe macht, umsomehr Kraft entzieht er dem Reim. Im stärksten Fall dient die Vorsilbe dem Reimwort, dem sie alle Kraft aufspart, da sie sich selbst an kein Gegenüber zu vergeben hat. Fehlt sie, so ist der Reim auf sich allein angewiesen. Ist sie da wie dort vorhanden, so wird ihm umsomehr entzogen, je reimhafter sie selbst zu ihrem Gegenüber steht. Ein Wortspiel, das in der Prosa noch ein Witz ist, erfährt im Vers eine klangliche Abstumpfung, die den Witz aufhebt. Erzählte etwa jemand, die menschlich saubere Persönlichkeit des österreichischen Bundespräsidenten sei irgendwo beim Händedruck mit einem Finanzpiraten beobachtet worden, und würde daraus ein Epigramm, so könnte der starke Kontrast der Sphären den Reim ergeben: »Hainisch – schweinisch«, also einen Einfall, der in der Prosa gewiß keine sonderliche Kraft hätte. Dagegen würde eine Gegenüberstellung: »Hainisch – Haifisch« einen Witz als dürftigen Reim zurücklassen. Gegen das Spiel der betonten Vorsilben kann sich der Reim nicht halten. Die Verödung tritt aber auch im sogenannten männlichen Reim ein, der als solcher die Tonkraft bewahrt. »Unternimmt – überstimmt«, »übernimmt – überstimmt«: je analoger der Vorspann, auch wenn er den Ton nicht völlig abzuziehen vermag, umsomehr entwertet er den Reim. Wird die Ähnlichkeit der Vorsilbe gar zum Vorreim, so tritt eine solche Schwächung des Reims ein, daß sie zur Lähmung führen kann, indem die Reime einander aufheben. Das wird anschaulicher werden an der Entwicklung bis zu dem peinlichen Reim der zusammengesetzten Wörter, der in der Witzpoesie eine so große Rolle spielt. Am stärksten: Gestalt – Hochgewalt; schwächer: Dichtgestalt – Hochgewalt; noch schwächer: Dichtgestalt – Dichtgewalt; am schwächsten: Dichtgestalt – Richtgewalt. Oder: Gast – Sorgenlast; schwächer: Gast – Last; noch schwächer: Erdengast – Sorgenlast; am schwächsten: Morgengast – Sorgenlast. Der Zwillingsreim ist von altersher, dem Ohr und Humor widerstrebend, Element der gereimten Satire; wohl auch seit Heine, bei dem es von Monstren wie »Dunstkreis – Kunstgreis«, »Walhall-Wisch – Walfisch« wimmelt. Leider hat Wedekind, dessen Sprache der leibhaftigste Feuerbrand ist, in den Papier aufgehen konnte, diesen Reimtypus, welchen ich den siamesischen nennen möchte, wenngleich doch nicht ohne plastischere Wirkung, übernommen:

> Heute mit den Fürstenkindern,
> Morgen mit den Bürstenbindern.

Und gar: »Viehmagd – nie plagt« (unmöglich, dem »plagt« den ihm zukommenden Ton zu retten), »niederprallt – wiederhallt« (der männliche Reim macht es möglich), »weine und – Schweinehund«, »Tugendreiche – Jugendstreiche«. Besser wäre der einheitliche Viersilbenreim: Tugendreiche – Jugendstreiche; nimmt man ihn als Doppelreim, so wirkt die Gefolgschaft, die jeder der zweiten Reimkörper erhält, fördernd wie sonst der Vortrab, der zu einem der beiden stößt: Reiche – Jugendstreiche. Schwächer wäre: Reiche – Streiche, noch schwächer: Tugendreiche – Mädchenstreiche, und am schwächsten ist eben die Form des Originals »Tugendreiche – Jugendstreiche«, wo der Doppelreim doppelt paralysierend wirkt. Die Teile heben einander aus den Angeln, ehe jeder zu seinem Gegenüber gelangt, und es ist in der Konkurrenz der Tonkräfte kaum möglich, auch nur einem der Paare zu seinem Recht zu verhelfen. Dieser Doppelmißreim ist nicht etwa die Zusammensetzung des Reims mit einem Binnenreim, der eine stärkende Funktion hat. Er gleicht vielmehr einer Vorstufe zu jenem »Schüttelreim«, der sein Spiel völlig außerhalb der dichterischen Zone treibt, aber als die sprachtechnische Möglichkeit, die er vorstellt, durch die deutliche Wechselbeziehung der Konsonanten den Reimklängen doch ein gewisses Gleichmaß der Wirkung sichert. Ein (nur von Musik noch tragbarer) Mißreim ist ferner der zweier Fremdwörter: kurieren – hofieren, weil sich auch in solchem Fall, der die leerste Harmonie darbietet, eine begriffliche Parallelleistung vollzieht, bevor der Reim eintritt, der dann nur in der Gleichartigkeit der Fremdwort-Endung beruht: der reimführende Konsonant hat nicht dieselbe Geltung wie im deutschen Wort. (Auch hier in abschreckendster, kneiphumoriger Ausprägung bei Heine, zumal im Namengereime wie »Horatius« auf »Lumpacius« – in einer Strophe, die sich über den Reim bei Freiligrath lustig macht – und »Maßmanus«, nämlich der lateinsprechende Maßmann, auf »Grobianus«. Anders und karikaturhafte Gestalt geworden, in der Nachbildung des Geschniegelten und Gebügelten, der Sphäre, die das Fremdwort als Schmuck trägt, bei Liliencron: »Vorne Jean, elegant«.) Umso stärker der Reim, wenn ein Fremdwort mit einem deutschen gepaart wird: führen – kurieren; in welchem Beispiel freilich noch das Mißverhältnis der Quantitäten fördernd hinzukommt wie bei regen – bewegen, eilen – verweilen. Ein Notausgang ist der sogenannte »reiche Reim«, von welchem Bürger im allgemeinen mit Recht meint, daß er eher der armselige heißen sollte, freilich nicht ohne selbst von ihm reichen Gebrauch zu machen:

> Hilf Gott, hilf! Sieh uns gnädig an!
> Kind, bet' ein Vaterunser!
> Was Gott tut, das ist wohlgetan.
> Gott, Gott erbarmt sich unser!

Oder schlimmer, weil benachbart:

> Graut Liebchen auch vor Toten?
> »Ach nein! – doch laß die Toten!«

Und wieder:

> Graut Liebchen auch vor Toten?
> »Ach! Laß sie ruhn, die Toten!«

»Wenn es die Umstände erfordern«, sagt Bürger, wohl im Bewußtsein solcher Lücken, »daß einerlei Begriff in zwei Versen an das Ende zu stehen komme, so ist nichts billiger,

als daß er auch mit ebendemselben Worte bezeichnet
werde«. Solches dürfen aber die Umstände nie erfordern,
weil sie sonst auch alles andere erfordern könnten, wie daß
etwa plötzlich anderes Versmaß oder Prosa eintrete. Was die
Umstände erfordern, hat freilich zu geschehen und zu entstehen, aber innerhalb der künstlerischen Gesetzlichkeit, die
die Umstände erfordert. Wenn einerlei Begriff in zwei Versen an das Ende zu stehen kommt, so ist dies eben die Schuld
der zwei Verse, und dann gewiß »nichts billiger«, als ihn mit
demselben Wort zu bezeichnen. Was aber an das Ende zu
stehen kommen muß, ist nicht einerlei Begriff, sondern die
Kongruenz der zweierlei Begriffe. Der »reiche Reim«, der
keineswegs durch ein Versagen der Gestaltungskraft
gerechtfertigt wird, den aber sie selbst erfordern könnte,
vermag recht wohl auch die Kongruenz zum Ausdruck zu
bringen. Der Ruf an Euphorion:

> Bändige! bändige,
> Eltern zu Liebe,
> Überlebendige
> Heftige Triebe!

offenbart nicht nur die Verjüngung des ältesten, sondern
auch den Reichtum desjenigen Reims, der nur ein reicher ist.
Dank Umlaut und Silbenvorspann, dank der unvergleichlichen Übereinstimmung der Sphären, in denen Gewalt und
Kraft leben, wird hier die Gleichheit des reimführenden
Konsonanten, wird die Reimlosigkeit gar nicht gespürt. Es
ist durch dichterische Macht ein Ausnahmswert der Gattung: im Lebendigen erscheint das, was zu bändigen, förmlich enthalten und entdeckt. Der »reiche Reim« wird also
gerade nur dort gut sein, wo nicht einerlei Begriff dasselbe
Wort verlangt, sondern zweierlei sich zu ähnlichen Wörtern
finden, deren gleicher Konsonant dem vokalischen Einklang
nicht die Reimkraft nimmt. Vielleicht ist Bürgers Entschuldigung eine Verwechslung mit dem sehr erlaubten Fall, wo
allerdings einerlei Begriff in zwei Versen an das Ende zu

stehen kommt, aber aus dem Grunde, weil einerlei Begriff
beide ganz und gar erfüllt – mit dem Fall, wo die gewollte
Gleichheit des Gedankeninhalts die Verse selbst gleichlautend oder doch gleichartig macht. Das dürfen sie sein und
reimen dann stärker als mit einem Reim. Ein solcher Fall
kommt gleichfalls in der »Lenore« vor:

> Wie flogen rechts, wie flogen links
> Gebirge, Bäum' und Hecken!
> Wie flogen links und rechts und links
> Die Dörfer, Städt' und Flecken!

Das ist – da es so und nicht anders weitergeht – namentlich
durch die Variation »und rechts« ungemein stark, stärker als
es etwa ein Reim mit »ging's« und stärker als es ein Nichtreim (etwa: »rechts und links und rechts«) wäre. Ein Vers
könnte aber zu stärkster Wirkung auch völlig gleichlautend
wiederholt sein, wie etwa bei Liliencron das alle Lebenssta-
dien begleitende Gleichnis:

> Es jagt die Schwalbe weglang auf und nieder.

Hier wäre kein Reim denkbar außer dem der Identität, dem
innern Reim auf »immer wieder«, dem Kehrreim einer
ewigen Wiederkehr.

Doch mehr noch als Identität, mehr selbst als der Über-
einklang des echten Reimes kann der eingemischte Nichtreim dem dichterischen Wert zustatten kommen. Von allen
Schönheiten, die zu dem Wunder vom »Tibetteppich« verwoben sind (welches allein Else Lasker-Schüler als den
bedeutendsten Lyriker der deutschen Gegenwart hervortre-
ten ließe), ist die schönste der Schluß:

> Süßer Lamasohn auf Moschuspflanzenthron
> Wie lange küßt dein Mund den meinen wohl
> Und Wang die Wange buntgeknüpfte Zeiten schon.

Der vorletzte Vers, dazwischentretend, hat nirgendwo in
dem Gedicht, das sonst aus zweizeilig gereimten Strophen
besteht, seine Entsprechung. Wie durch und durch voll

Reim ist aber dieses »wohl«, angeschmiegt an das »schon«, süßes Küssen von Mund zu bunt, von lange zu Wange vermittelnd. Auf solche und andere Werte ist einst in einer verdienstvollen Analyse – von Richard Weiß in der Fackel Nr. 321/322 – hingewiesen worden, mit einer für jene Zeit (da zu neuem Aufschluß der Sprachprobleme wenig außer der Schrift »Heine und die Folgen« vorlag) gewiß ansehnlichen Erfassung der Einheit in Klang- und Bedeutungsmotiven, wenngleich vielleicht mit einer übertreibenden Ausführung der Lautbeziehungen, die im Erspüren einer Gesetzmäßigkeit wohl auch der Willkür des Betrachters Raum gab. Achtungswert aber als der Versuch, in jedem Teile den lebenden Organismus darzustellen und zu zeigen, wie »in jeder zufälligst herausgegriffenen Verbindung der mathematische Beweis höchster notwendiger Schönheit nur an der Unzulänglichkeit der Mathematik scheitern könnte«. Vielleicht auch an der Unzulänglichkeit des Kunstwerks, wenn der Autor diesen Versuch mit einem Gedicht von Rilke unternommen hätte, mit welchem er Else Lasker-Schüler verglich. Während bei ihr – in den männlichsten Augenblikken des Gelingens – zwischen Wesen und Sprache nichts unerfüllt und nichts einem irdischen Maß zugänglich bleibt, so dürfte die zeitliche Unnahbarkeit und Unantastbarkeit von Erscheinungen wie Rilke und dem größeren George – mit Niveaukünstlern und Zeitgängern wie Hofmannsthal und gar Werfel nicht zu verwechseln – doch keinem kosmischen Maß erreichbar sein. Else Lasker-Schüler, deren ganzes Dichten eigentlich in dem Reim bestand, den ein Herz aus Schmerz gesogen hatte, ist aber auch der wahre Expressionist aller in der Natur vorhandenen Formen, welche durch andere zu ersetzen jene falschen Expressionisten am Werk sind, die zum Mißlingen des Ausdrucks leider die Korrumpierung des Sprachmittels für unerläßlich halten. Trotz einer Stofflichkeit unter Sonne, Mond und Sternen (und mancher Beiläufigkeit, die solches Ausschwärmen begleitet), ist ihr Schaffen wahrhaft neue lyrische Schöpfung; als solche, trotz dem Sinnenfälligsten, völlig unwegsam dem Zeitverstand. Und wie sollte, wo ihm zwischen dem Kosmos und der Sprache keine Lücke als Unterschlupf bleibt, er anders als grinsend bestehen können? Selbst ein Publikum, das meine kunstrichterliche Weisung achtet und lyrischer Darbietung etwas abgewinnen kann, sitzt noch heute ratlos vor dieser Herrlichkeit wie eben vor dem Rätsel, das die Kunst aus der Lösung macht.

Wie könnten aber solche Werte, wie könnte das Befassen mit ihnen den Leuten eingehen, die zu der Sprache keine andere Beziehung haben, als daß sie verunreinigt wird, weil sie in ihrem Mund ist! Sie in solchem Zustand als das höchste Gut aus einem zerstörten Leben zu retten – trotz allen greifbareren Notwendigkeiten, die es nicht mehr gäbe, hätte der Mensch zur Sprache, zum Sein zurückgefunden –, ist die schwierigste Pflicht: erleichtert durch die Hoffnung, daß der Kreis derer immer größer wird, die sich durch solche Betrachtungen angeregt, ja erregt und belebt fühlen. Es ist Segen und Fluch in einem, daß solchen Denkens, wenn es einmal begonnen, kein Ende ist, indem jedes Wort, das über die Sprache gesprochen wird, deren Unendlichkeit aufschließt, handle es sich nun von einem Komma oder von einem Reim. Und mehr als aus jedem anderen ihrer Gebiete wäre aus eben diesem zu schöpfen, wo die Fähigkeit der Sprache, gestaltbildend und -wandelnd, am Gedanken wirkt wie die Phantasie an der Erscheinung, bis, immer wieder zum ersten Mal, im Wort die Welt erschaffen ist. In solcher Region der Naturgewalten, denen wirkend oder betrachtend standzuhalten die höchste geistige Wachsamkeit erfordert, muß jeder Anspruch vor dem ästhetischen gelten; denn die formalen Erfordernisse, auf die es dieser absieht, betreffen beiweitem nicht den Klang, der dem Gedanken von Natur eignet und den ihm ein in die Sphäre erfüllendes und noch in der Entrückung beherrschendes Gefühl zuweisen wird. Der Reim als die Übereinstimmung von Zwang und Klang ist ein Erlebnis, das sich weder der Technik einer zugänglichen

Form noch dem Zufall einer vagen Inspiration erschließt. Er
ist mehr »als eine Schallverstärkung des Gedächtnisses, als
die phonetische Hilfe einer Äußerung, die sonst verloren
wäre«; er ist »keine Zutat, ohne die noch immer die Hauptsache bliebe«. Denn »die Qualität des Reimes, der an und
für sich nichts ist und als eben das den Wert der meisten
Gedichte ausmacht, hängt nicht von ihm, sondern durchaus
vom Gedanken ab, welcher erst wieder in ihm einer wird
und ohne ihn etwas ganz anderes wäre«. Aber lebt er einmal
im Gedicht, so ist es, als ob er noch losgelöst dafür zeugte.
Ich könnte, was er alles vermag, was er alles ist und nicht ist,
stets wieder nur mit jenen Reimen sagen, von denen man
nun – um das Landen der Einverstandenen herum – alle
behandelten Arten des Reims, sofern er einer ist, ablesen
kann; und deren jeder man die begriffliche Deckung zuge-
stehen wird: daß er nicht Ornament der Leere, des toten
Wortes letzte Ehre, daß er so seicht ist und so tief wie jede
Sehnsucht, die ihn rief, daß er so neu ist und so alt wie des
Gedichtes Vollgestalt. Und daß dem Wortbekenner das
Wort ein Wunder und ein Gnadenort ist. Denn »reimen« –
bekannte ich – »kann sich nur, was sich reimt; was von innen
dazu angetan ist und was wie zum Siegel tieferen Einverständnisses nach jenem Einklang ruft, der sich aus der
metaphysischen Notwendigkeit worthaltender Vorstellungen ergeben muß«.

»Offenbach-Renaissance«

(Zum Vortrag von »Pariser Leben«)

Nun ist die Tat, die ich mir gleich der Erweckung Nestroys zuschreibe, in all den lebendigen Jahren, da ich das Zeitliche verflucht habe, nun ist dies »Positive« in den Geltungsbereich der öffentlichen Meinung eingetreten. Ohne Ansehen des Urhebers, der aber auch nicht ansehen möchte, was die Theater als eine Offenbach-Renaissance praktizieren; nicht Zeuge sein wollte der Barbareien, mit denen das szenische Unwesen, Behältnis anmutlosesten Lebens, dem großen Zauberer einer versunkenen Welt seine Ehren erweist. Denn seit den »Helena«- und »Orpheus«-Schändungen des Herrn Reinhardt, der – bis zu Gogols »Revisor« – schon manche meiner geistigen Direktiven mißbraucht hat, glaubt dieses Aufmachertum ihn durch musikalische Veródung, textliche Verkitschung und hundert süße Beinchen dem Geschmack einer Jazzbanditengesellschaft annähern zu müssen. So uneitel bin ich wahrlich nicht, mit solcher Renaissance meine Offenbach-Gestaltungen, durch die sie doch neuestens angeregt wird, in einen Qualitätsvergleich bringen zu wollen; immerhin so unbescheiden, zu sagen, daß diese Stadt, wenn sie, über die kleine Gefolgschaft der Geistverbundenen hinaus, noch einen Funken echten Theatersinns hätte, die wahre Erneuerung Offenbachs nicht dreimal, sondern hundertmal in einem vollbesetzten Saal erleben müßte, um dann endgültig die Serienschmach der neuen Operette abzubrechen, und garantierte sich auch jedem der Genießer im Zwischenakt ein »Girl« auf den Schoß. Doch ein Theaterschwätzer, der alle Symptome dieser »Renaissance« anführt, ohne ihren eigentlichen Hort und Ursprung auch nur zu bemerken, hat – in der Zeit, in der eine vielleicht

physiologisch nachweisbare Idiotie berufen ist, dem Operet-
tengedudel den Text anzumessen – die Erklärung gewagt, es
müsse »doch wohl lediglich an den albernen Texten liegen«,
daß, von den Ausnahmen der »Helena« und des »Orpheus«
abgesehen, »der Name Offenbach so selten auf dem Spiel-
plan der Operettentheater erscheint«. Womit also gesagt
wäre, daß im Vergleich mit jenen Werken – in deren Text
gerade der Wiener Knödelhumor Orgien feiert und auf
Kosten der Grazien, die ihn ursprünglich zubereitet haben,
den Mehlspeisgeschmack dauernd anspricht –, daß im Vergleich mit dem theaterüblichen und immer neu aufgewärm-
ten Helden- und Göttergspaß die Texte von »Blaubart«,
»Die Großherzogin von Gerolstein« und »Pariser Leben«
selbst nach Wiener Maßen »albern« sind. Und da ist es denn
notwendig, von einer Höhe herab, von der es überhaupt
keine Verbindung mit einer geistigen Gegenwart gibt außer
der der Verachtung, sich zu der Albernheit dieser Texte zu
bekennen; und da ist es wichtig, einiges von dem zu wiederholen, womit in meinem Aufsatz »Grimassen über Kultur
und Bühne« (1909) die Distanz abgesteckt war zwischen
dem tiefen Unsinn, der das Wesen, und dem flachen Sinn,
der das Unwesen der Operette bedeutet.

»Die Funktion der Musik: den Krampf des Lebens zu
lösen, dem Verstand Erholung zu schaffen und die gedankliche Tätigkeit entspannend wieder anzuregen. Diese Funktion mit der Bühnenwirkung verschmolzen, macht die Operette, und sie hat sich mit dem Theatralischen ausschließlich
in dieser Kunstform vertragen. Denn die Operette setzt eine
Welt voraus, in der die Ursächlichkeit aufgehoben ist, nach
den Gesetzen des Chaos, aus welchem die andere Welt
erschaffen wurde, munter fortgelebt wird und der Gesang
als Verständigungsmittel beglaubigt ist. Vereint sich die
lösende Wirkung der Musik mit einer verantwortungslosen
Heiterkeit, die in diesem Wirrsal ein Bild unserer realen
Verkehrtheiten ahnen läßt, so erweist sich die Operette
als die einzige dramatische Form, die den theatralischen

Möglichkeiten vollkommen angemessen ist. ... Zu einem Gesamtkunstwerk im harmonischesten Geiste vermögen Aktion und Gesang in der Operette zu verschmelzen, welche eine Welt als gegeben nimmt, in der sich der Unsinn von selbst versteht und in der er nie die Reaktion der Vernunft herausfordert. Offenbach hat in seinen Reichen phantasiebelebender Unvernunft auch für die geistvollste Parodierung des Opernwesens Raum: die souveräne Planlosigkeit der Operette kehrt sich bewußt gegen die Lächerlichkeit einer Kunstform, die im Rahmen einer planvollen Handlung den Unsinn erst zu Ehren bringt. Daß Operettenverschwörer singen, ist plausibel, aber die Opernverschwörer meinen es ernst und schädigen den Ernst ihres Vorhabens durch die Unmotiviertheit ihres Singens. Wenn nun der Gesang der Operettenverschwörer zugleich das Treiben der Opernverschwörer parodiert, so ergibt sich jene doppelte Vollkommenheit der Theaterwirkung, die den Werken Offenbachs ihren Zauber verleiht, weit über die Dauer der politischen Anzüglichkeiten hinaus, auf welche die Nichtversteher seines Wesens den größten Wert legen. An der Regellosigkeit, mit der sich die Ereignisse in der Operette vollziehen, nimmt nur ein verrationalisiertes Theaterpublikum Anstoß. Der Gedanke der Operette ist Rausch, aus dem Gedanken geboren werden; die Nüchternheit geht leer aus. Dieses anmutige Wegspülen aller logischen Bedenken und dies Entrücken in eine Konvention übereinanderpurzelnder Begebenheiten, in der das Schicksal des Einzelnen bei einem Chorus von Passanten die unwahrscheinlichste Teilnahme findet, dies Aufheben aller sozialen Unterschiede zum Zweck der musikalischen Eintracht und diese Promptheit, mit der der Vorsatz eines Abenteuerlustigen: ›Ich stürz' mich in den Strudel, Strudel hinein‹ von den Unbeteiligten bestätigt und neidlos unterstützt wird, so daß die Devise: ›Er stürzt sich in den Strudel, Strudel hinein‹ lauffeuerartig zu einem Bekenntnis der Allgemeinheit wird – diese Summe von heiterer Unmöglichkeit bedeutet jenen reizvollen

Anlaß, uns von den trostlosen Möglichkeiten des Lebens zu
erholen. Indem aber die Grazie das künstlerische Maß dieser
Narrheit ist, darf dem Operettenunsinn ein lebensbildender
Wert zugesprochen werden. ... Eine Gesellschaft jedoch,
die das Lachen geistig anstrengt und die gefunden hat, daß
sich mit dem Ernst des Lebens bessere Geschäfte machen
lassen, hat den blühenden Unsinn zum Welken gebracht. Sie
imponierte sich mit ihrer Pfiffigkeit, als sie die Unwahrscheinlichkeit einer Operettenhandlung entdeckte. ... Der
aufgeweckte Verstand hat den Unsinn entlarvt und seine
Rationalisierung durchgesetzt. Was geschieht? Der Unsinn,
der früher das Element war, aus dem Kunst geboren wurde,
brüllt losgebunden auf der Szene. Unter dem Protektorat
der Vernunft entfaltet sich eine Gehirnschande, welche die
dankbaren Dulder ärger prostituiert als die spekulativen
Täter. Die alten Operettenformen, die an die Bedingung des
Unsinns geknüpft bleiben, werden mit neuer Logik ausge-
stopft, und der Effekt läßt sich etwa so an, als ob jetzt die
opernhafte Lächerlichkeit von einer Bande entfesselter Toll-
häusler demonstriert würde. Die Forderung, daß die Operette vor der reinen Vernunft bestehe, ist die Urheberin des
reinen Operettenblödsinns. Jetzt singen nicht mehr die
Bobèche und Sparadrap, die Erbprinzen und Prinzessinnen
von Trapezunt, die fürchterlichen Alchimisten, in deren Gift
Kandelzucker ist, keine musikalische Königsfamilie wird
mehr vom bloßen Wort ›Trommel‹ hingerissen, kein Hauch
des Tyrannen wirft einen falsch mitsingenden Höfling um.
Aber Attachés und Leutnants bringen sachlich in Tönen vor,
was sie uns zu sagen haben. Psychologie ist die ultima ratio
der Unfähigkeit, und so wurde auch die Operette vertieft.
Sie verleugnet den romantischen Adel ihrer Herkunft und
huldigt dem Verstand des Commis voyageur. ... Der
Drang, das Leben der musikalischen Burleske zu verifizie-
ren, hat die Gräßlichkeiten der Salonoperette erschaffen, die
von der Höhe der ›Fledermaus‹ – des Übels Urquell – über
die Mittelmäßigkeit des ›Opernballs‹ in die Niederung der

›Lustigen Witwe‹ führen. Von der natürlichen Erkenntnis
verlassen, daß ein phantastisches oder exotisches und jedenfalls ein der Kontrolle entrücktes Kostüm notwendig ist, um
das Singen in allen Lebenslagen wahrscheinlich zu machen,
und ohne Ahnung, daß ein singender Kommis im Smoking
eine Gesellschaftsplage bedeutet, wagt diese neue Industrie
das Äußerste.«

Wie trostlos zu denken, daß in eben dieser Kulturregion
sich die Wiedergeburt Offenbachs vollziehen soll mit Hilfe
einer Auffassung, die dem Geist und der Grazie durch die
bewußte Antithese des Schwachsinns und der Gemeinheit
zur Wirkung verhilft; und auch mit Hilfe der Techniken und
Praktiken, die die neue Operettenszene zum Schauplatz von
allem gemacht haben, was mit dem Theater nichts zu tun
hat, von gymnastischen, kosmetischen und sonstigen
Geschäften zur Beschönigung des Zusammenbruchs. Was
der Komikerhumor schon vor dem des Kommis an den
Texten Offenbachs vollbracht hat, die Erinnerung daran
wurde mit durch das Studium aller möglichen Souffflier-
bücher mit den eingetragenen »Extempores« beklemmend
lebendig. Allerdings vermag selbst die dickste Zutat von
Alfanzerei, die sich die zwei beliebtesten Werke Offenbachs
durch die Jahrzehnte gefallen lassen mußten – nun der
Erneuerung aus unerschöpflichen Wiener Reserven gewärtig –, nicht an das Gesamtgreuel einer neuzeitlichen Operettenhandlung hinanzureichen, denn während dort das
Orchester doch immer wieder Unfug und Minderwertigkeit
der Szene sieghaft zudeckt und die Geistesluft mit dem
Ungeruch fertig wird, der sich einzumischen wagte, bedeutet das Geblödel und Geknödel nebst der Wiener Einbrenn
von Gemüt, womit eine Fleischbank garniert ist, die eigentliche Geistigkeit, ohne die sich die Amoretten der Herren
Lehar und Kalman gar nicht entfalten könnten. Gewiß, auch
hier waltet etwas wie die musikalisch-textliche Einheit, die
das Wesen der Operette bildet, aber freilich so, daß man im
Nebeneinander von Banalität und Ordinärheit empfindet,

wie sehr diese Zugkräfte einander gemäß und würdig sind. Wäre nun der Text der wahren Operette (die ich für die Erfüllung des wahren Theatersinns halte) loslösbar von der Musik, so wäre der von Meilhac und Halévy – nehmen wir etwa nur die Grog-Episode in der »Großherzogin« – auch als Ausdruck einer rational erfaßlichen und heiter bewegten Wirklichkeit, also als Lustspiel, ein Ewigkeitswert, verglichen mit allem, was seit mehr als drei Jahrzehnten Gedankenmilieu und Wortbestand der Hurengassenhauer bildet. Es beweist aber völlige Kunstfremdheit, den Operettentext als solchen mit literarischem Maß messen zu wollen. Wohl schlägt der Idiotismus der neuen Operettenverse über die Grenze der Möglichkeit, von der Musik bewältigt zu werden. Doch wenn im Vergleich mit solcher Affenschande von einer Fragwürdigkeit der alten Operettentexte überhaupt gesprochen werden darf, so waren sie gerade so schlecht und so gut, daß sie sich der organischen Verbindung mit der Musik nicht entziehen konnten. Welch ein bukolisches Gedicht jene Verse »Ich bin dein, du bist mein«, wenn sie die Musik des »Blaubart« auf ihre Flügel nimmt, wieviel Wonne und Weh in dem Auferstehungslied der fünf Frauen; wie lieblich und rührend die mädchenhafte Erwartung in dem Brief- und Kuß-Quartett der großherzoglichen Ehrendamen: und all dieser Zauber nicht trotz, sondern vermöge der Durchschnittlichkeit eines Wortwerks, das eben die Gabe hatte, solchen Tönen entgegenzukommen. Das Doppelkunstwerk, welches die große Musik und das große Gedicht vereinigt, besteht nicht, denn das Aneinander ist weniger Kunstwerk als das eine und als das andere. Dagegen vermag der scheinbare Albernheit eines Verstextes, zu dem gewiß keine lyrische, aber eine musiktheatralische Begabung erforderlich ist, das Element eines Gesamtkunstwerks vorzustellen, und die Geringfügigkeit dessen, was die Töne der Offenbach und Lecocq zum Schwingen brachte, war wohl von Natur eine andere als die des Stichworts für die Lehar und Kalman. Die Wiener Bearbeitungen der Meilhac- und

Halévyschen Texte durch Julius Hopp und Carl Treumann sind in manchen Verspartien dem Original ebenbürtig, wenn sie es nicht gar übertreffen, in manchen freilich fallen sie jäh ab in eine lokale Niederung und Beiläufigkeit, die auf der musikbelebten Szene zwar möglich waren und es noch immer wären, aber im Munde des Vortragenden sich von der Musik lösen und den sprachlichen Unwert erkennbar machen würden. Die Arbeit an diesen unerläßlichen Reparaturen birgt insofern das ganze Problem des Operettenverses in sich, als das Ergebnis keineswegs etwa so beschaffen sein durfte, einen sprachlichen Wert, losgelöst von der Musik, erkennbar zu machen, sondern nur eine analoge Operettenmöglichkeit herzustellen. Darum eignen sich – mit Ausnahme der Coupletstrophen, die ja auf eigenstem geistigen Terrain entstehen – die Erneuerungen so wenig zur Publikation wie der beste Operettentext. Hingegen wäre wohl die sprachliche Leistung, die an die Veränderung gewendet erscheint, einer Betrachtung wert, durch die sich erweisen ließe, daß die Arbeit wertvoller ist als das Produkt: neue Worte auf vorhandener Grundlage entstehen zu lassen, aber so vertraut mit der Musik, als hätten sie ihr immer schon gedient, und ohne von der Patina theaterberühmter und unbedingt zu erhaltender Stellen abzustechen. Keine Veränderung oder Erneuerung wäre erträglich, die, sei es im Vers oder in dessen dialogischer Nachbarschaft gegen den Geist der Sphäre ginge, wollte sie sich nun gegen diese durch ein Plus oder durch ein Minus an Gedanklichkeit selbständig machen. Die ganze Entartung des Genres wird ja von der Trennbarkeit der in ihm ursprünglich vereinigten Elemente bezeichnet. Aber eine theaterfremde Zeit nimmt die Trennung auch dort vor, wo Einheit waltet, wo eine Realität, die losgelöst vom Klangzauber den kahlen Unsinn vorstellte, zu einem grotesken Märchen wird, darin er in Blüte prangt.

Zu solchem Wechsel und Eingang in die andere Sphäre, ohne dessen Möglichkeit nichts als die äußerste Gehirntortur übrig bleibt – und in dem Maße der Vernunftmäßigkeit,

Wahrscheinlichkeit oder gar Psychologie des Geschehens –, zu solcher Verwandlung wäre die neue Operette nicht einmal mit Hilfe des Kostüms fähig, welches ja diese theatralische Lebensform erst zu beglaubigen scheint. Doch dem Genie Offenbachs gelingt selbst die Verzauberung der dem Verständnis erreichbaren, mit den Sinnen greifbaren aktuellsten Gegenwart seiner Lebzeit. Darum ist »Pariser Leben« sein stärkster Geniebeweis. Es spielt in dem Jahr, in dem es auf der Bühne erschien. Wenn ich nun als Vortragender die närrische Erotik und Königsposse einer unkontrollierbaren Vorzeit wie im »Blaubart«, wenn ich den Hohn einer militaristischen Wahnwelt in der »Großherzogin« vertreten kann, was ginge mich, der zwischen Shakespeare, der Pandora und den eigenen Schrullen einer Sprachlehre die unzugänglichsten Geistesgüter verwaltet, ein noch so brillant musiziertes Pariser Lebemannsabenteuer an? Alles mögliche schon den Nachbildner gegebener oder gewesener Welten, wenn es bloß die gültige Gestalt eines Stücks Freudenwelt, eines Beispiels verflossener Anmut wäre. Aber es ist, mit jener Kraft der Entstofflichung, die den Nachfahren der Operette gemangelt hat, die merkwürdigste Zauberposse, die dem Zauberer je gelungen ist. Denn wie noch ungleich wundersamer war es, statt Götter und Helden, statt Kartenkönige und Märchenprinzen in Menschen, eben diese in Marionetten zu verwandeln. Hier, wo die Operette mit der Oper schon sich selbst travestiert, tritt die Narrheit des gegenwärtigsten Lebens in so verkürzte Erscheinung, daß ein Expressionist Genie haben müßte, um zu solcher Albernheit imstande zu sein, wie sie sich da auf der Ankunftseite eines Pariser Bahnhofs, in der Vorhalle zum Paradies, abspielt, wo die Fremden kaum aus dem Coupé gestiegen sind, um sich in den »Strudel Strudel« zu stürzen, schwedische Ehegatten gleich ihre Sonderwünsche äußern, ein Brasilianer mit allem verfügbaren Schmuck und Bargeld die schon wartenden Grisetten bewirft und das Leben beinahe so unwahrscheinlich ist, wie es ist. Diese Raum- und Zeitverkürzung, diese

Folgerichtigkeit im Irrationalen, diese Verwandlung des Lebensfaktums ins blaue Wunder konnte nur in einem musikalischen Rausch gelingen, der wohl der hinreißendste ist, der jemals auf einer Szene entfesselt wurde. Wie nüchtern in solchem Vergleiche die in allen Motiven des Rausches getreue Nachbildung einer »Fledermaus«, wo eben der Zauber ungetan ist, weil die an und für sich künstlerisch hochwertige Musik eines Undramatikers, selbstgenügsam und unverbunden, neben einem Text einherlebt, dessen unverwandelte Materie der Verstandeskontrolle ausgesetzt bleibt. »Pariser Leben«: eine Orgie lebendigster Narrheit aus einer ganz gegenständlichen Handlung heraus (darum sträflich jener Versuch einer Sprechbühne, sie mit musikalischer Verkümmerung, mit Ausmerzung des Chors, in ein Vaudeville, ein Liederlustspiel zurückzuverwandeln); die »Fledermaus«: reales Lustspiel mit Gesang, der eigentliche Ausgangspunkt der Richtung, die über den »Opernball« zur »Lustigen Witwe«, zum Greuel der Salonoperette geführt hat. Alle Essenzen, die das eigenste, unnachahmliche Wesen Offenbachs bilden und Werke wie »Blaubart«, »Die Großherzogin von Gerolstein«, »Die Prinzessin von Trapezunt« zwischen »Helena«, »Orpheus«, »Hoffmanns Erzählungen« und den vielen verschollenen Kostbarkeiten (wie »Schönröschen« und »Die Zaubergeige«) zum amor et deliciae eines besseren Theatergeschlechts gemacht haben – in »Pariser Leben« sind sie wahrlich zu einem Eßbukett von betäubender Wirkung vereinigt. Und die unnachahmliche Doppelzüngigkeit dieser Musik, alles zugleich mit dem positiven und dem negativen Vorzeichen zu sagen, das Idyll an die Parodie, den Spott an die Lyrik zu verraten; die Fülle zu allem erbötiger, Schmerz und Lust verbindender Tonfiguren – hier erscheint diese Gabe am reichsten und reinsten entfaltet. Es ist der Gipfel eines Genres, worin sich das Unnatürliche so von selbst versteht wie daß im Versdrama Leben und Sterben im Hochschritt des Sprachgedankens geschehen. Enthielte dieses Werk nichts als den musikalischen Champa-

gnertaumel des Domestikenfestes (den man sich wohl kaum
durch eine, in der Fledermaus-Soiree mögliche »Konzertein-
lage« unterbrochen denken könnte), so wäre es noch immer
ein Schatz der heiteren Bühne. Aber es enthält unter all den
Perlen die Briefarie der Metella, jenes unbeschreiblich süße
Gedicht, das den entfernten Schreiber – den armen Baron
Frascata, der im Norden von den Pariser Seligkeiten träumt
und an deren Spenderin den Überbringer empfiehlt – in
seinem rührenden Nichtvorhandensein zu der einprägsam-
sten Gestalt des Stückes macht. Dies, als einen der stärksten
Augenblicke, die das Bühnendasein überhaupt kennt, und
alles rund herum, was da aus den Abenteuern der Herren
Gardefeu und Gondremark gediehen ist, die als solche
unsereinen sonst blutwenig angingen, reklamiere ich als
»Theater der Dichtung« im besten, edelsten Sinne. Daß die
anderen Bühnen, jene, die eine Szene mit Dekorationen zur
Verfügung haben, nicht alles daran setzen, dieses einzigar-
tige Werk würdig herauszubringen und im Repertoire zu
erhalten; daß die stärkste Extravaganz, die sich die Opern-
häuser gestatten, immerzu die »Fledermaus« sein soll und
nicht deren unerreichtes Vorbild, zeigt, in welcher Entfernung vom Theater die Bühnen leben. Aber sie bescheiden
sich wohl in der Erkenntnis jenes Wagner-Wortes, das heute
keine Kränkungs eines Ensembles mehr bedeutet, sondern
nur den Rat zur Vorsicht: »Soweit die vorhandenen Kräfte
reichen« – ehedem ein Maß derer, die der Entwicklung nicht
nachkommen konnten, heute derer, die sich von ihr tragen
lassen müssen, weil sie nicht die Kraft haben, stehen zu
bleiben, dem Unfug zu wehren und es mit der Kunst auch
auf die Gefahr hin zu versuchen, daß sie dem Gesindel nicht
zeitgemäß erschiene.

Sakrileg an George
oder
Sühne an Shakespeare?

Selbst der, der nicht staunend vor der Pathologie des Geisteslebens einer Gesamtheit steht, sondern Dekaden für grassierende Kulturseuchen als Einrichtung anerkennt; selbst der, der allerlei Erbschaft des neunzehnten Jahrhunderts zwischen Dionysischem und Psychologischem noch in der Reduktion auf Kunstgewerbe, Feuilleton und Regie als geistige Daseinsmöglichkeit begreift; selbst der, der alles bejaht, was die Giftmischerin der Menschheit, die Tagespresse, als ihren Zweck oder Vorwand betreibt – selbst der steht ratlos vor dem Begriff Stefan George. Das heißt, nicht so sehr vor der Erscheinung als solcher, die zu durchdringen ja nicht so schwer ist wie die Esoteriker vermuten, sondern vor dem Phänomen, wie dieser Kredit der Undurchdringlichkeit zustandekam, mehr noch: wie es jenseits der durchgehaltenen Ehrfurcht vor einer durchgehaltenen Gebärde – oder sagen wir, der berechtigten Schätzung einer Energie –, wie es jenseits der Begeisterung einer Zivilisation für den, der ihr in unkontrollierbare Schönheitsgegend entwich – wie es gelingen konnte, diesen Begriff Stefan George noch dort zu züchten und unversehrt zu erhalten, wo nur der geringste Versuch unternommen wurde, ihn in die allergefährlichste Verbindung zu bringen: in die mit dem Begriff der Sprache, als eines Elements, von dem wahrscheinlich in jedem andern Lebensgebiet mehr enthalten ist als in der Literatur, ihre sämtlichen Nobelpreisträger und Nobelpreiskandidaten inbegriffen. Denn daß einer journalisierten und auf jeglichen Humbug dressierten Öffentlichkeit die abweisende Aufschrift eines Werkes: »Unbefugten ist der Eintritt verboten« – zumal mit kleinen Anfangsbuchstaben – hinreicht zu dem

Glauben, was dort getrieben wird, sei Fug; und daß ein profanum vulgus automatisch den heilig spricht, der odisse et arcere behauptet, das wäre ja zur Not aus einem, namentlich in Mitteleuropa vorrätigen Drang der Masse nach Subalternität zu verstehen. Ein tieferes Mysterium jedoch als die vermuteten Geheimnisse ist die Möglichkeit einer Erkennung sprachlichen Wertbestandes innerhalb einer rein kunstgewerblichen Angelegenheit, die von einem außergeistigen Willen bestimmt und mit beträchtlicher Folgerichtigkeit geführt wird. Ich kann nicht finden, daß dieser Aufwand an Zucht auch nur im geringsten sprachlich wirksam wäre. Die versprengten lyrischen Zeilenwerte, dem Vorsatz zur Vereinfachung, zum Volksliedhaften entstammt, als dem immerhin vorstellbaren Erlebnis eines Verschnörkelten, eines sakral Ornamentierten – diese Stäubchen Goldes wiegen auf der Waage meines Sprachbewußtseins ja doch die massige Mühsal nicht auf, deren geistiger Inhalt und Sprachwert mich keineswegs als die Flucht aus der Zeit in die Ewigkeit überzeugt, aber durchaus als die Flucht eines Zeitgenossen ins Hieratische, als die Ausflucht dessen, der vor der ewigen Gefahr der Sprache im sichern Hort des Kommerz- und Journalstils geborgen ist und von diesem Zustand durch gewisse Zeremonien ablenken möchte. Solches, trotz und mit allem Feinschmeckertum für ausgediente deutsche Vergangenheitswörter, an tausend Beispielen von Sprachferne und Zeitnähe zu erweisen – zu solchem Sakrileg bin ich erbötig. Aber es genügen vorläufig Teile von jener besonderen Geistestat, deren Bewunderung, deren unbehinderte Möglichkeit ich zu den gravierendsten Fakten der deutschen Kulturgeschichte zähle. Es handelt sich um die Übersetzung, genannt Umdichtung, der Sonette Shakespeares. Daß ein verbreitetes Bedürfnis nach Denkmalschändung, wie es auf den Bühnen namentlich in der Zurichtung Shakespeares und Offenbachs sich geltend macht – unter dem Vorwand zeitlicher Anpassung: wiewohl an den Resultaten nichts der Zeit angepaßt ist als der Drang, der sie bewirkt hat, nichts aktuell als die Büberei um ihrer selbst willen –; daß ein solches Bedürfnis nicht nur Shakespeares Dramen, sondern auch die schöpferische Leistung der Schlegel und Tieck den Worttaten von Kommis oder libertinischen Oberlehrern ausgeliefert hat, ist trostlos. Aber es ist nichts im Vergleich zu dem, was mit den Sonetten, Shakespeares persönlichster, verwundbarster Partie, gewagt wurde, deren Nachdichtung schon die ganze Literatur hindurch eine widerliche Veräußerlichung des erotischen Problems, eine Verödung des Dämons, eine Versimplung des Genius vorstellt, kurzum eine Mischung von Dilettantismus und Spießbürgerei, in einer Art, daß es vielleicht noch zweifelhaft sein konnte, ob die Täter aus dem Englischen, aber klar sein mußte, daß sie höchstens gesinnungsmäßig ins Deutsche übersetzt haben. Durch alle Varianten der Banalität – welch ein Geklapper diese angehängte Sentenz; welch eine Übereinstimmung in dem Unvermögen, der shakespearisch zusammenfassenden Gewalt des Abschlußreimes habhaft zu werden! Doch unfaßbar die Ausdauer der Respektlosigkeit, beinah selbst Respekt gebietend (mindestens würdig dessen, was in der Sprache Georges »ein Gestaun« heißt); bewundernswert der immer neue Aufwand von Strapaze, da der Doppelfrevel an Shakespeare und der deutschen Sprache zumeist in der Benützung und Verschlechterung des Vorgängers betätigt erscheint. In keinem Gebiet gesellschaftlichen Schaffens wäre ja doch die Usurpation durch die leibhaftige Unberufenheit in dem Maße und mit der Selbstverständlichkeit möglich wie in dem der professionellen Sprachübung, deren Instrument eben Gemeingut ist und darum jeden, der eine Zunge hat, zum Fachmann macht. Die Übersetzungen der Shakespeare-Sonette zeigen, wie kaum ein deutsches Original, was die Sprecher der tiefsten und schwierigsten Sprache dieser für würdig, innerhalb ihrer für möglich halten, und was man in Deutschland unter einem Gedicht, unter einem Vers, unter einem Reim versteht. Sie beruhen auf der Vermessenheit lyrischer Nullen, Shakespeare-Empfindungen, die in der Glut zwischen Jüngling und Dame kreuzen – Sehnsucht nach Erhaltung des männlichen Schönheitsbildes, Eifersucht, die das weibliche umloht – kurz das lebendige Chaos in das eigene sprachliche Nichtdasein zu domestizieren. Oder sie bestehen mit der gleichen Nichtbeziehung zum Pathos in dem Unternehmen, eine scheinbare Wörtlichkeit mit Prokrustesmitteln ins Versbett zu bringen, den Leichnam der Wortgestalt auf die Versfüße: eine Idiotie, die das Eigenleben zweier Sprachen negiert, ein Gedanke, an dem sich das Unvermögen, in beiden zu denken, entschädigt. Wahres »Über-Setzen« könnte natürlich nie von dieser fixen Ideelosigkeit ausgehen, nur von dem Plan, der bisher den Bodenstedts überlassen war: schöpferisch zu ersetzen, in das eigene Erlebnis zu versetzen. Es wäre ein Nachdichten, das durch doppelte Bindung sich mit weit größerer Verantwortlichkeit zu beglaubigen hätte als das Dichten im eigenen Erlebnisraum; es wäre der Versuch, Gefühle und Gedanken so in jene des Nachfühlenden und in die der andern Sprache zu übertragen, so einzuschöpfen, daß der Eindruck zwingend werde, der Dichter hätte, in dieser Welt und Sprache lebend, nicht anders gedichtet. Es käme da auf die Kraft an, den Atem zu erhalten, die Lebensfülle zwischen den Worten und nicht deren Identität, die doch in der anderen Sprache eine andere Beziehung ergibt; und da die Schwierigkeit vor allem in der Bewältigung der einfachsten aller Sonettformen gelegen ist und mit ihr in der Einförmigkeit des gleichartigen Erlebnisinhaltes, so wäre weit und breit nur die Gefahr zu erkennen, daß das Nachgedicht besser würde, shakespearehafter – denn die größere und häufigere Gefahr, daß es schlechter würde, hat durch rechtzeitige Scham die Produktion zu verhindern, oder die Ächtung des Ungehemmten, der sich am Geist vergriffen hat, zur allgemeinen Kulturpflicht zu machen. Denn wenn schon jeder ein Dilettant auf eigene Faust sein darf, weil das Gemeingut der Sprache kein Rechtsgut ist, so dürfte doch selbst im Umkreis einer schäbigen Staatsaufsicht, die,

wenn's ihr paßt, jeden Krempel bewacht und selbst nichts ist
als boshafte Beschädigung fremden Eigentums – so dürfte
doch keiner ungestraft Dilettant am fremden Geisteswerk
sein, weil ein solcher strafbarer erscheint als der Pfuscher,
Fälscher, Dieb am materiellen Gut. Stefan George ist ein
Verwörtlicher, dem es von der Natur nicht gegeben ist,
jenem Unikum der Geistesgeschichte nahezukommen, das
der Fall Schlegel-Tieck vorstellt durch die Erschaffung
gleichsam einer dritten Sprache als eines Amalgams. Man
soll sehen und hören, wie dieser gebenedeite Schönheits-
Sucher, der sie noch nicht gefunden hat, wie dieser Hohe-
priester des Unglaublichen, dieser Erdferne, der bei Lebzei-
ten die Äonen vorwegnimmt, in denen seine Spur untergeh-
hen wird – wie er es zustandegebracht hat, die »Anbetung
vor der Schönheit« und den »glühenden Verewigungs-
drang«, eben das, was er vorwörtlich als den Gehalt der
Shakespeareschen Sonette erkannte, aus diesen zur Anschauung, zur Anhörung zu bringen. Dieses Werk, 1909
erschaffen, hat mit einer bescheidenen Auflage den Weltkrieg durchgehalten. Unmittelbar nach ihm, und wenn die
Welt voll Teufel wär', neu erstanden, hervorgeholt in den
Tagen, da alles Deutschtum Zuversicht in George suchte,
macht es den Eindruck eines Planes kultureller Vergeltung,
in dem Sinne, dem damals noch verbreiteten Wunsch, daß
Gott England strafen möge, die Tat auf dem Fuße folgen zu
lassen. War dies der Fall, so ward, Gott sei's geklagt, die
Rute schwerer gezüchtigt; das Deutsche hat noch mehr
gelitten. Ich, der in so vielen Lebensgebieten Schmach und
Gram empfindet, die aus den Fugen geratene Zeit einrichten
zu sollen – dies noch immer in Schlegelscher Übersetzung–,
ich bin nach dieser Tat, und nach dem Vergleich mit früheren und späteren Taten deutscher Kriegführung gegen die
eigene Sprache, zu dem Entschlusse gelangt, es mit Shakespeare zu versuchen und mit George aufzunehmen, wozu
ich nicht so sehr der Kenntnis des Englischen als des Deutschen bedarf. Das Englische gibt mir George. Da ich nun an

einigen Beispielen einer Gegenüberstellung Anhörungsunterricht erteilen will, Sprachlehre im wahren Sinn der Sprache, so besteht die Gefahr, daß eine karikierende Absicht der Hervorhebung vermutet werde. An dieser bin ich aber unschuldig, sie stammt, wie der nachprüfende Anschauungsunterricht jedem Hörer bestätigen kann, von einem Lyriker, der eine so eigenartige Beziehung zur Sprache unterhält, eine so eigenartige Auffassung von der Natur des Verses betätigt, daß er grundsätzlich das gedanklich Unbetonte in die Hebung und das Betonte in die Senkung bringt, so daß ich, um den Vers richtig zu sprechen, den Gedanken falsch skandieren muß. Es geschieht bei George nicht durch Wahl, sondern durch Zwang, er kann sich nicht anders helfen und ich infolgedessen auch nicht. Die reizvolle Schwierigkeit der kleinen Anfangsbuchstaben – der ich den ganzen Zauber zuschreibe – läßt sich dem Hörer leider nicht vermitteln. Das ist bedauerlich; der Leser kann sie für Konstruktionen wie »dein schlimm« oder »jed gut« ohneweiters nachholen. Es ist eine harte Schule, in die das Sprachgehör genommen werden soll, die es aber hoffentlich leichter durchmachen wird als der Glaube, der immer sitzen bleibt; denn es ist nicht nur eine Exekution mit Beweisen, deren Kraft dem Glauben an die Sprache entstammt, sondern einmal auch der Anspruch der Kritik, es besser machen zu können. Als ich ihn kürzlich in München erhob, soll die Meinung laut geworden sein, ein solches Beginnen sei nicht sittlich, wenn Stefan George nicht persönlich zugegen sei. Wiewohl er ohne Zweifel die Möglichkeit hat, der Drucklegung, bei der er gleichfalls nicht persönlich zugegen ist, sei es durch eine Antwort, sei es durch bessere Sonette zu entgegnen, so bedauert niemand mehr seine Abwesenheit als ich, der ich ja noch selten das Glück hatte, daß eines meiner Themen im Saal anwesend war. Wenn ich die geringste Aussicht gehabt hätte, daß jener vom Teppich des Lebens oder von den Pilgerfahrten, vom Stern des Bundes oder aus dem siebenten Ring den Weg in einen profanen Vortragssaal antreten würde, so hätte ich ihn gern eingeladen, sich einmal seine Sonette anzuhören, den Hochgesang von der »weltschaffenden Kraft der übergeschlechtlichen Liebe«, den er nachgedichtet hat für jene, die, wie er sagt, von ihr »nicht einmal etwas ahnen können«. Ich traue mir schon zu, daß ich auch ihm eine Ahnung beigebracht hätte. Und damit die Fähigkeit zu der Entscheidung, was mein Tun eher bedeute: Lästerung des Hohepriesters oder Reinigung des Heiligtums, das er entweiht hat; Sakrileg an George oder Sühne an Shakespeare!

Die Sprache

Der Versuch: der Sprache als Gestaltung, und der Versuch: ihr als Mitteilung den Wert des Wortes zu bestimmen – beide an der Materie durch das Mittel der Untersuchung beteiligt – scheinen sich in keinem Punkt einer gemeinsamen Erkenntnis zu begegnen. Denn wie viele Welten, die das Wort umfaßt, haben nicht zwischen der Auskultation eines Verses und der Perkussion eines Sprachgebrauches Raum! Und doch ist es dieselbe Beziehung zum Organismus der Sprache, was da und dort Lebendiges und Totes unterscheidet; denn dieselbe Naturgesetzlichkeit ist es, die in jeder Region der Sprache, vom Psalm bis zum Lokalbericht, den Sinn dem Sinn vermittelt. Kein anderes Element durchdringt die Norm, nach der eine Partikel das logische Ganze umschließt, und das Geheimnis, wie um eines noch Geringeren willen ein Vers blüht oder welkt. Die neuere Sprachwissenschaft mag so weit halten, eine schöpferische Notwendigkeit über der Regelhaftigkeit anzuerkennen: die Verbindung mit dem Sprachwesen hat sie jener nicht abgemerkt, und dieser so wenig wie die ältere, welche in der verdienstvollen Registrierung von Formen und Mißformen die wesentliche Erkenntnis schuldig blieb. Ist das, was sie dichterische Freiheit nennen, nur metrisch gebunden, oder verdankt sie sich einer tieferen Gesetzmäßigkeit? Ist es eine andere als die, die am Sprachgebrauch wirkt, bis sich ihm die Regel verdankt? Die Verantwortung der Wortwahl – die schwierigste, die es geben sollte, die leichteste, die es gibt –, nicht sie zu haben: das sei keinem Schreibenden zugemutet; doch sie zu erfassen, das ist es, woran es auch jenen Sprachlehrern gebricht, die dem Bedarf womöglich eine psychologische Grammatik beschaffen möchten, aber so wenig wie die Schulgrammatiker imstande sind, im psychischen Raum des Wortes logisch zu denken.

Die Nutzanwendung der Lehre, die die Sprache wie das Sprechen betrifft, könnte niemals sein, daß der, der sprechen lernt, auch die Sprache lerne, wohl aber, daß er sich der Erfassung der Wortgestalt nähere und damit der Sphäre, die jenseits des greifbar Nutzhaften ergiebig ist. Diese Gewähr eines moralischen Gewinns liegt in einer geistigen Disziplin, die gegenüber dem einzigen, was ungestraft verletzt werden kann, der Sprache, das höchste Maß einer Verantwortung festsetzt und wie keine andere geeignet ist, den Respekt vor jeglichem andern Lebensgut zu lehren. Wäre denn eine stärkere Sicherung im Moralischen vorstellbar als der sprachliche Zweifel? Hätte er denn nicht vor allem materiellen Wunsch den Anspruch, des Gedankens Vater zu sein? Alles Sprechen und Schreiben von heute, auch das der Fachmänner, hat als der Inbegriff leichtfertiger Entscheidung die Sprache zum Wegwurf einer Zeit gemacht, die ihr Geschehen und Erleben, ihr Sein und Gelten, der Zeitung abnimmt. Der Zweifel als die große moralische Gabe, die der Mensch der Sprache verdanken könnte und bis heute verschmäht hat, wäre die rettende Hemmung eines Fortschritts, der mit vollkommener Sicherheit zu dem Ende einer Zivilisation führt, der er zu dienen wähnt. Und es ist, als hätte das Fatum jene Menschheit, die deutsch zu sprechen glaubt, für den Segen gedankenreichster Sprache bestraft mit dem Fluch, außerhalb ihrer zu leben; zu denken, nachdem sie sie gesprochen, zu handeln, ehe sie sie befragt hat. Von dem Vorzug dieser Sprache, aus allen Zweifeln zu bestehen, die zwischen ihren Wörtern Raum haben, machen ihre Sprecher keinen Gebrauch. Welch ein Stil des Lebens möchte sich entwickeln, wenn der Deutsche keiner andern Ordonnanz gehorsamte als der der Sprache!

Nichts wäre törichter, als zu vermuten, es sei ein ästhetisches Bedürfnis, das mit der Erstrebung sprachlicher Voll-

kommenheit geweckt oder befriedigt werden will. Derlei
wäre kraft der tiefen Besonderheit dieser Sprache gar nicht
möglich, die es vor ihren Sprechern voraus hat, sich nicht
beherrschen zu lassen. Mit der stets drohenden Gewalt eines
vulkanischen Bodens bäumt sie sich dagegen auf. Sie ist
schon in ihrer zugänglichsten Region wie eine Ahnung des
höchsten Gipfels, den sie erreicht hat: Pandora; in unent-
wirrbarer Gesetzmäßigkeit seltsame Angleichung an das
symbolträchtige Gefäß, dem die Luftgeburten entsteigen:

> Und irdisch ausgestreckten Händen unerreich-
> bar jene, steigend jetzt empor und jetzt gesenkt.
> Die Menge täuschten stets sie, die verfolgende.

Den Rätseln ihrer Regeln, den Plänen ihrer Gefahren nahezukommen, ist ein besserer Wahn als der, sie beherrschen zu
können. Abgründe dort sehen zu lehren, wo Gemeinplätze
sind – das wäre die pädagogische Aufgabe an einer in Sünden
erwachsenen Nation; wäre Erlösung der Lebensgüter aus
den Banden des Journalismus und aus den Fängen der
Politik. Geistig beschäftigt sein – mehr durch die Sprache
gewährt als von allen Wissenschaften, die sich ihrer bedienen
– ist jene Erschwerung des Lebens, die andere Lasten
erleichtert. Lohnend durch das Nichtzuendekommen an
einer Unendlichkeit, die jeder hat und zu der keinem der
Zugang verwehrt ist. »Volk der Dichter und Denker«: seine
Sprache vermag es, den Besitzfall zum Zeugefall zu erhöhen,
das Haben zum Sein. Denn größer als die Möglichkeit, in ihr
zu denken, wäre keine Phantasie. Was dieser sonst erschlossen bleibt, ist die Vorstellung eines Außerhalb, das die Fülle
entbehrten Glückes umfaßt: Entschädigung an Seele und
Sinnen, die sie doch verkürzt. Die Sprache ist die einzige
Chimäre, deren Trugkraft ohne Ende ist, die Unerschöpflichkeit, an der das Leben nicht verarmt. Der Mensch lerne,
ihr zu dienen!

Anhang

Zu dieser Ausgabe

Das literaturkritische Werk von Karl Kraus, dessen Grundzüge das Nachwort beschreiben soll, läßt sich in einem Band von rund 400 Seiten gewiß auf mehr als eine Weise mit annähernd gleicher Angemessenheit präsentieren. Über die Gesichtspunkte, von denen sich der Herausgeber der gegenwärtigen Sammlung am Ende hat leiten lassen, ist an dieser Stelle das Folgende zu sagen.

Eine Sammlung seiner literaturkritischen Arbeiten hat Kraus selber nicht veranstaltet. Zwar sollten nach einem 1913 in der *Fackel* mitgeteilten Plan die Heine- und die Nestroy-Schrift mit Aufsätzen über Strindberg, Wedekind und Schnitzler zu einem Band vereinigt werden (F 372/373, S. 31); aber dieses Vorhaben hat Karl Kraus, wie manches andere auch, schon während der Kriegsjahre wieder aufgegeben. Erst in den zwanziger Jahren wurden die genannten Arbeiten aufs neue gedruckt – teils in *Untergang der Welt durch schwarze Magie* (1922) und teils in *Literatur und Lüge* (1929). Die vorliegende Auswahl fügt einige weitere Schriften aus der Vorkriegszeit hinzu, und zwar ausschließlich solche, die Kraus entweder gleichfalls in diese beiden Bücher oder bereits in den Band *Die chinesische Mauer* (1910) übernommen hat. Von seinen späteren literaturkritischen Arbeiten hat Kraus jedoch nur wenige durch die Aufnahme in ein Buch noch sanktionieren können. Diese Reihe von Abhandlungen meist grundsätzlicher Art, alle aus der postum erschienenen Sammlung *Die Sprache* (1937), mußte darum hier aus der *Fackel* selbst ergänzt werden. Ausgewählt wurden außer den Stellungnahmen zu Hebbel und zu George die Abhandlung »Brot und Lüge« und die Rede »›Offenbach-Renaissance‹« – alles Schriften, die Kraus bei der Zusammenstellung weiterer Sammlungen schwerlich übergangen hätte. Damit sollte die Auswahl ein möglichst authentisches Bild von Kraus' literaturkritischem Werk zu vermitteln imstande sein. Von den Schriften höchsten Ranges und größten Gewichts fehlt, zumindest der Absicht nach, keine, und von den geringeren Arbeiten sind wenigstens solche aufgenommen, die sich mit Dichtern von einigem Ansehen befassen. Die lange Reihe der im engeren Sinn polemischen Schriften, deren Anlässe und Gegenstände heute gutenteils schon vergessen sind, wird durch das mittlerweile klassische Beispiel der ersten Kerr-Polemik repräsentiert.

Die Aufsätze werden grundsätzlich in den Fassungen letzter Hand wiedergegeben, also außer in den wenigen Fällen, wo die *Fackel* den einzigen Abdruck bietet, nach den Sammelbänden in deren letzter noch von Kraus bestimmter Gestalt. Dabei handelt es sich im einzelnen um: *Die chinesische Mauer*, [5]1930; *Untergang der Welt durch schwarze Magie*, [2]1925; *Literatur und Lüge*, 1929; und *Die Sprache*, 1937. Die in der *Fackel* angezeigten Druckfehler werden ebenso wie einige andere, die Kraus übersehen hat, stillschweigend berichtigt. Den unmittelbar der *Fackel* entnommenen Aufsätzen sind die Erscheinungsdaten in eckigen Klammern beigefügt. Lesarten verzeichnet diese Ausgabe nur ausnahmsweise und von Fall zu Fall; jedoch wird ein Abschnitt aus »Brot und Lüge«, den Kraus in den Sammelband *Die Sprache* übernommen hat, auch in der späteren Fassung mitgeteilt.

Abweichend von den Originalen sind die ersten Zeilen der Aufsätze (sowie der eingeschalteten Zitate) nicht eingerückt worden. Einfache deutsche Anführungszeichen erscheinen als französische. Hinzugefügt sind Kolumnentitel und Zeilenzähler. Vor allem aber konnte der originale Umbruch, der Zeilen wie der Seiten, dem Kraus je später desto mehr seine Aufmerksamkeit gewidmet hat, beim vorliegenden Neusatz nicht nachgebildet werden – weshalb die eine oder andere typographische Pointe verlorengegangen sein dürfte.

Die Reihenfolge der Wiedergabe richtet sich nach den

Daten des ersten Erscheinens der Aufsätze, bei gleichzeitigem Erscheinen nach ihrer Stellung in dem jeweiligen *Fakkel*-Heft. Jedoch sind das »Nach-« und das »Schlußwort« zur Heine-Schrift (wie schon in *Untergang der Welt*) dem Aufsatz unmittelbar beigefügt, und der Aufsatz »Die Sprache«, mit dem das letzte hier herangezogene Heft der *Fackel* beginnt, kommt wie in dem gleichnamigen Sammelband auch in dieser Auswahl an den Schluß zu stehen.

Die beigefügten Erläuterungen sollen in der Hauptsache den Abstand überbrücken helfen, der den nachgeborenen Leser dieser Auswahl vom zeitgenössischen Leser der *Fackel* trennt. Unbeschadet dessen, was Karl Kraus zur Abwehr einer rein stofflich interessierten Lektüre seiner Schriften über die Entbehrlichkeit eines solchen Kommentars hat verlauten lassen, scheinen sich doch heute, mehr als ein halbes Jahrhundert später, viele dieser Schriften gerade auch als »Kunstwerke«, mit ihrem Reichtum an »Bezügen und Voraussetzungen«, nur einem »geschulten Leser« zu erschließen (F 890–905, S. 77) – einem Leser nämlich, der wenn auch nicht *mit* Karl Kraus, so doch wenigstens *bei* ihm in die Schule gegangen ist. Wer also nicht schon aufgrund eines ähnlichen Bildungsgangs sprachliche Nuancierungen, literarische Reminiszenzen und historische Allusionen wahrzunehmen weiß, der kann sich dem richtigen und völligen Verständnis dieser Arbeiten immerhin ein gutes Stück weit nähern dann, wenn er den »Kommentar« zu Rate zieht, den die *Fackel* selbst mit der ganzen Reihe ihrer Jahrgänge »dazugeschrieben« hat (F 544/545, S. 32). Eben diesen Kommentar werten die hier beigefügten Einführungen und Anmerkungen aus.

Bei vielen Sach- und Worterklärungen freilich und vor allem bei den Nachweisungen der vielen Zitate mußten auch andere Quellen benutzt werden – außer den einschlägigen Lexika und Wörterbüchern besonders die Schriften der in Kraus' Aufsätzen behandelten Autoren selbst. Die Sacherklärungen werden durch ein eigenes Personenregister, das wenigstens die Lebensdaten und die Tätigkeitsfelder nennt, zugleich entlastet und ergänzt. Die Worterklärungen geben in der Regel nur die lexikalischen Bedeutungen der von Kraus benutzten Ausdrücke an, besagen also nicht ohne weiteres auch etwas über den Sinn ihres Gebrauchs an Ort und Stelle. Da es sich dabei im allgemeinen um Wörter und Wendungen der österreichischen Bildungssprache der Zeit um die Jahrhundertwende handelt, wird nur ausnahmsweise Näheres über Herkunft und Stilwert mitgeteilt.

Mit besonderer Aufmerksamkeit hat sich der Herausgeber um die Erhellung möglichst vieler ›verdeckter‹ Zitate bemüht: der zahlreichen Einsprengsel fremder Prägung aus der Karl Kraus (wie dem gleichzeitigen Leser) noch wohlvertrauten ›klassischen‹ Literatur von der Bibel über Horaz und Shakespeare bis zu Goethe, Schiller und Heine. Vor allem anhand dieser Nachweise (die gewiß noch zu ergänzen sind) sollte sich das von Gershom Scholem so benannte »Musivische« der Krausschen Schreibart nun mit einiger Deutlichkeit wahrnehmen lassen.

Für Ratschläge und Auskünfte sowie für allerlei praktische Hilfen habe ich zu vielen Personen zu danken, als daß ich sie hier alle namentlich aufführen könnte. Nur Friedrich Pfäfflin, der den größten Anteil am Zustandekommen dieser Ausgabe hat, sei auch öffentlich bedankt.

Erläuterungen

5–17   Die Büchse der Pandora
(1905)

Im literarischen Kosmos des jungen Karl Kraus gehört
Frank Wedekind neben Detlev von Liliencron und Gerhart
Hauptmann zu den Sternen erster Größe. Schon bald nach
dem Erscheinen von *Frühlings Erwachen*, Wedekinds erstem
Drama, hat Kraus 1892 die erste Verbindung hergestellt;
eine erste persönliche Begegnung ist 1898 erfolgt; zwischen
1903 und 1907 werden in der *Fackel* allerlei meist lyrische
Beiträge des Dichters veröffentlicht. Wedekinds erstes Auftreten an dieser Stelle hat Karl Kraus sprechend genug mit
der Absicht begründet: »dem literarischen Ausdruck star-
ker, dem Philisterverständnis unbequemer und durch Cli-
quengunst nicht entwerteter Persönlichkeiten« Raum zu
geben (F 143, S. 26). Zugleich wird wie schon im vorangehenden Heft der *Fackel* »die gewaltige Hetärentragödie dieses merkwürdigsten unter den deutschen Modernen: ›Die
Büchse der Pandora‹«, emphatisch empfohlen.
  Kraus hat Wedekind zeitlebens die Treue gehalten. Schon
bald nach dessen Tod werden die Briefe, die Wedekind an
Kraus gerichtet hat, in der *Fackel* mitgeteilt (F 521–530,
S. 101–135), und noch die letzte Vorlesung, die Kraus
gehalten hat, bringt als einziges Werk, das nicht den eigenen
Schriften entnommen ist, Wedekinds Gedicht »Diplomaten«
zu Gehör. Erstmals 1925 hat Kraus den 1905 in der *Fackel*
veröffentlichten *Totentanz* vorgetragen und 1928 das
»Andenken Frank Wedekinds« mehrfach in Vorlesungen
geehrt. Eines der letzten Hefte der *Fackel* rühmt den
»unsterblichen Frank Wedekind« als den »einzigen freien
Geist der neudeutschen Welt« (F 890–905, S. 16).
  Das wichtigste Ereignis in der Beziehung zwischen Frank
Wedekind und Karl Kraus war indes die von Kraus veran-

laßte und verantwortete Wiener Aufführung der *Büchse der Pandora* vom 29. Mai 1905. Das Werk selber, der zweite Teil von Wedekinds *Lulu*-Drama, dessen erster unter dem Titel *Der Erdgeist* 1895 erschienen war, kam nach dem Erstdruck in der Zeitschrift *Die Insel* (1902) im Jahre 1904 als Buch heraus und wurde sogleich beschlagnahmt. Aufführungen waren nur als geschlossene Vorstellungen, auf Subskription, möglich; die erste fand unter solchen Vorzeichen am 1. Februar 1904 in Nürnberg statt; und auch in Wien wurde am 29. Mai und am 15. Juni 1905 das Werk »vor geladenen Gästen« aufgeführt. Dabei spielten unter anderen: Tilly Newes (Lulu), Adele Sandrock (Geschwitz), Karl Kraus (Kungu Poti) und Frank Wedekind (Jack); die Regie führte Albert Heine, der auch den Schigolch gab. Die erste Vorstellung begann mit einer »Einleitenden Vorlesung von Karl Kraus« – eben der Rede »Die Büchse der Pandora«.

Dem Erstdruck im nächstfolgenden Heft der *Fackel* vom 9. Juni 1905 (F 182, S. 1–14) waren der Theaterzettel und ein Dankschreiben des Dichters sowie ein Bericht über die Kritik der Aufführung in der Tagespresse beigefügt. Im Jahre 1925 hat Kraus die einleitende Rede »zur Zwanzigjahrfeier der ersten Aufführung« in das Programm seiner Vorlesung vom 7. Juli aufgenommen (vgl. F 691–696, S. 35 f.) und sie in dieser leicht veränderten und ergänzten Fassung erneut in der *Fackel* veröffentlicht (ebd., S. 43–55). Die beiden Ergänzungen – eine »Vornotiz« und eine »Einschaltung« (zu 15,28) – erscheinen im Druck als Fußnoten und lauten folgendermaßen:

Diese Anrede, erschienen in Nr. 182, wird – mit den geringen Abweichungen vom Erstdruck – in dem leider noch lange nicht fertiggestellten Werke »Literatur und Lüge« enthalten sein. Sie ist gesprochen worden als Einleitung zu der ersten der Aufführungen, die am 29. Mai und am 15. Juni 1905, also vor zwanzig Jahren, im Trianon-Theater (Nestroyhof) von mir veranstaltet und mit dem Regisseur Albert Heine, der auch den Schigolch gespielt hat, in Szene gesetzt wurden. Wedekind gab den Jack, Adele Sandrock (die

am Tage der zweiten Aufführung aus Moralgründen einen ihrer
außerordentlichsten Erfolge vereiteln wollte) die Gräfin Geschwitz,
ich den Kungu Poti. Der Theaterzettel der denkwürdigen Erstaufführung, mit dem Hinweis auf meinen einleitenden Vortrag, ist der
Buchausgabe von 1906 (Verlag von Bruno Cassirer) vorangedruckt,
von der mir Frank Wedekind im Dezember dieses Jahres ein Exemplar mit den Worten gewidmet hat: »Meinem lieben Freunde Karl
Kraus in dankbarer Erinnerung an die erfolgreichste Aufführung
meines Lebens«.

*

Wie dieses Schamgefühl des Dichters gegen das eigene Erlebnis und
Bekenntnis zu wirken begann, hat sich vor und nach jenen Aufführungen gezeigt. Daß der unzulängliche Darsteller des Alwa die fast
feierliche Ansprache an das Bild im dritten Akt halbwegs möglich,
nämlich mit Pathos sprach, schien er schlechthin nicht ertragen zu
können. Eben weil hier, wie es doch anders gar nicht denkbar war, das
Bekenntnishafte, Wesentliche, ja der gedankliche Angelpunkt des
Werkes in Erscheinung trat. Die Nötigung, diesen zu nehmen, hätte
mir, so betonte ich, die Inszenierung unmöglich gemacht und würde
mir nun, da diese nicht mehr aufzugeben sei, mindestens die Vorrede
unmöglich machen, die doch auf eben dieser Hervorhebung beruhe;
ein Meistersprecher könnte vor einem höher gearteten Publikum sich
mit der gewünschten Andeutung einer Sachlichkeit begnügen, die
heute erst sozusagen durch Pathos zu erobern sei. Wedekind fügte
sich, trug aber seinem Schamgefühl Rechnung, indem er in der damals
vorbereiteten Ausgabe vor jene Sätze, die, wie nur eine epilogische
Shakespeare-Wendung, die Katastrophe überschauen und das zertrümmerte Leben entsühnen, die szenische Anweisung setzte (die im
Regiebuch wie im Erstdruck fehlt und an deren Möglichkeit niemand
ernsthaft gedacht hätte): *(spricht von nun an in leichtem, muntrem
Konversationston).* Auch schwächte er den Ruf: »...der werfe den
ersten Stein auf uns« zu den Worten ab: *...der mag mit Verachtung
auf uns herabsehen.* »Schamgefühl vor Klagen und vor Wunden«, das
er, nach dem Gedicht »Konfession«, »oft empfunden« hat. Der ganze
Wedekind, im Erleiden wie im Verleugnen.

Der in der Vornotiz erwähnte Essay-Band *Literatur und
Lüge* erschien erst 1929. Er enthält als ältestes und erstes
Stück die Rede von 1905 in der Fassung von 1925 – jedoch
ohne die beiden Ergänzungen und ohne die Bemerkung:

»Wieder gesprochen am 7. Juli 1925«. Eine letzte Bezugnahme auf die Wiener Aufführung findet sich in der *Fackel* vom Mai 1930 – wo die Veröffentlichung eines Briefs von Frank Wedekind »anläßlich der fünfundzwanzigsten Wiederkehr des Tages der ›Büchse der Pandora‹: Trianontheater 29. Mai 1905« erfolgt (F 834–837, S. 74).

5,2 *Die Büchse der Pandora:* Im griechischen Mythos wird Pandora, ein Geschöpf des Hephaistos, zur Bestrafung der Menschen für den Feuerraub des Prometheus von Zeus auf die Erde geschickt. Als sie das ihr mitgegebene Tongefäß öffnet, verbreiten sich Übel und Leiden über die Menschheit.

5,3–16 *Die Liebe der Frauen ... dahin und verschwunden:* Die Sätze stammen aus einem Brief des belgischen Malers und Radierers Félicien Rops in der Übersetzung von Franz Blei. Kraus hat den Künstler sehr geschätzt, besaß auch wohl »einige Radierungen« von ihm (F 187, S. 26). Bleis Übersetzung einiger Rops-Briefe erschien zuerst in der Münchner Zeitschrift *Die Freistatt* und ging dann in eine Monographie *Félicien Rops* (Berlin o. J. [1906]) ein. Kraus hat in dieser Sache mit Blei korrespondiert. – In Bleis Monographie sind die angeführten Sätze auf das Jahr 1892 datiert (S. 52 f.).

5,13 *benedeiten:* (liturg.) gesegneten.

5,14f. *Becher des Königs von Thule:* nach Goethes Ballade »Der König in Thule«.

5,31 *delirierend:* faselnd, irreredend.

6,29 *Virginität:* Jungfräulichkeit.

6,36 *Damoklesschwert:* sprichwörtlich für eine gerade im Glück gegenwärtige Gefahr.

7,4 *Tragödien:* Die Rede ist von Friedrich Hebbels bürgerlichem Trauerspiel *Maria Magdalena* (1844). Klara, die Tochter des Tischlers Meister Anton, hat sich von ihrem Bräutigam deflorieren lassen und damit auch in den Augen ihres Jugendfreundes ihre Ehre verloren. Als der den Sachverhalt begreift, erklärt er: »Darüber kann kein Mann weg!« (II,5). – Seine Geringschätzung Hebbels hat Kraus wiederholt bekundet, am ausführlichsten in dem Aufsatz »Die Literaturlüge auf dem Theater« (vgl. S. 156 bis 161).

7,11 *»Hidalla«:* Wedekinds Drama *Hidalla oder Sein und Haben* ist 1904 erstmals erschienen; die Uraufführung fand am 18. Februar

1905 in München statt. Die hier zitierte Stelle findet sich im 1. Akt (*Werke*, hrsg. von Manfred Hahn, Berlin/Weimar 1969, Bd. 1, S. 603).

7,22 *Prokrustesbett:* sprichwörtlich nach dem Bett des Prokrustes aus der griechischen Mythologie, in das dieser seine Gäste zu zwingen pflegte, wobei er die Kleinen streckte und die Großen kürzte.

7,27 *Tropenvogels:* Gemeint ist hier wohl der Paradiesvogel.

7,33 *polyandrische:* Adjektiv zu *Polyandrie* ›Vielmännerei‹.

8,1 f. *Titania ... Esel ... Oberone:* In Shakespeares Komödie *Ein Sommernachtstraum* verliebt sich Titania, die Frau des Elfenkönigs Oberon, unter der Wirkung eines Zaubers in den mit einem Eselskopf ausgestatteten Weber Bottom (in Schlegels Übersetzung: Zettel; III,1).

8,6 f. *und darum Räuber und Mörder!:* Zitat aus Schillers *Die Räuber* (Trauerspiel-Fassung, IV,17). Dort spricht das Wort Karl Moor »in der entsetzlichsten Bedrängnis«, als er von den Intrigen seines Bruders Franz erfährt.

9,16 *Sonett:* Nr. XCV. Kraus zitiert die Übersetzung von Friedrich Bodenstedt (erstmals 1862) ohne das abschließende Reimpaar.

9,29 *Roman-Medizinerwort:* Der Masochismus ist benannt nach Leopold von Sacher-Masoch, der in seinem Roman *Venus im Pelz* (1870) die sexuelle Spielart der Lust am Leiden dargestellt hat.

9,32 *des beatus possidens:* des glücklichen Besitzers; die sprichwörtliche Wendung lautet »beati possidentes« (lat., »Glücklich die Besitzenden«), nach Horaz (*Oden* 4,9,45 f.).

10,24 *Hintertreppenpoesie:* Als solche hat, wie Kraus an anderer Stelle berichtet, Maximilian Harden dieses Drama bezeichnet (F 234/235, S. 24).

11,4 *wie Karl Moor:* in Schillers *Die Räuber* I,2.

11,23 *Casti Piani:* Er tritt als Protagonist dann in Wedekinds *Totentanz. Drei Szenen* auf (Erstdruck 1905 in F 183/184, S. 1–33).

12,35 *Offenbach:* Jacques Offenbach mit seiner Oper *Hoffmanns Erzählungen* (1880). Der »Olympia-Akt« mit Spalanzini bildet den 1. Akt dieses Werks.

13,4 *Monologsätzen:* Sie lauten: »Kann ich nicht vermieten mein Josaphat, muß ich mir helfen mit meinem Verstand! – Wird er nicht runzlig, mein Verstand; wird er nicht unpäßlich; braucht er nicht zu baden in Eau de Cologne.« (Wedekind – s. Anm. zu 7,11 – S. 357). Wedekind karikiert das ›Jüdeln‹ des Bankiers.

13,10 *»Josaphat«:* das Tal Josaphat (eigtl.: Josaphats, des jüdischen Königs [868–847 v. Chr.]), wo nach Joël 4,2 Gott die Feinde der Juden richten wird.

13,34 *Alwa:* Alwa Schön (in der *Büchse der Pandora* auch der Dichter des *Erdgeist!*) erklärt im 1. Akt: »Das ist der Fluch, der auf unserer jungen Literatur lastet, daß wir viel zu literarisch sind. Wir kennen keine anderen Fragen und Probleme als solche, die unter Schriftstellern und Gelehrten auftauchen. Unser Gesichtskreis reicht über die Grenzen unserer Zunftinteressen nicht hinaus.« (Wedekind – s. Anm. zu 7,11 – S. 325.)

14,32 *Ein führender Berliner Geist:* Maximilian Harden (vgl. Anm. zu 10,24).

14,36 *Tailleur:* Schneider.

15,5 *Ziseleure:* Metallschneider.

15,25 *in einem Gedichte:* der Eingangsstrophe von »Confession« (Wedekind – s. Anm. zu 7,11 –, Bd. 2, S. 425). Im Erstdruck des Gedichts in der *Fackel* (F 172, S. 21 f.) hieß es statt »Hure« allerdings »Dirne«.

16,16 f. *In der Zeichnung des Vollweibes:* Die nachfolgenden Sätze hat Kraus später zu Aphorismen umgestaltet; vgl. W III, S. 14, 15, 16, 19, 38.

16,31–17,20 *»Der nächste Freiheitskampf ... Reich der Schönheit«:* Die Sätze spricht Karl Hetmann im 3. Akt von *Hidalla* (Wedekind – s. Anm. zu 7,11 – S. 637).

18–22   Peter Altenberg
                   (1909)

Um Peter Altenberg hat sich schon der junge Kraus verdient gemacht. Aus heller Begeisterung für das »Echte« dieser exzentrischen Erscheinung trägt er Sorge dafür, daß Altenbergs erstes Buch, *Wie ich es sehe*, 1896 beim »ersten Verleger Deutschlands in modernibus«, in Berlin bei S. Fischer, erscheinen kann. (Über die Einzelheiten berichtet Altenberg unter dem Titel »Wie ich mir Karl Kraus ›gewann‹« in seinem Buch *Vita ipsa* von 1918.) Bald schon zählt Karl Kraus ihn zu seinen engsten Mitarbeitern und seinen nächsten Freunden. Er hält ihm später die Grabrede und läßt ihm den (von Adolf Loos gestalteten) Grabstein setzen. Und nachdem er immer wieder auch aus Altenbergs Schriften öffentlich vorgelesen hat, gibt er schließlich gar eine *Auswahl aus seinen Büchern* (1932) heraus. Noch im letzten Heft der *Fackel* (F 917–922, S. 77) wird Altenberg neben Loos zusammen mit Raimund und Nestroy unter die wahren »Schätze« Österreichs gerechnet.

Gewiß hat Kraus mit alledem auch den Dichter rühmen wollen, den Schöpfer dessen, »was für alle Zeiten den Werten einer lyrischen Prosa angehören wird«; vor dem Dichter aber scheint ihm allemal der Mensch gestanden zu haben, die »Persönlichkeit« eines Mannes, der (nach Altenbergs eigenem Wort) keine Konzessionen machen *kann*. Über die Motive dieser Schätzung gibt der hier abgedruckte Aufsatz – geschrieben und veröffentlicht zu Altenbergs 50. Geburtstag am 9. März 1909 – bündige Auskunft. Anders als die Grabrede von 1919 verschweigt er auch die Hindernisse nicht, über die sich die Liebe erst hinwegzusetzen hatte.

Der Aufsatz erschien zuerst in der *Fackel* vom 27. Februar 1909 (F 274, S. 1–5) mit dem Zusatz »Zum 9. März 1909« und wurde ein Jahr später leicht überarbeitet in den Band *Die chinesische Mauer* übernommen.

18,3 *Er feiert nun wirklich:* Es gehört ins Charakterbild dieses Mannes, daß er selbst seine Freunde über sein wahres Geburtsdatum im unklaren ließ.

18,8 *als jener seine Haare ließ:* Bereits eine Karikatur aus dem Jahre 1895 (von Hans Schließmann) zeigt Altenberg mit der von Kraus hier als bekannt vorausgesetzten Kopfglatze.

18,12–14 *Unter den vielen, die hier etwas vorstellen ... ist einer, der ist:* Nach den Überschriften zweier Kapitel in Schopenhauers *Aphorismen zur Lebensweisheit* (1851): »Von Dem, was Einer ist« und »Von Dem, was Einer vorstellt«.

18,20 f. *die Nächte dieses einen:* Altenberg verbrachte (wie zu dieser Zeit auch Karl Kraus) die Nächte gern in Kaffeehäusern und Nachtlokalen. Hier sind auch viele seiner »Skizzen« entstanden.

18,32 *Poseur:* Angeber, Wichtigtuer.

19,30 *»Empfindsame Reise«:* Nach dem sprichwörtlich gewordenen deutschen Titel von Laurence Sternes *A Sentimental Journey Through France and Italy* (1768).

19,31 *Kinematographentheater:* Lichtspieltheater. Als stehende Einrichtung gibt es das »Kino« in Wien seit 1896.

19,32–34 *seiner »Maus« . . . seines »Gesprächs mit dem Gutsherrn«:* Kraus hat diese Skizzen aus *Pròdròmòs* (1906) und *Bilderbögen des kleinen Lebens* (1909) auch in seine Auswahl aus Altenbergs Büchern aufgenommen.

19,35 *P. A.:* Altenberg hat seine Skizzen oft nur mit den Initialen seines Namens gezeichnet und war auch in der Öffentlichkeit bald schon unter dieser Abkürzung bekannt.

20,2 *Vokativ:* Anredefall. Die lateinische Deklination hat für die Anrede einen besonderen »casus«.

20,6f. *die Altenbergsche Gastrologie:* Zu den hier und im folgenden angeführten »Schrullen« Peter Altenbergs gehört seit *Pròdròmòs* (1906) ein diätetisch-hygienisches Reformprogramm. Gastrologie ist die Wissenschaft von den Krankheiten des Magens.

20,17f. *Und das ist der Humor davon:* sprichwörtlich nach Shakespeares *König Heinrich V.* II,1.

20,21 *tant de bruit pour une omelette:* (frz.) »So viel Lärm um einen Eierkuchen«; sprichwörtlich nach Desbarreaux. Hier in wörtlichem Verständnis auf Altenbergs Vorliebe für Eierspeisen angewandt, wie sie etwa in dem Rezept zum Ausdruck kommt: »Harte erstklassige Eidotter, passiert durch Haar-Sieb, mit Estragon- oder Bertram-Essig und ein wenig Salz, zu einem dicken Brei verrührt!« (*Pròdròmòs*, Berlin 1906, S. 67f.)

20,24 *ein Teil von jener Kraft:* nach *Faust*, V. 1335.

20,35f. *Vaterlande, in dem der Prophet der Niemand ist:* nach dem auf Mt. 13,57 zurückgehenden Sprichwort »Der Prophet gilt nichts in seinem Vaterland«, das auch in der hier benutzten lateinischen Form »Nemo propheta in patria sua« gebräuchlich ist.

21,1 *aus dem sicheren Ausland:* aus Deutschland, wo Altenbergs Bücher erschienen.

21,3f. *Jourdichter:* Tagesdichter (wie ›Tagesschreiber‹: *Journalisten*); zugleich wohl: als Teilnehmer an gesellschaftlichen Veranstaltungen (»Jours«).

21,7 *Interpunktionen:* Der reichliche Gebrauch von Satzzeichen, besonders von Ausrufungs- und Fragezeichen, ist für Altenbergs Stil charakteristisch. Man vergleiche die ihm oben in den Mund gelegte »Anweisung«.

21,10 *Varieté-Kritik:* Altenberg schrieb für Wiener Zeitungen gelegentlich über Varieté- und Kabarett-Veranstaltungen.

21,16 *auf seine Freiheit abgesehen:* So verstand Altenberg die Bemühungen einiger Freunde, darunter auch Karl Kraus, den Nervenkranken zur Wiederherstellung seiner Gesundheit in einem Sanatorium unterzubringen. Zwischen 1909 und 1913 hielt sich Altenberg mehrfach in Nervenheilanstalten auf.

21,20f. *das Merkziel jener vollsinnigen Betrachtung:* Nach Shakespeares *Hamlet* III,1, wo Ophelia den scheinbar wahnsinnigen Prinzen das vormalige »Merkziel der Betrachter« (Schlegel) nennt.

21,23 *Praterbude:* Wiens Vergnügungszentrum, der Prater, schließt eine ganze Budenstadt von Händlern und Schaustellern ein.

21,24 *kolportieren:* verbreiten, herumtragen.

21,27f. *auf Schön folgt Regen:* Zitat?

23–29   Literatur
                      (1909)

Karl Kraus hat in seine Kritik der zeitgenössischen Literatur von Anbeginn auch die zeitgenössische Literaturkritik einbezogen – als eine jener Instanzen, die zwischen Produktion und Rezeption zu vermitteln suchen und dabei freilich ebensowohl recht wie unrecht tun können. Und weil die Literaturkritik eine Sparte der Tagespresse bildet, hat sie natürlich teil an deren geistiger und sittlicher Verfassung, Kraus zufolge: ihrer vollkommenen Nichtswürdigkeit. Unter den zahlreichen Beweisstücken, die Kraus in der *Fackel* für dieses Verdikt gesammelt hat, sind viele dem literaturkritischen Feld entnommen. Als schlagendstes Beispiel dient ihm immer wieder die im Verschweigen wie im Besprechen gleich mißgünstige und unverständige Behandlung seines eigenen Werks; daneben aber läßt er sich auch kaum eine Gelegenheit entgehen, Dichter wie Liliencron und Wedekind, Else Lasker-Schüler und später Bertolt Brecht gegen Ranküne und Inkompetenz der Literaturkritik in Schutz zu nehmen.

Ein weniger namhafter Fall bildet den Anlaß des Aufsatzes »Literatur« vom März 1909.

Der Roman *Sonjas letzter Name* von Otto Stoessl, der mit Aufsätzen und Gedichten seit 1906 zu den regelmäßigen Mitarbeitern der *Fackel* gehörte, war Ende 1908 bei Georg Müller in München erschienen und ist am 7. März 1909 von Franz Servaes, einem Kunst- und Literaturkritiker der *Neuen Freien Presse*, in dieser Zeitung rezensiert worden. Kraus, der auf Servaes von jeher schlecht zu sprechen war, erhebt dessen Namen jedoch erst jetzt zum Symbol: zur »Signatur einer Geistlosigkeit, die stets verneint«. Zu diesem Zweck entwirft er – anknüpfend an die gleichzeitige Ankündigung eines »Servaes-Abends« – vorweg ein satirisches Panorama der kulturellen Szene Wiens zwischen Banausie und Snobismus.

Der Aufsatz erschien zuerst in der *Fackel* vom 22. März 1909 (F 275/276, S. 15–20), übrigens in dem sonst für Glossen und Notizen verwendeten kleineren Schriftgrad, und wurde 1929 leicht überarbeitet in den Band *Literatur und Lüge* übernommen.

23,14f. *»Servaes-Abend«:* Einer Nachricht der *Neuen Freien Presse* zufolge wollte Franz Servaes am 12. März 1909 in einer »vom Verein für Kunst und Kultur veranstalteten Vorlesung« eigene Dichtungen zu Gehör bringen.

24,6f. *meine teuflische Lust ... daß alles verruinieret sein müsse:* Anspielung wohl auf die Selbstcharakteristik des Mephistopheles im *Faust*, V. 1338–44.

24,12 *Leute:* Die nachfolgende Darstellung des (vorwiegend jüdischen) Konzert- und Opernpublikums könnte von einer ähnlichen Karikatur des englischen Zeichners Aubrey Beardsley (»The Wagnerites«, 1894) inspiriert sein, die Kraus gekannt haben dürfte.

24,14 *die Linse von vorgestern:* Anspielung auf das »Linsengericht« in der Geschichte von Jakob und Esau (1. Mose 25,29–34)?

24,15 *Gilet:* Weste.

Sehnsuchten: Der »ungewöhnliche« Plural (Grimm) bildet für Kraus ein Merkmal der »Nervenkunst« der Jahrhundertwende.

24,16 *das Haupt des Jochanaan:* Johannes des Täufers. Die Geschichte von seinem Tod erzählt Mk. 6,21–29. Oscar Wildes Drama *Salomé* ist 1893 erschienen, die Uraufführung von Richard Strauss' gleichnamiger Oper 1905 erfolgt. Sowohl der französische Originaltext als auch dessen englische und deutsche Übersetzung benutzen die hebräische Namensform »Jochanaan«.

24,24 *Augustinerstraße:* Sie führt vom Michaelerplatz zum Opernhaus.

24,25 *Wigelaweia:* In Richard Wagners Oper *Das Rheingold* (Uraufführung 1869) singt die »Rheintochter« Woglinde: »Weia! Waga! / Woge, du Welle, / walle zur Wiege! / Wagalaweia! / Wallala weiala weia!«

25,2 *Altwien:* das Wien der »Biedermeierzeit« zwischen Wiener Kongreß und Märzrevolution (1815–48).
Ninive: Hauptstadt des assyrischen Reiches, um 600 v. Chr. zerstört.

25,3 *Biedermeier:* Die Epochenbezeichnung geht auf den Namen einer von Adolf Kußmaul erfundenen Gestalt (eigtl.: »Biedermaier«) zurück.
Kambyses: Großkönig des persischen Reiches, gest. 522 v. Chr.

25,6 *Kammerspiel:* kleines, auf intime Wirkung berechnetes Theater; auch: ein dafür geschriebenes Schauspiel.

25,12 *Berliner Westen:* das um 1900 schnell sich entwickelnde Geschäfts- und Vergnügungsviertel um den Kurfürstendamm; Zentrum auch des kulturellen Lebens der Stadt.

25,16 *Baalspriester:* Priester der heidnischen Gottheit Baal; dann auch: »geistlicher Faulbauch und Heuchler« (Heyse).

25,17 *Philister:* Spießbürger; hier wohl unter Anspielung auf die »Philister« des Alten Testaments.

25,21 *Greisler:* (österr.) Krämer, Gemischtwarenhändler.

25,22 *Satanisten:* Schriftsteller in der Nachfolge der ›schwarzen Romantik‹. Zu den bekanntesten gehörte um 1900 der in Berlin lebende Pole Stanisław Przybyszewski, als dessen Entdecker Franz Servaes gilt und der mit einigen Beiträgen auch in der *Fackel* vertreten ist.
Udelquartett: Wiener Gesangsquartett, benannt nach seinem Leiter Karl Udel.

25,26 f. *der Hopfnertage und der Riedlnächte:* Veranstaltungen eines Wiener Gastwirts und eines Wiener Kaffeehausbesitzers. Vom »Wiener Leben« heißt es kurz zuvor in der *Fackel*: »Es zerfällt einfach in Hopfner-Tage und in Riedl-Nächte« (F 267/ 268, S. 48).

25,30f. *Quiproquo:* (lat.) Verwechslung.

25,32f. *in der Beschreibung des Guttenberg-Denkmals:* Den Fall hat Kraus selber glossiert (vgl. F 63, S. 24). Das Wiener Gutenberg-Denkmal (am Lugeck nahe dem Stephansdom) steht eingangs der Sonnenfelsgasse und der Bäckerstraße.

26,4f. *Wüstensand mit Schnee verwechselt:* Der Fall ist ebenfalls in der eben genannten Glosse erwähnt.

26,7 *Berichte über Wohnungseinrichtungen:* Ein solcher Bericht, der statt einer Kritik der ausgestellten Gegenstände eine Reklame für die ausstellende Firma enthält, ist Gegenstand des Artikels »Der Glanzlederfauteuil« in F 161, S. 8–13, vom Mai 1904.

26,8 *Administration:* Geschäftsleitung eines Handelsunternehmens, hier der Zeitung, zuständig für den Anzeigenteil.

26,10 *Portois und Fix:* Die ausstellende Möbelfirma hieß »Portois & Fix«.

26,22 *Revuen:* Zeitschriften.

26,33f. *die besten kritischen Köpfe Deutschlands:* Im Erstdruck waren an dieser Stelle, in Klammern, »S. Lublinski, Paul Ernst und andere« genannt.

27,1 *wie einem mir Unfaßbaren:* Über seine »angeborene Unzulänglichkeit« gegenüber der Romanliteratur spricht Kraus ausführlicher in dem Aufsatz »Von Humor und Lyrik« (vgl. S. 208 bis 221, bes. S. 215).

27,21f. *mich mit stiller Verachtung zu strafen:* Anspielung auf die Kraus gegenüber von den Wiener Zeitungen geübte Technik des ›Totschweigens‹; ein durchgehendes Motiv der *Fackel*.

27,28f. *einer Geistlosigkeit ... die stets verneint:* nach *Faust*, V. 1338: »Ich bin der Geist, der stets verneint!«

27,31 *als »Anregung« für die Sudler:* Tatsächlich schließt die Besprechung mit dem Satz: »Jedenfalls hat Stößl mit seiner Geschichte eine Anregung gegeben, die vielleicht in einem phantasievolleren Kopf und von einer leichteren Hand einmal ihre Erfüllung finden wird.«

28,1 *dolos:* (lat.) arglistig, mit bösem Vorsatz.

28,31 *Peter Altenberg:* Man vergleiche Kraus' eigenen Artikel zu Altenbergs 50. Geburtstag (s. S. 18–22).

28,32f. *unser Intelligenzblatt:* die *Neue Freie Presse.* »Intelligenzblätter« hießen ursprünglich periodische Anzeigenorgane kom-

merzieller oder amtlicher Art. Hier natürlich wortspielerisch gebraucht.

28,33 f. *eines schlechtgefärbten Blaustrumpfs:* der Wiener Schrift-
stellerin (und späteren Kriegsberichterstatterin) Alice Schalek.
Von ihr erschienen im März 1909 in der *Neuen Freien Presse* unter
anderem ein Feuilleton über Wintersportfeste und der Fortset-
zungsroman *Schmerzen der Jugend.* – Blaustrumpf: Spottname
für eine gelehrte (bes. eine schriftstellernde) Frau.

29,5–7 *Eines Abends ... Berg hinan:* Umdichtung einer Fabel von
Lichtwer (1748) durch den Berliner Hofschauspieler Rüthling
(1831). Das Lied ist in das *Allgemeine deutsche Kommersbuch*
eingegangen, die Anfangszeilen sind zum geflügelten Wort geworden.

30–34   Schrecken der Unsterblichkeit
(1909)

Das 19. Jahrhundert hat keinen andern deutschen Dichter,
weder Lessing noch Goethe, höher in Ehren gehalten als
Friedrich Schiller. Im Zeichen erst der erstrebten, dann der
vollbrachten Einigung des Reichs wurden die Säkularfeste
seines Geburts- und seines Todestages, 1859 und 1905, wie
Feiertage der Nation begangen – beide mit Festzügen,
Festreden und Festschriften in unabsehbarer Zahl und unter
Mitwirkung der vornehmsten Repräsentanten des geistigen
Lebens der Zeit. In dieser Tradition standen noch die Veran-
staltungen zu Schillers hundertfünfzigstem Geburtstag im
Jahre 1909.

Karl Kraus war mit Schillers Werk, vor allem den Dramen
und den Gedichten, von Jugend auf vertraut. Er hat als
Neunzehnjähriger den Franz Moor gespielt und später
(wenn auch selten) Schillersche Balladen vorgelesen. Zitate
aus Schillers Dichtungen finden sich in der *Fackel* auf Schritt
und Tritt und nicht selten an exponierten Stellen – wie das
Motto zur »Glocke« am Schluß der Glosse »Ich rufe die
Rettungsgesellschaft« (F 343/344, S. 56; W IV, S. 124) oder
die Grabschrift der Lakedämonier aus dem »Spaziergang«

am Schluß des Aufsatzes »Dorten« (F 445–453, S. 147; W II, S. 47). Im ganzen freilich hat Kraus Schillers Werk nicht sonderlich geschätzt und ihm insbesondere das Werk Goethes weit vorgezogen.

Den Anlaß zu einer ersten Stellungnahme boten die Festveranstaltungen zu Schillers hundertstem Todestag im Mai 1905. Kraus resümierte in seinem Aufsatz »Schiller-Feier« (F 180/181, S. 39–50) zunächst den »ebenso gedankenreichen wie ungerechten Essay« von Otto Weininger (aus dessen Nachlaßwerk *Über die letzten Dinge*, Wien 1903) und hob dann gegenüber Weiningers uneingeschränktem Vorwurf der Philistrosität die Jugendlyrik Schillers, vor allem das Gedicht »Der Venuswagen«, lobend hervor. Der zweiten Stellungnahme, in dem Aufsatz »Schrecken der Unsterblichkeit«, schickte Kraus Weiningers Schiller-Essay im vollen Wortlaut voraus (F 290, S. 1–5).

Kraus' spätere Äußerungen über Schiller schränken das Urteil nur wenig ein: verbinden die »Ehrfurcht vor der edlen Seele eines Dichterfürsten« mit der Überzeugung, »daß er keiner war« (F 724/725, S. 31; W II, S. 189). In sein Vorlesungsprogramm hat Kraus immerhin zwei von Schillers Balladen aufgenommen, die »Kraniche des Ibykus« und den »Kampf mit dem Drachen«, die zweite mit der Begründung, daß »Schiller hier an manchen Stellen [...] eine steile Höhe der Sprachgestaltung erreicht hat, auf der die Papierblumen seiner Rhetorik nicht mehr gedeihen« (F 595–600, S. 76).

Der Aufsatz erschien zuerst in der *Fackel* vom 30. November 1909 (F 291, S. 23–28) und wurde ein Jahr später leicht überarbeitet in den Band *Die chinesische Mauer* übernommen.

30,3 *Denn er war unser:* nach dem »stolzen Wort« in Goethes »Epilog zu Schillers ›Glocke‹«, V. 17 und 25.
30,10 *Patronanz:* Schirmherrschaft.
30,13 *»gen Himmel«:* ein auch in dieser Formulierung typischer

Gestus der Hymnendichtung des 18. Jahrhunderts. Das ältere *gen* ist verkürzt aus *gegen*.

30,16f. *in seines Nichts durchbohrendem Gefühle:* nach Schillers *Don Carlos* II,1.

30,22f. *Denn hinter ihm ... das Gemeine:* nach Goethes »Epilog«, V. 31 f.

30,27 *des Wahren, Guten und Schönen:* nach Goethes »Epilog«, V. 30.

31,21f. *»Und wirft ihn ... auf der Erde!«:* aus Schillers *Wallensteins Tod* IV,12.

31,28 *Fürstengruft:* Die Grabstätte der Herzöge von Sachsen-Weimar, 1824 erbaut, bewahrt auch die Sarkophage von Schiller und Goethe. Der Dichter Ernst von Wildenbruch (gest. 1909) ist nicht in der Fürstengruft, aber auf dem nahegelegenen »Neuen Friedhof« begraben.

32,9f. *Die Lebenden fordern ihre Rechte:* wohl nach Schillers Vers »Und der Lebende hat Recht« in seinem Gedicht »An die Freunde«, V. 10.

32,24 *Verhebung:* fehlerhafte Plazierung einzelner Zeilen oder ganzer Absätze beim Umbruch im Bleisatz.

33,5f. *Euch, ihr Götter, gehört der Koofmich:* nach einem Vers in Schillers Gedicht »Der Kaufmann«, wo es statt »Koofmich« natürlich »Kaufmann« heißt.

33,6 *Koofmich:* berlinerischer Scherzname für »Kaufmann«.

33,8 *zur Quelle ihre Banalität:* so in allen Drucken. Druckfehler für »zur Quelle ihrer Banalität«?

33,25f. *die züchtige Hausfrau, die drinnen waltet:* nach Schillers »Lied von der Glocke«, V. 116 f.

33,27 *Laura am Klavier:* Titel eines Gedichts von Schiller.

33,28 *»Halbkugeln einer bessern Welt«:* aus Schillers Gedicht »Kastraten und Männer«, V. 91.

33,29–33 *der Zitrone saftiger Kern ... des Wassers sprudelnder Schwall:* nach Schillers »Punschlied«, V. 5–14.

34,16 *Schlaraffen:* Mitglieder des weitverbreiteten Vereins »Schlaraffia«, gegründet 1859 in Prag.

34,21f. *die nur eine Frage frei haben an das Schicksal:* wohl nach einem Wort in der Szene »Die Frage an das Schicksal« aus Schnitzlers *Anatol* (1893).

                    (1910)

Um das Verständnis dieser bekanntesten und umstrittensten
Schrift in Kraus' literarkritischem Werk nicht von Anfang
an zu verfehlen, wird man wissen müssen, daß um die
Jahrhundertwende wie Schiller auch Heine zu den Idolen
der vom liberalen Bürgertum getragenen Kultur gehörte –
die sich in solcher Schätzung dadurch nur bestärkt fühlen
konnte, daß sich eben damals die Angriffe nationalistischer
und antisemitischer Provenienz zu verschärfen begannen.
Kraus hat die Heine-Gegner, mit einem Adolf Bartels an der
Spitze, nicht ernstgenommen, desto ernster jedoch die
Heine-Verehrer, die er auf Lehrstühlen und in Redaktionen
fand. Darum liest sich der Artikel »Um Heine«, erschienen
1906 zu Heines fünfzigstem Todestag, kaum anders als der
Aufsatz »Schiller-Feier«, den Kraus 1905 zum hundertsten
Todestag Schillers hatte erscheinen lassen. Noch sucht er
Heine da gegen seine Bewunderer zu verteidigen, aber schon
meint er in ihm außer dem Opfer der »Feuilletongeister«
auch deren Vater zu erkennen – und legt mit diesem Gedanken die Spur, die die Schrift von 1910 dann verfolgen soll.
Die Entschiedenheit freilich, mit der Heine nun nicht nur
um seiner Folgen willen verworfen wird, hat ihren Grund
darin, daß Kraus inzwischen einen Begriff von Sprachkunst
entwickelt und betätigt hat, vor dem allerdings weder die
Lyrik des *Buchs der Lieder* noch die Prosa der *Reisebilder*
bestehen kann. Den Zusammenhang erhellt schlagend die
Ankündigung der ersten Wiener Vorlesung von Karl Kraus,
derzufolge am Abend des 3. Mai 1910 außer der Satire »Die
chinesische Mauer« zu Gehör kommen sollte: »Gegen Heinrich Heine (Aphorismen zum Sprachproblem)« (F 300,
Umschl.-S. 2). Tatsächlich sind in die damals noch »unge-
druckte Schrift ›Heine und die Folgen‹«, die Kraus dann ein
zweitesmal im Juni vorgetragen hat (F 303/304, Umschl.-
S. 2), außer längeren Zitaten aus dem Artikel »Um Heine«

von 1906 allerlei Aphorismen aus der 1909 erschienenen Sammlung *Sprüche und Widersprüche* eingegangen. Und so wichtig hat Kraus diese Schrift genommen, daß er sie zunächst außerhalb der *Fackel* als selbständige Broschüre erscheinen – und erst als die Auflage sich nicht alsbald verkaufen wollte, auch den Lesern seiner Zeitschrift zur Kenntnis gelangen ließ. Es ist der einzige Fall dieser Art geblieben.

Ein 1913 geplanter Sammelband literarkritischer Schriften sollte neben einigen kleineren Arbeiten »Heine und die Folgen« und »Nestroy und die Nachwelt« enthalten. Nachdem Kraus diesen Plan aufgegeben hatte, kamen 1922 beide Arbeiten in die Mitte des Bandes *Untergang der Welt durch schwarze Magie* zu stehen – die Heine-Schrift ergänzt um ein »Nachwort« aus dem Jahre 1911 sowie ein »Schlußwort« aus dem Jahre 1917 unter dem Titel »Zwischen den Lebensrichtungen«. Dieses Schlußwort revidiert (wie auch zwei andere Nachworte in demselben Band) einen durch die Kriegsereignisse inzwischen unhaltbar oder zumindest mißdeutbar gewordenen Gedanken: die Parteinahme für das »deutsche« gegen das »romanische« Wesen. An seiner Kritik des Heineschen Werks hat Kraus jedoch nichts zu berichtigen gefunden, ja er hat sie ästhetisch wie moralisch später noch verschärft: ästhetisch vor allem in den Aufsätzen »Von Humor und Lyrik« (1921) und »Der Reim« (1927), moralisch bereits 1915 in den Aufsätzen »Die Feinde Goethe und Heine‹« und »Die Freunde Heine und Rothschild« (F 406 bis 412). Sein Urteil über den *Dichter* Heine hat er am bündigsten in dem Epigramm »Lyrik der Deutschen« ausgesprochen, welches lautet:

> Wer kann, ist ihr Mann und nicht einer, der muß,
> sie irrten vom Wesen zum Scheine.
> Ihr lyrischer Fall war nicht Claudius,
> aber Heine.
>
> (F 588–594, S. 87; W VII, S. 339)

Dem *Satiriker* Heine jedoch stellt Kraus schon 1910 als der »wahren satirischen Denker« Nestroy entgegen. Zwei Jahre später erscheint dann die Rede über »Nestroy und die Nachwelt«.

Heine und die Folgen kam im Dezember 1910 als Broschüre im Verlag Albert Langen, München, heraus und wurde im August 1911, um ein »Vorwort« ergänzt, in die *Fackel* übernommen (F 329/330, S. 1–33). Die Buchausgabe erfuhr 1911 zwei Neuauflagen und blieb dann bis 1922 lieferbar. Im selben Jahr erschien der Aufsatz, leicht überarbeitet und ergänzt um das erwähnte »Schlußwort« von 1917 (F 462–471, S. 76–78), in dem Sammelband *Untergang der Welt durch schwarze Magie*.

35,11 *Patentprokrustesbett:* Wortspiel aus *Patentbett* (ein patentiertes Bett, wohl ein Klappbett) und *Prokrustesbett* (s. Anm. zu 7,22).

35,13f. *in die öden Fensterhöhlen:* nach Schillers »Lied von der Glocke« (»In den öden Fensterhöhlen / Wohnt das Grauen«).

35,15f. *dort drüben und dort unten:* in Frankreich und in Italien.

35,21 *Camelot:* (frz.) Straßenhändler, Zeitungsverkäufer.

36,4f. *blauen Grotte:* auf Capri.

36,6 *Gansleber:* (österr.) Gänseleber; als Speise besonders in jüdischen Haushalten beliebt.
blauen Blume: seit dem *Heinrich von Ofterdingen* von Novalis Inbegriff der deutschen Romantik.

36,13 *utile dulci:* (lat.) das Nützliche (mit) dem Angenehmen; nach Horaz (*Ars poetica* 343).

36,22 *Utilität:* Nützlichkeit.

36,28f. *Wiener Werkstätte:* Das 1903 gegründete Unternehmen stellte Gebrauchsgegenstände nach Entwürfen von Künstlern des »Jugendstils« her.

36,32 *Franzosenkrankheit:* Syphilis.

36,32f. *Wie leicht wird man krank in Paris:* Heine selbst litt in seinen letzten Pariser Jahren an den Folgen einer Syphilis-Infektion.

37,5 *Klimax:* abgestufte Steigerung.
im deutschen Wörterbuch: zum Beispiel im *Handwörterbuch der deutschen Sprache* von Daniel Sanders (8. Aufl., Leipzig 1909). Auf Sanders hat Kraus sich wiederholt berufen.

37,17 *très joli:* (frz.) sehr hübsch.

37,31 f. *Rhodus:* nach dem sprichwörtlichen »Hic Rhodus, hic salta« (lat., »Hier ist Rhodus, hier springe«), das zurückgeht auf Äsops Fabel vom Fünfkämpfer, der in Rhodos einen gewaltigen Sprung getan haben will.

38,1 f. *mancher spielt jetzt die Bratsche, dem einst kein Finger war heil:* aus Heines Ballade »Die Wallfahrt nach Kevlaar«, wo es statt »einst« »dort« heißt.

38,4 f. *In den Dschungeln:* Anspielung wohl auf die (um 1900 mehrfach ins Deutsche übersetzten) *Jungle Books* von Rudyard Kipling (1894/95) oder die davon in Gang gesetzte ›exotische‹ Mode in der deutschen Romanliteratur der Zeit.

38,12 f. *eine Reise tun müssen, um etwas zu erzählen:* nach den Eingangsversen des Gedichts »Urians Reise um die Welt« von Matthias Claudius.

38,14 *Habakuks:* In Raimunds Lustspiel *Der Alpenkönig und der Menschenfeind* (1828) ist der Bediente Habakuk durch die stehende Wendung charakterisiert: »Ich war zwei Jahr' in Paris, aber das hab' ich noch nicht erlebt.«

38,18 *des Wortes Nestroys:* nicht ermittelt. Bei Nestroy »zieht sich der Weg« von St. Pölten bis Paris.

38,19 *St. Pölten:* Stadt in Niederösterreich, westlich von Wien.

38,21 *die Heimatsschwindler:* »Heimatdichter« in der Nachfolge Anzengrubers, vor allem wohl Karl Schönherr, der 1908 für sein Drama *Erde* den Bauernfeldpreis erhalten hatte.

38,23 f. *Enveloppe:* (frz.) Briefumschlag.

39,11 f. *der gute Amerikaner Adolf Loos:* Theorie und Praxis des Architekten Loos sind wesentlich von Erfahrungen während eines mehrjährigen Aufenthalts in den USA (1893–96) geprägt.

39,21 f. *die Devise »Schmücke dein Heim«:* ein von Kraus oft zitierter Werbespruch der Dekorationsbranche.

39,29 f. *Der Fischzug einer Sonntagsauflage:* wegen des besonders umfangreichen Annoncenteils.

39,31 *der »Volkswirt«:* Wirtschaftsbeilage österreichischer Zeitungen.

39,35 *Attachement:* (frz.) Anhänglichkeit, Verbundenheit.

40,5 *geschoppt:* (österr.) vollgestopft.

40,16 *von Van de Velde:* im »Jugendstil« des belgischen Architekten.

40,18 *täglich zweimal:* Größere Zeitungen erschienen seinerzeit meist in einer Morgen- und einer Abendausgabe.

40,24 *alle Kommis:* Kommis: Handlungsgehilfe.

40,26 *wie ein faules Ei dem andern:* Denselben Witz hat schon Heine gemacht.

41,8 f. *gehen zum erstenmal in ein Bad:* Anspielung auf die in vielen Judenwitzen behauptete Unreinlichkeit der Juden.

41,11 f. *einen Livingstone in der dunkelsten Leopoldstadt:* Ein verbreiteter Reisebericht des britischen Journalisten und Afrikareisenden Henry Morton Stanley, der 1871 den verschollen geglaubten Forscher David Livingstone ausfindig gemacht hatte, trug in der deutschen Übersetzung den Titel *Im dunkelsten Afrika.* – In der Leopoldstadt liegt Wiens Natur- und Vergnügungspark, der Prater; sie war außerdem das Wohnviertel der jüdischen Bevölkerung der Stadt.

41,25 f. *Korrespondenz:* Korrespondenzbüro, Nachrichtenagentur.

41,35 f. *den neueren Franzosen:* wie Maurice Barrès, Paul Bourget und Joris-Karl Huysmans.

42,2–43,21 *Nur einmal trat ... heben sich die Schleier ...:* Dieser Abschnitt ist in erster Fassung bereits 1909 erschienen (F 289, S. 3–5).

42,12 f. *die Ehre des Buches:* Speidels Schriften erschienen in vier Bänden 1910–11. Der ungenannte Herausgeber war Alfred von Berger, der Direktor des Wiener Hofburgtheaters; der erste Band wurde eingeleitet von zwei Artikeln von Hugo Wittmann, dem Feuilleton-, und Moriz Benedikt, dem Chefredakteur der *Neuen Freien Presse.*

42,16 f. *Herr Schmock:* Inbegriff eines gesinnungslosen Journalisten, benannt nach einer Figur in Gustav Freytags Lustspiel *Die Journalisten* (1854). Kraus verwendet das Wort meist stilkritisch im Sinne von »verschmockt«.

43,23 *Inselverlag:* Eine neue Ausgabe der *Sämtlichen Werke* Heines, herausgegeben von Oskar Walzel, begann 1910 mit den Bänden 7 und 9 im Leipziger Insel-Verlag zu erscheinen.

43,26 f. *»die noch immer lebendige Großtat ... geworden sind«:* wahrscheinlich aus einem Prospekt des Insel-Verlags.

43,29 *Heines Künstlerwort:* aus seinem Brief an den Verleger Campe vom 7. März 1854. Der Satz wird auch in Band 9 der Insel-Ausgabe zitiert.

44,31 *Itzig Witzig:* Durch die Figur des Veitel Itzig in Gustav Freytags Roman *Soll und Haben* (1855) ist »Itzig« zu einem vielgebrauchten Schimpfnamen für einen Juden geworden.
ästhetisch auf Teetisch: aus Heines Gedicht »Sie saßen und tranken am Teetisch« im *Buch der Lieder.*

45,33f. *»Du hast Diamanten und Perlen«:* Heines gleichnamiges Gedicht im *Buch der Lieder.*

46,7f. *Berliner Briefen:* Heines *Briefe aus Berlin* (1822).

46,8f. *»Wir winden dir den Jungfernkranz«:* Lied aus der Oper *Der Freischütz* von Carl Maria von Weber (1821). Vgl. Heines »Zweiten Brief«.

46,16 *Praterbude:* Schaustellerbude im Wiener Vergnügungspark.

46,19 *»Letzte Rose«:* Lied aus der Oper *Martha* von Friedrich von Flotow (1847).

47,6 *die wilde Jagd:* Anspielung auf Bürgers Ballade »Der wilde Jäger«, die Kraus später mehrfach vorgelesen hat.

47,7 *Neutöners:* literatur- und musikkritischer Begriff der Zeit um 1910.

47,10f. *daß sie es notwendig hat, in Musik gesetzt zu werden:* Tatsächlich sind viele von Heines frühen Gedichten, einige mehrfach, vertont worden.

47,12 *Der ›Simplicissimus‹ spottete einmal:* unter dem Titel »Zu Heinrich Heines 50. Todestag« in der Ausgabe vom 12. Februar 1906.

47,26 *auf Flügeln des Gesanges:* aus Heines gleichnamigem Gedicht im *Buch der Lieder.*

47,28f. *Melodei:* die altertümliche Wortform aus Heines Lorelei-Gedicht.

48,8f. *Wie über allen Gipfeln Ruh' ist:* aus Goethes »Wandrers Nachtlied« (»Ein Gleiches«).

48,11–13 *ein Fichtenbaum ... träumt:* aus Heines »Ein Fichtenbaum steht einsam« im *Buch der Lieder.*

48,22 *Goethes »Meeresstille«:* vgl. 108,22f.

48,23 *Liliencrons Zeilen:* aus dem Gedicht »Der Maibaum«.

48,34 *»Buch der Lieder«:* Die nachfolgenden Verse sind alle aus dieser Gedichtsammlung.

49,12 *dem Fischer von Goethe:* der Ballade »Der Fischer«.

49,18–23 *Ich bin dein ... hienieden:* aus Offenbachs Operette *Blaubart.* Das französische Libretto ist von Meilhac und Halévy, die deutsche Übersetzung von Julius Hopp.

49,29–32 *Und als ich euch ... Elogen gemacht:* aus dem *Buch der Lieder.*

50,3 *in einer Vorrede:* zur zweiten Auflage der *Neuen Gedichte* von 1844.

50,14 *Papilloten:* schmetterlingsförmige Papierwickel.

50,16–22 *»Das hätte ich … des Reims und Silbenfalls…«:* aus der Vorrede zur dritten Auflage des *Buchs der Lieder* (1839).

50,23 *skandierter:* in Verse gebrachter.

50,27f. *»Die heiligen drei Könige«:* im *Buch der Lieder.*

50,32 *Vitzliputzli:* im *Romanzero.*

51,10–13 *Die Tore jedoch … Törin will:* aus dem Gedicht »Sei mir gegrüßt, du große« im *Buch der Lieder.*

51,15 *echappiert:* entwischt, durchgegangen.

51,17–20 *Mein Fräulein … von hinten zurück:* aus dem Gedicht »Das Fräulein stand am Meere« in den *Neuen Gedichten.*

51,24–26 *dort wob ich … Mondenschein:* aus dem Gedicht »Anno 1839« in den *Neuen Gedichten.*

51,30 *jene Verlagsfirma:* Hoffmann und Campe in Hamburg. »Veilchenduft« und »Mondenschein« sind hier als typisch jüdische Familiennamen zu verstehen.

51,35f. *»die Stimmung durch einen Witz zerreißt«:* Stereotyp der Heine-Interpretation.

52,1f. *dem bunten Vogel Salz auf den Schwanz streuen:* Einem Volksaberglauben zufolge werden Vögel durch dieses Mittel ›unsinnig‹ und können dann mit der Hand gefangen werden.

52,9 *Jugendeselei:* aus dem Gedicht »Jugend, die mir täglich schwindet« in den *Neuen Gedichten.*

52,17 *Wartet nur!:* in den *Neuen Gedichten.*

52,32–53,4 *Eine große Tat … tanzen kannst:* aus dem Gedicht »Plateniden« im *Romanzero.*

53,18 *Miasma:* gasförmiger Krankheitsstoff.
kontagiös: ansteckend durch Berührung.

53,30 *auf dem Halm:* vor der Ernte.

53,35 *Es werde immer wieder Licht:* nach 1. Mose 1,3.

54,8f. *Nazarenertypus:* Heines Unterscheidung zwischen Hellenen- und Nazarenertum, in Anwendung auf Goethe und Börne, findet sich in seinem Buch *Ludwig Börne. Eine Denkschrift* (1840). In Nietzsches Kritik des Christentums (vor allem: *Der Antichrist,* 1895) spielt das Motiv eine wichtige Rolle.

54,9 *antizipiert:* vorweggenommen.

54,10 *»Psyche«:* in den *Neuen Gedichten.*

54,12 *Platen-Polemik:* Sie steht in den Kapiteln 10 und 11 der »Bäder von Lucca« im 3. Teil der *Reisebilder* (1830). Heine verspottet darin unter anderem Platens homoerotische Neigungen.

54,15 *des erweislich Wahren:* Auf die in Kraus' Sicht unerhebliche

Beweisbarkeit des Vorwurfs, Mitglieder der ›Liebenberger Tafelrunde‹ um Wilhelm II. seien homosexuell, hatte Maximilian Harden während der Prozesse, die daraufhin gegen ihn angestrengt
wurden, größtes Gewicht gelegt. Vgl. Kraus' Schriften in dieser
Sache: *Maximilian Harden. Eine Erledigung* (1907) und *Maximilian Harden. Ein Nachruf* (1908).

54,17 *seligen:* verstorbenen. Hier in Anspielung auf die in Kraus'
»Nachruf« auf Harden benutzte Todesfiktion.

54,26–29 *Der eine … Schönheitsfreund:* aus dem 10. Kapitel.

54,34 f. *Kuhmagd:* Aus dem »Epilog« der *Gedichte 1853 und 1854*
(1854).

55,9–11 *»nicht so bissig … gehabt hätte«:* aus dem 10. Kapitel.

55,17 *»Melancholik«:* im 9. Kapitel.

55,18 *»Saunetten«:* im 10. Kapitel.

55,19 *»famillionär«:* im 8. Kapitel.

55,20 *Hirsch Hyazinth:* in den »Bädern von Lucca« die komische
Figur eines jüdischen Lotteriekollekteurs aus Hamburg.

55,21 f. *seiner guten protestantischen Hausaxt:* im 10. Kapitel.

55,23 *Schrift gegen Börne: Ludwig Börne. Eine Denkschrift* (1840).

55,27 *Porzellangeschichte:* zu Beginn des Ersten Buchs.

55,29–33 *»Nächst dem Durchzug … Einfluß ausübte«:* aus dem
Dritten Buch (gegen Ende).

56,5–13 *»Alle seine Anfeindungen … balanciere usw.«:* aus dem
Vierten Buch (Anfang). Von dort auch die folgenden beiden
Zitate.

56,26 *die Feststellung:* in dem nachgelassenen Gedicht »Hab' eine
Jungfrau nie verführet«.

56,29 *»konfuse Polyhistor von Bayreuth«:* im Ersten Buch (Anfang).

56,30 *und von Heine heißt es:* im Fünften Buch (gegen Ende).

57,4 f. *die Lamentationen, der Lazarus:* Die »Lamentationen« bilden das Zweite Buch des *Romanzero* (1851) und enthalten den
Zyklus »Lazarus«.

57,8 *sing, Vogel, oder stirb:* nach »Friß, Vogel, oder stirb«, dem
sprichwörtlich gewordenen Titel einer Schrift von Johann Niko-
laus Weislinger (1722).

57,12–15 *Ich hör den Hufschlag … nicht fassen!:* aus dem Gedicht
»An die Engel« im *Romanzero.*

57,26 f. *»Geh ins Kloster … rasieren«:* aus dem Gedicht »Alte Rose«
im *Romanzero.*

57,27 *Mot:* (franz.) Wort, Ausspruch.

57,27 f. *»dieu me pardonnera, c'est son métier«:* (frz.) »Gott wird mir verzeihen, das ist sein Beruf«. – Nach Alfred Meißners *Erinnerungen* (1856) soll Heine den Ausspruch »einige Stunden vor seinem Ende« getan haben – als Antwort auf die Frage eines Bekannten, »wie er mit Gott stehe«.

57,33 *»sie verlange Sicherheiten«:* aus dem Gedicht »Solidität« im *Romanzero.*

58,3 *der tausendjährige Schmerz:* sprichwörtlich für die Leiden der Juden im Exil nach der Zerstörung Jerusalems. Das Motiv begegnet auch in Heines Gedicht »Jehuda ben Halevy« im *Romanzero.*

58,5 *Asra:* in Heines Gedicht »Der Asra« im *Romanzero.*

58,6 *Blaubart:* in Offenbachs gleichnamiger Operette (1866).

58,6 f. *welche töten, wenn sie lieben:* die Asra in Heines Gedicht »sterben, wenn sie lieben«.

58,8 *Was will die einsame Träne?:* aus Heines gleichnamigem Gedicht im *Buch der Lieder.*

58,22 *die Forscher:* vgl. die Glosse »Mein Gutachten« in F 339/340, S. 31 f. (W VI, S. 70 f.).

58,31 *Matratzengruft:* So hat Heine selbst (im Nachwort zum *Romanzero*) sein Pariser Krankenlager genannt.

59,13 *in Schleswig-Holstein:* Liliencron, geboren in Kiel und später wohnhaft bei Hamburg, hat freilich einige Jahre in Amerika verbracht.

59,18 *als er im Ecce homo schrieb:* im 4. Abschnitt des Kapitels »Warum ich so klug bin« des nachgelassenen Werks *Ecce homo* (1888). – Später hat Kraus Nietzsche kaum weniger geringgeschätzt als Heine, ja ihn für den Schöpfer des »Essayismus«, wie Heine für den des »Feuilletonismus«, gehalten. Vgl. den Aufsatz »Vom Niveau der Sprache« in F 577–582 sowie das Epigramm »Der Antichrist« (ebd.).

59,21 *Lazzaroni:* Lazzarone: neapolitanischer Bettler.

60,10 *Ballotage:* geheime Abstimmung mit weißen und schwarzen Kugeln.

60,13 *die Karpeles und Bartels:* hier als Repräsentanten der Heine-Verehrung bzw. der Heine-Feindschaft um 1900.

60,26 f. *»Die Meisterschaft ... zögert«:* aus Nietzsches *Morgenröte* (1886), Aphorismus 537.

60,32–61,5 *»Der Grundsatz ... ihrem Stil«:* aus dem Fünften Buch von *Ludwig Börne.*

61,5 f. *ein Talent, weil kein Charakter:* nach dem Schlußvers der Inschrift auf dem Denkmal Atta Trolls: »Kein Talent, doch ein Charakter!« in Heines *Atta Troll* (1847), Caput XXIV.

61,14–17 *»ungleich dem wahren Dichter ... Instrumente«:* aus dem
10. Kapitel der »Bäder von Lucca«.

61,17f. *»Die Taten ... in Worten«:* aus dem Fünften Buch (nicht
wörtlich).

61,19–22 *»eine große Tat ... Ereignis ist«:* aus dem 10. Kapitel.

61,24f. *Moses, der ... schlug:* vgl. 2. Mose 17,6.

61,34 *Iphigeniens Bitte:* am Schluß von Goethes *Iphigenie auf
Tauris.* Vgl. S. 154 und 202.

62,13 *Nachwort:* ursprünglich erschienen als »Vorwort« zur Über-
nahme des Aufsatzes in die *Fackel* (F 329/330, S. 1–5).

62,19f. *ein gefälliges Format:* Die Broschüre war im Klein-Oktav
der *Fackel* erschienen.

62,20 *den billigsten Preis:* Sie kostete nur um die Hälfte mehr als ein
gleich umfangreiches Heft der Zeitschrift: in Deutschland 80
(statt 50) Pfennig.

64,20 *eine Sammlung von Satiren oder Aphorismen:* die ebenfalls
bei Langen erschienenen Bände *Die chinesische Mauer* (1910) und
Sprüche und Widersprüche (1909).

64,23 *»Heine und die Folgen«:* Eine zweite und dritte Auflage
erschienen allerdings noch im Jahre 1911.

65,2f. *Von Heine hören sie noch immer gern:* nach dem Refrain in
Goethes »Ballade« (»Die Kinder, sie hören es gerne«).

65,3f. *wenn sie auch nicht wissen, was soll es bedeuten:* nach dem
Eingangsvers von Heines Lorelei-Gedicht.

65,8 *Bettelei für ein Heine-Denkmal:* Um die Jahrhundertwende
wurde mehrfach zur Errichtung eines Heine-Denkmals aufgeru-
fen – so 1905 unter anderem von Alfred Kerr. Wortführer der
Gegner einer solchen Ehrung war Adolf Bartels (*Heinrich Heine.
Auch ein Denkmal,* 1906). – Vgl. F 199, S. 1.

65,26–28 *Die wenigen ... gelesen hatten:* Einige solche Stellungnahmen hat Kraus in der *Fackel* zitiert und kommentiert; vgl.
F 315/316, S. 50–54, und F 317/318, S. 43–45.

66,21 *eine absichtliche Unterdrückung:* Diesen Verdacht hat Kraus
in einem Brief an den Verlag (vom 14. Juni 1911) des näheren
begründet. Vgl. Hannsludwig Geiger, *Es war um die Jahrhundertwende,* München 1953, S. 180f.

66,26 *Säle verweigern:* Wegen einer solchen »Saalverweigerung«
hatten kurz zuvor zwei von Kraus geplante Vorlesungen ausfallen
müssen. Vgl. F 313/314, S. 62f., und F 326–328, S. 19–28; W VI,
S. 139–141.

66,30f. *einen autorrechtlichen Prozeß:* vgl. Murray G. Hall, »Verlage um Karl Kraus«, in: *Kraus-Hefte*, H. 26/27, 1983, S. 2–31.

67,2 *Luxusdrucken eines Insel-Verlags:* Der Leipziger Insel-Verlag begann 1910 mit der Veröffentlichung vornehm ausgestatteter »Pressendrucke«.

67,3f. *zwischen Zigarren, Losen und Revolverblättern:* Die *Fackel* wurde in Wien vor allem in »Tabaktrafiken« verkauft.

67,7f. *»Doppelnummer«:* Die *Fackel* erschien zwischen 1905 und 1911 immer öfter in Gestalt von Doppelnummern zum doppelten Preis. Der Umfang blieb bisweilen knapp unter dem Doppelten einer Einfachnummer.

67,9 *administrativen Hilfen:* insbesondere das Anzeigengeschäft.

67,16 *freigesinnte:* liberale.

67,30f. *einem fremden publizistischen Betrieb:* Tatsächlich kam bei Albert Langen nur noch das Aphorismenbuch *Pro domo et mundo* (Anfang 1912) heraus. Seine späteren Bücher ließ Karl Kraus beinahe ausschließlich erst im »Verlag der Schriften von Karl Kraus (Kurt Wolff)« und dann im eigenen »Verlag ›Die Fackel‹« erscheinen.

68,2 ˜*Zwischen den Lebensrichtungen:* Dem Erstdruck in der *Fackel* (F 462–471, S. 76–78) war die Fußnote beigefügt: »Ein Schlußwort zum Nachtrag von ›Heine und die Folgen‹, (Nr. 329–330, August 1911), für das Werk ›Untergang der Welt durch schwarze Magie‹ verfaßt im Mai 1917.«

68,6f. *bei der dritten Auflage hält:* Die freilich war bereits Ende 1911 erschienen.

68,19f. *den später geschriebenen Aphorismen:* Man vergleiche besonders F 406–412, S. 97f. und 112–114 (W III, S. 373f. und 388f.).

69,9f. *die Betriebsmittel der Zeit:* Kraus selber besaß schon 1914 ein Automobil.

69,18f. *»Neuorientierung«:* Schlagwort der österreichischen Politik nach dem Tode Franz Josephs (21. November 1916).

69,32–35 *Was hier ... an der Sonne:* in der *Fackel* gesperrt gedruckt.

69,35 *eines Platzes an der Sonne:* Schlagwort der reichsdeutschen Politik, in Umlauf gebracht durch den späteren Kanzler Fürst Bülow in der Reichstagssitzung vom 6. Dezember 1897.

70,2 *die »basaltfreie« Ordnung:* nach Goethes Spruchgedicht »Den Vereinigten Staaten« (»Amerika, du hast es besser / Als unser

Kontinent, das alte, / Hast keine verfallene Schlösser / Und keine
Basalte.«).
70,12 *die Antithese Berlin – Wien:* Man vergleiche den Abschnitt
»Von zwei Städten« in *Pro domo et mundo* (W III, S. 257–265).

72–106   Der Fall Kerr
                                   (1911)

Der Berliner Theater- und Literaturkritiker Alfred Kerr, der
auch als Lyriker hervorgetreten ist, wird im ersten Jahrzehnt
der *Fackel* meist nicht ohne Respekt genannt. Erst im
Zusammenhang der Heine-Schrift von 1910 scheint Kraus
entdeckt zu haben, daß unter den zeitgenössischen Schriftstellern keiner den Ungeist des Feuilletons so vollständig und
so anschaulich verkörpert wie eben Alfred Kerr – zumal
nachdem Franz Pfemfert in einer Besprechung von *Heine
und die Folgen* Kerr als den einzigen Kritiker bezeichnet hat,
der das Recht hätte, »Kraus für diese Tat zu stellen« (F 315/
316, S. 50). Damit war auch der Gesichtspunkt bestimmt,
unter dem Karl Kraus nur wenig später den von Kerr
aufgebrachten ›Fall Jagow‹ wahrnehmen und darstellen
sollte: als einen ›Fall Kerr‹.
    Was war geschehen? Der Berliner Polizeipräsident Trau-
gott von Jagow hatte unter Berufung auf sein Zensoramt
brieflich »persönliche Fühlung« mit der Schauspielerin Tilla
Durieux zu nehmen gesucht, und ihr Ehemann, der Kunsthändler Paul Cassirer, hatte nicht verhindern können oder
wollen, daß der Vorfall in der von ihm herausgegebenen und
verlegten Zeitschrift *Pan* durch Alfred Kerr publik gemacht
wurde. In dieser alsbald vielbesprochenen Streitsache bezieht Karl Kraus nun Stellung zwar nicht für Jagow, wohl
aber gegen Kerr, macht also statt des amtlichen den publizistischen Mißgriff zu seinem Gegenstand.
    Die vier Teile der später unter dem Titel »Der Fall Kerr«
zusammengefaßten Schrift sind innerhalb eines halben Jah-

res aus jeweils verschiedenen Anlässen entstanden. Den ersten bilden die am 1. und am 16. März 1911 im *Pan* erschienenen Verlautbarungen Kerrs und Paul Cassirers sowohl zu Jagows Brief selber wie zu dessen Publikation. Darauf antwortet Kraus mit der am 31. März 1911 erschienenen Glosse »Der kleine Pan ist tot«. Als Kerr nun diese »Widerlegungen« im *Pan* unerwidert läßt und sich darauf beschränkt, den in der *Aktion* vom 10. April 1911 veröffentlichten Aufsatz »Der kleine Kraus ist tot« von Franz Pfemfert zu zitieren, setzt Kraus die Polemik fort mit dem Aufsatz »Der kleine Pan röchelt noch« in der *Fackel* vom 29. April 1911. Im Mai dieses Jahres erscheint dann in der *Aktion*, im Rahmen einer Umfrage über Alfred Kerr, eine Kraus gegen Kerr herabsetzende Stellungnahme von Max Brod und im *Pan* eine Glosse von Alfred Kerr, die daran erinnert, daß Kraus schon oft tätlich mißhandelt worden sei. Auf diese Publikationen antwortet Kraus am 2. Juni 1911 mit »Der kleine Pan stinkt schon«. Einen Monat später, am 1. Juli 1911, rechnet Kerr im *Pan* nun seinerseits ausführlich mit dem Widersacher ab. Diese »Caprichos« gibt Kraus dann im nächstfolgenden Heft der *Fackel*, am 8. Juli 1911, am Beginn von »Der kleine Pan stinkt noch« vollständig wieder – um am Schluß der Erörterungen, die er daran knüpft, zu erklären, daß er in dieser Angelegenheit weiter nichts mehr zu tun finde. Und in der Tat hat er Kerr dann »das letzte Wort« gelassen: die im *Pan* vom 1. August 1911 unter dem Titel »Die schale Haut« erschienene Replik. Auch die inzwischen fortgesetzten Angriffe der *Aktion* läßt die *Fackel* unbeachtet – nicht zuletzt wohl darum, weil sich die Aufmerksamkeit nun auf die Rettung Nestroys zu sammeln beginnt.

In den zwanziger Jahren wird Kerr erneut Gegenstand der Krausschen Polemik. Nicht bloß hatte Kerr sich während der Kriegsjahre mit lyrischen Dienstleistungen im nationalistischen und chauvinistischen Geist höchst unrühmlich hervorgetan, er hat es nach dem Zusammenbruch der Mittelmächte dann auch verstanden, unter Verleugnung und Verharmlosung dieser Produktion sich als würdigen Wortführer der Völkerverständigung darzustellen und anerkennen zu lassen. Über drei Jahre hin, von 1926 bis 1929, hat Kraus Kerr als einen in allen Sätteln gerechten Konjunkturritter polemisch und selbst juristisch verfolgt und ihn dabei vor allem anhand der von Kerr selber verfaßten Schriftsätze geistig und moralisch noch schlagender unmöglich gemacht als bereits mit der ersten Folge seiner Polemiken aus dem Jahre 1911.

Die ersten Veröffentlichungen sind erfolgt in der *Fackel* vom 31. März 1911 (F 319/320, S. 1–6: »Der kleine Pan ist tot«), vom 29. April 1911 (F 321/322, S. 57–64, am Schluß des Heftes: »Der kleine Pan röchelt noch«), vom 2. Juni 1911 (F 324/325, S. 50–60, wieder am Schluß des Heftes und in größerem Schriftgrad: »Der kleine Pan stinkt schon«) und vom 8. Juli 1911 (F 326–328, S. 28–34: »Der kleine Pan stinkt noch«). Leicht überarbeitet wurde die Reihe dann 1929 unter der Überschrift »Der Fall Kerr« in den Band *Literatur und Lüge* übernommen.

72,3 *Der kleine Pan ist tot:* Nach einer Erzählung, die Plutarch überliefert, soll zur Zeit des Kaisers Tiberius (reg. 14–37) der Tod des griechischen Hirtengottes Pan mit den Worten verkündet worden sein: »Der große Pan ist tot.« Die vielzitierte Stelle findet sich auch in Heines Börne-Buch wiedergegeben; Kraus führt sie in der *Fackel* verschiedentlich an (z. B. F 261/262, S. 44). – Im übrigen wurde die Zeitschrift, deren »Tod« Kraus hier behauptet, damals gern »der kleine Pan« genannt, in Beziehung auf die gleichnamige größerformatige Kunstzeitschrift der Jahrhundertwende.

72,9 *Maximilian Harden:* Gemeint ist die von Harden 1906 in seiner Zeitschrift *Die Zukunft* eröffnete Kampagne gegen die ›Liebenberger Tafelrunde‹. Kraus hat in dieser Angelegenheit mehrfach gegen Harden Stellung bezogen. Vgl. auch Anm. zu 54,15.

72,10f. *Fürst Eulenburg:* Philipp Fürst zu Eulenburg, ein Freund Wilhelms II., stand im Zentrum der von Harden ausgelösten Affäre.

72,15–18 *die erweisliche Wahrheit … »auszusprechen was ist«:* Lieblingswendungen Maximilian Hardens.

72,20 f. *statt in Perioden in Interjektionen:* Einen Begriff von Kerrs ›kurzatmigem‹ Stil, dem Kraus hier Hardens Stil entgegensetzt, vermitteln die S. 99–101 wiedergegebenen »Caprichos«.

72,25 *»hähä«:* Tatsächlich bedient sich Kerr in seinem »Vorletzten Brief an Jagow« einmal der Interjektion »hä?« (*Pan* 1, 1910/11, S. 288).

72,25 f. *die Verehrer des Herrn Kerr:* Gemeint ist insbesondere Franz Pfemfert. Vgl. S. 310.

73,8 *als Jourbesucher der Rahel Varnhagen:* Der Salon der Rahel Varnhagen von Ense war zu Beginn des 19. Jahrhunderts ein Treffpunkt der Romantiker und der Anhänger des Jungen Deutschland. Auch Heine gehörte zu ihren Gästen. Kraus spielt an dieser Stelle auch auf Kerrs dandyhaftes Auftreten an.

73,18 *wie ein Heinrich Mann:* Heinrich Mann hatte kurz zuvor im *Pan* (1, 1910/11, S. 137–143) seinen Aufsatz »Geist und Tat« veröffentlicht. Man vergleiche auch F 300, S. 18 f. (W III, S. 213).

73,23 *»außergesellschaftlich«:* kein Zitat aus Kerrs offenem Brief; Kerr sagt ›privatim« (*Pan* 1, 1910/11, S. 287). Von einer »außergesellschaftlichen Annäherung« spricht aber beispielsweise die *Nationalzeitung* (zit. in der *Schaubühne* vom 20. April 1911, S. 443).

73,25 *Scherz, Satire, Ironie und tiefere Bedeutung:* sprichwörtlich nach dem Titel eines Lustspiels von Grabbe (1827).

73,26 *»Ecco«:* (ital.) »Siehe da!« Ein Lieblingswort Alfred Kerrs; er gebraucht es auch in diesem Zusammenhang (*Pan* 1, 1910/11, S. 321).

73,27 f. *»Es ist auffallend«:* aus Kerrs offenem Brief (ebd., S. 288).

73,31 f. *in sechs Abteilungen:* Kerrs »Vorletzter Brief an Jagow« ist in vier Abteilungen gegliedert, die »Nachlese« in acht.

73,32 *fühlte sich aristophanisch wohl:* nach *Faust*, V. 2293: »Uns ist ganz kannibalisch wohl«, unter Bezugnahme auf den griechischen Komödiendichter Aristophanes als den Inbegriff eines Spötters.

74,7 f. *der deutschen Bühnengenossenschaft:* des Berufsverbandes »Genossenschaft Deutscher Bühnenangehöriger«, der seit 1910 auch über ein »Frauen-Komitee« verfügte.

74,18 *Konfiskation der Flaubert-Nummer:* Heft 6 des *Pan* (16. Januar 1911) war wegen der darin veröffentlichten Auszüge aus dem *Tagebuch des jungen Flaubert* von der Zensur verboten worden. In dieser Sache hatte Kerr das nächste Heft mit einem offenen Brief an Jagow (»Jagow, Flaubert, Pan«) eröffnet. Das von der Staatsanwaltschaft angestrengte Gerichtsverfahren endete mit dem Freispruch der Angeklagten.

74,23 *Kolporteure:* Hausierer mit Druckschriften. Sie würden hier an Stelle von Sekundanten, wie die Duellregeln sie kennen, tätig werden.

74,25–27 *»seinerseits« ... Redaktion:* sinngemäß nach den im *Pan* veröffentlichten Erklärungen Paul Cassirers.

74,30 *Komment:* Inbegriff der Regeln richtigen Verhaltens, besonders unter Verbindungsstudenten.

74,33f. *Zwar hat Herr Cassirer zugegeben:* im *Pan* (1, 1910/11, S. 320).

75,24 *Tartuffe:* Heuchler; sprichwörtlich nach dem Titelhelden einer Komödie von Molière (1699).

75,29f. *in jenen Teilen der Friedrichstraße:* wo sich seinerzeit das Berliner Vergnügungszentrum mit einer Reihe von Nachtlokalen befand.

76,1 *unter Beweis zu stellen:* im rechtstechnischen Sinn: zum Gegenstand einer Beweisaufnahme zu machen.

76,6 *Muckers:* Frömmlers, Scheinheiligen.

76,9f. *Schutzmannsbrutalitäten:* Ausschreitungen Berliner Polizisten hatte Kerr im *Pan* in einem Gedicht angegriffen (1, 1910/11, S. 217).

76,13 *Herr Kerr nennt jetzt jeden:* in der »Nachlese« (ebd., S. 323).

76,21f. *den Schleier vom Vorleben des Herrn Jagow wegzuzupfen:* Im »Vorletzten Brief« hatte Kerr die Frage aufgeworfen, ob der Polizeipräsident identisch sei mit jenem Jagow, der »vor langer Zeit« einen Amtsrichter ins Gesicht geschlagen habe (*Pan* 1, 1910/11, S. 290).

76,22 *seiner neuen »Feststellungen«:* in der »Nachlese« (ebd., S. 321).

76,31 *seine Tante Friederike Kempner geschlachtet zu haben:* Friederike Kempner, berühmt dank der unfreiwilligen Komik ihrer Gedichte (1873 [u. ö.]), galt als eine Verwandte Alfred Kerrs, der ursprünglich Kempner hieß und als Schlesier ein Landsmann der Dichterin war. Kerr hat sich gegen die Legende oft verwahrt, so gerade auch im *Pan* in dem Gedicht »Die Leiche« (1, 1910/11, S. 353). Kraus' scherzhafte Unterstellung spielt außerdem auf Frank Wedekinds Moritat »Der Tantenmörder« an (»Ich hab meine Tante geschlachtet«).

76,35 *»befugt«:* gemäß Cassirers zweiter Erklärung (*Pan* 1, 1910/11, S. 354).

77,10 *so versichert Herr Kerr:* in der »Nachlese« (ebd., S. 323).

78,1 *Quartalswechsel:* Da der *Pan* erstmals am 1. November 1910 erschienen war, begann sein zweites Vierteljahr mit dem Heft vom 1. März 1911. Darin eben stand Kerrs »Vorletzter Brief«.

78,6 *versichert selbst:* in seiner zweiten Erklärung (*Pan* 1, 1910/11, S. 354).

78,17f. *Herr Kerr nennt das Ganze einen »ethischen Spaß«:* in der »Nachlese« (ebd., S. 321).

78,30f. *Die Kultur, die auf Old Stratford-Papier arbeitet:* Der Verlag von Paul Cassirer brachte unter anderem die bibliophilen »Publikationen der Pan-Presse« heraus, die (wie etwa Heines *Schnabelewopski* mit Zeichnungen von Pascin in der »Ausgabe B«) auf dem besonders kostbaren »Old Stratford-Papier« gedruckt waren. Eine entsprechende Anzeige konnte Kraus im *Pan* vom 16. März 1911 lesen. Vgl. auch F 315/316, S. 52.

78,32 *Kommis:* kaufmännischer Angestellter, Handlungsgehilfe.

79,6f. *das demokratische Gefühl:* Kraus bezieht sich hier und im folgenden hauptsächlich auf die in der *Aktion* (»Zeitschrift für freiheitliche Politik und Literatur«) am 27. April 1911 begonnene Umfrage über Alfred Kerr.

79,13 *imputieren:* unterstellen.

79,18f. *wie Herr Harden:* vgl. Anm. zu 72,9.

80,1 *Devisen:* Wahlsprüche, Losungen.

80,1f. *Alle Menschen müssen gleich sein:* die Egalité-Forderung der Französischen Revolution.

80,2 *Per aspera ad astra:* (lat.) »durch Nacht zum Licht«.
J'accuse: (frz.) »Ich klage an«. Mit einem offenen Brief unter diesem Titel hat Emile Zola 1898 gegen die militärgerichtliche Verurteilung des Hauptmanns Alfred Dreyfus protestiert.

80,7 *von Nestroy:* in der Posse *Einen Jux will er sich machen* (1844), I,13. Es spricht der Handlungsdiener Weinberl zum Lehrjungen Christopherl.

81,11 *wenn's kein Ärgernis in der Welt gäbe:* nach Shakespeares *Hamlet* III,2.

81,15 *Bocksgelächter:* Der Waldgott Pan, Sohn des Hermes, hat Ziegenhörner und -füße.

81,16f. *blinden Lärm:* Dem Mythos zufolge erschreckt Pan durch großen Lärm, den das Echo noch verstärkt, ein ganzes Heer.

81,20 ›*Tag*‹: die Berliner Zeitung *Der Tag* des Verlegers August Scherl.

zizerlweis: (österr.) raten-, stückweise.

81,21 *die Enthüllung:* Kraus fand sie in dem Artikel »Der andere Brief an Kerr« von Harry Kahn, der am 23. März 1911 in der *Schaubühne* erschienen war.

81,26 *die Entschuldigung:* in Erich Mühsams Antwort auf die Umfrage der *Aktion* (1, 1911, Sp. 301).

81,33 *Matchiche:* Gesellschaftstanz brasilianischer Herkunft.

81,36–82,1 *ein Echo von Nietzsche in eine Verbalinjurie verwandeln:* Die *Aktion* hatte im Anschluß an die ersten Antworten auf ihre Kerr-Umfrage das Gedicht »Unter Feinden« (»Dort der Galgen, hier die Stricke«) von Nietzsche abgedruckt (1, 1911, Sp. 303).

82,1 *Verbalinjurie:* Beleidigung durch Worte.

82,5f. *dem kategorischen Imperativ von Königsberg:* scherzhafte Anspielung auf den ethischen Grundsatz des Königsberger Philosophen Kant.

82,7 *agnosziert:* (österr., amtsspr.) identifiziert.

82,8f. *»fanalhafte Symptome ... dieses Künstlers«:* so Kurt Hiller in seiner Antwort auf die Kerr-Umfrage der *Aktion* (1, 1911, Sp. 302).

82,10f. *»die Seligkeit, die Seligkeit, die Seligkeit des Daseins«:* nicht ermittelt. Eine für Kerr typische Stilfigur.

82,18 *Apokalypse:* Kraus' Aufsatz »Apokalypse« erschien 1908 in der *Fackel* (F 261/262, S. 1–14).

82,26 *ein Weichkopf:* Ferdinand Hardekopf. In seiner Antwort auf die Kerr-Umfrage der *Aktion* ist von »Absynth« sowie von Kraus' »Austriazismen« die Rede (1, 1911, Sp. 301).

82,27 *einen ganz besondern Saft:* nach *Faust,* V. 1740.

83,5 *jene, die imstande sind:* wie Franz Pfemfert in seinem Artikel »Der kleine Kraus ist tot« und zuvor schon in einer Besprechung von *Heine und die Folgen.*

83,14–16 *weder ein »Schlechtweggekommener« noch ein »verhaltener Dyspeptiker«:* ebenfalls Pfemfert in der Präambel zu der Kerr-Umfrage der *Aktion* (1, 1911, Sp. 299). – Dyspeptiker leiden an Verdauungsschwäche.

83,19f. *die Zustimmung von Leuten:* wie Siegfried Jacobsohn, der in der *Schaubühne* unter dem Titel »Harakiri« Kerr solcher Wechselhaftigkeit beschuldigt hatte (6. April 1911).

83,26 *Schmiere:* Schmierentheater, schlechtes Theater.
Extempore: Stegreifimprovisation eines Schauspielers.

83,31 *Holzbock:* Anspielung auf den Journalisten Alfred Holzbock? Vgl. S. 30.

84,8 *O. A. H. Schmitz:* in dem Artikel »Offener Brief an Herrn
Alfred Kerr« in der *Schaubühne* vom 16. März 1911.

84,11 *antwortet Herr Kerr:* im *Pan* vom 1. April 1911 (S. 385).

84,36 *auch in Breslau:* als Berliner Korrespondent der *Breslauer
Zeitung.*

85,3 *Er beschuldigte den alten Tappert:* Der Vorgang aus dem Jahre
1897 kommt im Verlauf des Gerichtsverfahrens, das Kraus 1927
gegen Kerr angestrengt hat, ausführlich zur Sprache. Vgl. F
787–794, S. 35–37, 65 f., 99–108.

85,20 *Episodist:* Darsteller von Nebenrollen.

85,21 *Heldenspieler:* Darsteller von Hauptrollen.

85,28 *Claqueure:* bezahlte Beifallspender. Gemeint sind hier die
Mitwirkenden an der Kerr-Umfrage der *Aktion,* darunter besonders der ›anarchistische‹ Schriftsteller Erich Mühsam, in dessen
Antwort von Kerrs Angriffen auf Harden (sowie auch von Schüt-
telreimen) die Rede ist (1, 1911, Sp. 300 f.).

85,34 *Dichter:* Kraus hat die damals von der Berliner Zeitschrift *Der
Morgen* zugunsten Hardens veranstaltete Umfrage ausführlich in
Maximilian Harden. Ein Nachruf behandelt (F 242/243, S. 4–52).

86,1 *Kerr verzeichnet liebevoll:* unter dem Titel »Äußerungen« im
Pan vom 16. April 1911 (S. 421).

86,7 *der jene zu züchtigen versprach:* im *Pan* vom 16. März 1911
(S. 353).

86,10 *ein Geist:* Franz Pfemfert, aus dessen Artikel »Der kleine
Kraus ist tot« Kerr einen Satz zitiert.

86,14 *wie ein Harden zu schweigen:* Hardens Schweigen auf Kraus'
Angriffe war Thema des Aufsatzes »Seine Antwort« (F 257/258,
S. 15–48; W VI, S. 107–138).

86,21 *Cassirer stellt Strafantrag:* dazu das Nähere im folgenden Teil
der Polemik.

86,21 f. *den Berliner verantwortlichen Redakteur:* Seit dem
16. August 1909 gab es ein »Berliner Bureau« des Verlags der
Fackel (bis Ende 1911). Als verantwortlicher Redakteur fungierte
Herwarth Walden.

87,5 *Café des Westens:* das berühmte Literaten-Café am Kurfürstendamm (Ecke Joachimsthaler Straße).

87,19 f. *bis zu den Schatten verfolge und auch dort nicht freigebe:*
nach dem Gesang der Erinnyen in Schillers »Die Kraniche des
Ibykus«.

87,31 f. *in die Aktion flüchteten:* Im Erstdruck hieß es: »zur Demo-
kratie flüchteten«.

87,33 *Psycholozelach:* Wortspiel aus *Psychologie* und *Lozelach*
(jidd., ›dumme Witze‹).

88,11 *Montmartre ... Kreuzberg:* Künstlerviertel in Paris bzw.
Wohnviertel in Berlin. Der Witz beruht auf der ungefähren
Bedeutungsgleichheit der beiden Namen.

88,17 *ultima ratio:* (lat.) das letzte Mittel.

88,17f. *Administration:* Geschäftsführung, hier einer Zeitschrift.

88,22 *Schlemihl:* (rotwelsch) Schelm.

88,24–89,1 *die letzten Dinge einer Tänzerin:* wohl der seinerzeit
hochgerühmten und vielbesprochenen Grete Wiesenthal. Zu den
Verehrern ihrer Kunst gehörten Altenberg, Friedell, Hofmannsthal, Ihering und Polgar.

88,27 *jene ›Rettungsaktion für Herrn Kerr‹:* Die Zitate sind Pfem-
ferts Artikel »Die Glanznummer deutscher Konjunkturjournali-
stik« entnommen, der Anfang 1928 in der *Aktion* erschienen ist.
Die Zeitschrift hatte bereits 1925 an die Kerrsche Kriegslyrik
erinnert (15, 1925, Sp. 427–432).

89,3f. *Zu spät erkennt Herr Cassirer:* In der Tat war zwischen ihm
und Alfred Kerr eine »Mißstimmung« eingetreten, wie Tilla
Durieux in ihren Erinnerungen bezeugt. Im März 1912 verkaufte
Cassirer den *Pan.*

89,28f. *Diesen Prozeß habe ich mir nämlich frei erfunden:* Das
behauptet der *Pan* in der anonym erschienenen Glosse »Größenwahn« (1, 1910/11, S. 485).

90,32f. *Weil ich bereits brachialen Attacken ausgesetzt war:* bra-
chial: körperlich, gewalttätig. Wörtlich heißt es in derselben
Glosse: »Klage! Die Überflüssigkeit wäre handgreiflich. Aber
auch Handgreiflichkeiten wären überflüssig. Herr Kraus bekam
oft Hiebe, Ohrfeigen, Prügel, Schläge, bald auf den Mund, bald
sonstwohin (kurz, wo er Sitz und wo er Stimme hat) – aber
deshalb zu verbreiten, sein Blatt werde diesmal verklagt werden,
ist eine Hybris.« (Ebd., S. 485.)

91,4f. *die Tat eines besoffenen Cabarettiers:* Dieser Überfall war in
der Nacht vom 29. auf den 30. April 1906 verübt worden. Vgl.
F 203, S. 17–23, und F 208, S. 29–32.

91,8 *Frank Wedekind:* Die Zuschrift ist in F 203, S. 23f., publiziert.
Im *Pan* erschien von Wedekind unter anderem der »Prolog in der
Buchhandlung« (zur *Büchse der Pandora*).

91,12 *Gebreste:* Gebrechen.

91,15f. *Plattenwesens:* (rotwelsch) Gaunertums.

91,25f. *das durchbohrende Gefühl eines Nichts:* nach Schillers *Don Carlos* II,1.

91,35 *Luther:* Nach der Legende hat Luther den Teufel, der ihn von der Bibelübersetzung abhalten wollte, durch den Wurf eines Tintenfasses vertrieben.

92,2 *das Wort Ohrfeige:* am Schluß des Aufsatzes »Seine Antwort« (F 257/258, S. 48; W VI, S. 138).

92,9 *der deutschen Dichter:* An der Kerr-Umfrage der *Aktion* haben sich auch Altenberg, Dehmel, Else Lasker-Schüler und Wedekind beteiligt.

92,12 *Demokratins:* Wortspiel aus *Demokrat* und *Kretin* (›Schwachkopf‹). Gemeint ist wieder Franz Pfemfert.

92,19f. *daß ich Ansichtskarten ... verkaufen ließ:* Das behauptet Pfemfert in seinem Artikel »Don Karl«, der am 22. Mai 1911 in der *Aktion* erschienen ist (Sp. 433).

92,35f. *Sympathiekundgebungen für die Poesie:* Am 15. Mai 1911 hat Kraus in Wien »Dichtungen seiner Mitarbeiter« (sowie eigene Arbeiten) vorgelesen. »Der Ertrag der erfolgreichen Veranstaltung fiel den Dichtern Else Lasker-Schüler und Peter Altenberg zu« (F 323, S. 11).

93,13 *A..a..ar..tikel:* Kerr bedient sich gern dieser Nachahmung stotternden Redens, auch im Zusammenhang der Jagow-Affäre. Vgl. 100,21 (»St ... Sti .. Stil«).

93,18f. *dieses Percy, der ... nie Heißsporn war:* nach der Figur des Henry Percy, genannt Hotspur, in Shakespeares *Heinrich IV.* Percy sagt von sich: »Denn Reden ist mein Fach nicht« (1. Teil, V,2).

93,27 *Fischers Aquarium:* die im S. Fischer Verlag erscheinende Monatsschrift *Die neue Rundschau*. Das Heft vom Mai 1911 enthält von Kerr den Artikel »Theater des Erfolgs« mit dem im folgenden von Kraus zitierten Satz.

93,32f. *Revuen ... für zwei Mark fünfzig:* Dies war der Preis der Einzelnummer der *Neuen Rundschau*. Die Einzelnummer der *Fackel* kostete in Deutschland 30 Pfennig.

93,35f. *von Nietzsche wenig gelesen:* Im Erstdruck hieß es: »nichts gelesen«. Tatsächlich hat sich Kraus erst später mit Nietzsche näher befaßt. Man vergleiche auch S. 59f.

94,1 *mein Tanz:* Das Bild des Tanzes erscheint in Nietzsches Schriften an vielen Stellen. Auch Zarathustra wird als »Tänzer« bezeichnet.

94,13 *einen Nachdruck aus der Fackel:* Solche Nachdrucke (von

Aphorismen) erschienen beispielsweise in den Berliner Blättern *Der Demokrat* und *Die Neue Welt*.

94,19 f. *Leimgeburt:* Lehmgeburt. Vgl. 88,3–5.

94,21 *ein empfindsamer Postbeamter:* Der nachfolgende Angriff auf Max Brod beantwortet dessen Beitrag zu der Kerr-Umfrage der *Aktion* (1, 1911, Sp. 335 f.).

94,22 *Briefe:* Sie sind im Kraus-Archiv der Wiener Stadt- und Landesbibliothek erhalten.

94,23 f. *sein Essay über das Wesen der Kritik:* der Aufsatz »Eine neue Theorie der Kritik« (1906).

94,28 *einen Roman:* wohl *Schloß Nornepygge* (1908).

95,2 *einem erotischen Gschaftlhuber:* Gschaftlhuber (österr.): Wichtigtuer. Gemeint ist Franz Blei, Herausgeber von Zeitschriften und Anthologien erotischen Charakters. Zusammen haben Blei und Brod u. a. 1909 eine deutsche Auswahl der Dichtungen von Jules Laforgue (*Pierrot der Spaßvogel*) herausgebracht.

95,11 *es muß auch solche Schwärmer geben:* nach *Faust*, V. 3483, wo es aber »Käuze« heißt. Vgl. auch Schillers *Don Carlos* III,10 (»Sonderbarer Schwärmer«).

95,16 f. *auf dem Jour der Rahel Varnhagen:* vgl. Anm. zu 73,8. Kerrs Physiognomie hat Kraus selbst einmal karikiert; Abbildung in Bilke, *Zeitgenossen der »Fackel«*.

95,17 f. *Einer der wenigen originellen Menschen:* Else Lasker-Schüler?

95,34 *eine lächerliche Altenberg-Kopistin:* Regina Ullmann?

96,1 *Prager Zeitschrift:* Im ersten Heft der *Herder-Blätter* ist im April 1911 ein Vorabdruck aus Brods Roman *Jüdinnen* (Berlin 1911) erschienen. Die von Kraus angeführten Stellen finden sich dort auf den Seiten 18, 23 und 27. Bei Gelegenheit einer Neuauflage des Romans (Leipzig 1915) hat Max Brod unter anderem auch diese Stellen diskret abgeändert.

96,33 *einer tatsächlichen Berichtigung:* einer Tatsachenberichtigung im Sinne des geltenden Presserechts. Kraus hat von diesem Instrument gerne Gebrauch gemacht.

97,14 *in zwölf Jahren:* seit 1899, als die *Fackel* zu erscheinen begann.

97,27 *daß Herr Kerr »Ave poeta« ruft:* In Kerrs Besprechung von Beer-Hofmanns *Der Graf von Charolais*, erschienen bereits 1905, heißt es gegen Ende: »Ave, ave, ave – poeta!« – Dem Gruß (lat., »Sei gegrüßt, Dichter«) liegt das im antiken Rom knieend dargebrachte »Ave Caesar« zugrunde.

97,33 f. *von ihm aufgefordert zu werden:* Von einer solchen Aufforderung ist nichts Näheres bekannt.

98,8 *Prinzipal:* Geschäftsinhaber, Lehrherr.

98,18 *Apachen:* Angehörige der Unterwelt.

102,12 *du bist wie eine Blume:* nach dem Eingangsvers eines Gedichts von Heine im *Buch der Lieder.*

102,20 *Tiergartenviertel:* Berliner Stadtbezirk, Wohnviertel vornehmer oder wohlhabender Familien.

103,6 *La donna è mobile:* aus Verdis Oper *Rigoletto* (»Oh, wie so trügerisch sind Weiberherzen«).

103,18 *Enquete:* Umfrage. Gemeint ist hier die Kerr-Umfrage der *Aktion.*

103,35 *Desperado:* Bandit.

104,3–5 *daß einer, der Karriere machen wollte, mich ... überfiel:* Felix Salten nach Erscheinen der *Demolirten Litteratur* (1896/97).

104,6 f. *später ... verbreitet hat:* nicht ermittelt.

104,11 f. *einem Instrument der Concordiarache:* vgl. F 5, S. 1–5. Die »Concordia«, der tonangebende Wiener Journalisten- und Schriftstellerverein, ist von Kraus vielfach angegriffen worden.

104,12 f. *einem Rowdy:* vgl. Anm. zu 91,4 f.

104,28 *Auch bin ich lieber Angeklagter:* Den prozessualen Vorteil des Angeklagten, den »Wahrheitsbeweis« antreten zu können, hat Kraus auch später gern zu nutzen gesucht. Freilich haben ihm seine Gegner (wie etwa der Wiener Polizeipräsident Johann Schober) diese Gelegenheit selten genug geboten.

105,10 f. *über die Verrohung der Kritik zu klagen:* In seiner Schrift *Verrohung in der Theaterkritik* (1902), die sich in der Hauptsache auf Alfred Kerrs Sudermann-Verrisse bezieht. Diese erschienen daraufhin gesammelt in der Broschüre *Herr Sudermann, der Di..Di..Dichter* (1903).

105,25 f. *daß er die Hand ... jemals noch reuelos betrachtet:* Anspielung wohl auf das Motiv der blutbefleckten Hände in Shakespeares *Macbeth* (II,2; V,1).

106,25 *Ich druck ihn ab:* Das ist jedenfalls mit Kerrs letzter Stellungnahme, der Glosse »Die schale Haut« (im *Pan* vom 1. August 1911) nicht geschehen.

107–129   Nestroy und die Nachwelt
(1912)

Wie die Heine-Schrift kann auch *Nestroy und die Nachwelt*,
ihr Seiten- und Gegenstück, nur im historischen Zusammenhang recht gewürdigt werden. Man muß also wissen, daß
Nestroy seinerzeit noch keineswegs das Ansehen genoß, das
Kraus ihm mit seiner Abhandlung gewinnen wollte und
das er ihm damit auch wirklich gewonnen hat. Bis dahin
war das vorherrschende Urteil, nach Ausweis vieler in
der *Fackel* verzeichneter Dokumente, von ästhetischer
Geringschätzung und politischer Mißdeutung geprägt.
Dem Mangel einer zuverlässigen Ausgabe von Nestroys
Werken wurde erst 1908 und 1910 durch die Auswahlen
von Rommel und von Brukner vorläufig abgeholfen. Und
erst Kraus hat der Einsicht, daß Nestroy »kein österreichischer Dialektdichter, sondern ein deutscher Satiriker«
ist (F 676–678, S. 25), mit seiner Rede von 1912 den Weg
bereitet.

Karl Kraus hat Nestroy, ähnlich wie Offenbach, von
Jugend auf geschätzt und ihn im ersten Jahrzehnt der *Fackel*
vielfach gegen Mißhandlungen auf der Bühne und in der
Presse in Schutz genommen. Aber erst gegen Ende dieser
Phase, als sein eigenes Werk immer deutlicher satirischen
Zuschnitt gewann, nahm er Nestroy auch als Bundesge-
nossen und Eideshelfer in gemeinsamer Sache wahr. Den
Ausschlag gaben dabei zwei Motive. In dem Maße, wie
Kraus sich im letzten Jahrzehnt vor dem Weltkrieg von
der reformerischen Sozialkritik seiner Anfänge löste und
sein Werk ins Zeichen einer apokalyptischen Kulturkritik
trat, konnte ihm der ältere Satiriker, dessen Aufmerksamkeit gleichfalls nicht den »Lächerlichkeiten innerhalb der
Politik«, sondern der »Lächerlichkeit der Politik« gegol-
ten haben soll, mehr und mehr zum Vorbild der eigenen
»Rückwärtskonzentrierung« werden. Wirksamer noch,
und länger wirksam, war jedoch die Entdeckung, daß

Nestroy »der erste deutsche Satiriker« sei, »in dem sich die Sprache Gedanken macht über die Dinge«. Der Sprachkunst dieser Dichtung sei die Sprechkunst des Theaters im Grunde nicht gemäß: »Sein Eigentlichstes hätte eine zersplitterte Zeit zur stärkeren Konzentrierung im Aphorismus und in der Glosse getrieben«. Und das sind gerade die von Kraus in jenen Jahren kultivierten Gattungen »sprachsatirischer« Gestaltung.

Die Vorlesung vom 2. Mai 1912, die Kraus mit seiner Nestroy-Rede begann und deren zweiter Teil »Couplets, Monologe und Szenen aus Nestroys Werken« bot, gehörte wie ihre Wiederholung drei Wochen später zu den ersten, in denen Kraus außer eigenen auch fremde Schriften las. Zusammen mit drei Vorlesungen im Februar und März dieses Jahres, die Szenen aus Dramen Shakespeares zu Gehör brachten, eröffnete sie das später von Kraus so genannte »Theater der Dichtung«: die lange Folge seiner Rezitationen klassischer und moderner Dramen von Shakespeare und Goethe bis zu Hauptmann und Wedekind. Was Nestroy betrifft, so beließ es Kraus nur anfangs bei einer Blütenlese; seit 1916 standen fast ausschließlich ganze Dramen auf dem Programm. Insgesamt hat Kraus an rund siebzig Abenden zwölf Stücke Nestroys vorgelesen – die meisten freilich dramaturgisch gestrafft und vielfach ergänzt um »Zusatzstrophen« zu den Couplets.

Zwei von diesen Bearbeitungen sowie die Mehrzahl der Zusatzstrophen hat Kraus auch im Druck erscheinen lassen – und mit einer ganzen Reihe von Schriften vor allem die Wirkungen behandelt, die er mit seiner Entdeckung Nestroys auf den Bühnen und in Büchern der zwanziger Jahre erzielt oder verfehlt hat. Im Jahre 1925 erschienen der große Aufsatz »Nestroy und das Burgtheater« (F 676–678, S. 1–40) und die Bearbeitung des Zauberspiels *Der konfuse Zauberer*. Dann freilich trat Nestroy eine Zeitlang aus dem Mittelpunkt des Interesses – den Kraus nun seiner zweiten

Entdeckung, dem Satiriker Jacques Offenbach, zuwies. Von den acht Vorlesungen jedoch, die Kraus im letzten Jahr seines Lebens gehalten hat, sind nicht weniger als vier wieder Nestroy gewidmet.

Die Nestroy-Rede erschien in der *Fackel* vom 13. Mai 1912 (F 349/350, S. 1–23) zusammen mit einem Einakter von Strindberg, dem letzten Beitrag eines fremden Autors, und einer Zusammenstellung von »Monologen, Sätzen und Couplets« aus Nestroys Stücken. Im Juni 1912 kam die Rede außerdem als selbständige Broschüre im Verlag von Jahoda & Siegel, dem Drucker der *Fackel*, heraus. 1922 ging sie dann neben *Heine und die Folgen* in den Essayband *Untergang der Welt durch schwarze Magie* über.

107,3 *Zum 50. Todestage:* am 25. Mai 1912. Daß Kraus diesen Tag mit seiner »Nestroy-Feier« bereits am 2. Mai beging, diente erklärtermaßen zu dem Zweck, den zu erwartenden Gedenkartikeln der Tagespresse ein Maß zu setzen, dem sie schwerlich würden entsprechen können. Mit ihnen befaßt sich im Juni-Heft der *Fackel* der Aufsatz »Nestroy-Feier« (F 351–353, S. 28–47).

107,11 *Trockenwohner:* Erstbewohner von Neubauten.

107,20 *Kalodont ist das Beste:* Werbespruch für eine Zahnpasta.

107,21 *Roosevelt:* Theodore Roosevelt, Präsident der USA 1901 bis 1909. Inbegriff des fortschrittsgewissen ›Amerikanismus‹ der Jahrhundertwende.

108,4 f. *weil es in fünfzig Tagen sich selbst bereisen kann:* Anspielung auf den Titel von Jules Vernes Roman *Le tour du monde en quatre-vingt jours* (dt. *Reise um die Welt in achtzig Tagen*) von 1872.

108,17 *weil der Lenker das Wort vergessen hat:* nach einem Vers in Goethes Ballade »Der Zauberlehrling«.

108,22 *»Meeresstille«:* vgl. 48,22.

108,27 *Kohinoor:* Diamant im britischen Kronschatz.

109,21 f. *Keinen Kadosch wird man sagen:* aus Heines Gedicht »Gedächtnisfeier« im *Romanzero*. Kadosch (auch: Kaddisch): jüdisches Totengebet.

109,22 *Friedjung:* Mit einem Versuch des österreichischen Historikers Heinrich Friedjung, Nestroy als Liberalen zu erweisen, befaßt Kraus sich ausführlich in F 343/344, S. 29–35. Vgl. auch F 345/346, S. 40–43.

109,26 *Freisinn:* Schlagwort der liberalen (›fortschrittlichen‹) Bewegung des 19. Jahrhunderts.

109,26 f. *die Schuster ... die Schneider:* Anspielung wohl auf Nestroys politische Posse *Lady und Schneider* (1849).

109,28 *Couplets:* Lieder, meist mit Refrain, als Einlage im Lustspiel.

109,30 *vazierende:* stellungslos umherziehende.

109,31 *Partikuliers:* Privatleute, Rentiers.

110,12 *Phraseure und Riseure:* Schwätzer und Spötter.

110,15 *Kalabreser:* breitkrempige Filzhüte; Kennzeichen der Revolutionäre von 1848.

110,35 *inkommodieren:* Unbequemlichkeiten bereiten.

111,3 f. *sich das Stichwort von Theaterwerkern bringen ließ:* Nestroy hat seine Stücke vielfach nach fremden (meist französischen) Vorlagen gearbeitet.

111,7 *Quodlibets:* Lieder mit strophenweise wechselnder Melodie; oft in Nestroys Stücken.

111,9 *Hamur:* (wienerisch, scherzh.) Humor.

111,10 *Vivat:* Mit solchen Lebehochs schließen beispielsweise Nestroys Possen *Zu ebener Erde und erster Stock* und *Der Zerrissene.*

111,18 *die Literarhistoriker:* In diese Kritik schließt Kraus hier auch wohl Brukner und Rommel ein. Die von ihnen besorgte erste historisch-kritische Gesamtausgabe von Nestroys Werken begann erst 1924 zu erscheinen.

112,18 *Klimax:* abgestufte Steigerung. Als rhetorische Figur häufig von Nestroy benutzt.

112,19 *perorierenden:* laut daherredenden.

112,20 *vifen:* lebhaften, munteren.

112,27 *coram publico:* (lat.) in aller Öffentlichkeit.

113,13 *Umdichter Hofmannsthal:* Anspielung auf dessen Bearbeitungen klassischer Dramen wie *Alkestis* (nach Euripides, 1894) und *Elektra* (nach Sophokles, 1904).

113,30 f. *des Wiener Vorstadttheaters:* im Unterschied zum innerstädtischen Hofburgtheater mit seinem anspruchsvolleren Repertoire.

113,33 *Exekutor:* Vollstrecker.

114,6 *Adepten:* Jünger, Schüler.

114,10 *Carltheater:* das nach seinem Direktor (Karl Carl) seit 1847 so benannte Theater in der Leopoldstadt, an dem Nestroy als Schauspieler und Stückeschreiber tätig war und als dessen Direktor er selbst von 1854 bis 1860 amtiert hat.

114,12 *Girardi:* vgl. Kraus' Aufsatz über den großen Volksschauspieler in F 246/247, S. 38–44 (W XII, S. 136–141).

115,5 *der verstorbene Kritiker Wilheim:* In Kraus' Nachruf auf Sigmund Wilheim heißt es, daß er »einmal ein echter Theaterkenner war und der erste, der in Wien von Wedekind etwas verstanden hat« (F 336/337, S. 48).

115,11–13 *Sie steht jetzt ... Herzensbedürfnisse«:* aus Wedekinds *Die Büchse der Pandora* I.

115,18 *»Erdgeist«:* Wedekinds Tragödie von 1895.

115,21 f. *»Ich hab' einmal ... aus'm Sinn«:* aus Nestroys Posse *Der Unbedeutende* I,14.

115,30 *Poeterei:* Dichterei.

115,35 *zu sinnen anfinge:* in Anlehnung an Heines Gedicht »Das Fräulein stand am Meere« aus den *Neuen Gedichten*.

116,27 f. *der einsamen Träne Heines:* nach dessen Gedicht »Was will die einsame Träne?« aus dem *Buch der Lieder*.

117,3 *Tirade:* Wortschwall.

117,9–21 *»Mich hat ... Nachthimmels...«:* aus Nestroys Vorspiel zu seiner Posse *Mein Freund* 3.

117,23 *Gravität:* Schwere, Würde.

117,25 f. *um alle neun zu treffen:* Neun ist die Anzahl der Musen wie der Kegel.

117,26 *Raisonneur:* Schwätzer, Klügler.

117,26 f. *der raisonnierende Katalog:* wortspielerische Übersetzung von *catalogue raisonné* ›erläuternder oder beurteilender Katalog‹.

117,27 f. *Der vertriebene Hanswurst:* Der Prototyp der ›Lustigen Person‹ im Volksschauspiel des 16. und 17. Jh.s wurde zu Beginn des 18. im Zeichen der Gottschedschen Theaterreform von der deutschen Bühne verbannt.

117,32 f. *Scherz ... der da mit Entsetzen getrieben wird:* nach einem sprichwörtlich gewordenen Vers aus Schillers »Lied von der Glocke« (V. 368).

117,34–118,4 *Frau von Zypressenburg ... Literaten:* aus Nestroys *Der Talisman* II,17.

118,10 *ihre edlen Regungen:* Schon die Zeitgenossen Laube, Kuh und Vischer hielten Nestroy für schuldig »der Herabwürdigung der Ideale durch giftige Gemeinheit« (Otto Rommel, *Johann Nestroy*, Wien 1930, S. 354).

118,17f. »*Wann ich mir ... ergeben*«: aus Nestroys *Lumpazivaga-bundus* I,6.

118,20–22 »*Da g'hören ... Ruben*«: aus Nestroys *Der Zerrissene* II,1.

118,26–28 »*Also heraus ... schicklich*«: ebd. I,9.

118,30f. »*Ich hab die Not ... verlassen!*«: aus Nestroys *Die beiden Nachtwandler* I,27.

119,1–3 »*Da kommt auf einmal ... der ambulanten Entreprise ...*«: nicht ermittelt.

119,8 »*Fordere ... wuchs!*«: aus *Die beiden Nachtwandler* II,7.

119,12 »*O, ich will euch ein furchtbarer Hausknecht sein!*«: aus Nestroys *Frühere Verhältnisse* 9.

119,13 *Domestiken:* Dienstboten.

119,14 *Prinzipale:* Geschäftsinhaber, Lehrherren.

119,17f. *Diurnist:* Tagelohnschreiber.

119,18 *Marschandmod':* marchande de modes (frz.): Putzhändlerin, Modistin.
der Eboli: der Prinzessin von Eboli in Schillers *Don Carlos* (vgl. bes. II,8).

119,20f. »*Ihr Dienstbot' durchbohrt mich – weiß er um unsere ehemalige Liebe?*«: nicht ermittelt.

120,1–4 »*Was schaut er ... kommt Rat!*«: aus *Die beiden Nachtwandler* I,33.

120,9–27 »*Ich gratuliere ... nicht weiter*«: aus Nestroys *Höllenangst* I,15.

120,28 *Solche Werte:* An dieser Stelle beginnt (anders als in der *Fackel*) in beiden Auflagen der Buchausgabe ein neuer Absatz. Da Kraus die Nestroy-Rede einmal als ein »absatzloses« Beispiel seiner Prosa bezeichnet hat (F 357–359, S. 54), darf man ein Versehen des Setzers vermuten, das der Autor bei der Korrektur übersehen hat.

120,35 *Psychrologie:* scherzhafte Neubildung. Das griechische Wort *psychros* bedeutet ›kalt, frostig, abgeschmackt, nichtig‹.

120,37 *Instruktoren:* Lehrern.

120,37–121,1 *in Schönheit sterbend:* nach Ibsens *Hedda Gabler* (1890), letzte Szene.

121,1f. *Regel de Tri:* (math.) Dreisatz.

121,2 *zum nordischen Integral:* Anspielung auf die Dramatik insbesondere Ibsens.

121,7f. *daß ihm auch nicht eines fehle:* nach einem Vers aus Wilhelm Heys Lied »Weißt du, wieviel Sternlein stehen« (1833).

121,8 f. *als richtig gehende Pendeluhr:* Wortspiel mit *richtiggehend*, berlinerisch für ›wirklich, echt‹.

121,11 *der psychologischen Operette:* vgl. S. 260–263.

121,14 *Soffitte:* Deckendekoration auf der Bühne.

121,19 *Nestroys Dialekt ist Kunstmittel:* Diese These hat Kraus später in Auseinandersetzung mit Leopold Lieglers Nestroy-Bearbeitung näher begründet. Vgl. F 676–678, S. 24–28.

121,27 *Glaube und Heimat:* Anspielung auf den Titel eines Dramas von Karl Schönherr (*Glaube und Heimat*, 1910).

121,34 *eines Achtundvierzigers:* So hießen die Teilnehmer an der Revolution von 1848; zu denen Nestroy freilich nicht gehörte.

122,5 f. *Professionisten:* (österr.) Fachleute, Handwerker.

122,8 *Selbstanzeigen:* Anzeigen eines Buches durch den Autor; Anzeigen eines Verbrechens durch den Täter. – Die Artikel, auf die Kraus sich hier bezieht, sind guteteils schon anläßlich von Nestroys Tod (1862) erschienen.

122,9 *Dignitäre:* Würdenträger. Gemeint ist vor allem Theodor Herzl. Vgl. Kraus' Artikel »Der Zerrissene. (Causa Herzl contra Nestroy)« in F 88, S. 11–18.

122,11 f. *die Urteilspolitik Hebbels:* In seinen *Wiener Briefen* (1861/1862) nennt Hebbel Nestroy den »Genius der Gemeinheit« (1. Brief) und spricht von dessen »giftig-sittenlosen Possen« (13. Brief). Bis zum Erscheinen von Nestroys *Judith und Holofernes* (1849), der Parodie auf Hebbels *Judith*, hatte er sich noch anerkennend geäußert. Vgl. auch F 351–353, S. 31.

122,15 f. *Speidels mutige Einsicht:* in seinem Nestroy-Aufsatz von 1881 (Ludwig Speidel, *Schriften*, Bd. 1, Berlin 1910, S. 128–135).

122,24 f. *des Concordiaballs:* der jährlichen Festveranstaltung des liberalen Wiener Journalisten- und Schriftstellervereins.

122,27 f. *als Zoten anstreichen:* In der Tat hat die Wiener Zensurbehörde wiederholt an Nestroys vermeintlichem »Zotenwesen« Anstoß genommen. Vgl. Rommel (s. Anm. zu 118,10) S. 364–398.

123,5 *der Historiker:* Heinrich Friedjung gegenüber Nestroys *Freiheit in Krähwinkel.*

123,25 *Wissenschaftlhuber:* Wortspiel aus *Wissenschaft* und *Gschaftlhuber* (österr.) ›Wichtigtuer‹.

123,26 *Gallimathias:* wirres Gerede.

123,26 f. *im Lumpazivagabundus:* Knieriems Monolog in III,8.

124,3 f. *das Problem des »Grubenhundes«:* der »Entlarvung des Journalismus als des Maskenträgers usurpierter Allwissenheit« (F 514–518, S. 38) mit Hilfe von Zuschriften, die trotz ihrer Unsinnigkeit von der Redaktion ernstgenommen und veröffentlicht werden. Die Erfindung geht auf Karl Kraus, der Begriff auf Arthur Schütz zurück. Dieser hatte der *Neuen Freien Presse* anläßlich eines Erdbebens im Ostrauer Kohlenrevier neben anderen fachmännisch klingenden Absurditäten mitgeteilt, daß ein »im Laboratorium schlafender Grubenhund« (also ein Förderwagen im Bergbau) »schon eine halbe Stunde vor Beginn des Bebens auffallende Zeichen größter Unruhe gab«. Vgl. Kraus' Aufsätze »Das Erdbeben« (F 245, S. 16–24; W XII, S. 128–135) und »Der Grubenhund« (F 336/337, S. 5–9) sowie die Dokumentation von Hans E. Goldschmidt, *Von Grubenhunden und aufgebundenen Bären im Blätterwald*, Wien/München 1981.

124,5 *achtzig Jahre später:* Der eben zitierte Monolog und das nachfolgende Lied des Knieriem im *Lumpazivagabundus* beziehen sich auf das für 1834 erwartete Erscheinen des Halleyschen Kometen. Die publizistische Aufregung um dessen Wiederkehr im Jahre 1910 ist Gegenstand zweier Glossen der *Fackel* (F 303/304, S. 1–3 und 21–24).

124,15 *Vormärz:* die Zeit zwischen Wiener Kongreß (1815) und Märzrevolution (1848).

124,20 *Kerzelweib:* Kerzenverkäuferin.

124,24 *Voraussetzungslosigkeit:* Anspielung auf das von Theodor Mommsen 1901 aufgestellte und alsbald (auch in der *Fackel*) vielumstrittene Ideal der »Voraussetzungslosigkeit aller wissenschaftlichen Forschung«.

124,25 f. *die Kunst heiter ... das Leben ernst:* nach dem Schlußvers von Schillers Prolog zum *Wallenstein*.

124,29 f. *Demoiselle Palpiti vulgo Tichatschek:* vulgo: (lat.) gemeinhin genannt. In Nestroys *Lumpazivagabundus* tritt eine Signora Palpiti, die aber aus Purkersdorf stammt, mit ihren beiden Töchtern auf (II,14–17).

124,31 *die Affäre des Professors Wahrmund:* Der österreichische Kirchenrechtler Ludwig Wahrmund war wegen seines ›Modernismus‹ in Konflikt mit der Kirche geraten. Vgl. F 249, S. 10 f.

124,32 *die Affäre Treumann:* die Verhaftung des Wiener Operettensängers Louis Treumann wegen Kontraktbruchs. Vgl. F 270/271, S. 15–17 sowie F 245, S. 13–16.

125,2 *ausgepowerten:* ausgebeuteten, verarmten.

125,6 *der »Lustigen Witwe«:* Operette von Franz Lehár (1905). Vgl. S. 267.

125,20 *Tarock:* besonders in Österreich verbreitetes Kartenspiel.

125,26–37 *Die Zeit ist … anders geworden:* nicht ermittelt.

126,2 *Gschnasfeste:* (österr.) Maskenbälle.

126,2f. *die geologischen Entdeckungen:* vgl. Kraus' Aufsatz »Das Erdbeben« (s. Anm. zu 124,3f.).

126,3 *die Amerikareise des Männergesangvereins:* vgl. Kraus' Aufsatz »Fahrende Sänger« (F 226, S. 1–11; W XII, S. 112–121).

126,18f. *des Bauernfeldpreises:* An den Verleihungen dieses Preises, benannt nach dem österreichischen Dramatiker Eduard von Bauernfeld, hat Kraus mehrfach Anstoß genommen. Vgl. etwa F 85, S. 16–18, und F 354–356, S. 58–61.

126,19f. *der Kleinen Chronik:* stehende Rubrik in den Zeitungen der Zeit.

126,27 *er wittert die Morgenluft der Verwesung:* nach Shakespeares *Hamlet* I,5.

127,4 *Paradeisgartel:* (österr.) Paradiesgarten.

127,12f. *wo die Weiber ihren Mann stellen:* Anspielung auf die (von Kraus verspottete) Frauenrechtsbewegung der Jahrhundertwende.

127,15 *das Talent dem Charakter:* vgl. Anm. zu 61,5f.

128,26f. *korrigieren das Glück:* nach der französischen sprichwörtlichen Wendung »corriger la fortune«.

128,27 *daß Heroen Zwitter waren:* Anspielung wohl auf entsprechende Bemühungen der in Mode kommenden Psychoanalyse.

129,5 *Nach ihm die Sintflut:* nach der französischen sprichwörtlichen Wendung »après nous le déluge«.

130–132   August Strindberg †
(1912)

Neben dem schon 1900 verstorbenen Oscar Wilde ist August Strindberg fast der einzige nichtdeutsche Schriftsteller von Rang, den Karl Kraus in seiner Zeitschrift, solange er sie nicht allein schrieb, hat zu Wort kommen lassen. Zwischen 1903 und 1912 erschienen annähernd zwanzig Beiträge Strindbergs in der *Fackel* – alle von Emil Schering aus den schwedischen Manuskripten übersetzt. Der erste Beitrag war ein Nachruf auf den Philosophen Otto Weininger, der nach Publikation seines Buches *Geschlecht und Charakter* am 4. Oktober 1903 Selbstmord verübt hatte; als letzter erschien, am Tag vor Strindbergs Tod, der Einakter *Eselsdorf*. Den Rest bilden Erzählungen und Betrachtungen sowie ein Gedicht. In seine Vorlesungen hat Kraus (mit einer sogleich zu nennenden Ausnahme) nur die Erzählung »Attila«, also keines von Strindbergs Dramen, aufgenommen.

Wenige Wochen nach Strindbergs Tod, am 4. Juni 1912, fand vor den Mitgliedern des Akademischen Verbandes in einem Hörsaal der Wiener Universität eine »Gedächtnisfeier für August Strindberg« statt. Kraus sprach als »Vorwort« den hier wiedergegebenen Text und trug dann eine Reihe der in der *Fackel* veröffentlichten Schriften Strindbergs vor. Dem Anlaß entsprechend handelt es sich bei diesem Vorwort um einen Nachruf – und damit um ein Beispiel einer Gattung, deren Kraus sich oft, und in einer ganzen Reihe von Varianten, bedient hat. Der Spielraum reicht von der Streitschrift (»Maximilian Harden. Ein Nachruf«, 1908) bis zur wirklichen »Rede am Grab« (»Adolf Loos«, 1933). Der in hohem Maße ›poetische‹ Charakter der Strindberg-Rede erklärt sich aus diesem Zusammenhang.

Sie erschien erstmals in der *Fackel* vom 21. Juni 1912 (F 351–353, S. 1–3) – zur Eröffnung des Hefts, dessen Schluß der polemische Aufsatz »Schnitzler-Feier« bildet – und wurde 1922 leicht überarbeitet in den Band *Untergang der Welt durch schwarze Magie* übernommen.

130,3 *Bibellettern:* Ausgaben der deutschen Bibel sind noch im 20. Jh. vorzugsweise in der bereits veraltenden Frakturschrift gedruckt worden.

130,3–12 *Da ließ Gott der Herr ... und ich aß:* aus dem biblischen Schöpfungsbericht in Luthers Übersetzung. Man vergleiche besonders 1. Mose 2,21–23 und 3,6–12.

130,25 *seinen Frieden mit Gott:* Anspielung auf Strindbergs religiöse Wendung in der sogenannten »Inferno-Krise« (1894–96).

131,10 *den Ausweg Weiningers:* Otto Weininger hat nach Erscheinen seines Werks *Geschlecht und Charakter* Selbstmord verübt.

131,16 f. *»Wie das Weib ... von Gott«:* 1. Kor. 11,12.

131,21 *Darüber kommt kein Mann weg:* In Hebbels bürgerlichem
Trauerspiel *Maria Magdalena* (II,5) quittiert Klaras Jugendfreund
deren Mitteilung, daß sie ihre Unschuld an den ungeliebten
Bräutigam verloren habe, mit dem Satz: »Darüber kann kein
Mann weg!« Vgl. S. 7.

131,25 *Titan:* Im griechischen Mythos muß Atlas, einer der Tita-
nen, die sich gegen Zeus erhoben haben, zur Strafe das Himmelsgewölbe auf seinen Schultern tragen.

131,30f. *am Himmel keine Zeichen:* wie nach Mt. 27,45 beim
Sterben Christi.

131,32f. *Die titanische Technik sinkt, und singt: Näher, mein Gott,
zu Dir!:* Beim Untergang der »Titanic« am 14./15. April 1912 soll
Presseberichten zufolge, die Kraus an anderer Stelle (F 347/348,
S. 6) auch zitiert, die Schiffskapelle diesen in England als Festlied
gebräuchlichen Choral gespielt haben. – Im Erstdruck des Aufsatzes hieß es an dieser Stelle noch: »Die große Technik kentert«.

133–144   Schnitzler-Feier
(1912)

Schon in seinem Panoptikum des ›Jungen Wien‹, der *Demolirten Litteratur* von 1896/97, hat Kraus unter den Gästen
des Café Griensteidl auch Arthur Schnitzler nicht eben
vorteilhaft porträtiert:

Der am tiefsten in diese Seichtigkeit taucht und am vollsten in dieser
Leere aufgeht, der Dichter, der das Vorstadtmädel burgtheaterfähig
machte, hat sich in überlauter Umgebung eine ruhige Bescheidenheit
des Grössenwahns zu bewahren gewusst. Zu gutmüthig, um einem
Problem nahetreten zu können, hat er sich ein- für allemal eine
kleine Welt von Lebemännern und Grisetten zurechtgezimmert, um
nur zuweilen aus diesen Niederungen zu falscher Tragik emporzu-
steigen.   (FS II, S. 285 f.)

Diese aus wenig Lob und viel Tadel zusammengesetzte
Stellungnahme hat Kraus zeitlebens nicht revidiert. Der
Person des Dichters blieb zwar auch weiterhin der Respekt
nicht versagt; Schnitzlers Werk aber kam in der *Fackel* je
später desto weniger zu Ehren. Bündig hat Kraus diese

Zwiespältigkeit in seinem Epigramm »Arthur Schnitzler«
von 1918 ausgesprochen:

> Sein Wort vom Sterben wog nicht schwer.
> Doch wo viel Feinde, ist viel Ehr:
> er hat in Schlachten und Siegen
> geschwiegen.
>
> (W VII, S. 134)

Der Aufsatz »Schnitzler-Feier« nun, in dem Kraus seine
Geringschätzung des Schnitzlerschen Werks des näheren
begründet, richtet sich freilich mit noch größerer Schärfe
gegen Gedankenlosigkeit und Phrasenhaftigkeit der Lobre-
den, die dem Dichter aus Anlaß seines fünfzigsten Geburts-
tags zuteilgeworden sind. Den Zusammenhang stiftet die
Überzeugung, daß »der Künstler für das Klischee [...]
verantwortlich sei, das mit ihm fertig wird« – auch wenn er
von sich aus weniger dazu getan hätte als Schnitzler schon
mit der forcierten Bedeutsamkeit mancher seiner Buchtitel.

Schnitzler (in dessen Augen Kraus »ein niedriger Kerl«
war »und sehr begabt«) fand den Aufsatz »gehässig und
leidlich witzig« und sah darin ein Werk der »Eitelkeit« und
der »Rachsucht« (Tagebuch vom 22. Juni 1912). Kraus
selber hat der Schrift wenig später ein aphoristisches Nachwort folgen lassen:

Den Werken des Dichters Sch. wird ein längeres Leben vorausgesagt
als den meinen. Das mag im allgemeinen zutreffen. Nur die eine
Schrift, in der ich zum Ableben der Werke des Dichters Sch.
beigetragen habe und der sie deshalb ein Fortleben verdanken, wird
sich wohl so lange am Leben erhalten wie diese Werke und sie
hierauf überleben, was dann vielleicht auch meinen andern Schriften
zugute kommen wird, die am Ende den Werken des Dichters Sch.
ein längeres Leben verdanken könnten, als diesen selbst vorausgesagt wurde. Ich glaube also, daß wir es uns ganz gut einteilen und
keinen Richter nicht brauchen werden.

(F 360–362, S. 18; W III, S. 330)

Der Aufsatz erschien in der *Fackel* vom Juni 1912 (F
351–353, S. 77–88) und bildete da das Gegenstück zu

Kraus' Nachruf auf Strindberg am Beginn desselben Hefts. Später ging er leicht überarbeitet in den Sammelband *Literatur und Lüge* (1929) ein.

133,3 *Als er fünfzig Jahre alt wurde:* am 15. Mai 1912, rund einen Monat vor Erscheinen dieses Aufsatzes.

133,5 *»irgendwo am Meere«:* Tatsächlich hat Schnitzler den Geburtstag in Venedig verbracht.

133,8 *Knockabout:* Varieté-Clown.

133,12 *Söhne des Hermes und der Aphrodite:* Hermaphroditen, zwiegeschlechtige Wesen, Zwitter.

133,28 *Paravent:* Windschirm, spanische Wand.

133,29 *Boudoir:* Damenzimmer, kleiner Salon.

133,30 *viel mehr noch später:* mit Werken wie *Der einsame Weg* (1904), *Der Weg ins Freie* (1908), *Das weite Land* (1911).

134,5 *Anatol:* Titelfigur von Schnitzlers dramatischem Jugendwerk (1889/90; vollständig 1893); Inbegriff des »leichtsinnigen Melancholikers«.

134,6 *Conseiller impérial:* (frz.) Kaiserlicher Rat.

134,12 *Marionetten:* Anspielung auf Schnitzlers *Marionetten. Drei Einakter* (1906).

134,15 *Zibebe:* (österr.) große Rosine.

134,21–23 *»Hier waltet … liebt…«:* wie die folgenden Zitate wohl aus einem der vielen 1912 erschienenen Geburtstagsartikel der Wiener Presse.

135,2 *auf solch amouröse Art:* Anspielung wohl auf Schnitzlers *Liebelei* (1896).

135,10 *Laryngologie:* Lehre von den Krankheiten des Kehlkopfes. In der Tat hatte Schnitzler sich als Arzt auf dieses Gebiet spezialisiert.

135,29 *ordiniert:* führt ärztliche Untersuchungen durch.

136,8 *Grinzinger Bachl:* im dörflichen Wiener Vorort Grinzing.

137,25 *»Bertha Garlan«:* Titelfigur einer Novelle von Schnitzler (1901).

137,25 f. *zuständig:* (österr., amtsspr.) heimatberechtigt.

137,29 f. *»Frau Redegonda«:* Titelfigur von Schnitzlers Novelle *Das Tagebuch der Redegonda* (1911).

137,30 *»Dr. Wehwalt«:* Dr. Wehwald, Hauptfigur (und Binnenerzähler) derselben Novelle.
Wigelaweia: Anspielung auf die Stabreimdichtung der Opern Richard Wagners. Vgl. Anm. zu 24,25.

137,35 f. *nach Wildes Ausspruch:* in dem Essay »The Decay of
Lying« (1889; »Der Verfall der Lüge«).

138,7 f. *Lebenscottages:* Cottage (österr.): Villenviertel.

138,16 *Weilen:* in seinem Geburtstagsartikel, erschienen in der
Österreichischen Rundschau (15. Mai 1912).

139,2 *Das Lustspiel »gibt« man denen nicht:* Dieses Motiv hat Kraus
wenig später aufgenommen in der Glosse »Fern sei es von mir,
den ›Professor Bernhardi‹ zu lesen« (F 368/369, S. 1–4; W IV,
S. 39–42).

139,12 *oratorischen:* rednerischen.

139,16 f. *Schon faul:* Diese Worte soll nach einer von Kraus gern
erzählten Anekdote »der berühmte Premierentiger« Dr. Kastan
bisweilen schon beim Aufgehen des Vorhangs auf die Szene
gerufen haben (vgl. etwa F 906/907, S. 10).

139,18 *Er ficht gegen das Duell:* Anspielung wohl auf Schnitzlers
mehrfache Behandlung des Duell-Themas, z. B. in der Erzählung
Leutnant Gustl (1900).

139,24 *des »Reigen«:* der 1900 als Privatdruck, 1903 im Buchhandel
erschienenen »Zehn Dialoge«.

139,32 *Gedankenstrich:* In Schnitzlers *Reigen* wird der Geschlechtsakt, der im Mittelpunkt fast aller Szenen steht, durch
eine Reihe von Gedankenstrichen bezeichnet.

139,34 f. *Schnitzlers Separée:* In einem Chambre séparée, einem
»Cabinet particulier im Riedhof«, spielt die 6. Szene des *Reigen*.

140,5–14 *»Jeder muß selber ... beirren zu lassen«:* aus *Der Weg ins
Freie* (1908), 6. Kapitel. Das nicht ganz korrekte Zitat ist wahrscheinlich aus zweiter Hand.

140,20 f. *das bekannte Insich-Geschäft der neueren Psychologie:* der
von Sigmund Freud begründeten Psychoanalyse.

140,22 *jene Kulturschwätzerin:* die Wiener Journalistin Bertha
Zuckerkandl?

140,25 f. *»an« die Pflicht ... vergessen:* Diese im Österreichischen
geläufige Konstruktion (wie auch die mit *auf*) hat Kraus mehrfach
persifliert.

141,7 f. *Hermann Bahr:* im Schnitzler-Heft des *Merker*; vgl. Anm.
zu 142,5.

141,15 f. *den Attinghausen von Ober-St. Veit, der seinen Uli vom
Griensteidl nicht mehr erkennt:* nach Schillers *Wilhelm Tell* II,1,
wo der alte Attinghausen zu seinem Neffen Ulrich von Rudenz
sagt: »Uly! Uly! / Ich kenne dich nicht mehr.«

141,15 *Ober-St. Veit:* Dort hatte Hermann Bahr im Jahre 1900 (unter zweifelhaften Umständen) ein Grundstück erworben. Vgl. F 69, S. 1–14.

141,16 *Griensteidl:* Das Wiener Café Griensteidl war bis zu seinem Abriß (1897) Treffpunkt des ›Jungen Wien‹. Zu den von Bahr geförderten Talenten gehörte u. a. auch Schnitzler.

141,17 f. *in einen Lehnstuhl von Olbrich zurücksinkend:* in Schillers *Wilhelm Tell* stirbt Attinghausen »in einem Armsessel« (IV,2).

141,35 *die Wieden ... die Leopoldstadt:* Wiener Gemeindebezirke. Anspielung wohl auf die Operetten-Repertoires der dort gelegenen Theater.

141,36 *ein Libretto:* Von Felix Dörmann stammt das Textbuch der Operette *Die liebe Unschuld,* Musik von W. Lirski (Pseudonym für Fürst Ladislaus Lubomirski). Die Uraufführung fand 1912 im Wiener Raimundtheater statt.

142,3 *Baudelaire:* Charles Baudelaire, dessen Gedichte (*Les fleurs du mal,* 1857) auf Dörmanns Lyrik (*Neurotica,* 1891, *Sensationen,* 1892) eingewirkt haben, lebte und starb in Armut.

142,6 *der ›Merker‹:* Die Wiener Halbmonatsschrift hatte ihr erstes Maiheft 1912 ganz Arthur Schnitzler gewidmet. Darin fanden sich außer einigen Jugendgedichten Schnitzlers Glückwunschartikel u. a. auch der im folgenden erwähnten Autoren: Georg Hirschfeld, Ernst Lothar, Heinrich und Thomas Mann und Stefan Zweig.

142,24 f. *die Christinen ... und die Schlagermizzis:* Frauengestalten aus Schnitzlers Schauspiel *Liebelei* (1896).

142,24 *(mit einem n):* natürlich eine scherzhafte Einschaltung von Karl Kraus.

142,26 f. *aus dem »Walzertraum«:* Operette von Oscar Straus (1907), Libretto von Felix Dörmann.

142,33 f. *Untergrundbahn:* Eine solche besaß Berlin, anders als Wien, schon zu Beginn des Jahrhunderts (1902).

142,35 *mit jenem andern Hirschfeld:* Ludwig Hirschfeld.

142,36–143,1 *den man gleichfalls verwechseln möchte:* mit Rudolf Lothar.

143,16 *Wenn aber Frank Wedekind behauptet:* in seinem Geburtstagsgruß, veröffentlicht im 2. Maiheft des *Merker.*

143,21–23 *des »Weiten Landes« oder ... des »Freiwilds«:* Dramen Schnitzlers (1911 bzw. 1896).

143,23 *»Erdgeist« und »Pippa«:* Dramen von Wedekind (1895) bzw. Gerhart Hauptmann (*Und Pippa tanzt!,* 1906).

143,31 *»Meister«:* Wedekind hatte geschrieben: »Kein anderer verdient so wie er die Bezeichnung eines Meisters.«
144,14 *Subsidien:* Hilfsmittel.

145–155 Das Denkmal eines Schauspielers
(1914)

Der Aufsatz über Sonnenthals Briefwechsel gehört sicherlich nicht in jedem Betracht in eine Sammlung von Kraus'
literaturkritischen Schriften. Ungeachtet aber des Vorwal-
tens kultur- und theaterkritischer Tendenzen wirft er ein
Licht doch auch auf einige Momente der Krausschen Literaturkritik. Da ist zunächst die Frage nach dem Verhältnis
zwischen der »Sprechkunst« des Schauspielers und der
»Sprachkunst« des Dichters – das Kraus hier wie auch sonst
für ein wechselseitiges Mißverhältnis erklärt. Diese Auffassung hat Kraus wenig später bündig in einem Aphorismus
ausgesprochen:

Der Dichter schreibt Sätze, die kein schöpferischer Schauspieler
sprechen kann, und ein schöpferischer Schauspieler spricht Sätze,
die kein Dichter schreiben konnte. Die Wortkunst wendet sich an
Einen, an den Mann, an den idealen Leser. Die Sprechkunst an viele,
an das Weib, an die realen Hörer. Zwei Wirkungsströme, die
einander ausschalten. Der jahrhundertealte Wahnsinn, daß der Dichter auf die Bühne gehöre, bleibt dennoch auf dem Repertoire und
wird jeden Abend vor ausverkauftem Haus ad absurdum geführt.
(F 389/390, S. 40 f.; W III, S. 333)

Darüber hinaus läßt der Aufsatz eine charakteristische
Eigentümlichkeit von Kraus' Begriff der Dichtung erkennen
– derzufolge nämlich auch Briefe unter diesen Begriff fallen
können. Mit ähnlicher Emphase wird Kraus später einen
Brief von Rosa Luxemburg als ein »im deutschen Sprachbereich einzigartiges Dokument von Menschlichkeit und
Dichtung« rühmen (F 546–550, S. 5). Nicht zufällig nimmt
der Aufsatz am Ende selber dichterische Züge an: wo er in
bildliche Rede und rhythmische Prosa übergeht. Diesen

Schluß hat Kraus wenig später zu einem selbständigen Gedicht (»Sonnenthal«, F 418–422, S. 60; W VII, S. 50) umgeformt.

Der Aufsatz erschien zuerst in der *Fackel* vom 21. Januar 1914 (F 391/392, S. 31–40), in großem Druck und am Schluß des Heftes, wurde im April desselben Jahres auch einmal vorgelesen, und ging dann leicht überarbeitet in den Band *Untergang der Welt durch schwarze Magie* (1922) ein.

145,9 *Kreuzbände im rechten Sinn des Wortes:* Postsendungen »unter Kreuzband«, nämlich gekreuzten Papierstreifen; hier natürlich auch Bände, die »ein Kreuz«, eine Plage sind.

146,10 *Sonnenthals Briefwechsel:* 2 Bände, Stuttgart/Berlin: Deutsche Verlags-Anstalt, 1912.
Kordelia: die jüngste Tochter König Lears in Shakespeares Trauerspiel; Inbegriff verkannter Kindesliebe. Hermine von Sonnenthal könnte in dieser Rolle aufgetreten sein.

146,15 *das Kriehuber'sche Blatt:* Zeichnung von Josef Kriehuber, reproduziert im 1. Band.

146,17 *Lears:* Das Szenenfoto (IV,7) ist im 2. Band reproduziert. Sonnenthal ist als Lear erstmals 1889 am Wiener Burgtheater aufgetreten.

146,19 f. *damit ein Komödiant einen Pfarrer lehre:* nach *Faust,* V. 527.

146,20 *ein Jude:* Sonnenthal wurde 1834 als Sohn eines jüdischen Kaufmanns im ungarischen Pest geboren.
der Schneiderlehrling: Sonnenthal hat in den Jahren 1848 bis 1850 das Schneiderhandwerk gelernt.

146,21 *Ritter:* Dieser österreichische Adelstitel ist Sonnenthal 1882 verliehen worden.

146,26 f. *vor einem Gonzaga:* dem Bildnis eines Fürsten dieses Mantuaner Geschlechts? Die Wiener Gonzagagasse stößt auf den Schottenring in der Nähe der Börse.

147,3 *Reinhardt'schen Ensemblewirkungen:* Max Reinhardt inszenierte 1910 den *König Ödipus* von Sophokles für Aufführungen in Ausstellungshallen (München) und Zirkuszelten (Berlin und Wien).

147,9 *Aeros:* Aeroplane, Flugzeuge.

148,10 *Kean oder Narziß:* Titelgestalten in Dramen von Alexandre Dumas père (1836) bzw. Albert Emil Brachvogel (1856).

Beide Stücke standen auch auf dem Repertoire des Wiener Burgtheaters.

149,12 f. *»dieser Defektiv-Effekt hat Grund«:* nach Shakespeares
Hamlet II,2. Den Satz spricht der beschränkte Polonius.

150,2 *Residuum:* Rückstand, Überbleibsel.

150,8 *auf makartisch:* in der Weise der schwülstigen Historienmale-
rei von Hans Makart.

150,14 *Achtziger-Jahren:* In Kraus' Gedicht »Jugend« lautet eine
Strophe: »Gern den gebührlichen / Dank will bewahren / jenen
figürlichen / Achtziger Jahren!« (W VII, S. 181).

150,18 *das Lob des Vergangenen:* nach Horaz' *Satiren* 1,3,173
(»laudatio temporis acti«).

150,33–35 *Spät erst ... mochte es scheinen:* An dieser Stelle wider-
ruft Kraus seine in den ersten Jahren der *Fackel* recht ungünstige
Meinung über Sonnenthals Spiel. Man vergleiche etwa F 78,
S. 21 f.

151,29 *jener Burgtheatergiganten:* In einem Brief an Ludwig Speidel (Bd. 2, S. 141) nennt Sonnenthal unter anderem Anschütz,
Löwe und La Roche.

151,32 *Goneril:* eine von Lears Töchtern in Shakespeares Drama.
Lears Verfluchung in I,4 und II,4.

152,4 *Kainz-Denkmal:* auf dem Josef-Kainz-Platz im 18. Bezirk.

152,8 *Nestroy-Denkmal:* Ein solches wurde erst 1929 errichtet.

154,15 *den Mephisto studiert hat:* nach Bd. 1, S. 328.

154,16 f. *siebzig Jahre später:* am 15. Mai 1891, bei Gelegenheit der
Festvorstellungen zum hundertjährigen Bestehen des Weimarer
Hoftheaters. Vgl. Bd. 2, S. 94 f.

154,24 *Iphigeniens Abschied:* vgl. S. 61.

154,27 *Thräne:* Die 1903 offiziell abgeschaffte Schreibung verwendet Kraus sonst nur noch in Gedichten.

154,33 *Zerlinens Flüstern:* der Schauspielerin Zerline Gabillon.

156–161   Die Literaturlüge auf dem Theater
(1917)

Karl Kraus hat Hebbel, dem er in diesem Aufsatz den Ruhm
zu schmälern sucht, im ersten Jahrzehnt der *Fackel* stets nur
mit Achtung genannt. Erst seine Entdeckung Nestroys

scheint ihn eines anderen belehrt zu haben – wobei es of-
fenbleiben muß, ob das auslösende Moment in Hebbels
Nestroy- oder in Nestroys Hebbel-Kritik gelegen war. Die
Argumentation freilich stützt sich schon in »Nestroy und
die Nachwelt« von 1912 auf den Vergleich zwischen Hebbels *Judith* und Nestroys *Judith*-Parodie und zielt vollends
in dem hier vorzustellenden Aufsatz aus dem Jahre 1917
statt auf Hebbels Urteils- allein auf sein Dichtungsvermögen
ab. Den Anlaß bot die erneute Lektüre der beiden Stücke im
Vorfeld der ersten Vorlesung der Parodie am 4. April 1917.

Im übrigen setzt der Aufsatz die 1911 eröffnete »Razzia
auf Literarhistoriker« fort. Ohne daß Kraus bestimmte
Namen nennen müßte, wie andernorts die von Jakob Minor
und Oskar Walzel, stellt er doch auch hier eine germanisti-
sche Lehrmeinung in Frage – nämlich die um 1900 in der Tat
herrschende Auffassung, daß Hebbel und Grillparzer von
annähernd gleichem Range wären wie Goethe und Schiller
und jedenfalls weit höher zu schätzen als Raimund und vor
allem Nestroy. Außer dem eigentlich dichterischen Wert
bestreitet Kraus am Ende seines Aufsatzes den Dramen
Hebbels auch ihre Tauglichkeit für die Bühne. Nur eine
Theaterkultur, die »den kastalischen Quell mit dem benachbarten delphischen Orakel« verwechselt, soll solche »Gedankendichtung« noch auf dem Repertoire gehalten haben.

Der Aufsatz ist zum ersten- und einzigenmal in der *Fackel*
vom 10. Mai 1917 (F 457–461, S. 53–57) erschienen.

156,4 *der Nestroy'schen Judith:* die Travestie *Judith und Holofernes.*
Die Uraufführung fand am 13. März 1849 am Wiener Carl-
Theater statt, im Druck erschien das Stück erst lange nach Nestroys Tod im Rahmen der *Gesammelten Werke* (1891). Kraus hat
es erstmals am 4. April 1917 und dann noch sechsmal (bis 1928)
vorgelesen.
die Hebbel'sche: die Tragödie *Judith.* Die Uraufführung fand am
6. Juli 1840 in Berlin statt, im Druck erschien das Stück 1841 in
Hamburg. Ihm liegt die im alttestamentlichen Buch Judith erzählte Geschichte zugrunde (in der Lutherbibel unter den Apokry-
phen).

156,26 *Manasses-Motiv:* Hebbel stellt Judith als jungfräuliche Witwe des Manasse dar (2. Akt) – worin ihm Nestroy folgt (24. Szene).

157,1–5 »*Was sagst du, Hosea ... wachst sie*«: aus der 10. Szene.

157,8f. »*Es ist nicht so arg; ich hab' nur die Gewohnheit, alles zu vernichten*«: aus der 24. Szene.

157,10 »*Sixt es, sixt es, jetzt is der Nebukadnezar ein Gott*«: aus der 7. Szene.

157,12–14 »*Ich möcht' mich einmal mit mir selbst zusammenhetzen, nur um zu sehen, wer der Stärkere is, ich oder ich*«: aus der 3. Szene.

157,28 »*zieht sich der Weg*«: siehe 38,18–20.

158,9 *echt biblische Rache:* Dieser (für das altjüdische Recht keineswegs typische) Grundsatz findet sich ausgesprochen in der Weisheit Salomos (11,16): »womit jemand sündigt, damit wird er auch geplagt.«

158,23 *Bethulier:* in Hebbels *Judith* die jüdischen Bewohner der Stadt Bethulien.
Nibelungen: in Hebbels dreiteiligem Trauerspiel *Die Nibelungen* (1862). Das »Vorspiel« heißt »Der gehörnte Siegfried«.

158,24f. *die mit Recht ihrem Schoß Unfruchtbarkeit wünscht:* am Schluß des 5. Aktes.

158,36 *Seine Lyrik:* Gleichwohl hat Kraus in seine Auswahl aus der deutschen Lyrik, die er für seine Vorlesungen getroffen hat, kein Gedicht von Hebbel aufgenommen.

159,4 *Die Sprache:* geschrieben 1845 in Rom.

159,19–27 »*Es werde immer wieder Licht. ... gefunden hätte*«: aus »Heine und die Folgen«; vgl. S. 35–71. Das Zitat S. 53f.

160,2 »*Gedankendichtung*«: Begriff und Name sind schon im 19. Jh., vor allem im Blick auf Schillers philosophische Lyrik, gebräuchlich.

160,12 *sich fortfrettenden:* (österr.) sich mühsam weiterbringenden.

160,13 *Ibsen:* Diese Kritik an Ibsens spätem Werk hat Kraus erstmals schon 1906 (F 205, S. 4f.) deutlich ausgesprochen.

160,18 *zwei Jahrzehnte lang:* Kraus scheint den Beginn dieses vermeintlichen Irrwegs des modernen Theaters auf die Gründung der »Freien Bühne« in Berlin, 1889, zu datieren. Die erste Aufführung stellte Ibsens *Gespenster* vor.

160,29f. *Scribe und Sardou:* Die beiden französischen Theaterdichter waren schon unter Laubes Direktion mit einigen Lustspielen im Repertoire des Wiener Burgtheaters vertreten (Scribes *Feen-*

hände: 1859, Sardous *Die falschen guten Freunde*: 1863). Kraus
wird die Stücke in den achtziger Jahren gesehen haben. Man
vergleiche auch F 418–422, S. 56.

161,15 f. *Orchestermangel als Strafverschärfung:* Im Theater des
19. Jh.s wurden die Zwischenakte vielfach durch musikalische
Darbietungen (»Zwischenaktmusik«) ausgefüllt.

161,18 *Tanzoperette:* Man vergleiche hierzu den Aufsatz »›Offenbach-Renaissance‹« (S. 259–268).

ratio: (lat.) Verstand, Vernunft.

161,19 *ultima ratio:* (lat.) letztes Mittel.

162–190   Brot und Lüge
                        (1919)

Nach der Niederlage der Mittelmächte, des deutschen Kai-
serreichs und der österreichisch-ungarischen Doppelmonarchie, die durch die Friedensverträge von Versailles und St.
Germain (Juni bzw. September 1919) besiegelt wurde, hatte
die Bevölkerung in den Nachfolgestaaten noch jahrelang
unter erheblichen Versorgungsmängeln zu leiden. Darum
wird schon bald nach Kriegsende in der Öffentlichkeit die
Frage erörtert, ob sich die Regierung der Republik nicht
dazu verstehen sollte, zur Linderung der Not einen Teil der
in Österreich verbliebenen Kunstschätze, insbesondere die
Wandteppiche (Gobelins) im Schloß Schönbrunn, einer ehemaligen Sommerresidenz des Kaiserhauses, an die zahlungs-
fähigen Siegermächte zu verkaufen. Karl Kraus greift in
diese Diskussion ausführlich und grundsätzlich erstmals mit
dem Aufsatz »Brot und Lüge« ein. Nachdem er sich dann im
nächstfolgenden Heft der *Fackel* (unter der Überschrift
»Literatur«; F 521–530, S. 65–76) mit verschiedenen Ein-
wänden beschäftigt hat, die inzwischen gegen seine Auffassung erhoben worden sind, nimmt er das Thema Anfang
1922 noch einmal auf: mit dem satirischen Gedicht »Alles,
nur nicht die Gobelins!« und der Ansprache »Die Treuhän-
der der Kultur« (F 588–594, S. 1 f. und 3–11).

Der Form nach handelt es sich bei dem Aufsatz »Brot und Lüge« um eine der wenigen *philosophischen* Abhandlungen von Karl Kraus. In Frage steht der Wert, oder Unwert, nicht des einzelnen Kunstwerks, sondern der Kunst überhaupt, und zwar nicht in ästhetischer, sondern in moralischer Hinsicht: ihr Verhältnis zum Leben als dem höchsten Gut, zu dessen Bewahrung notfalls »mit der Leinwand des vorhandenen Rembrandt die Blößen eines Frierenden zu bedecken« wären. Der Sache nach aber gehört dieser Aufsatz (wie wenig später die Abhandlung über »Monarchie und Republik«) in den Zusammenhang von Kraus' *politischer* Kritik am neuen Österreich – das ihm die fällige Revolution versäumt zu haben scheint, indem es den Hauptschuldigen an der Katastrophe des Weltkriegs, die Presse, ungeschoren gelassen hat. Ihrem Wirken wird er später die Hauptschuld auch an der Heraufkunft des Nationalsozialismus beimessen.

Die Literatur kommt dabei freilich nicht als solche in den Blick. Aber eben weil Karl Kraus sie diesmal exemplarisch nimmt, als ein Beispiel einer Kultur, in der die Kunst ein »dekoratives Dasein« fristet, kann der Aufsatz geradezu für eine Grundlegung seiner Literaturkritik gelten.

Der erste und einzige Druck dieser Schrift ist Mitte November 1919 in der *Fackel* erfolgt (F 519/520, S. 1–32). Sie füllt dort das ganze Heft. Jedoch ist ein etwa drei Seiten umfassender Abschnitt der Schrift, der sich auf Goethes *Pandora* bezieht, später in den Sammelband *Die Sprache* (1937) eingegangen – wie überall nach erneuter »Prüfung auf die Haltbarkeit vor Stand- und Zeitpunkt wie vor dem Gewissen, das die künstlerische Form bestimmt und dem Wort immer knapper zumißt« (F 640–648, S. 74). Die dabei vorgenommenen Änderungen konnten bei der Wiedergabe des *ganzen* Aufsatzes natürlich nicht berücksichtigt werden. Aber damit der Leser dieser Ausgabe doch wenigstens in einem Fall die Prinzipien erfassen kann, nach denen Kraus bei der »Revision« seiner Arbeiten verfahren ist, soll der Abschnitt hier auch in der Fassung letzter Hand mitgeteilt

werden. In *Die Sprache* (S. 54–56; W II, S. 57–59) lautet der
Abschnitt (170,28–172,25) wie folgt:

Ich glaube, daß eine Untersuchung, wie viel Deutsche die Pandora
und wie viele den Roten Kampfflieger von Richthofen gelesen
haben, ein Resultat hätte, das uns nicht gerade berechtigen könnte,
uns in Kulturaffären mausig zu machen. Aber man wende nicht ein,
daß Krieg Krieg ist. Wenn das Volk Goethes nicht schon im Frieden
gelogen hätte, so hätte es ruhig zugegeben, daß es Geibel für einen
weit größeren Dichter hält. Wie könnte man die Unentbehrlichkeit
der ewigen Werte für das deutsche Gemüt besser beweisen als durch
den Umstand, daß vom Erstdruck des West-östlichen Divan der
Verlag Cotta voriges Jahr die letzten Exemplare vom Tausend an
einen Liebhaber verkauft hat? Und bedürfte es da noch des erschütterten Blicks auf die Auflagenfülle Heinescher und Baumbachscher
Lyrik? Und welche Gefahr müßte denn einem Wortheiligtum drohen, damit das deutsche Kulturbewußtsein in Wallung käme? Die
Schmach, ein Kunstwerk aus dem Land zu verkaufen, wo es doch
keine war, es hereinzukaufen, möchte jeder Kunstgreisler von
unserm Gewissen abwenden. Aber wer protestiert gegen die ruchlose Verwüstung, die den klassischen Wortkunstwerken durch die
Tradition der literarhistorischen Lumperei und den ehrfurchtslosen
Mechanismus der Nachdrucke angetan wird, durch den frechen
Ungeist, der die Sprachschöpfung an der Oberfläche des Sinns
identifiziert und korrigiert, und durch ein System, das der Barbarei
des Buchschmucks den innern Wert zum Opfer bringt? Welch
ärgerer Unglimpf droht denn dem Jagdteppich, als statt in Wien in
Paris zu hängen? Hat je ein Konservator anders als durch Unge-
schick an dem ihm anvertrauten Schatz gesündigt? Hätte er je wie
der Literarhistoriker es gewagt, einen erhaltenen Wert zu zerstören
und einen Strich, den er für verfehlt hält, weil seine Stumpfheit eben
hier die schöpferische Notwendigkeit nicht spürt, glatt zu überschmieren? An einem der ungeheuersten Verse der Goethe'schen
Pandora haben sich die Herausgeber der großen Weimarer Ausgabe
dieser Missetat erdreistet, sich unter ausdrücklichem Hinweis auf die
Urfassung dazu bekennend, einfach, weil sie die Sprachtiefe für
einen Schreibfehler hielten und die schäbige Verstandesmäßigkeit
ihrer Interpungierung für die Absicht des Künstlers – »rasch Vergnügte schnellen Strichs«, gleich den Kriegern des Prometheus. Von
solchem Hirnriß, der nun für alle folgenden Ausgaben maßgebend
blieb und bleibt, von solchem Verbrechen, mit dem sich die deutsche

Literaturbildung in ihrer Ohnmacht vor dem Geist noch durch Frechheit behauptet, von solchem Exzeß deutschen Intelligenzknotentums möchte ich sagen, daß er die Kulturschmach von zehn ans Ausland verkauften Tizians, die doch höchstens durch ein Eisenbahnunglück, aber durch keinen Historiker verstümmelt werden können, in Schatten stellt. Möge die deutsche Bildung noch so laut versichern, daß sie ohne Goethe nicht leben kann, ja möge sie es sogar glauben – welche Beziehung hat der deutsche Laie zu einem deutschen Vers, wenn der deutsche Fachmann kapabel ist, an dessen Leben Hand anzulegen? Eben noch die, daß er imstande ist, »Über allen Gipfeln ist Ruh« zu einem U-Boot-Ulk oder zu einem Koofmich-Witz aller Branchen zu verunreinigen. Wenn Güter des Geistes den Empfänger so begnadeten, wie die zurechtgemachte Fabel wähnt, so müßte allein von solcher Wortschöpfung, müßte sich von den vier Zeilen, die Matthias Claudius »Der Tod« betitelt hat, von dem einen Wort »Lebt wohl!« in der Iphigenie eine allgemeine Ehrfurcht über den Kreis jener Menschheit verbreiten, in deren Sprache solche solche Wunder gewachsen sind, nicht allein zur Heiligung dieser selbst, sondern zur Andacht vor aller Naturkraft und zur Läuterung der Ehre des Lebens, zu seinem Schutz gegen alles, was es herabwürdigt, kurzum zu einer politischen und gesellschaftlichen Führung, die den Deutschen dauernd vor dem Gebrauch von Gasen und Zeitungen bewahrte. Es müßte mehr Stille in dem Hause sein, in dem solche Worte einmal vernommen wurden, und kein Gerassel mehr hörbar sein, seitdem ein Atemzug der Ewigkeit zur Sprache ward.

163,16f. *»Anteil an diesen Tagen«:* aus Goethes Spruch »Als ich einmal eine Spinne erschlagen« im *West-östlichen Divan* (»Buch der Sprüche«).

163,40 *Diese Sätze:* Sie entstammen dem Aufsatz »Gespenster«, der im vorangehenden Heft der *Fackel* erschienen ist und der in Form eines offenen Briefes an den Präsidenten der Deutschösterreichischen Nationalversammlung, Karl Seitz, auf mehr als sechzig Seiten den Nachweis zu führen sucht, daß die »alten Gespenster«, zu deren Verjagung Kraus mit seinem Wort soll beigetragen haben, noch immer da sind. Vgl. F 514–518, S. 21–86; das Zitat S. 46–48.

164,21 *kontagiöse:* ansteckende.

165,2 *Valuta:* Devisen; Banknoten und Wertpapiere in fremder Währung.

165,6   *Gelbkreuzgranaten:* Giftgasgranaten.

165,30   *einem Cottagejuden:* Cottage: (österr.) Villenviertel.

167,19f.   *das bibliophile Moment:* der Umstand, daß Bücherliebhaber am Erwerb seltener, vor allem alter Bücher interessiert sind.

168,9   *Forum:* Gerichtshof.

168,10   *imaginiertes:* vorgestelltes, gedachtes.

168,11   *Beistrich:* Komma.

168,12   *den fernsten Druckort:* Von Kraus' Büchern wurden beispielsweise die ersten Bände der *Worte in Versen* (1916, 1917) in Leipzig gedruckt.

168,32   *innerhalb der eigenen Publizität:* der *Fackel.*

169,9f.   *die hehlerische Gewandtheit:* vgl. F 514–518, S. 64f.

170,28–172,25   *Ich glaube … zur Sprache ward:* Diesen Abschnitt hat Kraus am 15. November 1920 in der Einleitung zu einer Vorlesung der Goetheschen *Pandora* zitiert (F 557–560, S. 28 bis 30). Zusammen mit einer Notiz aus dem Jahre 1918 (F 484 bis 498, S. 136–138) ging das Zitat dann unter dem Titel »Die Schändung der Pandora« in den Sammelband *Die Sprache* ein. Die veränderte Fassung ist oben (S. 344f.) abgedruckt.

170,29   *Pandora:* Goethes Fragment gebliebenes »Festspiel« *Pandora* (urspr.: *Pandora's Wiederkunft*) ist als Buch erstmals 1810 erschienen und kam dann 1830 an den Schluß der »Ausgabe letzter Hand« zu stehen. Kraus hat dieses Werk »von wunderbarem Inhalt und seltsamer Form« (Goethe) zwischen 1917 und 1933 insgesamt fünfzehnmal vorgetragen. Vgl. S. 192, 202, 278.

170,29f.   *den Roten Kampfflieger von Richthofen:* Das Kriegsbuch des 1918 gefallenen Jagdfliegers Manfred von Richthofen, erschienen bei Ullstein 1917, hatte bei Kriegsende eine Auflage von mehr als einer halben Million erreicht. Die scheußlichsten Stellen daraus sind in F 462–471, S. 148–157, zitiert (W XIII, S. 192–199). Vgl. auch *Die letzten Tage der Menschheit* V,50.

171,1f.   *Erstdruck des West-östlichen Divan:* Stuttgart 1819. Goethes Gedichtsammlung ist während des 19. Jh.s zwar in viele Gesamtausgaben von Goethes Werken eingegangen, nicht jedoch als selbständiges Buch nachgedruckt worden. Exemplare der Erstausgabe lagen noch 1914 »unverkauft in den deutschen Buchhandlungen« (Beutler).

171,9   *Kunstgreisler:* Kunstkrämer.

171,18   *dem Jagdteppich:* Das Werk, ein Hauptstück der ehemals kaiserlichen Sammlung alter orientalischer Teppiche, befindet sich heute im Österreichischen Museum für angewandte Kunst.

Zusammen mit fünfzehn weiteren Stücken der Sammlung wurde
es im Sommer 1920 der Öffentlichkeit gezeigt: »welche sich so
lebhaft an den Bemühungen beteiligt hat, der Stadt Wien ihren
alten Kunst- und Kulturbesitz dauernd zu sichern« (Ausstellungs-
katalog, Vorwort).

171,19 *Konservator:* Museumsbeamter.

171,26 *die Herausgeber der großen Weimarer Ausgabe:* Erich
Schmidt gibt (1. Abt., Bd. 50) V. 944 nach einer Handschrift (die
von Riemer stammt) und dem Erstdruck (der in Wien erschienen
ist) in der Form »Auf, rasch! Vergnügte!« wieder und vermerkt
nur im Verzeichnis der Lesarten, daß der Vers in den von Goethe
überwachten Drucken von 1817 und 1830 »Auf! rasch Vergnügte,« lautet. Diese Angaben hat Kraus zwar mißverstanden; in der
Sache aber hat er recht. Neuere Goethe-Ausgaben legen (mit
Ausnahme etwa seit 1981 der ›Hamburger‹) wieder die »Ausgabe
letzter Hand« zugrunde. – Kraus ist der »Missetat« bereits 1918
anhand der *Pandora*-Ausgabe der »Insel-Bücherei« (Bd. 30, 1913)
auf die Spur gekommen. Vgl. F 484–498, S. 138 (W III, S. 56),
sowie Kurt Wolff, *Autoren, Bücher, Abenteuer*, Berlin 1965, S. 86
(mit irriger Datierung auf Frühjahr 1919).

172,1 *Intelligenzknotentums:* »Knoten« heißen verächtlich Hand-
werksburschen; allgemein auch grobe Kerle.

172,8 *kapabel:* fähig.

172,11 *U-Boot-Ulk:* Zwei derartige Verunstaltungen von Goethes
Gedicht hat Kraus 1917 in der *Fackel* zitiert (»Goethes Volk«,
F 454–456, S. 1–4; W XIII, S. 115–118), eine davon auch in den
Letzten Tagen der Menschheit (III,4).

172,14 *»Der Tod«:* Die Verse lauten: »Ach, es ist so traurig in des
Todes Kammer, / Tönt so traurig, wenn er sich bewegt / Und
dann aufhebt seinen schweren Hammer / Und die Stunde
schlägt.« Kraus hat das Gedicht 1917 in der *Fackel* zitiert mit dem
Vermerk »Dies ist die Sprache selbst« (F 445–453, S. 97).

173,9 *die Totenklage über Euphorion:* der Trauergesang des Chors
im *Faust*, V. 9907–38.

173,20 *Gschpaß:* (österr.) Spaß.
   Gschnas: (wien.) Maskenball.

173,23 *Schweißfüße:* Anspielung wohl auf illustrierte Annoncen für
Fußpflegemittel; vgl. F 454–456, S. 17f.

173,31 f. *jener 93 Intellektuellen:* Zu den Unterzeichnern eines bald
nach Kriegsbeginn veröffentlichten offenen Briefes »An die Kul-
turwelt« gehörten die Dichter Dehmel und Hauptmann, der

Maler Liebermann, der Regisseur Reinhardt und eine Vielzahl deutscher Professoren wie Harnack, Heusler, Lamprecht, Planck, Schmoller und Wilamowitz-Moellendorff.

175,7 *Viktualien:* (österr.) Lebensmittel.

175,8 *Wiener Künstlergenossenschaft:* Name einer Vereinigung Wiener Künstler.

175,11 *inklinieren:* geneigt sein.

175,13 *Sukfüll:* Wiener Hotelier.

175,15 f. *verschärften U-Bootkrieg:* Der »verschärfte« U-Bootkrieg, gegen bewaffnete Handelsschiffe, wurde von seiten Deutschlands im Februar 1916, der »uneingeschränkte« ein Jahr später, am 1. Februar 1917, begonnen.

175,18 *Gschnasfeste:* vgl. Anm. zu 173,20.

175,19 f. *jenen unseligen Humor in seine Rechte treten zu lassen:* eine von Kraus oft persiflierte Phrase der Festberichterstattung der Vorkriegszeit.

175,35 *Künstlerhaushumor:* Das Wiener »Künstlerhaus« am Karlsplatz, Ausstellungsgebäude der »Vereinigung bildender Künstler Wiens«, erbaut 1865–68, war Schauplatz jährlicher Faschingsfeste (»Gschnasfeste«).

175,36–176,1 *ein maßgebender Tropf:* Die hier und später von Kraus zitierten Teilnehmer an der Diskussion über den Gobelin-Verkauf sind nicht ermittelt worden.

176,12 f. *Kochs Kolossalgemälde »Die große Zeit«:* Das Bild, das »Kaiser Franz Joseph, umgeben von seinen Generalen«, darstellte und im ehemaligen Militärkasino hing, ist 1921 im Verlauf städtischer Unruhen vernichtet worden. Vgl. »Wiener Weltgericht« in F 583–587, S. 79 f.

176,22 *Spenglern:* (österr.) Klempnern.

176,25 *den schrecklichsten der Schrecken:* nach Schillers »Lied von der Glocke«, V. 377 f.: »Jedoch der schrecklichste der Schrecken, / Das ist der Mensch in seinem Wahn.«

176,26 *Schlappe Hüte:* Wortspiel mit *Schlapphut* (breiter Hut mit hängender Krempe).

176,27 *gestärkten Brüsten:* Wortspiel mit *Brust* in der Bedeutung ›Hemdbrust, Vorsatzhemd‹.
   das rollende Auge: wohl nach Shakespeares *Ein Sommernachtstraum* V,1: »Des Dichters Aug', in schönem Wahnsinn rollend, / Blickt auf zum Himmel« (Schlegel).

176,36 *Stigma:* Wundmal, Schandmal.

177,1 f. *daß die Kunst … »in den Dienst des Kaufmanns« eintrete:*

Diesen Slogan hat Kraus bereits vor dem Krieg zitiert; vgl. F 381–383, S. 3.

177,3 f. *Der Menschheit ganzer Jammer faßt mich an:* aus *Faust*, V. 4406.

177,4 f. *wenn ihre Würde in die Hand dieser Künstler gegeben ist:* nach Schillers Gedicht »Die Künstler«.

177,23 *Wöchnerinnenspital:* Frauenklinik, Entbindungsheim.

178,19 *Baedekers:* Reiseführern.

178,29 f. *Verkaufts mein' Gobelin, i fahr in' Himmel!:* nach einem Wiener Lied (»Verkaufts mei Gwand, i fahr in Himmel«).

179,29 f. *die Mona Lisa gestohlen:* Das berühmte Bildnis von Leonardo da Vinci (um 1505) wurde 1911 aus dem Pariser Louvre gestohlen und 1913 in Florenz wiederentdeckt.

179,36 *der habgierigsten Stimme dieses Landes:* des Herausgebers der *Neuen Freien Presse*, Moriz Benedikt. Dessen Verlautbarungen hat Kraus in der Glosse »Mona Lisa und der Sieger« in F 331/332, S. 1–5, behandelt.

180,13–15 *kunsthistorischen Museum ... naturhistorischen Museum ... Mariatheresiendenkmal:* alle am Maria-Theresien-Platz im 1. Wiener Bezirk.

180,34 *Fatum:* Schicksal, Verhängnis.

181,4 *eine französische Kathedrale:* die Kathedrale von Reims, 1914 von deutscher Artillerie stark beschädigt.

eo ipso: (lat.) selbstverständlich, sowieso.

181,17 *weil er Schwind heißt:* nämlich wie der österreichische Maler Moritz von Schwind (1804–71).

182,33 f. *einem frühen Hofmannsthal:* Kraus hat schon in *Die demolirte Litteratur* (1896/97) die vermeintlichen Goethe-Allüren des jungen Hofmannsthal verspottet (FS II, S. 282 f.) und dieses Motiv in der *Fackel* dann immer wieder aufgegriffen.

183,19 f. *vor Nedomanskys Auslage:* einer Wiener Kunsthandlung.

183,23 f. *die Verkörperung der Drau und der Sau an der Albrechtsrampe:* Der Albrechtsbrunnen von Johann Meixner (eingangs der Augustinerstraße) stellt unter anderem einige Nebenflüsse der Donau dar.

183,25 *vandalische:* zerstörungslustige.

183,26 f. *Sukzessionsstaaten:* Nachfolgestaaten der Doppelmonarchie, hier: Ungarn und Jugoslawien.

184,31 *Rotationspapier:* Papier auf Rollen, gebräuchlich beim Zeitungsdruck.

185,2 *Schmückedeinheim:* Werbespruch der Dekorationsbranche.

185,14 *Menschenmaterial:* Das sprechende Wort ist während des
Ersten Weltkriegs in Gebrauch gekommen.

186,18–25 *Wir wollen abwarten ... durch den Mund Gottes geht:*
nach Mt. 4,1–4.

186,36 *selbst den Hungertod:* vgl. etwa »Die Fundverheimlichung«
in F 426–430, S. 90–96 (W XIII, S. 183–188).

187,27 f. *das o Königin das Leben doch schön macht:* nach Schillers
Don Carlos IV,21.

188,7 *lädiert:* beschädigt.

188,21 *Kreuzgang:* Wortspiel mit *Kreuz* in der Bedeutung ›Qual,
Plage‹.

188,25 *spanischen Zeremoniell:* Inbegriff der Verhaltensregeln am
habsburgischen Hof.

188,25 f. *Pallawatsch:* (österr.) Durcheinander, Chaos.

188,30 *Exponenten:* Vertreter, Repräsentanten.

188,35 *Dynasten:* Herrscher.

189,5 *durch sieben Jahrzehnte:* Franz Joseph I. regierte als Kaiser
von 1848 bis 1916. Sein Nachfolger, Karl I., dankte Ende 1918 ab.
sub auspiciis: (lat.) unter dem Schutz, während des Amtes; for-
melhafte Wendung.

189,24 *Prokura:* Handlungsvollmacht im Geschäftswesen.

189,27 f. *deren Letztes, was sie besitzt, die Frechheit sein wird:* nach
dem seinerzeit vielbenutzten Spruch »Das letzte, was uns geblieben ist, ist die Ehre«, der zurückgeht auf das dem französischen
König Franz I. zugeschriebene Wort »Alles ist verloren, nur die
Ehre nicht«.

190,9 f. *das Unrecht, das mit uns geboren ist:* nach *Faust,* V. 1978
(»Vom Rechte, das mit uns geboren ist«).

191–200   Ein Faust-Zitat
                        (1921)

Unter den Mustern dichterischen Gelingens, an denen
Kraus' Literaturkritik sich orientiert, steht das Werk Goe-
thes obenan. Freilich nicht das ganze. Einige Goethesche
Gelegenheitsarbeiten, Literatursatiren und Huldigungs-
oden, werden mit Vehemenz verworfen. Von den epischen
Dichtungen hat Kraus überhaupt keine Notiz genommen,

aus dem lyrischen Werk nur wenige Gedichte hervorgehoben, von den Dramen nicht mehr als drei seinem »Theater der Dichtung« einverleibt. Aber kein anderes dichterisches Œuvre aus älterer oder neuerer Zeit, mit Ausnahme nur des Shakespeareschen, schien ihm doch reicher zu sein an Werken allerhöchsten Ranges – zu welchen er von Goethes Gedichten vor allem »Wandrers Nachtlied« und »Meeresstille« und von seinen Dramen außer der *Iphigenie* den Helena-Akt des *Faust* und die *Pandora* zählt. Auf den *Faust* als wiederum das reichste unter diesen Werken bezieht sich dann auch im Titel wie im vielfachen Zitat die große Abrechnung mit dem Nationalsozialismus: die *Dritte Walpurgisnacht* von 1933.

Vor dem Hintergrund dieser Hochschätzung Goethes muß auch der Aufsatz »Ein Faust-Zitat« gelesen werden – in welchem Kraus darzulegen sucht, daß selbst im »Himmel« der Faust-Dichtung manches Einzelne mit den »Mitteln der Erde« bewerkstelligt ist. Wie das zu gleicher Zeit geschriebene Epigramm »Er« (mit den Schlußzeilen: »Wie war die Welt von Goethes Faust erhoben! / Und er von Gothas Hofkalender.«) soll auch dieser Aufsatz (nach einem Wort von Werner Kraft) »Goethe nicht herabsetzen, sondern sein sterbliches Teil von seinem unsterblichen lösen«.

Der Aufsatz ist erstmals erschienen in dem *Fackel*-Heft *Zur Sprachlehre* vom Juni 1921 (F 572–576, S. 23–30) und später leicht überarbeitet in den Sammelband *Die Sprache* (1937) übernommen worden.

191,5 f. *was sich im Himmel begibt:* Anspielung auf den »Prolog im Himmel« sowie auf die »Bergschluchten«-Szene am Ende des Zweiten Teils.

191,9 *Abstieg zu den Müttern:* Anspielung auf Fausts Gang in die Unterwelt im 1. Akt des Zweiten Teils.

191,10 *Wonneschauer:* wohl nach *Faust*, V. 6272: »Das Schaudern ist der Menschheit bestes Teil«.

191,11 f. *dem Worterlebnis zwischen Faust und Helena:* im 3. Akt des Zweiten Teils, V. 9356–9418.

191,15 *orphischem Lied:* den Gesängen des mythischen Dichters Orpheus; Inbegriff göttlich inspirierter Dichtung. Vgl. auch Goethes Gedicht »Urworte. Orphisch«.

191,16 *Operette:* Für die Euphorion-Szene des 3. Akts im Zweiten Teil hat Goethe »vollstimmige Musik« vorgeschrieben. – Das Gedicht »Der Reim« von 1916, aus dem Kraus im vorliegenden Aufsatz zitiert, enthält noch ohne Bezug auf Goethe die Strophe: »Orphischen Liedes Reim, ich wette, / er steht auch in der Operette.« (W VII, S. 80.)

191,17 f. *das Ende des Mephistopheles:* Die Verse lauten: »Und hat mit diesem kindisch-tollen Ding / Der Klugerfahrne sich beschäftigt, / So ist fürwahr die Torheit nicht gering, / Die seiner sich am Schluß bemächtigt.« (V. 11840–43.)

191,21 f. *ein großer Aufwand ist vertan:* Faust, V. 11837: »Ein großer Aufwand, schmählich! ist vertan«.

191,22 *vielleicht nicht später:* In der Tat hat Goethe die Arbeit am Zweiten Teil des *Faust* (freilich erst gegen 1800) mit den Schlußszenen begonnen.

191,25 *weggepascht:* listig beiseite gebracht, weggeschmuggelt (*Faust*, V. 11831).

192,22 *den viergeteilten Chor:* Faust, V. 9992–10038.

192,24 *»Pandora«:* vgl. Anm. zu 170,29

192,24 f. *»An Schwager Kronos«:* Goethes Hymne von 1774. Sie stand auch auf dem Programm zweier Vorlesungen von Karl Kraus im Jahre 1921.

192,25 *»Habe nun, ach!«-Monologe:* der Eingangsmonolog schon des *Urfaust* von 1775.

192,33 f. *»Ein großer Kahn ist im Begriffe auf dem Kanale hier zu sein«:* Faust, V. 11145 f. Unter denen, die diese Verse geringschätzten, war auch Maximilian Harden (vgl. F 324/325, S. 25).

193,5 *einem Wort ... die Flügel:* nach dem von Georg Büchmann geprägten Begriff »Geflügelte Worte« (erstmals 1864).
mit Nachsicht: unter Erlaß.

193,15 *das berühmte Zitat:* Faust, V. 275–278. Es steht zwar nicht im »Büchmann«, wohl aber in anderen Zitaten-Lexika wie denen von Fried (1888) und Zoozmann (1910).

194,18–22 *Denn reimen kann sich nur ... ergeben muß:* Diesen Satz und einige der folgenden hat Kraus später in seinem Aufsatz »Der Reim« zitiert. Vgl. S. 258.

194,30 *auch die Dichter:* In dem Aufsatz »Der Reim« wird namentlich Gottfried August Bürger genannt (vgl. S. 228–234).

195,10 *meines Gedichts »Der Reim«:* erschienen in der *Fackel* vom November 1916 (F 443/444, S. 31 f.; W VII, S. 80–82). Daraus auch die folgenden Zitate.

195,18 *wie nur Euphorion:* im Helena-Akt des *Faust*.

195,21 *Philomele:* poetischer Name der Nachtigall. Im *Faust* findet sich das Reimband »Seele – Philomele« allerdings nicht.

195,23 *die Coupletworte:* aus dem Lied des Kaisers Franz Joseph in Kraus' Weltkriegsdrama *Die letzten Tage der Menschheit* von 1918/19 (IV,31; W V, S. 523).

196,1 f. *die Musik der Sphären:* unter Anspielung auf den Anfang des »Prologs im Himmel« (V. 243 ff.).

196,8 *Ab- und Zutritt: Abtritt* steht umgangssprachlich auch für ›Abort‹.

196,10 *genius loci:* (lat.) Geist (eigtl.: Schutzgeist) eines Ortes; hier: des »Lokus«.

196,13 *in sexualibus:* (lat.) in geschlechtlichen Dingen.

196,15 *gern in jede Rinde einschnitte:* nach Wilhelm Müllers Gedicht »Ungeduld« aus dem von Franz Schubert vertonten Zyklus *Die schöne Müllerin* (1821): »Ich schnitt' es gern in alle Rinden ein«.

196,36–197,1 *daß das kein Goethe geschrieben hat:* nach dem Refrain eines Wiener Liedes (von Wilhelm Wiesberg): »Ja, ja, das hat ka Goethe gschriebn, das hat ka Schiller dicht«.

199,22 *gerade der Dialektik ist es verwehrt:* weil *Dialektik* ursprünglich ›Unterredungskunst‹ bedeutet.

199,31 *»Literatur«:* Kraus' 1921 erschienene »Magische Operette«. Sie knüpft satirisch an Franz Werfels »Magische Trilogie« *Spiegelmensch* (1920) an, die ihrerseits Goethes *Faust* verpflichtet ist. Kraus' Umdichtung der Goethe-Verse: W XIV, S. 61 f. Vgl. S. 206.

199,32 *dem weltfreundlichen Ohr:* Anspielung auf den programmatischen Titel von Werfels erstem Gedichtband: *Der Weltfreund* (1911).

200,9 f. *nicht durchschaute, jedoch geförderte:* Anspielung auf das Verhalten von Werfels (und Kraus'!) Verleger Kurt Wolff in dieser Sache. Man vergleiche hierzu den Aufsatz »Aus der Sudelküche« (F 561–567, S. 53–68).

200,10 *Usurpation:* widerrechtliche Aneignung.

201–207   Die Wortgestalt
                              (1921)

Wenngleich Karl Kraus schon in den literaturkritischen
Schriften der Vorkriegszeit, zumal denen über Heine und
Nestroy, den Rang dichterischer Werke wesentlich nach
dem Grad bemessen hat, in dem sie »aus der Sprache«
geschaffen scheinen, hat er diesen Gesichtspunkt, die Idee
der Sprachgestaltung, doch erst zu Beginn der zwanziger
Jahre im Zusammenhang zu entwickeln gewußt. Entlastet
von der jahrelangen Anstrengung, der Katastrophe des
Weltkriegs satirisch zu begegnen, und erfahren inzwischen
in eigener – lyrischer wie dramatischer – dichterischer
Arbeit, widmet er erstmals im Juni 1921 ein ganzes Heft
der *Fackel* Fragen der Sprach- und Dichtungslehre. Den
Abschluß dieser Reihe von Versuchen, »Normen und Formen vom Sprachgeist her zu durchleuchten« (F 572–576,
S. 75), bildet der Aufsatz »Die Wortgestalt«. Ähnlich prinzipiell hat Kraus sein Verständnis von Sprache und Dichtung, und ihrem Zusammenhang, nur noch einmal, rund
zehn Jahre später in dem Aufsatz »Die Sprache« (vgl. S. 276
bis 278), dargelegt.

Nach dem Erstdruck in der *Fackel* vom Juni 1921 (F 572
bis 576, S. 69–74) wurde der Aufsatz mehrfach vorgetragen
und dann überarbeitet in den Band *Die Sprache* (1937)
übernommen.

201,8 *Heinrich dem Sechsten:* Szenen aus Shakespeares dreiteiligem
    Königsdrama hat Kraus in August Wilhelm Schlegels Überset-
    zung 1919 und 1920 mehrfach vorgelesen – besonders oft die
    Szene II,5 aus dem 3. Teil, auf die sich auch der Aufsatz »Heim-
    kehr und Vollendung« vom Juli 1920 (F 546–550, S. 1 f.) empha-
    tisch beruft (vgl. *Kraus-Hefte*, H. 13, 1980, S. 10–13). Die hier
    gemeinte und später zitierte Stelle steht im 3. Teil, V,5.
201,14 *Glosters:* Gloster: Richard Plantagenet, später Herzog von
    Gloucester, dann König Richard III.
202,21 *Mephistopheles:* Dessen Abgangsverse behandelt der (im

selben Heft der *Fackel* erschienene) Aufsatz »Ein Faust-Zitat«. Vgl. S. 91 f.

202,24 *»Pandora«:* vgl. Anm. zu 170,29. Kraus hebt hier die Verse 833 ff., 900 ff. und 789 ff. hervor.

202,29–33 *»Wenn nach Iphigeniens Bitte ... hundert Seiten von Heines Prosa«:* vgl. S. 61 f.

202,34 *Das Geheimnis der Geburt des alten Wortes:* ebd.

203,3 *»Der Tod«:* vgl. Anm. zu 172,14.

203,5 f. *»Tibetteppich«:* Das Gedicht »Ein alter Tibetteppich« ist (nach dem Erstdruck in der Berliner Zeitschrift *Der Sturm*) Ende 1910 auch in der *Fackel* erschienen (F 313/314, S. 36) – begleitet von einer Anmerkung des Herausgebers, die mit den Worten schließt: »Daß ich für diese neunzeilige Kostbarkeit den ganzen Heine hergebe, möchte ich nicht sagen. Weil ich ihn nämlich, wie man hoffentlich jetzt schon weiß, viel billiger hergebe.« Man vergleiche auch S. 255 f.

203,29 f. *das »Ufer, wo sie landen, sind zwei Gedanken einverstanden«:* Das Zitat stammt aus Kraus' Gedicht »Der Reim« (F 443/444, S. 31 f.; W VII, S. 80–82). Es dient später als Motto und Beispiel des gleichnamigen Aufsatzes von 1927. Vgl. S. 222.

204,16 *»Verlöbnis«:* F 462–471, S. 79 f.; W VII, S. 120 f. Im Erstdruck hieß es im ersten Vers: »vor dem Feste«.

205,26 *Frau von Schimmerglanz:* in Nestroys parodistischer Posse *Die verhängnisvolle Faschingsnacht* (Urauff. 1839, Erstdr. 1841) I,9.

206,7 *Greisler:* (österr.) Krämer, Gemischtwarenhändler.

206,8 f. *Peter hinter Juliens Amme:* in Shakespeares *Romeo und Julia* II,4.

206,13 *»Literatur«:* Kraus' »Magische Operette« *Literatur oder Man wird doch da sehn* von 1921. Die im folgenden zitierte Stelle steht im zweiten Teil (S. 70; W XIV, S. 68). Vgl. S. 199 f.

206,21 *»Waschzettels«:* der dramatischen Verkörperung des gleichnamigen Papiers, mit dem der Verleger die Empfänger von Rezensionsexemplaren günstig zu stimmen suchen.

206,22 *Asisponem:* (jidd.) frecher, arroganter Mensch.

208–221   Von Humor und Lyrik
(1921)

Was dieser Aufsatz darzutun versucht, ist weniger der allerdings nur schwer zu bestreitende Sachverhalt, daß die Geschichte der deutschen Literatur vergleichsweise arm ist an wirklich komischen Werken, als die Grund- und Haltlosigkeit der unter deutschen Literarhistorikern verbreiteten gegenteiligen Meinung. Insofern führt Karl Kraus darin – wie schon in »Die Literaturlüge auf dem Theater« (S. 156 bis 161) – die 1911 eröffnete »Razzia auf Literarhistoriker« fort. Indem er hier aber vermeintlich oder absichtlich komische Werke einer ästhetischen Prüfung unterzieht, nimmt er zugleich die Gelegenheit wahr, den eigenen Begriff von Komik mit einiger Deutlichkeit zu explizieren. Der nun hat wenig mit »Humor« und desto mehr mit »Witz« zu tun und geht am Ende beinahe ganz in »Sprache« und »Lyrik« auf. Außerdem dient der Aufsatz der Verteidigung des von der älteren Literaturgeschichtsschreibung geringgeschätzten Dichters Matthias Claudius – den Kraus hier mit wenigen, aber kräftigen Strichen Goethe zur Seite stellt.

Der Aufsatz erschien in der *Fackel* vom November 1921 (577–582, S. 41–52) zusammen mit zwei anderen unter der Überschrift »Zur Sprachlehre« und wurde später als selbständiger Teil in den Band *Die Sprache* (1937) übernommen.

208,10 *Gerhart Hauptmanns »Jungfern vom Bischofsberg«:* Das Lustspiel wurde bereits 1907 veröffentlicht und uraufgeführt.

208,12 *des Hannele und der Pippa: Hanneles Himmelfahrt. Traumdichtung* (1893); *Und Pippa tanzt! Ein Glashüttenmärchen* (1906). Vor allem *Hanneles Himmelfahrt* hat Kraus oftmals vorgelesen.

208,13–15 *das Mitleid … einer Gerhart Hauptmann-Tragödie:* scherzhafte Anspielung auf einen der Wirkungszwecke des Trauerspiels (»Furcht und Mitleid« in Lessings Aristoteles-Interpretation) sowie auf Hauptmanns zeitgenössische Geltung als ›Dichter des Mitleids‹.

208,14 *jenes archäologischen Fundes einer Wurst:* Aufgrund einer

Intrige findet in Hauptmanns Lustspiel der archäologisch interessierte Oberlehrer Dr. Nast in einer Truhe statt eines Schatzes nur »Gothaer Zervelatwurst«.

208,17 f. *die fröhliche Wissenschaft:* nach dem Titel eines von Nietzsches philosophischen Werken (1882/86).

208,21 f. *»Rhinoxera«:* Es hause, schreibt Nietzsche, »in den Weinbergen des deutschen Geistes ein neues Tier«: »der Reichswurm, die berühmte Rhinoxera« (*Der Fall Wagner,* zu Beginn der »Zweiten Nachschrift«). Wortspiel mit *Phylloxera* ›Reblaus‹ und *Rhinozeros* ›Nashorn‹.

208,26 *der Kant einen Idioten genannt hat:* In Nietzsches Schrift *Der Antichrist* (1895) heißt es: »Kant wurde Idiot.« (Aphorismus 12.)

208,28 *Dioskuren:* Dieses Wort, das ursprünglich die ›Zeus-Söhne‹ Kastor und Polydeukes (lat.: Castor und Pollux) bezeichnet, wurde vielfach auf die Dichterfreunde Goethe und Schiller angewandt.

208,29 *Xenien:* Titel einer 1796 von Goethe und Schiller gemeinsam veröffentlichten Sammlung literaturkritischer Epigramme.

208,31 f. *Nachträge zu Goethes sämtlichen Werken:* Kraus zitiert im folgenden aus dem 1. Band dieses dreibändigen Werks unter Modernisierung der Orthographie und unter Hervorhebung der ihm anstößig scheinenden Stellen.

209,11 f. *Schritt vom Erhabenen zum Lächerlichen:* nach dem (ursprünglich französischen) Spruch »Vom Erhabenen zum Lächerlichen ist es nur ein Schritt«.

209,16 f. *»Götter, Helden und Wieland«* ... *die »Aufgeregten«:* Goethes dramatische Literatursatire von 1774 und sein Fragment einer Revolutionskomödie von 1791/92.

209,19 *der Helena und der Pandora:* Kraus hat den Helena-Akt aus dem Zweiten Teil des *Faust* und das fragmentarische Festspiel *Pandora* (1810) oftmals vorgelesen.

210,17 *schon in Marmor:* Anspielung auf das berühmte Doppel-Standbild vor dem Weimarer Nationaltheater (von Ernst Rietschel, 1857, allerdings in Bronze).

210,32 *agnosziert:* (österr., amtsspr.) identifiziert.

211,1 f. *Gleich das erste Distichon:* Kraus folgt hier der fehlerhaften Wiedergabe bei Boas. Richtig lautet der erste Vers (und ist zu skandieren) wie folgt: »Hált, Passagíere! Wer séid ihr? Wes Stándes únd Charaktéres?« – mit Betonung des Genitivs wie noch heute des Plurals (»Charaktére«).

211,9 *mit dem einer geantwortet hat:* Christian Fürchtegott Fulda
in seinen *Trogalien zur Verdauung der Xenien* von 1797. Der
metrisch ungefüge Bau dieser Parodie (Nr. 66: »Die neumodigen
Distichen«) wird mit Hilfe der in der klassischen Philologie
gebräuchlichen Symbole für »Längen« und »Kürzen« (im Original außerdem durch typographische Hervorhebung der »Tonsil-
ben«) gekennzeichnet. Kraus zitiert wie Boas irrig »dōch nōch«
(statt »dōch nŏch«).

212,15 *in 413 Xenien:* Tatsächlich waren es 414.

212,16 *des Abendliedes:* des Liedes »Der Mond ist aufgegangen«
von 1779.

213,20 *der Ungar in der Anekdote:* nicht ermittelt.

213,30 *die Urfassung:* In Wahrheit ist eine solche nicht überliefert.
Die von Boas mitgeteilte Version geht offenbar auf Johannes Falk
zurück, der das Gedicht in seinem nachgelassenen Goethe-Buch
(1832) aus dem Gedächtnis zitiert. Der Fehler ist bereits von
Düntzer berichtigt worden; was Kraus aber unbekannt geblieben
ist.

214,24 *Jean Paul:* in seiner *Vorschule der Ästhetik* (1804), § 32.

214,31 *des Feldpredigers Schmelzle Reise nach Flätz:* Jean Pauls
Erzählung – er nennt sie ein »komisches Gemälde« – ist 1809
erschienen. Kraus hat in seine Vorlesungen nur einige ›ernste‹
Schriften Jean Pauls aufgenommen.

215,14 *ein Schatzkästlein:* nach dem sprichwörtlich gewordenen
Titel von Johann Peter Hebels Sammlung seiner Kalenderge-
schichten: *Schatzkästlein des rheinischen Hausfreundes* (1811).

215,16 *Kleist:* Der freilich geht in seiner Novelle »Die Marquise von
O...« (1808) nicht mit einem »dergestalt daß«, das gleichwohl ein
charakteristisches Merkmal seines Erzählstils ist, sondern mit
einem Gedankenstrich (»Hier – traf er«) »über alles Unwesentliche bei der Vergewaltigung« (eigentlich: über diese selbst)
hinweg.

215,18 *Heinrich Mann:* Kraus dürfte hier vor allem dessen Roman-
trilogie *Die Göttinnen* (1902) im Auge haben. In der *Fackel* sind
1906 und 1910 zwei Erzählungen von Heinrich Mann erschienen.

215,23 *deren Dichtung bei Peter Altenberg:* Man vergleiche Kraus'
Aufsatz zu Altenbergs 50. Geburtstag (S. 18–22).

216,3 *Minna von Barnhelm:* Lessings Lustspiel (1767).

216,5 *Freytags »Journalisten«:* Das Lustspiel *Die Journalisten* von
Gustav Freytag (1854).

216,8f. *Die typische Hoffnung der Literarhistoriker:* Sie war Karl

Kraus zufolge vor allem an Arthur Schnitzlers dramatisches Schaffen geknüpft (vgl. S. 138 f.).

216,13 *Grabbe in seiner ... Schrift:* die Abhandlung *Über die Shakspero-Manie* von 1827. Das nachfolgende Zitat findet sich gegen Ende der Schrift. Grabbe stellt dem Falstaff Shakespeares hier den deutschen Eulenspiegel gegenüber.

216,15 *zum Beispiel sein eigenes:* Grabbes *Scherz, Satire, Ironie und tiefere Bedeutung* (1827).

216,16 *Falstaff:* Sir John Falstaff in Shakespeares *Heinrich IV.* und *Die lustigen Weiber von Windsor.*

216,22 f. *der ... bekannten Oper:* von Otto Nicolai (1849).

216,30 ›*Fliegende Blätter‹:* Das humoristische Wochenblatt erschien seit 1844 in München.

216,35 *daß »Humor« Feuchtigkeit bedeutet:* dies die Bedeutung des lateinischen Wortes.

217,12 *eine deutsche Sängerschar:* Das Ereignis hat Kraus in der Satire »Fahrende Sänger« (F 226, S. 1–11; W XII, S. 112–121) behandelt.

217,23 *»Die Meister«:* Die Zeitschrift erschien ab 1920 in München.

217,26 *»Pfarrer von Kirchfeld«:* Das kirchenkritische Drama, mit dem Anzengruber berühmt wurde, erschien 1871.

217,29 *Fadaise:* Fadheit, Albernheit.

217,31 *Herr Wirt:* In Eduard Castles Anzengruber-Ausgabe (Tl. 19, Leipzig 1921, S. 48) wird das Gedicht auf April 1882 datiert.

218,26 f. *mit etwas mehr wurzellosem Witz als urkräftigem Behagen:* nach *Faust*, V. 537 f. sowie V. 2162.

218,28 f. *in einer seiner Klapperstrophen:* aus Heines *Deutschland. Ein Wintermärchen* (1844), Caput VIII. Vgl. auch den späteren Aufsatz »Der Reim« (bes. S. 241).

218,35 *Diligence:* Eilpostwagen.

218,36 *Beichais‘:* Beichaise: (halbverdeckter) Begleitwagen.

219,12 *der Lieder süßem Mund:* nach Schillers Ballade »Die Kraniche des Ibykus« (»Ihm schenkte des Gesanges Gabe, / Der Lieder süßen Mund Apoll«).

219,14 f. *ein erschrockener Wildgans-Verehrer fragt mich:* wohl brieflich. Ein solches Schreiben bildet den Anlaß des Aufsatzes »Richtigstellung« im vorangehenden Heft der *Fackel* (F 572–576, S. 53–60; W II, S. 82–90).

219,15 f. *das Buch jener Lieder:* Heines *Buch der Lieder* von 1827.

219,17 f. *wenn ich von einer Lyrik spreche:* in dem angeführten Aufsatz »Richtigstellung« (dort S. 57).

219,34 *Fortsetzung des »Lumpazivagabundus«:* Nestroys Zauber-
spiel *Die Familien Zwirn, Knieriem und Leim oder Der Weltun-
tergangstag* (1834). Kraus zitiert nach der Nestroy-Ausgabe von
Chiavacci und Ganghofer.

219,36 *Entree:* Eingangs-, Auftrittslied.

220,22 *Schalanter:* die Figur des liederlichen Drechslermeisters in
Anzengrubers Drama *Das vierte Gebot* (1878).

220,24 *Viktualien:* (österr.) Lebensmittel.

220,26 *skandieren:* unter Hervorhebung der metrischen Form betonen.

220,29 *Loreley:* Heines Gedicht (»Ich weiß nicht, was soll es bedeuten«) aus dem *Buch der Lieder.*

221,3 *wie eine Blume:* nach Heines Gedicht »Du bist wie eine
Blume« im *Buch der Lieder.*

222–258   Der Reim
                      (1927)

Über die Grundsätze seiner literaturkritischen Arbeiten hat
sich Kraus – außer vielfach schon in diesen selbst – auch in
einigen poetologischen Schriften ausgesprochen. Unter
ihnen nimmt der Aufsatz »Der Reim« schon aufgrund der
Ausführlichkeit, mit der hier ein wesentliches Formelement
der deutschen Dichtung untersucht wird, gewiß die erste
Stelle ein.

Polemischen Charakters ist freilich selbst diese Schrift.
Nicht bloß entnimmt Kraus die abschreckendsten Beispiele
wieder Heines Werk, dem er schon 1910 unter einem anderen Gesichtspunkt den Prozeß gemacht hat; er entwickelt
die eigene Theorie des Reims auch im Wege der Kritik an
einer anderen, der allerdings höchst anfechtbaren *Kurzen
Theorie der Reimkunst für Dilettanten* von Gottfried
August Bürger aus dem Jahre 1791. Kraus wird die erst aus
Bürgers Nachlaß veröffentlichte Schrift in einer neueren
Gesamtausgabe von dessen Werken (hrsg. von Bohtz, 1835;
von Wurzbach, 1902) kennengelernt haben. Der sehr viel
gescheitere *Versuch einer Theorie des Reims nach Inhalt und*

Form von Johann Stephan Schütze (Magdeburg 1802) scheint ihm entgangen zu sein.

Bereits 1916 ist in der *Fackel* das Gedicht »Der Reim« erschienen, aus dem Kraus am Anfang und am Ende des Aufsatzes einige Verse zitiert. Als eine Vorstudie kann die hier ebenfalls zitierte Untersuchung »Ein Faust-Zitat« aus dem Jahre 1921 gelten. Im übrigen muß man wissen, daß Kraus' lyrisches Werk mit nur wenigen Ausnahmen aus Reimversen besteht und daß auch seine Dramen, soweit sie nicht in Prosa abgefaßt sind, sich ungereimter Verse nur selten bedienen.

Der Aufsatz erschien erstmals in der *Fackel* vom April 1927 (F 757/758, S. 1–37) und wurde von Kraus dann in den Band *Die Sprache* (1937) übernommen.

222,3 f. *Er ist das Ufer ... einverstanden:* Strophe 7 des Gedichts »Der Reim« (F 443/444, S. 31; W VII, S. 80).

223,2 *am Ende einer Shakespeare-Schlegel'schen Tirade:* In Shakespeares Dramen werden Rede-Schlüsse, vor allem am Ende von Szenen, oft durch ein Reimpaar ausgezeichnet. August Wilhelm Schlegel hat diese Besonderheit in seiner Übersetzung sorgfältig nachgebildet.

223,9 *einer dürftigen Calderon-Übersetzung:* Welche Übersetzung Kraus hier meint, ist schwer zu ermitteln. Die ihm vom Hörensagen bekannte »Bearbeitung« von *Das Leben ein Traum* durch Hugo von Hofmannsthal, *Der Turm*, ist in Prosa abgefaßt.

223,9 f. *in einem Grillparzerschen Original:* Seine Geringschätzung des »Klassikers« Grillparzer (der »vornehmlich aus dem Bedürfnis Österreichs nach einem Klassiker entstanden« sei) hat Kraus am ausführlichsten in dem Aufsatz »Grillparzer-Feier« ausgesprochen (F 588–594, S. 12–21).

225,19 *»poiein«:* (griech.) ›machen, tun‹; danach *poiēma* ›Dichtung, Gedicht‹.

226,12 *nicht unähnlich dem ästhetischen Minus:* Das Motiv gehört in Kraus' Metaphysik der Erotik und findet sich mehrfach in seinen Aphorismen und Gedichten behandelt. Man vergleiche etwa »Dein Fehler« (W VII, S. 344).

226,21 *aura vitalis:* (lat.) Lebenshauch, Lebenskraft.

228,7 *Lakunen:* Lücken.

228,10 *Mephistopheles:* in *Faust*, V. 11840–43. Man vergleiche den Aufsatz »Ein Faust-Zitat« (S. 191–200).

228,23 *Reimlehre: Hübnerus redivivus. Das ist: Kurze Theorie der Reimkunst für Dilettanten.* Die kleine Schrift ist 1791 entstanden und nach Bürgers Tod in der Fortsetzung von dessen *Akademie der schönen Redekünste* 1797 und 1798 erstmals gedruckt worden.

228,25 *Unfug Grabbes:* dessen Abhandlung *Über die Shakspero-Manie,* erstmals veröffentlicht 1827. Vgl. S. 216.

228,36–229,1 *des gedehnten und des geschärften Vokals:* des langen (oft auch geschlossenen) und des kurzen (oft auch gerundeten) Vokals in Reimpaaren wie »bräche – Fläche« und »Fuß – Kuß«.

229,25 f. *bei Liliencron:* in dessen Gedicht »Der Handkuß«.

230,2 *deren Harmonie ... so prästabiliert erscheint:* scherzhafte Anwendung des Begriffs der prästabilierten Harmonie aus Leibniz' Theodizee.

230,6 f. *des Strengen ... und des Milden:* nach Schillers »Lied von der Glocke« V. 88–90.

232,12 *Onomatopoieten:* scherzhafte Neubildung zu *Onomatopöie* ›Wortmalerei, sprachliche Nachahmung von Naturlauten‹. Gemeint sind Bildungen wie »trap trap trap« und »klinglingling« in Bürgers »Lenore«.

232,13 *des »Wilden Jägers«:* Diese Ballade hat Kraus als einziges von Bürgers Gedichten mehrfach vorgelesen.

233,3 *die französische Allreimbarkeit:* Aufgrund der Endsilbenbetonung der französischen Sprache sind in der französischen Dichtung Reime wie »beauté – clarté« oder »silence – prudence« gewöhnlich.

233,26 *Herr Blumauer:* Bürger selbst hat eine anerkennende Besprechung von Aloys Blumauers *Gedichten* (erstmals 1782) abgefaßt. Schon zu Kraus' Zeiten war Blumauer nur mehr als Dichter einer Äneis-Travestie bekannt.

234,3 *»Achton« und »Ichton«:* Nach Bürgers Auffassung sollen auch Wörter wie *Tag* und *Weg* mit den Allophonen des in der deutschen Orthographie mit *ch* bezeichneten Phonems auszusprechen sein ([ta:x], [ve:ç]).

234,30 *einer ganzen »ersten Periode«:* Schiller-Ausgaben des 19. Jh.s pflegen (seit Körners Ausgabe von 1812–15) die Gedichte Schillers in drei »Perioden« einzuteilen. Zumal die Jugendlyrik der »ersten Periode« kennzeichnen ›schwäbische‹ Reime wie die von Kraus hier aufgeführten.

235,5 *Fridolin:* in Schillers Gedicht »Der Gang nach dem Eisenhammer« von 1797.

235,8 *die herrlichen Verse:* in Schillers Gedicht »Der Kampf mit dem Drachen« von 1798. Außer den »Kranichen des Ibykus« hat Kraus nur dieses Gedicht in sein Vorlesungsprogramm aufgenommen.

235,16 *des »Faust-Zitats«:* Man vergleiche S. 191–200.

235,18 f. *jene andere ... Stelle: Faust,* V. 1977–79.

236,20 f. *in jener ... Szene:* der Szene »Innerer Burghof« im 3. Akt des Zweiten Teils (vor allem: V. 9356–84).

237,6 f. *Vor dem Reichtum ... alles nichts: Faust,* V. 9354 f.

237,13 *Laryngologenkritik:* Laryngologie ist die Lehre vom Kehlkopf und dessen Krankheiten

237,19 f. *Allwärts ahn' ich ... in Burg und Raum: Faust,* V. 9262 f.

237,33–238,19 *Ein Schulbeispiel ... vor Reinheit!:* Diese Sätze waren im Erstdruck des Aufsatzes noch nicht enthalten. Kraus hat sie – wahrscheinlich um 1930 – für die Buchausgabe eingefügt. Man vergleiche auch S. 269–275. – Die von Kraus angeführten Verse eröffnen das letzte Gedicht des Dritten Buchs von Georges *Der Stern des Bundes* (1914).

238,13 *»mit denen dichterische Werte besät sind«:* vgl. 228,17 f.

239,19 *die Rhodus-Möglichkeit:* vgl. Anm. zu 37,31 f.

239,28 *»Gstanzl«:* Schnadahüpfl, vierzeiliges Scherzlied, volkstümlich in Österreich und Bayern.

239,29 *Kanzone:* romanische Gedichtform des Mittelalters, von Petrarca und Dante oft verwendet, in der deutschen Lyrik kaum gebräuchlich.

239,29 f. *eine meiner zahlreichen Zusatzstrophen:* zum ›Tirolerlied‹ der Gabriele in Offenbachs Operette *Pariser Leben,* die Kraus erstmals am 9. März 1927 vorgetragen hat. Eine erste Reihe dieser Zusatzstrophen ist in F 759–765, S. 37–39, veröffentlicht. In Kraus' *Zeitstrophen* (1931) sind es dann beinahe achtzig. – Die hier angeführte Strophe spielt an auf den Fall des sozialistischen Politikers Franz Gruener, »der in Tirol Schlösser besitzt und in Berlin während der Inflation vierundzwanzig Häuser erworben haben soll« (F 743–750, S. 31).

240,26–29 *Mißtönend schauerlich ... der Standarten:* aus Heines *Deutschland. Ein Wintermärchen* (1844), Caput VIII.

241,1–4 *Von Köllen bis Hagen ... die offene Beichais':* ebd. Vgl. S. 218 f.

241,10 *»Wohlfahrtsausschuß – Moschus«:* ebd., Caput XXVI.

242,4–7 *König ist … goldne Kron':* aus Heines Gedicht »Der Hirtenknabe« im *Buch der Lieder.*

243,23 *»Die Nachtigall«:* W VII, S. 379.

244,1 *»Imago«:* ebd., S. 380 f.

244,11 *die begleitende Melodie:* In Kraus' *Traumstück* (1923) spricht Imago die Verse »zur Musik jenes Flüsterchors, der das Auftreten der Olympia bei Offenbach [in *Hoffmanns Erzählungen*] begleitet«.

244,24 *»Nächtliche Stunde«:* W VII, S. 381.

246,12 *»Traum«:* ebd., S. 263–266.

246,32 *»Jugend«:* ebd., S. 178–182.

249,7 *»Einsam«:* Das Gedicht erschien erstmals in der *Fackel* (334/335, S. 37) und ging dann fast unverändert in Viertels erstes Gedichtbuch über (*Die Spur*, 1913). Die Sammlung *Die Bahn* ist 1921 erschienen.

249,22 *seines Krähengedichts:* des Gedichts »Vereinsamt« (auch unter dem Titel »Abschied«). Darauf ist Kraus später noch einmal zu sprechen gekommen; man vergleiche W II, S. 430 f.

250,7 f. *die Hände ihm zu reichen, schauert's den Reinen:* abgewandeltes Zitat aus Goethes *Faust*, V. 3830 f.

250,21 f. *Er schlachte der Opfer zweie / Und glaube an Liebe und Treue!:* aus Schillers Ballade »Die Bürgschaft«.

252,3 *»Dunstkreis – Kunstgreis«:* aus dem Gedicht »An einen ehemaligen Goetheaner« in den *Neuen Gedichten* (1844).

252,3 f. *»Walhall-Wisch – Walfisch«:* aus den *Lobgesängen auf König Ludwig* (1844).

252,9 f. *Heute mit den Fürstenkindern, / Morgen mit den Bürstenbindern:* aus dem Gedicht »Auf eigenen Füßen – Donnerwetter!«.

252,11 *»Viehmagd – nie plagt«:* aus dem Gedicht »Stallknecht und Viehmagd«.

252,12 f. *»niederprallt – widerhallt«:* aus dem zuerst in der *Fackel* veröffentlichten Gedicht »Der Dampfhammer« (F 229, S. 19 f.). Dort auch die andern beiden Reime.

252,29 f. *»Schüttelreim«:* meist scherzhaft verwendete Spielart des ›erweiterten‹ Reims. Die Form bezeichnen Paare wie »Flintentaschen – Tintenflaschen«.

253,7 *Namengereime:* die Beispiele wieder aus *Deutschland. Ein Wintermärchen*, Caput XI.

253,13 f. *»Vorne Jean, elegant«:* aus dem Gedicht »Der Handkuß«.

253,18 f. *der sogenannte »reiche Reim«:* im Sinn des französischen »rime riche« – wenn die Übereinstimmung auch die anlautenden

Konsonanten umfaßt (»bändige – lebendige«). Einen Sonderfall
bildet die Wiederkehr desselben Wortes (»Toten – Toten«).

253,22–25 *Hilf Gott, hilf! ... Gott erbarmt sich unser!:* aus Bürgers
Ballade »Lenore«. Daraus auch die folgenden Verse.

254,17–20 *Bändige! bändige ... Triebe!:* Faust, V. 9737–40.

255,18 *Es jagt die Schwalbe weglang auf und nieder:* aus Liliencrons
»Schwalbensiziliane«.

255,25 *»Tibetteppich«:* vgl. Anm. zu 203,5 f. Wenige Wochen vor
Erscheinen des Aufsatzes »Der Reim« hat Kraus das Gedicht auch
vorgelesen (5. März 1927).

256,4 *von Richard Weiß:* der Aufsatz »Else Lasker-Schüler« (F 321/
322, S. 42–50).

256,13–16 *»in jeder ... scheitern könnte«:* ebd., S. 47.

258,2–4 *»als eine Schallverstärkung ... verloren wäre«:* aus dem
Aufsatz »Ein Faust-Zitat«. Daraus auch die folgenden Zitate.

258,12 *mit jenen Reimen:* des Gedichts »Der Reim«, dem schon das
Motto des Aufsatzes entnommen ist.

259–268   »Offenbach-Renaissance«
(1927)

Zu den stärksten Erlebnissen, die Karl Kraus dem Theater
seiner Jugend verdankt, gehören neben den Dramen Shakespeares die Operetten von Jacques Offenbach. Über deren
Bildungswert und Kunstcharakter hat er sich erstmals 1909
im Zusammenhang ausgesprochen – in dem Aufsatz »Grimassen über Kultur und Bühne«, der die »moderne Salonoperette« vom Schlage der *Lustigen Witwe* Franz Lehárs
zugunsten von Offenbachs »musikalischer Burleske« verwirft. Darin heißt es:

Ich kann mir denken, daß ein junger Mensch von den Werken
Offenbachs, die er in einem Sommertheater zu sehen bekommt,
entscheidendere Eindrücke empfängt als von jenen Klassikern, zu
deren verständnisloser Empfängnis ihn die Pädagogik antreibt. Vielleicht könnte ihm sogar das Zerrbild der Götter den wahren Olymp
erschließen. Vielleicht wird seine Phantasie zu der Bewältigung jener
Fleißaufgabe gespornt, sich aus der »Schönen Helena« das Bild jener

Heroen zu formen, das ihm die Ilias noch vorenthält. Und er zieht aus der bukolischen Posse, die die Wunderwelt des »Blaubart« einleitet, mehr lyrische Stimmung, von dem spaßigen Frauenmord mehr echtes Grauen und Romantik, als ihm Dichter bieten können, die es darauf abgesehen haben. Von dem Entrée eines Alcaden, den zwei Dorfschönen um seine Perücke herumdrehen, mag ihm das Bild der lächerlichen Hilflosigkeit in Erinnerung bleiben, wenn sich ihm einst die Kluft zwischen Gesetz und Leben öffnen sollte, und alle Ungebühr in Verwaltung und Politik offenbart sich ihm schmerzlos in der Verwirrung, welche die Staatsaktionen der Operette zur Folge haben.   (F 270/271, S. 10 f.)

Schon in diesen Sätzen versteht Kraus Offenbachs Operetten als *satirische* Werke, und im Zeichen dessen erfolgt dann auch die um die Mitte der zwanziger Jahre von ihm eröffnete »Offenbach-Renaissance«. Im Rahmen seines »Theaters der Dichtung«, dessen dritter Zyklus außerdem Werke von Shakespeare, Goethe, Nestroy, Niebergall, Hauptmann und Wedekind (sowie die eigenen Traumspiele) enthielt, trug Kraus am 20. Februar 1926 erstmals auch eine Operette Offenbachs öffentlich vor, den *Blaubart*, der bis 1935 noch vierzehnmal wiederholt werden sollte. Insgesamt kamen zwischen 1926 und 1935 an 124 Abenden vierzehn Operetten zu Gehör. Und wie aus dem Programmzettel der letzten Vorlesung hervorgeht, die Kraus zwei Monate vor seinem Tod gehalten hat, der 700. am 2. April 1936, war für »Ende April, Anfang Mai« noch ein »Offenbach-Zyklus« mit wenigstens vier Operetten geplant. Dieses ein Jahrzehnt umspannende Wirken schloß auch die »Wortregie« bei einigen Offenbach-Sendungen der Berliner »Funkstunde« (1930–32) sowie die Publikationen der von Kraus neugestalteten Texte dreier Operetten (*Madame L'Archiduc*, 1927, *Perichole*, 1931, *Vert-Vert*, 1932) ein. Den satirischen Charakter aller dieser Werke (wie seit 1922 auch schon der Possen Nestroys) hat Karl Kraus in jeder Vorlesung durch eine Reihe von »Zusatzstrophen« hervorzuheben gewußt – von denen annähernd dreihundert (die meisten in dem 1931 erschienenen Band *Zeitstrophen*) auch veröffentlicht worden sind. Sie begleiten auf Schritt und Tritt das satirische und polemische Wirken der *Fackel* und nehmen darum immer wieder auch Bezug auf Motive des Aufsatzes »›Offenbach-Renaissance‹«.

Der Aufsatz wurde geschrieben anläßlich der ersten Lesung von *Pariser Leben* am 9. März 1927 und erschien selbständig als Vorabdruck aus der *Fackel* vom April 1927 (F 757/758, S. 38–48) bereits zu diesem Termin. Dem Programm der zweiten Lesung am 13. März 1927 war die folgende Notiz vorangestellt:

Die Offenbach-Vorträge sind nicht bloß als Protest »gegen die Operettenschande der Gegenwart« gedacht, sondern nunmehr auch gegen die Schändung Offenbachs, dem sie, von Scham so weit entfernt wie von Kunst, aus den Mitteln ihrer Geist- und Musik-widrigkeit aufzuhelfen wagt. (F 759–765, S. 29)

Die dritte Lesung am 27. März 1927 war auf dem Plakat unter die Devise gestellt: »Gegen die Wiener Offenbach-Schändung« (ebd.) und brachte unter anderen Zusatzstro-phen auch diese zu Gehör:

> In der Volksoper eben
> ist's a halberte G'schicht.
> Die Helena tun s' geben,
> aber schön ist sie nicht. (Ebd., S. 39)

Mit ähnlichen Erscheinungen, die er als unerwünschte Fol-gen seiner Offenbach-Renaissance verstand, hat sich Kraus auch später noch mehrfach befaßt, am ausführlichsten in dem Aufsatz »Die Schändung von ›Pariser Leben‹«, der in Wien und Berlin auch vorgetragen wurde (F 827–833, S. 53–66).

259,13 f. *des Herrn Reinhardt:* Max Reinhardt hat *Orpheus in der Unterwelt* erstmals schon 1906, *Die schöne Helena* erstmals 1911 inszeniert.

259,14 *Gogols »Revisor«:* Kraus hat Nikolaj Gogols Komödie (1836) in der Übersetzung von Sigismund von Radecki erstmals am 9. Juni 1925 vorgetragen. Sieben weitere Vorlesungen folgten bis 1930.

259,15 *Direktiven:* Anweisungen.

259,29 f. *ein Theaterschwätzer:* nicht ermittelt.

260,12 *Helden- und Göttergspaß: Gspaß* steht österreichisch für ›Spaß‹.

260,19 f. *»Grimassen über Kultur und Bühne«:* F 270/271, S. 1–18; seit 1910 auch (überarbeitet) in *Die chinesische Mauer.* Die folgenden Zitate sind mit einigen Abänderungen der Buchfassung entnommen.

261,2 *Gesamtkunstwerk:* Das von Hans von Wolzogen geprägte Wort bezeichnet vorzugsweise Richard Wagners Ideal einer Vereinigung der Künste in dessen »Musikdramen« und »Bühnenfestspielen«.

261,31 f. *›Ich stürz’ mich ... hinein‹:* Couplet des Gondremark in *Pariser Leben.*

262,13 *Protektorat:* Schutzherrschaft.

262,15 *prostituiert:* entehrt, schändet.

spekulativen: berechnenden, auf ihren Vorteil bedachten.

262,23 *Bobèche und Sparadrap:* Figuren aus *Blaubart* bzw. *Die Prinzessin von Trapezunt.*

262,29 *die ultima ratio:* das letzte Mittel.

262,32 *des Commis voyageur:* des Handlungsreisenden.

262,35 *›Fledermaus‹:* Operette von Johann Strauß (Sohn), 1874.

262,36 *›Opernballs‹:* Operette von Richard Heuberger, 1898.

263,1 *›Lustigen Witwe‹:* Operette von Franz Lehár, 1905.

263,17 *des Kommis:* Kommis: Handlungsgehilfe.

263,19 f. *Soufflierbücher:* Textbücher der »Einsager« bei Aufführungen. Sie bilden wegen der oft darin vermerkten Abänderungen der zugrunde gelegten Texte wichtige theatergeschichtliche Quellen.

263,20 *»Extempores«:* aus dem Stegreif vorgenommene Ergänzungen.

263,22 *Alfanzerei:* Possen, Späße.

die zwei beliebtesten Werke Offenbachs: Orpheus in der Unterwelt und *Die schöne Helena.*

263,23–25 *der Erneuerung ... gewärtig:* so *Die schöne Helena* in der Volksoper.

263,30 *Einbrenn:* Mehlschwitze, in Fett geröstetes Mehl.

263,32 *Amoretten:* Liebesgötter, Putten.

264,18 f. *bukolisches Gedicht:* Hirten-, Schäfergedicht. Vgl. S. 49.

264,34 *Lecocq:* Gemeint ist hauptsächlich die Operette *Madame Angot* (1872) von Alexandre Charles Lecocq, aus der Kraus einmal (am 13. Januar 1928) das Lied der Clairette, mit Zusatz-strophen, vorgetragen hat. Vgl. *Zeitstrophen* (1931), S. 71–75.

265,14 *der Coupletstrophen:* der »Zusatz-« oder »Zeitstrophen« zu den Couplets der Operetten.

265,18 *einer Betrachtung wert:* Darum hat Kraus seinen Neufassun-gen von *Perichole* (1931) und *Vert-Vert* (1932) wenigstens die Liedtexte im französischen Original beigefügt.

265,22 *Patina:* Edelrost auf Metallen.

266,13 *Pandora:* vgl. Anm. zu 170,29.

266,26 *travestiert:* Travestien stellen einen ernsthaften Gegenstand in einem lächerlichen Gewande dar. Eine klassische Travestie ist Offenbachs *Orpheus in der Unterwelt.*

266,31 *Coupé:* Zugabteil.

266,35 *Grisetten:* Putzmacherinnen, leichtfertige Mädchen.

267,14 *Vaudeville:* volkstümliche Gattung des Musiktheaters, be-sonders im Frankreich des 19. Jh.s.

267,20 f. *Werke wie »Blaubart«, »Die Großherzogin von Gerol-stein«, »Die Prinzessin von Trapezunt«:* Von den in diesem Satz angeführten Stücken hat Kraus nur diese drei (außerdem elf weitere) Stücke vorgetragen.

267,24 *amor et deliciae:* (lat.) die Lust und die Freude (des Men-schengeschlechts); nach Sueton (über Titus).

267,26 *Eßbukett:* nicht ermittelt.

268,2 *Fledermaus-Soirée:* das abendliche Fest im 2. Akt von Strauß' Operette. Bei Aufführungen wurden (und werden) hier oft selb-ständige Konzertstücke, etwa von Strauß selbst, eingelegt.

268,5 *Briefarie der Metella:* In dem Aufsatz »Die Schändung von ›Pariser Leben‹«, der sich polemisch auf die Neubearbeitung des Textes durch Peter Scher bezieht, hat Kraus seine Fassung der Arie mitgeteilt (F 827–833, S. 58–60). Sein Vortrag eben dieser Arie ist auf einer Schallplatte erhalten; vgl. Knepler, *Karl Kraus liest Offenbach,* S. 224.

268,15 *»Theater der Dichtung«:* Diesen Namen verwendet Kraus seit 1925 für seine Vorlesungen dramatischer Werke, vor allem solcher von Shakespeare, Nestroy und Goethe.

268,23 *jenes Wagner-Wortes:* brieflich? Sinngemäß so in Wagners Artikel »Zur Einführung« der *Bayreuther Blätter* (1878).

269–275   Sakrileg an George
oder Sühne an Shakespeare?
(1932)

Karl Kraus hat Stefan George fast drei Jahrzehnte lang zwar
nicht mit Worten, aber durch Schweigen geehrt und davon
erst in dem Moment abgelassen, als die Lobredner des
sechzigjährigen Dichters »den Begriff von Sprachkunst, den
ich zugleich betätigt und davon zum faßbaren Theorem
abgezogen habe«, dort erfüllt fanden, »wo der Schätzmeister
sprachlicher Werte nichts als das Ornament gewahrt, mit
dem eine Papierhülse vom innern Mangel abzulenken weiß«
(F 795–799, S. 3 f.). Zugleich kündigt Kraus auch »den
Respekt vor einem Dichterleben« auf, »das sich zeremoniös,
aber in hoher Zucht vom Jahrmarkt abzusondern wußte und
dessen Ertrag vor dem allzu Gegenwärtigen doch ein ethisches Plus bedeutet hat« (ebd.). Schneidend heißt es wenig
später in der Versrede »Nach dreißig Jahren«:

> Nie hat er
> den Stoff, durchdringend bis zum Geist,
> erlebt, erlitten, und er hat das Leid
> des Kampfes sich erlassen wie der Welt,
> die solche Abkehr ihm, solch ein Verzichten
> aufs höchste dankt und für die Hieroglyphen,
> die er in eingeräumter Ferne zeichnet,
> ihn heiligspricht.   (F 810, S. 10; W VII, S. 526 f.)

Kraus' erneute Befassung mit Stefan George, drei Jahre
später, steht nur zum Teil auf demselben Blatt. Nachdem er
sich schon 1926, in dem Aufsatz »Hexenszenen und anderes
Grauen« (F 724/725, S. 1–44; W II, S. 163–200), polemisch
auf ein Übersetzungswerk des George-Kreises, Friedrich
Gundolfs *Shakespeare in deutscher Sprache*, bezogen hatte,
griff er nun die Übersetzung von Shakespeares Sonetten
durch den Meister selber an. Georges »Umdichtung« war
1909 in erster, 1919 in zweiter Auflage erschienen und von
Gundolf 1922 und 1925 auch in die »Neue Ausgabe« seines

deutschen Shakespeare übernommen worden. Als Kraus sie mit einiger Verspätung – vielleicht anläßlich ihres Erscheinens in der »Gesamt-Ausgabe« von Georges Werken (1931) – zu Gesicht bekam, war er selbst bereits von der bloßen ›Bearbeitung‹ Shakespearescher Dramen zu deren ›sprachlicher Erneuerung‹ fortgeschritten. Im Jahre 1930 entstand und erschien als erstes Werk *seines* deutschen Shakespeare *Timon von Athen*. Was Shakespeares Sonette betrifft, so dürfte ihn erst die Bekanntschaft mit Georges »Umdichtung« zu einer eigenen »Nachdichtung« bewogen haben – die vollständig im März 1933 erschien. Einzelne Stücke daraus hat Kraus im Oktober und November 1932 bei Vorlesungen in verschiedenen Städten mitgeteilt und dann im Dezember 1932 im zweiten Teil des Aufsatzes »Sakrileg an George oder Sühne an Shakespeare?« in der *Fackel* veröffentlicht.

In dieser Sammlung wird nur der erste – in Argumentation und Typographie durchaus selbständige – Teil des Aufsatzes (F 885–887, S. 45–51) wiedergegeben.

269,2 *Sakrileg:* Kirchenschändung, Gotteslästerung.

269,5 *Pathologie:* eigtl.: Krankheitslehre, dann auch: Krankheitszustand.

269,6 *Dekaden:* Zehnergruppen; hier: Jahrzehnte.

269,9 *zwischen Dionysischem und Psychologischem:* Mit beiden Begriffen bezeichnet Kraus auch sonst Grundzüge des Werks von Friedrich Nietzsche. Man vergleiche etwa das Gedicht »Der Antichrist« (W VII, S. 340).

269,16 *die Esoteriker:* die Eingeweihten.

269,29 *Nobelpreisträger und Nobelpreiskandidaten:* Kraus selber war von einer Gruppe französischer Professoren mehrfach für den Literaturnobelpreis vorgeschlagen worden. Im Jahre 1929 wurde der Preis Thomas Mann zuerkannt.

269,33 *mit kleinen Anfangsbuchstaben:* George hat alle seine Werke in ›gemäßigter Kleinschreibung‹ erscheinen lassen.

270,2 f. *profanum vulgus ... odisse et arcere:* nach Horaz' Vers »Odi profanum vulgus et arceo« (*Oden* 3,1,1): »Unreinen Pöbel haß ich und halt ihn fern« (Schröder).

270,4 f. *Subalternität:* Unterwürfigkeit.

270,20 *Hieratische:* Priesterliche; Hieroglyphische.

270,25 *Vergangenheitswörter:* veraltete Wörter, Archaismen.

271,3 f. *der Schlegel und Tieck:* Die lange Zeit kanonische Übersetzung der Dramen Shakespeares ist von August Wilhelm Schlegel
begonnen und unter Tiecks Aufsicht von dessen Tochter Doro-
thea und Wolf Graf Baudissin abgeschlossen worden.

271,4 *von Kommis:* Kommis: Handlungsgehilfe, kaufmännischer
Angestellter.

271,4 *libertinischen:* liederlichen, zügellosen.

271,6 *den Sonetten:* Der Zyklus von 154 Liebes-Sonetten, Shakespeares heikelstes und schwierigstes Werk, ist wahrscheinlich
gegen 1600 entstanden und erschien erstmals 1609 im Druck.

271,8 f. *deren Nachdichtung schon die ganze Literatur hindurch:*
»Kaum ein anderes Werk der Weltliteratur ist so oft ins Deutsche
übertragen worden wie Shakespeares ›Sonette‹«, schreibt Raimund Borgmeier, der (bis 1974) an die vierzig Gesamtübertragun-
gen zählt.

271,18 *des Abschlußreimes:* Das Shakespearesche Sonett besteht aus
drei Vierzeilern und einem abschließenden Reimpaar (*couplet*).

271,21 *»ein Gestaun«:* so in Georges Übersetzung von Sonett II
(für »so gaz'd on now«).

271,26 *Usurpation:* widerrechtliche Aneignung.

272,5 *domestizieren:* zähmen.

272,7 f. *mit Prokrustesmitteln ins Versbett zu bringen:* Vgl. Anm.
zu 7,22.

272,13 *den Bodenstedts:* mittelmäßigen Shakespeare-Übersetzern
des 19. Jh.s, wie eben Friedrich Bodenstedt, dessen Übersetzung
der Sonette erstmals 1862 erschien. Vgl. Anm. zu 9,16.

272,34 *ein Dilettant auf eigene Faust:* nach Goethes Vers »Ich bin
ein Narr auf eigne Hand« (»Den Originalen«).

273,9 *Amalgams:* Amalgam: eigtl.: eine Quecksilberverbindung;
dann auch allgemein: Gemenge, Legierung.

273,13 *Äonen:* Zeitalter. Hier nach *Faust*, V. 11583 f.: »Es kann die
Spur von meinen Erdentagen / Nicht in Äonen untergehn.«

273,16 *vorwörtlich:* im Vorwort, nämlich der »Einleitung«, in der
die beiden Wendungen (freilich kleingeschrieben) tatsächlich stehen. Mit »vorwörtlich« dürfte zugleich auch ›vorsprachlich‹
(noch nicht zu sprachlicher Gestalt gebracht) gemeint sein.

273,20 f. *und wenn die Welt voll Teufel wär':* nach einem Vers aus
Luthers Lied »Ein feste Burg ist unser Gott«.

273,24 f. *daß Gott England strafen möge:* Eine im Ersten Weltkrieg geläufige Parole, die auch als Gruß verwendet wurde, hieß »Gott strafe England!«

273,28–30 *Schmach und Gram ... einrichten zu sollen:* nach Shakespeares *Hamlet* I,5.

273,35 *Kenntnis des Englischen:* Kraus war in der Tat des Englischen nicht mächtig, hat sich jedoch in Einzelheiten von Freunden beraten lassen.

274,1 f. *Anhörungsunterricht:* Im zweiten Teil des 1932 mehrfach vorgetragenen Aufsatzes stellt Kraus Georges Übersetzungen einiger Sonette seine eigenen Nachdichtungen gegenüber.

274,12 *skandieren:* dem Metrum gemäß betonen.

274,18 *»dein schlimm« oder »jed gut«:* in Georges Übersetzung von Sonett CL (für »thy worst« und »all best«).

274,22 *Exekution:* Vollstreckung, Hinrichtung.

274,25 *in München:* in der Vorlesung vom 24. Oktober 1932.

274,34–36 *Teppich des Lebens ... Pilgerfahrten ... Stern des Bundes ... siebenten Ring:* Titel verschiedener Gedichtbücher (oder einzelner Zyklen) von Stefan George.

275,2–5 *der »weltschaffenden Kraft ... etwas ahnen können«:* aus Georges »Einleitung« zu seiner Übersetzung.

276–278   Die Sprache
                      (1932)

In die zweite Hälfte der zwanziger Jahre fallen die großen Feldzüge der *Fackel* gegen Békessy, Schober und Kerr. Als Kraus aber erkennen mußte, daß allen diesen Erscheinungen weder polemisch noch juristisch der Garaus zu machen war, wandte er sich mit desto größerer Energie wieder seiner konstruktiven Arbeit zu – vor allem dem Dienst an Offenbach und Shakespeare im Rahmen seines »Theaters der Dichtung«. Im Zusammenhang damit nimmt er auch die lange vernachlässigte »Sprachlehre« wieder auf. Im Oktober 1932 erscheint die umfangreiche Abhandlung »Subjekt und Prädikat«; zugleich wird ein neues Buch angekündigt, das den Titel *Die Sprache* führen soll (F 876–884, S. 147–192 und Umschl.-S. 3). Eigens für dieses Buch, das freilich erst fünf Jahre später, im Jahr nach seinem Tod, erschienen ist, dürfte Kraus den gleichnamigen Aufsatz geschrieben haben, in dem er die leitenden Gesichtspunkte seiner sprachkritischen Arbeiten noch einmal bündig zusammenfaßt. Zugleich gibt die dichtgefügte und enggeführte Abhandlung Auskunft auch über die Grundsätze seiner Literaturkritik.

Der Aufsatz wurde im Herbst 1932 zweimal vorgetragen (am 7. und 24. Oktober) und eröffnet dann das letzte vor der ›Machtergreifung‹ erschienene Heft der *Fackel* (F 885–887, Ende Dezember 1932, S. 1–4). In *Die Sprache* (1937) steht er mit Recht (und in Übereinstimmung mit Kraus' brieflich bekundeter Absicht) am Ende.

276,3 *Sprache als Gestaltung:* Man vergleiche hierzu den Aufsatz »Die Wortgestalt« (S. 201–207).

276,8f. *Auskultation ... Perkussion:* Beide Ausdrücke bezeichnen Methoden der medizinischen Diagnostik: das ›Behorchen‹ und das ›Beklopfen‹.

276,17f. *Die neuere Sprachwissenschaft:* Gemeint ist wohl die ›idealistische‹ Richtung Karl Vosslers und Leo Spitzers. Auf Vosslers *Gesammelte Aufsätze zur Sprachphilosophie* (1923) bezieht sich die erst aus dem Nachlaß veröffentlichte Glosse »Sprachlehre für Sprachlehrer« (*Nationalzeitung* [Basel], 15. Juni 1939, Abendblatt; *Forum* [Wien], 6, 1959, H. 64).

277,15 *Wunsch ... des Gedankens Vater:* nach »Dein Wunsch war des Gedankens Vater« aus Shakespeares *Heinrich IV.* (2. Teil, IV,5) in Schlegels Übersetzung.

277,33 *Ordonnanz:* (milit.) Anordnung, Vorschrift.

278,7 *Pandora:* vgl. Anm. zu 170,29. Die hier angeführten Verse stehen in einer Rede des Epimetheus (V. 124–126) und enthalten den in Goethes Werk höchst seltenen Fall eines Zeilensprungs innerhalb eines Wortes.

278,24 *»Volk der Dichter und Denker«:* Das geflügelte Wort geht wohl auf Musäus (1782) zurück, der »Volk« an dieser Stelle freilich im Sinn von ›Menge‹ gebraucht: »Was wäre das enthusiastische Volk unserer Denker, Dichter, Schweber, Seher ohne die glücklichen Einflüsse der Phantasie?«

278,31 *Chimäre:* Hirngespinst, Wahnvorstellung; nach dem gleichnamigen Fabelwesen aus Löwe, Ziege und Schlange der griechischen Mythologie.

Personenregister

Das Register verzeichnet Personen des kulturellen Lebens, die in den hier versammelten Aufsätzen namentlich oder (bei eingeklammerter Seitenzahl) indirekt erwähnt werden.

Literaturhinweise

Die Werke von Karl Kraus und die Schriften über ihn sind in den Bibliographien von Kerry (1970, Nachträge 1972/74 und 1975) und Scheichl (1975, Fortsetzungen seit 1977) annähernd vollständig und durchweg zuverlässig verzeichnet. Die nachfolgende Liste führt darum in der Hauptsache nur die wichtigsten neueren Veröffentlichungen auf – im letzten Abschnitt außerdem nur solche Arbeiten, die sich mit Kraus' literaturkritischem Werk befassen. Unter diesen seien eigens hervorgehoben die Bücher von Werner Kraft.

Ausgaben

Die Fackel. Nr. 1 – Nr. 917–922. Wien 1899–1936. Neudr. München: Kösel, 1968–73. [Zit. als: F.]

Frühe Schriften 1892–1900. Hrsg. von Johannes J. Braackenburg. 2 Bde. München: Kösel, 1979. [Zit. als: FS.]

Werke. Hrsg. von Heinrich Fischer. 14 Bde. München: Kösel, 1952–67. [Zit. als: W.]

Ausgewählte Werke. Bd. 1–3. Hrsg. von Dietrich Simon. Berlin: Volk und Welt, 1971. Bd. 4. Hrsg. von Dietrich Simon. Ebd. 1974. Bd. 5. Hrsg. von Kurt Krolop. Ebd. 1978. Beih. zu Bd. 1–5.

Briefe an Sidonie Nádherný von Borutin. Hrsg. von Heinrich Fischer und Michael Lazarus. München: Kösel, 1974. Ebd.: Deutscher Taschenbuch-Verlag, 1977.

Hilfsmittel

Bäuml, Gustav H. / Bäuml, Franz H.: Sachnamen- und Jargonregister zu Karl Kraus' »Die Fackel«. In: Modern Austrian Literature 8 (1975) H. 1/2: Special Karl Kraus Issue. S. 181–210.

Jenaczek, Friedrich: Zeittafeln zur »Fackel«. Themen – Ziele – Probleme. Gräfelfing 1965. (Adalbert Stifter Verein e.V. München. Veröffentlichungen der Wissenschaftlichen Abteilung. 11.)

Kerry, Otto: Karl-Kraus-Bibliographie. Mit einem Register der Aphorismen, Gedichte, Glossen und Satiren. München 1970.

– Nachträge. Primär-Literatur zu Kerry: Karl Kraus Bibliographie. In: Die Pestsäule (Wien) 1 (1972/74) H. 6, S. 527–531.

– Nachtrag zur Karl-Kraus-Bibliographie. München 1970. In:

Modern Austrian Literature 8 (1975) H. 1/2: Special Karl Kraus
Issue. S. 103–180.

Kohn, Caroline: Lexique viennois dans l'œuvre de Kraus. In: Eliane
Kaufholz (Hrsg.): Karl Kraus. Paris 1975. (Cahiers de L'Herne.
28.)

– Der Wiener jüdische Jargon im Werke von Karl Kraus. In:
Modern Austrian Literature 8 (1975) H. 1/2: Special Karl Kraus
Issue. S. 240–267.

Ögg, Franz: Personenregister zur »Fackel« von Karl Kraus. Suppl.-
Bd. zum Reprint der »Fackel«. München 1977.

Scheichl, Sigurd Paul: Kommentierte Auswahlbibliographie zu Karl
Kraus. In: Arnold, Heinz-Ludwig (Hrsg.): Karl Kraus. München
1975. (Text + Kritik. Sonderbd.) S. 158–241. – Fortges. in:
Kraus-Hefte. Hrsg. von Sigurd Paul Scheichl und Christian Wagenknecht. H. 1 ff. München 1977 ff.

Gesamtdarstellungen

Fischer, Jens Malte: Karl Kraus. Stuttgart 1974. (Sammlung Metzler.
131.)

Kohn, Caroline: Karl Kraus. Stuttgart 1966.

Liegler, Leopold: Karl Kraus und sein Werk. Wien 1920. 2., unv.
Aufl. ebd. 1933.

Schick, Paul: Karl Kraus in Selbstzeugnissen und Bilddokumenten.
Reinbek b. Hamburg 1965. [5]1978. (rowohlts monographien.
111.)

Zohn, Harry: Karl Kraus. New York 1971. (Twayne's World
Authors Series. 116.)

Einzeluntersuchungen

Bauer, Roger: Kraus contra Werfel: eine nicht nur literarische Fehde.
In: Sprache und Bekenntnis. Sonderband des Literaturwissen-
schaftlichen Jahrbuchs. Hermann Kunisch zum 70. Geburtstag.
Berlin 1971. S. 315–334.

Bilke, Martina: Zeitgenossen der »Fackel«. Wien 1981.

Borries, Mechthild: Ein Angriff auf Heinrich Heine. Kritische
Betrachtungen zu Karl Kraus. Stuttgart 1971. (Studien zur Poetik
und Geschichte der Literatur. 13.)

Disch, Andreas: Das gestaltete Wort. Die Idee der Dichtung im
Werk von Karl Kraus. Zürich 1969.

Fischer, Jens Malte: Karl Kraus. Studien zum »Theater der Dichtung« und Kulturkonservatismus. Kronberg i. Ts. 1973. (Theorie – Kritik – Geschichte. 1.)

Grimstad, Kari: Masks of the Prophet. The Theatrical World of Karl Kraus. Toronto/Buffalo/London 1982.

Haueis, Eduard: Karl Kraus und der Expressionismus. Diss. Erlangen/Nürnberg 1968.

Himmel, Hellmuth: Hugo von Hofmannsthal und Karl Kraus. In: Österreich in Geschichte und Literatur 10 (1966) S. 551–565.

Irmer, Hans-Jochen: Jacques Offenbachs Werke in Wien und Berlin. In: Wissenschaftliche Zeitschrift der Universität Berlin. Gesellschafts- und Sprachwissenschaftliche Reihe 18 (1969) S. 162–169.

Kämmerling, Bernd: Die wahre Richtung des Angriffs. Über Karl Kraus': Heine und die Folgen. In: Heine-Jahrbuch 11 (1972) S. 162–169.

Knepler, Georg: Karl Kraus liest Offenbach. Erinnerungen – Kommentare – Dokumentationen. Berlin (DDR) 1984.

Kosler, Hans Christian: Karl Kraus und die Wiener Moderne. In: Arnold, Heinz Ludwig (Hrsg.): Karl Kraus. München 1975. (Text + Kritik. Sonderbd.) S. 39–57.

Kraft, Werner: Karl Kraus. Beiträge zum Verständnis seines Werkes. Salzburg 1956.

– Das Ja des Neinsagers. Karl Kraus und seine geistige Welt. München 1974.

Krolop, Kurt: Bertolt Brecht und Karl Kraus. In: Philologica Pragensia 4 (1961) S. 95–112, 203–230.

– Klopstock und Karl Kraus. In: Hans-Georg Werner (Hrsg.): Friedrich Gottlieb Klopstock. Werk und Wirkung. Wissenschaftliche Konferenz der Martin-Luther-Universität Halle-Wittenberg im Juli 1974. Berlin (DDR) 1978. S. 255–274.

– »Ahnenwertes Ahner«. Zur Genesis und Funktion der Traditionswahl bei Karl Kraus. In: Wissenschaftliche Zeitschrift der Martin-Luther-Universität Halle-Wittenberg. Gesellschafts- und sprachwissenschaftliche Reihe 28 (1979) H. 2. S. 49–63.

– Ebenbild und Gegenbild. Goethe und »Goethes Volk« bei Karl Kraus. In: Antal Mádl / László Tarnói (Hrsg.): Goethe-Studien. Zum 150. Todestag des Dichters. Budapest 1982. (Budapester Beiträge zur Germanistik. 9.) S. 85–114.

Quack, Josef: Bemerkungen zum Sprachverständnis von Karl Kraus. Bonn 1976. (Abhandlungen zur Kunst-, Musik- und Literaturwissenschaft. 232.)

Rössler, Helmut: Karl Kraus und Nestroy. Kritik und Verarbeitung. Stuttgart 1981. (Stuttgarter Arbeiten zur Germanistik. 90.)

Rühmkorf, Peter: Die soziale Stellung des Reims. Karl Kraus oder die Grenzen der Wesensbeschwörung. In: Grüße. Hans Wolffheim zum 60. Geburtstag. Hrsg. von Klaus Schröter. Frankfurt a. M. 1965. S. 103–111.

Spinnen, W. Burkhard: Karl Kraus und Peter Altenberg: In: Kraus-Hefte. H. 34 (1985) S. 1–8.

Stern, Joseph Peter: Karl Kraus and the Idea of Literature. In: Encounter (London) 45 (1975) Nr. 2. S. 37–48.

Urbach, Reinhard: Karl Kraus und Hugo von Hofmannsthal. Eine Dokumentation. I: 1892–1899. II: 1899–1935. In: Hofmannsthal-Blätter. H. 6 (1971) S. 447–458. H. 12 (1974) S. 372–424.

– Karl Kraus und Arthur Schnitzler. Eine Dokumentation. In: Literatur und Kritik 5 (1970) S. 513–530.

Wagenknecht, Christian: Karl Kraus und Arthur Schnitzler. In: Kraus-Hefte. H. 34 (1985) S. 9–15.

Wagner, Nike: Geist und Geschlecht. Karl Kraus und die Erotik der Wiener Moderne. Frankfurt a. M. 1982.

Weller, Björn Uwe: Karl Kraus und Maximilian Harden. In: Publizistik 13 (1968) S. 44–53.

Nachwort

Als der achtzehnjährige Karl Kraus, noch kaum der Schule entwachsen, seinen Namen zum erstenmal gedruckt sehen konnte, in der *Wiener Literatur-Zeitung* vom April 1892, da fand er ihn unter der Besprechung des eben erschienenen Schauspiels *Die Weber* von Gerhart Hauptmann, und schon im Juni dieses Jahres war in der Leipziger Zeitschrift *Die Gesellschaft* derselbe Name (wenn auch entstellt zu »Karl Krauß«) unter der Empfehlung einer österreichischen Neuerscheinung, des Einakters *Gestern* von Hugo von Hofmannsthal, zu lesen. Und das will schon allerlei heißen.

Karl Kraus eröffnet seine publizistische Laufbahn, erstens, auf dem Feld der Literaturkritik. Einen guten Teil seiner frühen Schriften bilden Rezensionen; sein erstes Buch heißt *Die demolirte Litteratur*; das erste Heft der eigenen Zeitschrift greift namentlich wieder einen Literaten an. Obwohl sich die *Fackel* von Anfang an und zeitweilig fast allein mit anderen Gegenständen zu schaffen macht, mit Gesetzgebung, Staatsführung, Rechtsprechung und zumal mit dem Wirken der vierten Gewalt, der Tagespresse, verliert sie doch kaum je die Sphäre der Literatur ganz aus dem Blick. Schon inmitten der ersten zwölf Jahre ihres Erscheinens, solange Kraus einen Teil der Artikel noch von Mitarbeitern bezog, nimmt die Anzahl literarischer und literaturkritischer Beiträge sprunghaft zu. Außer Erzählungen, kleinen Dramen und vor allem Gedichten sind auch Würdigungen einzelner Dichter und Besprechungen einzelner Werke zu lesen. Der Herausgeber selbst steuert in diesen Jahren außer Scharen von Aphorismen eine Reihe literaturkritischer Aufsätze bei – von der Rede über Wedekinds *Büchse der Pandora* bis zu der Schrift wider »Heine und die Folgen«. Diese Linie setzt sich bis zum Beginn des Weltkriegs fort und wird nach dessen Ende bald wieder aufgenommen. In das letzte Jahrzehnt der *Fackel* schließlich fallen Abhandlungen wie die über den Reim und Abrechnungen wie die mit Stefan George – und stellen da, wenngleich nicht die Regel, so doch auch keine Ausnahme dar.

An den ersten Schriften von Karl Kraus ist bezeichnend, zweitens, daß es sich bei den Neuerscheinungen, die sie vorstellen, um dramatische Werke handelt. Die Mehrzahl seiner frühen Arbeiten bilden »Causerien« über Aufführungen aller Art auf den Wiener Bühnen der neunziger Jahre; in derselben Zeit tritt Kraus auch als Schauspieler (in der Rolle des Franz Moor) und als Rezitator (der Hauptmannschen *Weber*) auf; und der Angriff auf Julius Bauer, im ersten Heft der *Fackel*, gilt vor allem einem Beherrscher der Wiener Theaterwelt. Außer im ersten Jahrzehnt seiner Zeitschrift hat Kraus sich kaum je mit Werken der Erzählkunst und nur dann und wann mit lyrischer Dichtung befaßt, desto anhaltender und einläßlicher jedoch mit Bühnenwerken von Shakespeare über Goethe und Nestroy bis zu Wedekind. In den zwanziger und dreißiger Jahren entsteht eine ganze Reihe von Bearbeitungen älterer Dramen – für Rundfunk und Bühne, Leser und Hörer; und sie bringt Kraus dann auf dem eigenen »Theater der Dichtung«, in Hunderten von Vorlesungen, auch selber zu Gehör. Unterdessen verfolgt die *Fackel* aufmerksam die Entwicklung des Theaters in beiden Republiken deutscher Sprache – und läßt sich dabei auf allerlei Auseinandersetzungen zumal mit Regisseuren (wie Max Reinhardt und Erwin Piscator) ein.

Die beiden Erstlingsschriften sind schließlich noch eines dritten Zuges wegen bemerkenswert. Denn was der Debütant in diesen Rezensionen der Aufmerksamkeit des Publikums empfiehlt, das sind ja durchaus keine Ephemeriden. Nicht nur das Hauptmannsche Meisterwerk naturalistischer Geschichtsdramatik, auch Hofmannsthals früher Einakter, von dem das lyrische Drama des Fin de siècle in deutscher Sprache seinen Ausgang genommen hat, gehört inzwischen zum Kanon der deutschen Literatur der Moderne. In beiden Fällen hat die Wünschelrute des jungen Kritikers an eine

Goldader gerührt. Wenn er schon wenig später an der
Echtheit des Hofmannsthalschen Goldes zu zweifeln beginnt, so bewährt er damit, vielleicht, nur noch einmal die
Sicherheit seines Gespürs. Ähnlich treffend urteilt in vielen
Fällen dann auch der Herausgeber der *Fackel*. Er wirbt
außer für den jungen Hauptmann für Liliencron und Wedekind. Er setzt sich für Georg Trakl und Else Lasker-Schüler
ein. Und er engagiert sich für den jungen Bertolt Brecht. Mit
demselben Gespür für das Gediegene hat Kraus auch seinen
Kanon älterer Werke zusammengestellt – der eine ganze
Reihe von Namen enthält, die erst später, und dank ihrer
Entdeckung und Empfehlung durch Karl Kraus, zu höheren
Ehren gekommen sind. Hierzu gehören die Gedichte Leopold Friedrich von Goeckingks, Goethes dramatisches Fragment *Pandora* und einige Prosastücke von Jean Paul. Wenngleich sich Kraus im Tadel dann und wann vergriffen haben
mag: auf sein Lob, so scheint es, ist allemal Verlaß.

In einigen anderen Zügen führt das literaturkritische Werk
von Karl Kraus, das am Ende ja mehr als vier Jahrzehnte
umfaßt, weit über die beiden Schriften hinaus, mit denen es,
wenn auch sprechend genug, beginnt. Seine bleibenden
Konturen gewinnt es erst in der *Fackel* – und auch da nicht
früher als um die Mitte des ersten Jahrzehnts ihres Erscheinens. Wieder sind vor allem drei Momente namhaft zu
machen.

Zunächst: Es handelt sich bei den späteren Schriften zur
Literatur kaum je noch um Rezensionen. Wohl läßt Kraus
sich bis zuletzt noch gern auf einzelne Erscheinungen ein,
wie beispielsweise in der Abfertigung Stefan Georges auf
dessen (allerdings schon zwei Jahrzehnte alte) Umdichtung
von Shakespeares Sonetten; in aller Regel aber ist es selbst in
solchen Fällen auf ein Allgemeines abgesehen, wie eben hier
zugleich auf ein Lebenswerk und auf ein Sachproblem. Der
Gattung nach sind diese Schriften von unterschiedlichster
Art. Da finden sich: Reden, gehalten meist zu Ehren, bisweilen aber auch zu Schanden eines Schriftstellers; Streit-

schriften gegen vermeintlich oder tatsächlich überschätzte Größen der Literatur und der Literaturkritik, unter Einschluß der Literaturwissenschaft; Aufsätze sowohl über einzelne Werke wie auch über ganze Œuvres; schließlich Abhandlungen über ästhetische und moralische Probleme der Dichtung selbst. Hinzu treten in großer Zahl Glossen und Notizen, Aphorismen und Epigramme. Und wenigstens an dieser Stelle muß auch das literatursatirische Meisterstück der »Magischen Operette«, die Kraus *Literatur* genannt hat, hervorgehoben werden. Bei aller Vielfalt indes der Gattungen wie der Gegenstände haben die meisten dieser Arbeiten miteinander und mit den frühen Rezensionen doch eines gemein: die Beziehung auf einen jeweils aktuellen Fall. So gut wie alle knüpfen an ein bestimmtes Ereignis im kulturellen Leben an, nehmen besonders gern ein öffentlich begangenes Jubiläum zum Anlaß (oder auch zum Thema) ihrer Stellungnahme, und nur ausnahmsweise läßt Karl Kraus einmal eine Schrift erscheinen, die wie die Abhandlung über den Reim nur das Fazit langjähriger Überlegungen zieht.

Was nun zweitens den Ton betrifft, in dem diese Schriften, wiederum fast alle gehalten sind, so kann er nicht wohl anders als »polemisch« heißen. Zwar gibt es neben Herabwürdigungen auch Ehrenbezeugungen in großer Zahl. Polemisch aber verfahren beide: die Streitschriften wenden sich gegen das unverdient hohe, die Lobschriften gegen das unverdient niedrige Ansehen, das den Dichtern selbst oder einzelnen ihrer Werke von Literarhistorikern oder Literaturkritikern bereitet worden ist. Selbst die Abhandlung über den Reim entwickelt ihre Gedanken im Widerspruch: zu Bürgers Reimlehre und zu Heines Reimgebrauch. Wenn ein Werk allgemeinen Beifall fand, war es Kraus oft schon darum verdächtig, und umgekehrt empfahl ein anderes sich ihm leicht schon dann, wenn es dem herrschenden Geschmack zuwider war. Darum mag er Hebbel wie Schnitzler unter- und Nestroy wie Altenberg überschätzt haben. Man wird aber über dem mit solchen Umwertungen allemal verbundenen Unrecht auch das Recht nicht übersehen können, das Karl Kraus in allen diesen Fällen auch der Sache nach behauptet hat. Selbst sein Verdikt über Heine, bis heute ein Skandalon, läßt sich, nach Adornos Wort, nicht auslöschen. Und was die älteren Dichter betrifft, die Kraus in Abhandlungen und Vorlesungen aufs höchste gepriesen hat, insbesondere Matthias Claudius und den späten Goethe, so muß zur Schande der Zunft allerdings gesagt werden, daß die Anerkennung solcher Größen in der Tat nur im Widerspruch gegen eine Literaturgeschichtsschreibung zu gewinnen war, die auf Körner so viel wie auf Kleist und auf Heine mehr als auf Hölderlin gegeben hat.

Es bleibt ein Drittes zu bemerken. Um die Mitte des ersten Jahrzehnts der *Fackel* beginnt Karl Kraus ein neues Verständnis davon auszubilden, was Dichtung eigentlich sei, und auf dieses Verständnis gründet er dann, ausdrücklich etwa seit der Heine-Schrift von 1910, auch sein Urteil über das einzelne literarische Werk. Wie nämlich der Maler in Farben und der Musiker in Tönen, so denke der Dichter in Sätzen; Dichtung werde geschaffen oder vielmehr geschöpft nicht sowohl *in* als *aus* der Sprache. Am »Meinungswert« und selbst am »Gefühlston« eines Werkes soll wenig gelegen sein, desto mehr aber daran, daß es die »Körperhaftigkeit des Wortes« in Erscheinung treten läßt. Dichtung als Sprachgestaltung – sie findet Kraus in der Operette wie im orphischen Lied und im Lust- wie im Trauerspiel. Ja er findet sie selbst im Brief und in der Glosse. Als Gattungen stehen das Drama und die Lyrik obenan – während der Roman, »das Sprachwerk außer der Sprache«, weil er »nicht beim Satz, sondern beim Stoff beginnt«, der Zuständigkeit von Psychologie und Soziologie überantwortet wird. Darum kommen selbst Goethe und Jean Paul, in der *Fackel* sowohl wie in den Vorlesungen von Karl Kraus, nirgends als Erzähler zu Ehren; darum auch werden zeitgenössische Erzähler von höchstem Rang, wie Musil und Kafka, anders als etwa Schnitzler und Max Brod, deren Romane Kraus schlechterdings verwirft, allenfalls durch Stillschweigen anerkannt. Das Äußerste, was Dichtung als Kunst der Sprache vermag, sieht Kraus – außer in Schlegels deutschem Shakespeare – im Helena-Akt von Goethes *Faust* und vor allem in dessen *Pandora* verwirklicht. Seinen lyrischen Kanon hat er aus ähnlich dichtgefügten Werken zusammengestellt – mit Gedichten wie »Der Tod« von Claudius, Goethes »Meeresstille«, dem »Tibetteppich« der Else Lasker-Schüler und »Kranich und Wolke« von Bertolt Brecht. Das Urteil einer Nachwelt, die nicht zuletzt von Karl Kraus gelernt hat, das Dichtwerk als Sprachwerk zu verstehen, wird in allen diesen Fällen kaum anders lauten können.